2012

北京市哲学社会科学规划项目阶段成果选编

[下]

北京市哲学社会科学规划办公室 编

首都师范大学出版社
CAPITAL NORMAL UNIVERSITY PRESS

图书在版编目(CIP)数据

2012北京市哲学社会科学规划项目阶段成果选编/北京市哲学社会科学规划办公室编．—北京：首都师范大学出版社，2013.1

ISBN 978-7-5656-1298-5

Ⅰ.①2…　Ⅱ.①北…　Ⅲ.①哲学社会科学—科技成果—汇编—北京市—2012　Ⅳ.①C121

中国版本图书馆CIP数据核字(2013)第012507号

2012 BEIJINGSHI ZHEXUE SHEHUI KEXUE GUIHUA XIANGMU JIEDUAN CHENGGUO XUANBIAN (XIA)

2012北京市哲学社会科学规划项目阶段成果选编(下)

北京市哲学社会科学规划办公室　编

责任编辑　马　岩　张成水

首都师范大学出版社出版发行

地　址　北京西三环北路105号

邮　编　100048

电　话　68418523(总编室)　68982468(发行部)

网　址　www. cnupn. com. cn

北京泽明印刷有限责任公司印刷

全国新华书店发行

版　次　2013年3月第1版

印　次　2013年3月第1次印刷

开　本　787mm×1092mm　1/16

印　张　26

字　数　488千

定　价　110.00元（全二册）

目 录

法学学科

F A X U E X U E K E

项目名称：北京城市应急机制的法律问题研究
项目编号：10AbFX081
项目负责人：马怀德
项目信誉保证单位：中国政法大学

北京城市应急决策指挥机制的法律问题研究

一、城市应急决策指挥机制的基本特点

城市应急决策指挥机制是指城市决策者根据突发事件的性质与特点，通过组织、决策、命令等行动来处理紧急事务的制度。决策指挥机制主要表现为一种权力自上而下的流动形式，因此，权力的流动方式和决策据以作出的信息在不同层级间的传递方式等都是其中必须涵盖的问题。由于应急管理的特殊性，应急决策指挥机制相较于常规决策机制有所不同，具体表现在以下几个方面：

第一，对决策指挥机构的要求更高。由于应急管理所涉领域的复杂性以及突发性事件，特别是非常态突发性事件发生的不可预测性，法律规定很难对其处理方式作出具体规定。因此，相关法律通常会赋予应急决策指挥机构较大范围的自由裁量权，使其能够根据具体的情势变化灵活地采取应对措施。而自由裁量权行使的效果在很大程度上取决于决策者自身的素质和能力。同时，突发事件的不确定性前景将对决策者造成高度压力，迫使其必须在有限时间内作出决策和反应。这些都要求应急决策指挥者具备相较于常规决策机关更强的专业性、权威性以及责任感。

第二，决策指挥的目标取向不同。常规决策指挥的目标多样化，其可能是为了履行任何一项政府所承担的社会管理职能，也可能是为了实现某种社会价值。而当面临危急而紧迫的突发性事件时，应急决策指挥的目标则显得十分单一，就是为了尽快控制危机的蔓延，尽量减少事件所造成的损失，最大限度地保护公民的生命和财产安全。为了实现这一目标，政府可以在必要时舍弃其他行政管理目标。

第三，决策指挥程序的非常规性。由于突发性事件具有突然性和紧迫性，对其处理必须强调效率，否则将可能导致严重的危害性后果。因此，应当在确保决策正义的基础上尽可能简化应急决策指挥程序，而不能对其适用常规决策程序。也就是说，决策的尽快输出和实现在此处具有更大的价值，而对

应急决策指挥程序的参与性、民主性则通常不作很高的要求。

二、北京城市应急决策指挥机制的立法现状

在决策指挥机制中，首先应当明确的是决策指挥主体的问题。根据《中华人民共和国突发事件应对法》(以下简称《突发事件应对法》)所确立的属地管辖原则，突发事件发生地的政府是进行应急管理的直接主体。《突发事件应对法》第 8 条进一步明确了当发生突发事件后，县级以上地方各级人民政府应设立由本级人民政府主要负责人、相关部门负责人、驻当地中国人民解放军和中国人民武装警察部队有关负责人组成的突发事件应急指挥机构，统一领导、协调本级人民政府各有关部门和下级人民政府开展突发事件应对工作。2005 年 4 月，北京市突发公共事件应急委员会正式成立，北京市成为全国第一个成立突发公共事件应急管理机构的城市，该机构以时任北京市市长王岐山为主任，由一位市委副书记和一位副市长为副主任，下设 13 个专项应急指挥部。为了确保 2008 年北京奥运会的顺利召开，北京市随后对应急管理体系进行了进一步的构建。《北京市突发事件总体应急预案》(以下简称《北京市总体预案》)中规定了要建立市、区县两级突发事件应急指挥机构，形成市、区县两级管理，分级负责、分类指挥、综合协调、逐级提升的突发事件应对体系。目前，北京已经建立起了独具特色的“三加二”应急管理模式：“三”是指市级应急管理机构、区县级应急管理机构和 13 个市级专项应急指挥部[①]，“二”是指分设以“110”为龙头的紧急报警中心和以市长电话(设在市信访办)“12345”为统一号码的非紧急求助服务中心。其中，市应急委主任由北京市市长担任，副主任由市委分管副书记和常务副市长担任，委员由市委、市政府分管各类突发事件应对的市领导，市委宣传部部长，市委、市政府秘书长，北京卫戍区和武警北京市总队主要负责人担任。组成人员为市各突发事件专项应急指挥部办公室、相关部门和有关单位的主要负责人。市应急办作为市应急委的常设办事机构，承担市应急委的日常工作。区县应急机构的设置与市一级相仿。

在市应急委、区县应急委和专项指挥部这三类不同的决策指挥主体之间存在着权限划分。目前，三者之间的权限划分标准主要是突发事件的严重程度。其中，特别重大突发事件(Ⅰ级)和重大突发事件(Ⅱ级)由市应急委负责

---

① 专项指挥部具体包括北京市电力事故应急指挥部、市通信保障和信息安全应急指挥部、市反恐和刑事案件应急指挥部、市建筑工程事故应急指挥部、市城市公共设施事故应急指挥部、市交通安全应急指挥部、市防汛抗旱应急指挥部、市突发公共卫生事件应急指挥部、市生产安全事故应急指挥部、市森林防火应急指挥部、市人防工程事故应急指挥部、市重大动物疫情应急指挥部、市消防安全应急指挥部、市地震应急指挥部等。一旦发生上述类型以外的其他突发事件，分管市领导和市委、市政府分管副秘书长及相关主责单位主要负责人有权成立临时应急指挥部。

进行统一的决策指挥；发生在东城、西城、朝阳、海淀、丰台、石景山6个区和天安门等重点地区的较大突发事件（Ⅲ级）由市相关专项指挥部及相关部门、单位负责决策指挥；在上述重点地区以外的地区发生的较大突发事件（Ⅲ级）以及一般突发事件（Ⅳ级）由区县应急委或相关部门进行决策指挥。

掌握充分的应急信息是进行应急决策和指挥的前提和基础。应急信息管理制度通常包括两方面内容：一是向决策者准确传达信息的机制，决策者只有掌握充分的信息，才能对突发事件的发展态势作出准确的判断并据此进行决策，因此，信息系统的畅通是进行应急决策的前提条件；二是向社会公众及时、全面、准确地公开相关信息的机制。在信息传达制度方面，《北京市总体预案》规定市应急办会同市相关部门、有关单位建立统一的突发事件信息系统，汇集、储存、分析、传输有关突发事件的信息，并逐步实现与国务院及其有关部门突发事件信息系统的互联互通。目前，市级以及9个区县和8个专项指挥部的应急指挥平台已经建成，初步具备了社会面监控、图像无线传输、视屏资源整合、无线通信指挥调度、有线通信指挥和各类信息资源共享“六大”功能，实现了互通互联。[①] 同时，北京市建立了较为完善的突发事件信息报送制，要求信息报送贯穿整个应对活动的全程。在信息公开制度方面，《北京市实施〈中华人民共和国突发事件应对法〉办法》（以下简称《北京市办法》）第7条中明确了各级政府应当建立突发事件信息公开制度，《北京市总体预案》更进一步就信息公开的审批程序和新闻报道的主体资格等内容作出了规定。

《国家突发公共事件总体应急预案》（以下简称《国家总体预案》）中将应急管理的决策指挥机制分为先期处置、应急响应和应急结束三大流程加以规范。《北京市总体预案》基本延续了这一模式，并将有关规定进行了进一步细化。先期处置阶段是指突发事件已经发生，但是事态尚未扩大的阶段，在该阶段，应急委和专项指挥部等决策指挥主体应当根据法定职责和权限启动相关应急预案，及时、有效地对事件进行处置，控制事态的扩大。应急响应阶段是指对于在先期处置阶段未能被有效控制的特别重大公共事件进行处置的阶段。在该阶段，应急委、专项指挥部以及其他决策指挥机构应当及时采取救援、控制危险源、抢修损坏的公共设施、调配救援物资等一系列措施。对于应急相应过程中必须采取的一些强制措施，特别是人身性的强制措施，《突发事件应对法》、《北京市办法》以及《北京市总体预案》中均规定了必须由公安机关进行实施。应急结束阶段是指突发事件处置工作已基本完成，次生、衍生和事件危害被基本消除，应急处置工作即告结束的阶段。在该阶段，启动应急响

① 马怀德主编：《法治北京下的社会预警机制和应急管理体系研究》，北京：法律出版社，2010年版，第126页。

应的决策指挥主体应当宣布应急结束，及时将情况通知参与事件处置的相关单位，并向社会公布。

北京城市应急决策指挥机制的法律规范现状

制度名称	《突发事件应对法》的对应条款	《国家总体预案》的对应条款	《北京市办法》的对应条款	《北京总体预案》的对应条款
应急管理机制	第4条	第1.5条	无	第1.3.2条
应急属地管理原则	第7条	第1.5条	第5条	第1.3.2条
专项应急指挥机构的设置	第8条、第9条	第2.1条	第5条	第2.1.1条、第2.1.2条、第2.1.3条、第2.3.1条、第2.3.3条、第2.3.4条、第2.5条、第2.6条、第4.5条
应急决策备案制	第16条	无	无	无
国务院的应急决策职责权限	第8条、第51条	第2.1条	第22条	无
地方政府的应急决策职责权限	第49条	第4.8条	第6条、第43条、第44条、第46条、第47条、第49条	第2.1.4条、第2.3.2条、第4.3条、第4.4条
公安部门的应急决策职责权限	第50条	无	第50条	第4.4.2条
信息管理制度	第37条、第38条、第39条、第40条、第46条、第53条	第3.2.1条	第7条、第37条、第38条、第43条、第44条、第47条、第48条	第3.3.2条、第3.3.3条、第4.1条、第4.8条、第4.9.3条
先期处置制度	第44条、第45条	第3.2.2条	第43条、第44条、第45条	第4.2条
应急响应制度	第48条、第49条、第50条、	第3.2.3条	第46条、第47条、第48条、第49条、第50条、第51条	第4.4条、第4.5条
应急结束制度	第58条	第3.2.4条	第54条	第4.9条

三、北京城市应急决策指挥机制所存在的缺陷分析

目前，北京的城市应急决策指挥机制已经初步形成，并在应急管理中发

挥着重要的作用。但是，任何制度的建立和完善均非一朝一夕之事，更何况是应急决策指挥机制这样一项涉及各方面社会资源整合的系统化工程。同时，由于北京作为首都的特殊地位，北京市政府在应对突发性事件时面临着比其他地区更为复杂的局面，这就对北京市的应急工作提出了更高的要求。而从目前的实际情况看，北京市的应急决策指挥机制尚存在以下不足：

第一，北京市目前的集中式应急指挥体系与分散化部门权责之间存在着冲突。目前，北京市的应急决策指挥机制是以应急委和专项指挥部作为决策中心的集中式应急指挥模式，应急委和专项指挥部在应急管理过程中所作出的决策理应对参与应急管理的其他有关部门具有绝对的拘束力。但是，由于我国目前在日常行政管理过程中采取条块管理模式，各职能部门习惯于对其上级部门负责，服从上级部门的命令和指挥。这种集中式应急指挥体系与分散化部门管理模式之间不可避免地将存在冲突。当发生突发事件后，政府部门仍然习惯于接受其上级部门的领导，而非听从与其同级的应急委和专项指挥部的命令。特别是当遇到重大突发事件时，指挥调度过程中可能会出现应急指挥机构与各社会联动单位权责划分不清等问题，最终只能由上级领导说了算，北京市所确立的“三加二”应急管理模式应有的组织、协调作用事实上无法得到充分发挥，应急工作实际开展还需依靠目前高度统一和一元化的党政领导体制来完成。[①]

第二，决策指挥机构间的权限划分不够清晰。目前北京市对于市应急委、区县应急委和专项指挥部的决策指挥权以突发事件的严重程度为划分标准。但是“较大”、“重大”和“特别重大”等词均是典型的不确定法律概念，尽管相关规定中给出了概念界定，但是在实践中仍然很难准确区分，如何理解在很大程度上取决于决策者的自由裁量。此外，应急委和专项指挥部之间的职权划分标准更为模糊。由于专项指挥部的常设机构办公室均设在各个职能部门之下，因此其所进行的日常工作和所作出的决策更多的是与相关职能部门保持一致，而缺少与应急办之间的工作协调与合作。这就导致了应急办与专项指挥部办公室在日常的政策制定等方面出现重复行政的现象，造成行政资源的浪费。同时，二者所制定的政策一旦存在冲突，还将产生具体适用时的问题。

第三，在应急信息管理，特别是信息公布制度中尚存在着制度导向的误区。在突发事件，特别是重大的突发性事件发生后，政府有责任确保公众对事态发展的现状有一个清晰的认识，这种认识一方面可以避免公众因为盲目猜测而造成的恐慌，确保公众情绪的稳定，另一方面也可以确保公众对突发

① 张平：《我国城市应急联动运行机制建设面临的挑战与重构》，《中国人民公安大学学报》(社会科学版)，2008年第5期。

性事件作出准确的反应，充分发挥公众在应对突发性事件中所能够起到的作用。英国危机公关专家里杰斯特曾提出著名的危机沟通"3T"原则，该原则要求政府在危机中：第一，以我为主提供情况（Tell your own tale）；第二，提供全部情况（Tell it all）；第三，尽快提供情况（Tell it fast）。[①] 2003 年非典的经验使北京市政府认识到了在应急管理中信息公开的重要性，在重大疫情发生后，隐瞒不报不但不会使公众因为无知而产生安全感，反而会使局势向更为混乱的方向发展，从而不利于整个社会的稳定。但是，目前政府在应急信息公开方面仍然存在着认识上的误区。从《北京市总体预案》第 4.8 条的规定上可以看出，目前北京市对于应急信息公开的基本立场并不是向社会全面、准确和迅速地公开相关信息，而是更加强调政府对舆论的有效控制。第 4.8 条的规定在应急信息公开中设置了层层的批准手续，对于新闻发布方的主体资格也作出了严格限制，这种规定方式显然有悖于现代行政的信息公开之理念，且最终公开的信息在经过层层过滤后究竟掺杂了多少"水分"也不免令人生疑。

第四，在应急决策过程中缺乏专家参与制度。目前，北京市在《北京总体预案》中规定了专家顾问组在一定条件下的事件应对参与权。但这种参与并非强制性要求，而是取决于突发事件应对的主责部门是否提出建议。应急决策指挥机制的一大特点是决策指挥主体拥有很大的自由裁量权，应当具备很强的专业性，这一点在上文中已有论述。而应急委和专项指挥部尽管是专项应急管理机构，但本质上仍属于行政机关，其专业性与专业研究机构相比必然存在差距。此外，突发事件所涉领域广泛，既可能是各种自然灾害，也可能是人为引发的公共安全事件，应急管理机构的工作人员不可能掌握所有相关的专业知识。因此，专家顾问的参与可以作为强化决策指挥机构专业性的有效手段。同时，由于应急决策指挥程序的特殊性，公众很难有机会参与到决策程序中对公权力运行进行监督，而专家作为行政系统以外的决策程序参与者，还可以在一定程度上发挥对决策机关的监督作用。

四、北京城市应急决策指挥机制的法制化完善路径

第一，应当强化应急决策指挥机构的权威性，防止应急决策的多头化。应急决策指挥系统的流畅性是应急管理中的核心问题。在面对突发事件时，事态往往十分紧急，决策指挥系统能否在第一时间对事件作出准确的反应往往决定着整个事件应对过程的成败。一些国家的成功经验表明，危机管理的成败关键在于是否有一个权威、高效的中枢指挥系统，而该中枢决策系统必

① 唐承沛：《中小城市突发公共事件应急管理体系与方法》，上海：同济大学出版社，2007 年版，第 146—148 页。

须享有发号施令的权威，并且可以制定和执行带有强制性的政策。[①] 因此，在应急决策指挥中，应当建立单一的决策指挥机构，统筹决策智力，树立决策机构的权威性，防止多元决策可能导致的互不协调和各自为政。目前，北京市应急委和专项指挥部由于层级较低，独立性较差，在应急管理过程中难以发挥绝对的决策作用。因此，有必要对北京市目前的应急管理机构体系作出一些调整，提升应急委，特别是其常设机构应急办的地位，使其更具权威性。首先，应急办不应再设于市政府办公厅，而应当获得更为独立的法律地位，与其他各职能部门处于平等甚至更高的行政位阶，特别是在机构编制、人员配备和经费管理等方面实现相对独立；其次，各应急专项指挥部的常设机构应当设在应急办之下，而非设于各职能部门之下，使应急办真正实现对专项指挥部的日常管理和领导，如此才有可能打破目前条块分割的行政管理局面，真正实现行政决策指挥的单向性，从而确保决策的有效落实和应急工作的高效开展。

第二，应当完善应急信息管理制度，建立统一的应急信息平台系统，使相关政府部门能够在第一时间获取有关突发事件的全面信息。提供准确、及时、全面的应急管理信息是科学决策的前提，而突发事件管理信息网络不是指单个中央数据库、电话网络或计算机网络，而是一个涉及突发性事件各方面信息的综合活动，包括访问信息资源、提供派生的和一体化的信息产品，以及将信息快速有效地传递给各类决策者。[②] 目前北京市尽管已经建立了自己的应急信息平台，但是该平台仍有需要进一步完善之处。一方面应当为该平台提供充分的技术支持，使该平台的运作更加符合现代化的要求，另一方面应当进一步拓宽该平台的覆盖范围，将应急办和专项指挥部之外的更多的政府部门也纳入到该信息平台中，实现应急信息全方位、深层次的共享。

第三，应当重构应急管理中信息公开的理念、范围和方式。目前北京市的相关规定在公开的范围和公开的时效性等方面均存在不足。无知产生恐惧，公众只有在真正掌握了危机信息后，才能在突发事件面前保持平稳、冷静的心态，根据现实情况做好自救工作，并更进一步地参与到救灾和援助工作中去。可以说，信息公开是突发事件中社会动员机制得以实现的前提条件。在突发事件应对中对信息予以充分公开也是目前大多数国家的做法。如韩国的《信息公开法》中规定，出现大规模的突发性事件时，中央灾害对策本部负责全国范围内的灾害信息和灾害警报的发布工作，通过政府部门、报纸、广播

① 孙岩、蒋建新：《试析公共危机事件中我国政府公共管理效能探析》，《山西高等学校社会科学学报》，2009 年第 3 期。

② 万鹏飞、于秀明：《北京市应急管理体制的现状与对策分析》，《公共管理评论》(第四卷)，北京：清华大学出版社，2006 年版，第 51 页。

电视以及因特网等多种渠道将危机信息及时地发布出去，各级危机管理部门也要立即通过公众媒体如广播、电视、公用热线电话向公众发布灾害信息。在信息公开领域，目前还存在着一个问题：政府在公信力方面存在不足，因而导致民众对于政府在危机发生后所发布的信息普遍存在着不信任的心理。一个典型的例子发生在2011年日本福岛的核泄漏危机后，尽管中国各大媒体均对日本核泄漏的相关进展进行了详细报道，环保部、海洋局等部门也将全国各地的辐射环境监测数据每日予以公布，并明确指出我国境内未受到核泄漏的影响，但是，在3月15日仍然传出了福岛核泄漏将导致海水污染，进而使食用的海盐紧缺的谣言，大量民众在该谣言和政府所公布的信息中选择了相信前者，开始产生恐慌心理，从而导致了一场波及北京、广东、浙江、江苏等地的食盐抢购风潮的出现。要想改变这种对政府信息不信任的社会现状，必须重塑政府的诚信形象，而这将是一项长期而艰巨的任务。

第四，应当建立和完善应急决策指挥过程中的监督机制。由于突发事件的紧迫性，导致应急决策指挥程序非常态化。而在程序约束薄弱的情况下，难免让人忧心于行政权可能发生的滥用。因此，有必要设置一定的外部监督机制，对应急决策指挥机构施加压力，确保其在法制轨道内行使权力。《突发事件应对法》第16条规定了应急决策备案制，要求县级以上人民政府在作出应急决定、命令时，报本级人大常委会备案。这种备案制可以被认为人大常委会对应急决策指挥机构的一种监督方式。但是，对于如何备案、备案的时限以及全国人大常委会的审查权限等问题，目前的法律均无明确规定，从而导致了备案制在实践中未能得到有效贯彻。[①] 因此，有必要对这项制度进行完善，以法律法规的形式对其实施程序作出详细规定，确保人大常委会对应急决策的监督作用落到实处。除此之外，还应当充分发挥社会监督的作用，将应急决策指挥的过程尽可能地向社会公开，并在现有的紧急报警中心电话和非紧急求助服务中心电话外设置专门的应急投诉电话，负责受理社会因对应急工作开展的不满而进行的投诉，充分听取民众的意见，并及时反馈给应急决策指挥机构。

第五，应当在应急决策指挥过程中明确专家顾问组的参与机制。在突发事件应对过程中，应急委和专项指挥部等决策指挥机构很可能无法在短时间内掌握全部与事件有关的知识和信息，包括突发事件的规模、强度以及发展趋势等。这种不确定性将会直接影响决策指挥工作的准确性和适当性。为了确保应急决策的作出同时具备效率和准确性，有必要将专家顾问组的参与作为应急决策指挥过程中的强制性要求，吸纳各领域的专家进入决策层，及时

① 马怀德主编：《法治北京下的社会预警机制和应急管理体系研究》，北京：法律出版社，2010年版，第130页。

听取他们的意见，从而实现不同学科、不同部门间的互补和优势综合。《北京市办法》第 24 条中规定“市和区、县人民政府应当建立突发事件应对专业人才库，根据实际需要聘请有关专家组成专家组”，而根据该条规定所成立的专家组除了在日常工作中参与应急政策的制定外，同样也可以在应急响应阶段对实际发生的事件的处理方式提供建议。

（作者：马怀德　中国政法大学教授）

项目名称：北京市保险合同纠纷诉讼外解决机制研究
项目编号：10BaFX083
项目负责人：于海纯
项目信誉保证单位：对外经济贸易大学

国际上保险合同纠纷ADR解决机制述评

自20世纪后期以来，“诉讼外纠纷解决机制”或称“替代性纠纷解决方式”(Alternative Dispute Resolution，简称ADR)逐渐受到各国重视。但由于司法制度和保险业发展水平的不同，不同国家或地区运用ADR解决保险合同纠纷呈现出不同的发展图景。各个国家(或地区)除了通过诉讼、仲裁等机构进行处理外，还设置专门的保险合同纠纷解决机构。国际上在保险合同纠纷调处机制方面的经验，对我国保险合同纠纷诉讼外解决机制的探索具有借鉴价值。

一、英美法系国家保险合同纠纷ADR解决机制

(一)英国：独立的金融巡视员制度

英国在金融保险服务领域处理消费者投诉积累了丰富的经验，建立了比较完善和有效的消费者投诉解决机制。按照英国目前的保险合同纠纷救济机制的安排，对于保险合同纠纷，一方面，可以由金融服务销售人与消费者先自行处理，其方式包括协商、调解、仲裁等。如经协商或调解无效，则消费者可循法律途径，以诉讼解决。另一方面，可以向金融巡视员机构(Financial Ombudsman Service，简称FOS)提请裁决。下面详细介绍金融巡视员这一特殊机制。

1. 金融巡视员制度的历史

1981年，英国嘉定、皇家和保众三家较有影响力的保险公司发起成立了保险投诉调查局(Insurance Ombudsman Bureau，简称IOB)，参加者为当时的各大保险公司。该机构依法设立，目的是公平、快速及采用非法律的渠道来解决保险消费者与保险机构的纠纷。从性质上来看，保险投诉调查局既不是监管者，也不是行业协会或者消费者协会，而是一个完全中立的机构。

2000年，英国制定了《金融服务与市场法》(Financial Services and Markets Act)，将过去各自独立的几个金融投诉机构，包括保险投诉调查局，全部纳入金融服务局(Financial Services Authority，简称FSA)，由其对金融业

（包括保险业）进行统一管理和监督，金融服务局执行金融巡视员制度，金融巡视员机构负责解决十一个领域[①]的消费者纠纷。金融巡视员机构的运作既保持独立性，又与金融服务局紧密合作并受其约束。该机构为常设独立法人组织，由主管机关 FSA 监管的所有金融保险服务商出资组成，这是一种强制性的参加。时至今日，FOS 有员工近 825 名，运作资金近五千万。FOS 的管辖范围几乎涉及金融消费者的各个方面，包括保险、银行和投资。最近几年，保险纠纷占总纠纷的比例达到 17/22。[②]

2. 金融巡视员制度的运作特点

FOS 的裁决对金融保险服务商具有约束力，但对消费者则没有。消费者如有疑义，可请 FOS 再重新审查；消费者如仍不同意，则双方均可诉诸法律，提起民事诉讼。FOS 的裁决并非必经程序，当事人双方可直接向法院提起诉讼。

FOS 对消费者的补偿裁决，最高限额为 10 万英镑。提起申诉的消费者不用缴交任何费用，但 FOS 向与争议有关的保险公司或银行等金融机构收取手续费，目前每个案件手续费平均约为£473。[③]

保险消费者与保险公司发生纠纷后，不可以直接向 FOS 提出投诉申请，必须依据法律规定首先向保险公司进行交涉，只有在交涉未果或保险公司拒绝交涉情形下才可以向金融服务局提出投诉。[④] 为了方便申请，保险消费者可以通过信件、电话、电子邮件等方式提出投诉申请。一些投诉案件是不予受理的，例如已过受理时效的案件、超过 10 万欧元的案件均不在受理范围内。[⑤]

FOS 设有投诉接待处，投诉接待处对投诉案件的性质进行分类，并可以尝试进行和解，和解不成的，将案件交由保险投诉官进行裁定，保险投诉官可以进行事实调查，然后，根据调查结果作出裁定，并将裁定送达当事人。任何一方当事人不服该裁定的，均可以表明不服的意见，此时，案件应当进入仲裁程序。

---

① We can look at complains about most financial matters including: banking, insurance, mortgages, pensions, savings and investment, credit cards and store cards, loans and credit, hire purchase and pawnbroking, money transfer, financial advice, stocks, shares, unit trusts and bonds. http://www.financial-om-budsman.org.uk/about/index.html, 2012.02.25

② 参见 FIN. OMBUDSMAN SERV., ANNUAL REVIEW 2007/08, at 49 (2008), http://www.financial-ombudsman.org.uk/publications/ar08/ar08.pdf [hereinafter ANNUAL REVIEW '08].

③ 林勋发等：《保险契约法相关法律问题及其解决对策》，台湾"行政院"金融监督管理委员会保险局 2006 年度委托研究。

④ 参见 FOS：http://www.financial-ombudsman.org.uk/consumer/complaints.htm#3，有对如何提出投诉详细的步骤，第一步即给保险公司一个机会了解客户的问题，FOS 可以居中进行联系。

⑤ 参见 FOS：http://www.financial-ombudsman.org.uk/faq/answers/complaints_a3.html. Complaining to the ombudsman: complaints we can't help with. 2012-04-25.

案件进入仲裁程序后，由保险投诉官另行组成仲裁组织。仲裁组织有权要求当事人进一步补充证据，对于一些案件也可以举行听证会。仲裁组织经审理后作出的裁决具有“单方的裁决效力”，即裁决对保险公司有最终约束力，保险公司不遵守裁决的，保险消费者可以申请法院强制执行。但裁决对保险消费者无法律约束力，不服裁决的保险消费者可以向法院提起上诉。这一特点决定了保险消费者可以安心地提出投诉请求，不必担心保险公司不服裁决而被拖入诉讼程序。对于保险消费者不服裁决向法院提起上诉的案件，法院具有自由裁量权，既可以作出与 FOS 不同的裁判，也可以作出发回金融服务局重新裁决的命令，此时，法院一般会指出裁决的错误所在，而重新裁决时，FOS 一般按照法院的意见作出裁决。

FOS 解决保险纠纷的特点是不实行对席审理，主要依据当事人提交的书面资料和服务局所调查的证据进行判断。审理组织不能传唤证人，不能召集第三人问话。保险公司不得拒绝 FOS 提交证据的要求，否则按照《金融服务与市场法》给予罚款处罚，但仍不免除提交证据的义务。保险公司也不得以为客户保密为拒绝提交证据。FOS 依据英国的金融和保险的法律、法令、惯例及金融监督机关的业务规则进行裁决，但也可以依据公平原则作出与法律规定不一致的裁决。

可以说，在总结过去通过仲裁机构处理消费者、稳定市场信心方面的成功经验的基础上，英国依据新的金融服务法，将过去分散的投诉机构合并为同一的机构，成立了 FOS，对保持英国金融保险的国际地位发挥了积极的作用。根据 2007 年由英国保险联合组织发起的调查显示，88%的英国保险公司“对他们与 FOS 组织的关系表示满意”，87%的表示相信 FOS 和 FSA 是“相对清晰的，”94%的支持使用“公平而合理”的标准，75%的认为 FOS 的角色不会发生大的改变。①

(二)美国：保险纠纷中的州立调解与仲裁

在过去一个世纪，美国各州立法者都在努力提高保险消费者挑战保险人决议的能力。对于保险纠纷的诉讼外解决机制，一方面，监管者利用独具特色的调解方式来解决消费者与保险人之间的冲突；另一方面，由于联邦法律青睐仲裁模式，各州的监管者还出台了不同的仲裁方案应对保险消费者的问题。下面详细介绍这两种 ADR 方式。

1. 保险纠纷中的州立调解

美国各州的保险监管机构均设立了专门机制，用以解决投保人与保险人之间的争议。2007 年，州立保险监管的消费者服务部门有效解决了超过

① See Ass'n of British Insurers, Survey of Members' Experience and Perceptions of the Financial Ombudsman Service 3-4 (Jan. 2008) (on file with author).

222000 起保险消费者纠纷。①在 222000 起消费者纠纷中，有将近 126000 起的事件是采用美国保险监督官协会(The National Association of Insurance Commissioners，简称 NAIC)的标准予以解决的。这些纠纷涉及种类繁多，与健康/事故、机动车、私有住房有关的保险纠纷位居前三。NAIC 将各州网络投诉渠道整合成一个界面，供消费者查询，并可直接链接至各州的保险监管机关的投诉渠道。②

保险合同纠纷首先需要依靠保险公司自律解决，投保人在联系州立保险监管机构之前，须先与保险公司进行协商。美国 NAIC 对保险公司处理投诉流程进行了详细规定：保险公司必须在接到投诉案的 10 个工作日内确认完成收件，除非在这段时间内自愿理赔。除非有合理的无法及时完成的事由，保险公司必须在 30 天内完成对投诉案的调查，在之后的 15 天内，保险公司必须作出接受或拒绝投诉的决定。

只有很少的消费者与保险人之间能够进行有效的“谈判”。每个州的 UCSPA③ 都要求保险人建立内部纠纷处理机制。然而，大多数的州都没有对其进行严格审查。即便进行了审查，也仅能获得关于内部纠纷的一些基本数据，如纠纷类型、适用保险类型以及公司的决议等内容。而在大多数州，只有受害者的书面诉求才达到内部处理纠纷机制规定的要求。

对于协商无法解决的纠纷，消费者可投诉至各州设立的专门机构，大多数州处理纠纷的方法相似。当一个消费者提起投诉，监管者首先作出判断：(1)这是纠纷，还是咨询；(2)是否属于该机构的管辖范围。对属于管辖范围内的保险纠纷，监管者就会着手调查纠纷产生的潜在原因。对于大多数州，由最先接触消费者的人调查纠纷，也有一些州是指定纠纷处理者。调查员会首先就纠纷事项向保险人进行询问，并要求应答。由于纠纷处理部门每年要接手 400 至 600 起事件，所以他们没有能力事无巨细地去调查，很大程度上只能依靠保险人的回复。当纠纷事件触及保险监管问题时，纠纷将会由专设部门接手。不过这种情况非常的少：2007 年，仅 4%的纠纷需要有专设部门进行处理。④

消费者不需要支付任何费用，监管机构的纠纷处理费用由保险人承担，

---

① See Press Release, Nat'l Ass'ns of Ins. Comm'rs, 简称 NAIC Cites Top Insurance Complaints for 2007 (Jan. 30, 2008), http://www.naic.org/Releases/2008_docs/2007_complaints.htm.

② National Association of Insurance Commissioners (NAIC): http://www.naic.org/.

③ See 2 OFFICIAL N. A. I. C. MODEL UNFAIR CLAIMS SETTLEMENT PRACTICES ACT, supra note 36.

④ See NAT'L ASS'NS OF INS. COMM'RS, DISPOSITIONS REGARDING CLOSED CONFIRMED CONSUMER COMPLAINTS 1 (2008) (on file with author) [hereinafter COMPLAINT DISPOSITIONS].

但采取的是非直接的途径——通过保费税收。由于税收的总额并不受消费者保险纠纷频率的影响，这也造成保险人缺乏动力通过监管调解的方式来解决纠纷。

保险监管者处理保险纠纷，一是为了识别监管过程中可能的不法行为，二是为了利用公共资源来帮助消费者。但是保险监管者最主要的目的是为帮助消费者解决问题。担任纠纷解决角色的监管者常常没有权力要求保险人必须达成和解。

尽管各州在解决消费者纠纷的方式上存在差异，但均可归纳为调解方式与类调解方式。当拒赔有正当法律依据时，调解员会联系消费者，并向其解释保险人行为的正当性。相反，当拒赔站不住脚时，监管者就会直接或间接地给保险人施压。通常情况下，调解员和保险公司的代表就纠纷的关键点进行“谈判”，以期保险人能够作出让步。例如，在宾夕法尼亚州，当调解员在调查过程中发现纠纷的产生是由于保单专有语言时，通常会询问之前是否有相关的保险案例却作出了相反的解释。① 一般情况下，各州都会谨慎进行调解，尽量不使人产生“强制”的感觉，以区别于诉讼行为。

2. 仲裁

在美国，仲裁条款是提前制定的强制性条款，在消费者合约中几乎是无处不在，经常出现在手机消费计划、信用卡、汽车租赁合同以及其他无数的消费者交易合同中。仲裁的适用范围之所以很广，主要归咎于联邦仲裁法(the Federal Arbitration Act，简称 FAA)防止各州干涉仲裁约定。但不同于其他领域的消费者保护法，FAA 并不禁止其他州对特定保险仲裁法律的规定，在麦卡伦－福尔森法案(McCarran－Ferguson Act)中，规定州立保险法规高于联邦制定的一般法则(如 FAA)。在这种独特的法律背景下，允许各州独立执行保险条款的仲裁。

第一，“评估”条款。各州目前在多个领域适用保险仲裁规则。最常使用的是用于“评估”的条款，它几乎存在于所有的汽车和房主政策中。这些条款最初产生于火灾保险中，并持续在大多数州中强制执行。根据“评估”(appraisal)条款，由双方各派出一名专家，对于保险标的损失进行评估以解决纠纷。评估过程是非常不正式的，被选择的评估师对于损失进行独立调查并达成共识。缔约方通常负担本方估损所产生的费用。在一些州，评估可能会因一方或双方而推迟，他们往往更倾向于通过法律诉讼而非“评估”来解决纠纷。

第二，外部审查。近年来，对于医疗保险纠纷，各州倾向于尝试使用仲裁的手段。大多数的州，要求医疗保险公司针对所有对于非必要治疗费用的拒

① See Interview with Ronald Gallagher, Deputy Ins. Comm'r for Consumer & Producer Servs., Pa. Ins. Dep't (Mar. 30, 2008).

赔决议，向投保人提供“外部审查”(external review)。外部审查是由外部审查机构(external review organizations，EROs)的独立医生进行。各州普遍建立EROs，并对EROs的质量和客观性进行监督。此外，各州一般规定外部审查的程序，如取证的类型与进行听证的时间。外部审查是书面的行为，它涉及EROs的医生对于保险机构和独立医师的评估行为以及保险人实施的程序的合法性。

对于保险合同纠纷，各州要求保险机构现进行内部审查处理，然后再进行外部审查。与其他类型保险的内部审查程序不同，对于医疗保险纠纷要求采用相对严格的内部处理程序。在这个过程中所产生的文件、信息和信件，通常是外部审查小组开展审查前的依据。在大多数州，消费者并不需要为外部审查付费，或者支付很少的费用，通常也不需要聘请律师。并且，外部审查并不是毕竟程序，投保人也可直接向法院起诉。

第三，仲裁条款的限制使用。由于有 FAA 赋予的特定保险豁免权，大约有 20 个州的司法机关禁止保险条款中提前约定的强制性仲裁行为。[①] 其他州限制一些特定的仲裁条款，如在人寿保险、健康保险及其他保险单中，仲裁协议需要特殊的程序保障和通知要求。值得注意的是，一个新成立的横跨 32 个州的联合保险协议，禁止所有的仲裁约定。这个协议采用统一的产品执行标准，适用于人寿保险、年金保险、残疾保险以及长期护理保险。虽然有些州并不明确禁止保险单中的仲裁条款，但是保险公司通常在管理型健康保险及车险中不包括仲裁条款。

可以肯定的是，一些比较积极的州已经积极尝试开展保险仲裁方案。例如，有四十多个州推行无过错的汽车保险计划，即要求保险人参与仲裁方案。[②] 此外，至少特拉华州在汽车、房主、医疗等保险纠纷中，要求保险公司给消费者提供仲裁手段。

二、大陆法系国家保险合同纠纷 ADR 解决机制

(一)瑞典：个人保险委员会与患者保险协会的诉讼替代机制

瑞典特别注重利用非诉讼方式解决民事纠纷，其中一些行业性组织对此发挥了重要作用。尽管这些民间组织解决纠纷并不具有法律约束力，但由于其解决纠纷兼顾效率性、经济性和公正性而得到当事人的充分信赖，一般均能遵守裁定结果。目前，瑞典在诉讼及仲裁之外处理保险纠纷的机构主要有

---

① See Randall，supra note 16，at 270-71 (citing eight jurisdictions that explicitly prohibit arbitration clauses in insurance policies and eleven that have the effect of doing so by explicitly excluding insurance from their state versions of the FAA).

② Daniel Schwarcz，Redesigning Consumer Dispute Resolution：A Case Study of the British and American Approaches to Insurance Claims Conflict，Tulane Law Review，2009，83：741-806.

以下机构：

1. 个人保险委员会(Personal Insurance Council)

个人保险委员会是由瑞典保险联合会(Insurance Sweden)设立的，专门负责解决保险消费者与保险公司之间的有关生命、健康、损害保险方面的赔偿纠纷。个人保险委员会由议长、副议长和多名成员组成，成员包括消费者利益的代表和保险方面的专家。

保险消费者与保险公司发生纠纷，在与保险公司进行交涉而保险公司拒绝其要求后，可提请个人保险委员会处理。申请书必须在保险公司拒绝其要求后的6个月内提出。收到保险消费者的请求书后，个人保险委员会应立即将申请内容通知保险公司，并送达其他有关文书。在审理过程中个人保险委员会可随时要求保险公司提交证据，也可以进行相关调查。审理不实行对抗式辩论的模式，即不召集当事人面对面地举证和抗辩，主要根据双方当事人提交的书面材料进行审理，并进行相应的调查。必要时，也可以委托医师进行鉴定。审理结果以多数意见决定，但少数人的意见也应当通知申请人。

个人保险委员会的处理意见仅具有参考价值，对当事人没有约束力。如果保险公司不遵守个人委员会的处理意见，应将理由通知个人保险委员会。一般来说，有98%以上的保险公司能遵守个人保险委员会的意见。

申请个人保险委员会解决纠纷无须缴纳费用，个人保险委员会的运营费用由各保险公司承担。有资料表明，个人保险委员会个案的平均审理期间为3个月左右，这比通常的民事诉讼审理期间短2—4个月，目前，每年处理案件的数量维持在900件左右。[①]

2. 患者保险协会(The Swedish Patient Insurance Association)

1996年6月19日，《瑞典患者损害赔偿法》(The Patient Damages Act)，要求发放患者保险的保险人必须参加患者保险协会。[②] 患者在发生医疗事故后，可以向设立于各地的患者保险协会提出投诉。向患者保险协会提出投诉必须遵守时效的规定，自知道权利被侵害的3年内或者自损害发生后10年内不行使损害赔偿请求权的，请求权消灭。患者保险协会的裁定没有法律约束力，任何不服裁定的当事人都可以向法院起诉，但实际上只有1%的裁定被表示不服而提起诉讼。患者保险协会解决纠纷的时间低于诉讼的审理时间，并且投诉免费受理。

3. 瑞典保险消费者保护局(The Swedish Insurance Buraeu)

瑞典保险消费者保护局除了为保险消费者提供有关购买保险的各种建议

---

① 陶建国：《国外保险纠纷诉讼外解决制度分析》，《保险研究》，2010年第2期。

② The Patient Damages Act . Section 15, Those insurers who issue patient insurance shall be included in a patient insurance association.

外，当保险消费者与保险机构因保险合同而发生争议时，保险消费者保护局可以居中进行调解，但保险消费者保护局无权改变保险公司的处理决定。调解是不收取任何费用的。[①]

(二)瑞士：自律性组织的申诉机制

瑞士在诉讼与仲裁之外，负责对保险合同纠纷进行调处的机构是由瑞士保险协会(The Swiss Insurance Association)于 1972 年成立的自律性组织——保险申诉局(The Swiss Ombudsman of Insurance)[②]。

保险申诉局以基金形式运作，主要的赞助及经费来自苏黎世(Zurich)、洛桑(Lausanne)、卢根诺(Lugano)等地公司的赞助。调处不收取任何费用。保险申诉局主要处理由公开渠道收到的个人保险合同申诉、纠纷与求偿的调解事务，为保险消费者提供指南与建议，促成理赔和解以及解决争议，使消费者能获得公平合理的对待。

在组织架构方面，基金董事会是由八位公正的瑞士公众熟知的人士组成，监督申诉局的各种活动、审议重要事项、审批财务报告等。实际负责处理申诉的是申诉处理人，主要由律师与专业人士组成，有权独立进行调查，并可要求保险公司配合、提出相关资料。下图为保险申诉局的组织构架图：

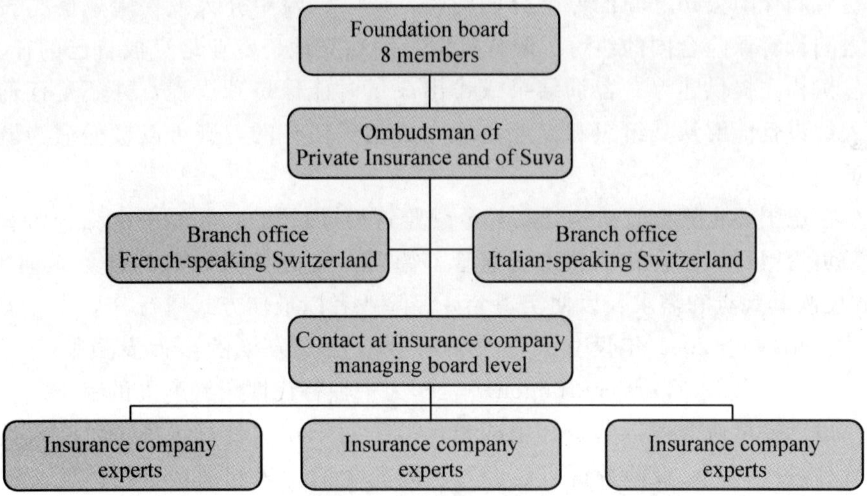

瑞士保险申诉局的组织构架图

(资料来源：The Swiss Ombudsman of Insurance)

---

① The Swedish Consumers Insurance Bureau- provides advice to consumers in various insurance matters. While the Bureau is not empowered to reverse any decisions made by the insurance company, the Bureau may attempt to conciliate disputes between policyholders and their insurance companies. All guidance is free of charge. http：//www. bankforsakring. konsumenternas. se/Sidfot/Om-oss/In-English/. 2012-04-25.

② 瑞士保险申诉局(the Swiss Ombudsman of Insurance)官网：http：//www. ombudsman-assurance. ch/.

可以向保险申诉局提起申诉的纠纷，包括私人保险合同纠纷有关的一切争议，也包括对第三人的求偿。但也有不受理的情况：第一，有关保险公司政策、费率等专业事项；第二，对不在保险申诉局所提供的其管辖范围内的保险公司提起的申诉；第三，已有律师或公权力介入该纠纷的。

保险申诉局在受理申诉后，会在 4—6 周的时间内提出调解方案。对于申诉处理人认定的事实和调解结果，申诉人可以选择接受该提议，也可以拒绝并选择其他程序。

从保险申诉局 2011 年年度报告中可知，2011 年，保险申诉局共接到 3826 件投诉和咨询，其中 502 件不属于保险申诉局受理权限范围，案件受理数量略微有所下降(4.3%)。其中 2949 件案件通过直接与保单持有人或申诉人的沟通即解决，375 件案件需要保险公司的介入，70.9%的案件都得到了良好解决。

(三)德国：保险申诉专员协会制度

《德国保险合同法》第 214 条规定，联邦司法部可以与联邦财政部，联邦经济与科技部以及联邦食品、农业与消费者保护部进行磋商，并委托司法机构充当调解委员会针对司法外和解争议进行调解。但调解的纠纷必须是关于消费者和保险公司之间的保险合同纠纷，或者保险中介人或保险顾问与投保人之间针对保险合同的纠纷。调解机构必须独立地、专业地完成自己的任务。司法机构在提供建议、咨询结果或作出决议时能保持独立性，并不受任何机构的约束且能够从其组织和专业角度完成相关任务的，则可以被任命为调解委员会。

在德国，主管监管机构是联邦金融监管局(BaFin)，它是一家综合监管机构，负责银行、保险和证券市场监管。德国保险协会(GDV)的任务是向 BaFin 反映其观点和需求，以便实现允许保险业者以最佳方式履行其职责的监管条件。GDV 于 2001 年设立了一个具有独立法人人格的申诉专员协会(Der Ombudsmann für Versicherungen)①，作为一种替代性纠纷解决机制。

申诉专员协会的运营资金由成员保险公司承担，负责解决纠纷的人被称为“保险投诉官”，保险投诉官是经过保险公司的代表和消费者团体代表组成的“顾问会”同意后选任的。保险投诉官的任期为五年，期满后最多只能连任一次。保险投诉官必须保持中立和公正的地位，为避免保险投诉官与保险公司有利益关联，要求其在任职的三年前未在保险业从业，任职期间亦不得从事保险行业的工作。目前的首席保险投诉官是君特·赫希博士，赫希博士从事检察官、法官工作多年，具有丰富的处理保险案件的经验，于 2008 年被申诉专员协会任命为首席保险投诉官。

① 德国保险申诉专员协会官网：http：//www.versicherungsombudsmann.de/home.html.

保险申诉专员协会有自己的程序规则。纠纷发生后，保险消费者可通过口头、书面或其他方式提出纠纷解决申请，申请不须缴纳任何费用，但申请人执意聘请律师的，律师费用自付。

依据程序规则第 2 条第 3 款，以下保险纠纷不属于保险申诉专员协会的受理范围：(1)纠纷额超过 80000 欧元的保险纠纷。这样的纠纷可能较为复杂，不适合通过申诉专员协会的程序加以解决。(2)医疗保险纠纷。此类纠纷由其他专门的诉讼外调解机关解决。(3)由第三人提出的投诉纠纷，比如交通事故受害人以及机动车责任保险请求保险公司支付保险金的纠纷。由于这类纠纷往往涉及侵权行为的判断，不适合申诉专员协会进行处理。(4)纠纷正在由其他机构(法院、仲裁组织、调解组织、保险监督厅)进行处理。(5)保险投诉内容为刑事举报的。(6)请求时效消灭的。

普通案件一般在 3 个月内审结。申诉专员协会接到投诉请求后，首先对请求是否符合受理条件进行甄别。对于决定受理的案件，一般首先要求保险公司在 1 个月内提交意见书，如未及时提出申请书，可以仅仅依据保险消费者的主张进行判断。在审理时，保险投诉官依据程序规则独立地处理纠纷，其可依职权决定实施事实调查，对此，保险投诉局长期聘请了多名律师，投诉官可以指导律师进行事实调查。

审理过程中，不能审理书证之外的证据，更不能实施证人询问，保险投诉官一般根据投诉人的意见和保险公司的书面意见进行审理。保险投诉官的角色主要是斡旋，故一般不提出强制性意见，也避免使用难理解的法律用语。审理时，一般依照保险法的规定进行裁定，在作出否定投诉请求的意见时，应当向投诉人发出书面通知，并用通俗易懂的语言表达处理结果。作出认可投诉人意见的，则向保险公司和投诉人发出处理意见书。对于低于 5000 欧元的纠纷，保险投诉官的决定具有最终效力，双方必须遵守。投诉人对处理结果不服的，除 5000 欧元的纠纷外，可以继续向法院提起诉讼。争议额在 5000—8000 欧元之间的案件，申诉专员协会可以作出不具有约束力的建议。

申诉专员协会每年处理的案件数量都很多，2006 年 18451 件，2011 年 17733 件。2006 年受理的案件中，书面提出投诉的占 60.6%，电话投诉的占 20%，电子邮件占 11.3%。[①] 申诉专员协会的作用近几年越来越受到重视，也获得了保险公司和保险消费者的好评。德国民事诉讼法第 15a 条规定了某类纠纷须先由其他调解机关进行处理，调解未成功的才可以起诉，对此，德国已经认可了保险申诉专员协会属于“其他调解机关”，其地位的重要性可见一斑。

① 陶建国：《国外保险纠纷诉讼外解决制度分析》，《保险研究》，2010 年第 2 期。

(四)日本：政府和行业协会附设 ADR

1998 年以前，受理保险投诉曾是日本保险监管部门的职能。1998 年金融监督厅成立后，出于“本厅的职责是确保保险公司经营的健全性，对于个别交易不进行仲裁”的考虑，对保险纠纷不再进行调解。[①] 尽管原则上不处理个别投诉，但金融监督厅向社会公示了咨询投诉窗口。在处理保险投诉方面，保险监管部门与保险行业协会有比较密切的工作关系。日本的生命保险协会和损害保险协会受保险监管当局的委托，进行保险咨询投诉处理和对保险争议进行调解。可见，在日本，行业协会在处理投诉方面发挥着与英国 FSO 较为相似的作用，是解决保险消费者投诉的主要渠道，但金融监督厅对协会的投诉处理工作进行督导，这在客观上增强了协会处理保险纠纷投诉的权威和效力。下面详细介绍日本有关保险纠纷的处理体制：

1. 政府及金融厅所设诉讼外纠纷解决机制

(1)内阁府国民生活局。国民生活局为了确立符合 21 世纪的经济社会体系，建立能让国民安心安全生活的社会，致力于消费者政策的推进、市民活动的促进、个人信息的保护、公益通报者的保护以及国民生活的分析和展望等活动。国民生活局与下属的国民生活中心以及设置在全国各地的消费者生活中心联手，为了提高有关咨询和投诉纠纷处理的功能，并且把投诉咨询内容反映在消费者纠纷的防患于未然以及防止扩大等消费者政策中，而制定相关的整个政策和制度。

(2)国民生活中心。独立行政法人国民生活中心从全国的消费生活中心收集以消费生活为主的各种信息，对其进行分析并提供信息，以防消费者蒙受损失和损失扩大。该中心内设置的消费者投诉处理专门委员会针对在平日咨询处理工作中难以解决的案件，回答国民生活中心理事长的询问时，站在公正中立的立场上给予建议。国民生活中心接受建议，解决消费生活咨询问题。

(3)消费生活中心。设在各都道府县的消费生活中心里，有专业咨询师接受消费者对商品及其服务等整个消费生活相关的投诉和询问等咨询，站在公正的立场上进行处理。全国的消费生活中心和国民生活中心的咨询处理包括向消费者提供有利于解决纠纷的信息以及消费者进行自主交涉时的建议等，但在难以进行自主交涉的情况下，中心将介于消费者和经营者之间帮助处理投诉。

(4)金融厅。2005 年设立的金融服务使用者咨询室，从提高金融服务使用者方便性的观点出发，通过电话、网络、传真等方式，全方位应对金融行政及金融服务等相关使用人的询问、咨询、意见等，实现全方位接受使用人咨

① 保监会法规部：“日本的保险争议解决机制”，http//：www.circ.gov.cn/web/site0/tab211/i18030.htm.

询的一站式受理。在对咨询内容和处理情况等，进行系统地记录和保管的同时，转交给相关部局，力求将其有效地灵活运用于企划立案、监察、监督。通过总结并公布咨询等受理的实际成果以及主要咨询事例，广泛地提供有利于保护消费者的信息。对投保的咨询以及对个别具体保险公司的投诉，在先行听取情况之后，引导其向日本财产保险协会和人寿文化中心投诉，并委托应对。

2. 行业团体所设诉讼外纠纷解决机制

(1) 损害保险协会(The General Insurance Association of Japan，简称 GIAJ)。

GIAJ 重要任务之一是答复问询并且妥善地处理与损害保险业务有关的投诉。在日本各地设有损害保险业务咨询办事处和汽车保险索赔咨询中心。为了更好地化解消费者的不满情绪，加强自身的投诉解决职能。正调配更多的资源，以利于损害保险业务咨询部开展咨询和仲裁服务。利用与成员公司联网运行的"GIAJ 咨询及投诉数据库"，并且在完善与咨询和投诉有关的报告及管理系统。

①损害保险咨询室。日本损害保险协会在生活服务部下设置了"损害保险咨询室"接受投保人关于投保和保险公司的咨询和投诉，若出现对个别保险公司的投诉时，损害保险咨询室将与该保险公司联系，委托解决。

②汽车保险赔付咨询中心。日本损害保险协会在全国都道府县设"汽车保险赔付咨询中心"作为其分支机构，接受关于汽车保险的保险金求偿的询问、咨询、投诉，若出现对个别保险公司投诉情况，将与该保险公司联系，委托解决。

③损害保险调停委员会。日本损害保险协会里设立了"财产保险调停委员会"。原则上从受理投诉超过 3 个月未解决问题的，根据投诉递交人的要求可以诉诸调停委员会。以下情形除外：设计财产保险公司经营方针和董事、职员个人事项的；属于与财产保险相关的其他纠纷解决中心(交通事故纠纷处理中心等)的对象事项的诉讼及民事调停进行中或者已经结束的；调停方案制订时，调停委员会对有无发生事故等重要事实难以进行判断的；申诉人以不正当目的提出调停申诉的；申诉人权利或权限以外的；涉及个人信息事项的。调停费用包括出席调停委员会的交通费、其他手续费等以外的费用给予免除。但是，当调停委员会在东京召开时，以及制作调停方案需要咨询专家建议时，按实际发生费用申请。

(2) 生命保险协会(The Life Insurance Association of Japan，简称 LIAJ)。

①生命保险咨询处。有关什么保险合同的查询、咨询由担当营业的职员和保险代理店、各生命保险公司的投保人咨询窗口进行应对。但是，对个别合同内容以外的常规性咨询，以及投保人和营业职员、代理店、生命保险公

司之间因某些差错产生纠纷，在和生命保险公司交涉未果感到为难时，可以向"（社）生命保险协会的人寿保险咨询处"提出投诉。日本生命保险协会根据《生命保险相谈所规程》设有 53 个地方联络所，负责对生命保险有关咨询与投诉的处理。①

②人寿保险咨询处仲裁委员会。从研究保险的学者、律师、医生等专家及协会的专职董事中选出 5 名委员，任期为 2 年，对消费者与生命保险公司之间的纠纷等进行解决。② 该机构受理投保人等的投诉，无论是否对生命保险公司提出解决要求并帮助双方和解，原则上超过 1 个月，问题仍无法解决时诉诸该机关。仲裁相关费用给予免除。

无论是以英美为代表的普通法系，还是以德日为代表的大陆法系，保险合同纠纷解决体系的构成都呈现日趋多元化的趋势，随之而来的问题是，如何处理传统的纠纷解决机制—诉讼与新兴的纠纷解决机制—ADR 机制之间的关系，使"解决争端过程的生态学"（ecology of dispute processing）和谐平衡③，是面临的挑战。

（作者：于海纯　对外经济贸易大学保险学院党委书记兼副院长，副教授）

① 详见日本生命保险协会"生命保険相談所一覧"，http：//www. seiho. or. jp/contact/local. html.

② 保监会法规部："日本的保险争议解决机制"，http//：www. circ. gov. cn/web/site0/tab211/i18030. htm.

③ 朱景文：《现代西方法社会学》，北京：法律出版社，1994 年版，第 199 页。

项目名称：北京市残疾人福利法制发展研究
项目编号：10BeFX084
项目负责人：韩君玲
项目信誉保证单位：北京理工大学

关于我国残疾人福利法律制度构建之思考

自1990年我国颁布《残疾人保障法》以来，残疾人权益保障事业取得了较大的发展，尤其是在残疾人就业、教育等方面取得了令人瞩目的成就，专门制定了《残疾人教育条例》及《残疾人就业条例》等。但是，据调查显示，目前，我国残疾人的需求中，医疗服务与救助、辅助器具、康复训练与服务、生活服务和无障碍的需求比例较高，而就业、教育等居于其次①。换言之，虽然残疾人的教育、就业等问题非常重要，但就我国的现状看，与之相比，解决与“残疾”特征密切相关的残疾人福利需求问题更为迫切。在现代社会，权利的保障主要通过法律才能实现，法律是对人权最基本的制度保障。然而，我国关于残疾人福利法律制度的建设却相当滞后，至今没有针对残疾人福利的国家层面的专门性法律，地方人民政府一般是本着《残疾人保障法》中关于残疾人“社会保障”一章的原则性规定，尝试着推行有关残疾人福利的各种地方制度与改革。随着保障残疾人的人权理念被国际社会广泛认可与接受，我国也越来越重视发展残疾人福利事业，认识到保障残疾人福利的最为有效的办法乃是建立残疾人福利法律制度，并保证使之得到贯彻实施。本文试图分析我国残疾人福利法律制度历史变迁的特点，审视我国残疾人福利法律制度的现状及问题，对如何构建我国残疾人福利法律制度提出立法建议。

一、我国残疾人福利法律制度历史变迁的特点

（一）从残疾人社会救济向残疾人社会福利保障思想的转变

贫困和残疾从历史的角度看，有着非常紧密的关联性，有时很难加以区分，而残疾人福利问题往往和残疾人贫困问题联系在一起。考察我国残疾人福利法律制度的发展历史，就会发现，在改革开放以前，我国对残疾人的保障主要体现的是社会救济思想，即维持其基本生活，相关措施主要是提供较

① 李迎生、厉才茂：《残疾人社会保障理论与实践研究》，北京：华夏出版社，2008年版，第208—209页。

低水平的生活救济金和福利机构，至于残疾人如何作为社会成员平等参与社会生活的权利思想未得到应有的重视。即使作为具有最高法律效力的宪法，对残疾人权利的保障规定也并不是十分明确。我国 1954 年宪法第 93 条规定："中华人民共和国劳动者在年老、疾病或丧失劳动能力的时候，有获得物质帮助的权利。国家举办社会保险、社会救济和群众卫生事业，并且逐步扩大这些设施，以保证劳动者享受这种权利。"1975 年宪法第 27 条第 2 款规定："劳动者有休息的权利，在年老、疾病或者丧失劳动能力的时候，有获得物质帮助的权利。"1978 年宪法第 50 条第 1 款规定："劳动者在年老、生病或者丧失劳动能力的时候，有获得物质帮助的权利。国家逐步发展社会保险、社会救济、公费医疗和合作医疗等事业，以保证劳动者享受这种权利。"上述三部宪法中都将获得物质帮助权的主体限定于"劳动者"，使其成为获得物质帮助权的特定主体，而"劳动者"的范围究竟有多大却无相关的宪法规定或解释，若从劳动法意义的"劳动者"这个概念来看，其是指在现代产业社会中受雇于他人，以工资报酬收入为基本生活来源的体力和脑力劳动者[①]。那么，城市中无劳动能力的先天性残疾人、未成年残疾人以及农村残疾人是否应包括在上述宪法中的"劳动者"范围内？退一步讲，即使从社会学意义的劳动者概念来看，社会学意义的劳动者是指参与实际的社会生产过程的人，其也很难将残疾者全部纳入劳动者的范围之内，如先天性残疾人、未成年残疾人等，因为他们几乎无法参与实际的社会生产过程。由此可见，作为先天性残疾人、未成年残疾人乃至农村残疾人是否能够成为获得物质帮助权的主体，从上述宪法的规定看不甚明确。更为甚者，1975 年宪法和 1978 年宪法还明确将"不劳动者不得食"作为一项分配原则规定在宪法中。既然如此规定，那么为何政府还要安排和照顾残疾人的生活呢？作为当然的归结，这只能说例外的制度安排体现了党和政府对残疾人的关怀与体恤之情，体现了社会主义制度无比的优越性。

改革开放后，我国进入了全面拨乱反正的社会建设时期。1982 年宪法第 45 条第 1 款规定："中华人民共和国公民在年老、疾病或者丧失劳动能力的情况下，有从国家和社会获得物质帮助的权利。国家发展为公民享受这些权利所需要的社会保险、社会救济和医疗卫生事业。"同条第 3 款规定："国家和社会帮助安排盲、聋、哑和其他有残疾的公民的劳动、生活和教育。"并且，废除了"不劳动者不得食"这项分配原则规定。这样，残疾人获得物质帮助的权利作为基本权利得到了宪法的确认。在国际上，联合国及国际劳工组织通过了 1971 年《智力迟钝者权利宣言》、1975 年《残疾人权利宣言》、1982 年《关于残疾人的世界行动纲领》，1983 年《残疾人职业康复和就业公约》、1990 年《关

① 董保华等：《社会保障的法学观》，北京：北京大学出版社，2005 年版，第 155 页。

于残疾人人力资源开发的塔林行动指南》、1991 年《保护精神病患者和改善精神保健的原则》、1993 年《残疾人机会均等标准规则》、2006 年《残疾人权利公约》等，这些国际性文件对全世界残疾人权益保障事业有着深远的影响。可以说，我国残疾人福利事业的发展与联合国一系列有关残疾人的文件出台有着密切的关系。联合国有关残疾人权利方面的公约等为我国残疾人权益保障事业提供了理念的指导，即在维护人的尊严之前提下，保障残疾人充分平等地享有各项权利与自由。1990 年我国制定了《残疾人保障法》，其中专章规定了"福利"，但对残疾人福利保障的权利性思想仍不明确。2008 年新修改的《残疾人保障法》则彰显了残疾人享有社会保障权利的思想，体现了残疾人实现自立与积极参与社会生活的立法目的。这在理念上的确是一个重大的进步，具有标志性意义，为今后残疾人福利法律制度的发展指明了方向。

(二)从残疾人福利法律制度城乡二元结构向一体化结构发展

综观我国残疾人权益保障的历史，不难发现，在计划经济时代，我国针对残疾人生活保障的法律制度实行城乡分而治之的二元结构模式，在城镇，主要依据劳动保险条例及城市社会救济政策对残疾人实行生活保障；在农村，主要依据农村五保供养制度，对残疾人实行社会救济，换言之，主要依靠农村集体经济组织来解决相关问题。然而，计划经济时期，我国社会的城乡差距和贫富差距不大，农村残疾人的生活保障水平与健全人相比，并无太大的差别①。改革开放后，随着我国社会经济的发展，农村残疾人的社会保障事业失去了经济基础，其社会保障水平与同时期的健全人相比，差距越来越大，如何保障残疾人等社会弱势群体的基本权利问题得到社会广泛的关注。与此同时，国际社会对残疾人权益保障的问题日益重视，自 20 世纪 70 年代开始，联合国出台了一系列有关残疾人权益保障的国际性文件，为各国残疾人事业的发展指明了方向。在这种国内和国际因素的作用下，我国 1990 年制定了《残疾人保障法》，开始在城乡一体化视野下对残疾人权益保障作出总体制度安排，从制度的设计上打破了以往城乡残疾人权益保障的制度藩篱。

(三)出现了残疾人福利保障综合立法与单行立法相结合的立法倾向

迄今为止，我国颁布了针对残疾人权益保障的专门法律《残疾人保障法》，这是一部有关残疾人权益保障的综合性立法，在该法律的统领下，国务院又颁布了《残疾人教育条例》、《残疾人就业条例》等专门行政性法规。虽然涉及残疾人医疗、康复及生活服务等内容的法律或行政法规还未出台，但残疾人福利保障综合立法与单行立法相结合的立法体系已具雏形。需要说明的是，社会学学者一般认为，在国际上，关于残疾人权益保障的立法模式主要有以

① 杜鹏、米红等：《中国农村残疾人及其社会保障研究》，北京：华夏出版社，2008 年版，第 386 页。

英国为代表的统一模式、以美国为代表的分立模式和以日本为代表的统分结合模式。这里的“统一”是指对残疾人的社会保障体现在与健全人的社会保障统一的立法之中，而“分立”是指针对残疾人的社会保障进行专门立法。本文所言及的残疾人福利保障综合立法与单行立法相结合模式，是指“分立”模式下的具体立法体系。

二、我国残疾人福利法律制度存在的主要问题

(一)我国残疾人福利立法的体系还未全面建立

我国有关残疾人福利的专门立法至今还未颁布，总体而言，处于立法缺失的状态。我国虽制定了一部残疾人权益保障方面的专门法律《残疾人保障法》，但该法是对残疾人权益保障的综合性、原则性立法，其中虽专设了“社会保障”一章，但涉及残疾人福利方面的立法内容过于笼统、原则，不具有操作性，仍需要制定专门性法律予以完善。现实中，残疾人的种类随着社会的发展和医学的进步，其分类越来越细化，范围也越来越广，至少可以分为身体残疾人、智力残疾人、精神残疾人等，各类残疾人的生活福利需求因残疾的种类不同而有很大区别，在我国相关立法经验还不成熟的情况下，或许分类制定身体残疾人福利法、智力残疾人福利法及精神残疾人福利法等是一种更为有效或实际的选择。此外，国务院颁布的行政法规，主要集中于残疾人就业、教育方面，涉及残疾人生活福利方面的行政性法规，仍属于立法空白。而且，就残疾人社会福利权保障的重要性而言，毕竟行政法规的规范力较弱，应通过制定法律对残疾人的社会福利权予以保障。

(二)现有法律制度对各类残疾人福利的保障有欠平等

一方面，是各类残疾人之间的福利权益保障不平等。目前，我国残疾人的类别定义为多重残疾、精神残疾、听力残疾、视力残疾、言语残疾、肢体残疾和智力残疾 7 种，每种残疾人对医疗康复、生活服务等福利方面的需求存在较大的差异，但总体而言，我国针对残疾人的福利保障方式比较单一，就现有的残疾人福利立法的内容看，较注重于对听力残疾、视力残疾、言语残疾、肢体残疾等身体残疾人的福利进行保障，而对智力残疾人、精神残疾人及其他残疾人等福利的保障存在很大缺失，各类残疾人之间的权益保障有欠平等。以精神残疾人为例，近年来，由精神残疾人实施的凶杀案频频发生，不绝于耳。统计数据反映，近年由精神残疾人实施的凶杀案占全国凶杀案的 7.8%，个别年份这一比例达 14%①。精神残疾人危害公共安全的事件时有发生，重性精神残疾人中有暴力倾向的占 1%至 2%，每年全国由精神病患者引发的刑事案件，达万起以上。人们在痛心和愤怒之余，不得不思考这样一个

---

① 鲁逸川:《在精神病患管理上政府应有更大作为》,《北京青年报》, 2010 年 4 月 14 日。

问题，即由精神残疾人引发的凶杀案为何如此之多？中国疾病预防控制中心精神卫生中心 2009 年年初公布的数据显示，我国各类精神疾病患者人数在 1 亿人以上，但公众对精神疾病的知晓率不足 5 成，就诊率更低。另有研究数据显示，我国重性精神病患人数已超过 1600 万，但他们当中有条件接受治疗的患者不到 20%。而所谓治疗绝大多数也是以门诊看病为主，住院治疗受个人经济条件、社会医疗资源等方面的限制，人数极少，看护重任主要落到了患者的家庭肩上。目前，我国正处于社会转型期，社会严重分化而造成人们的心理失衡及因生活节奏的加快导致社会普遍的心理紧张等因素，使当前我国精神残疾人数不断攀升。精神残疾人面临着缺乏基本社会福利保障、接受医疗康复困难、服务机构和设施缺少以及社会参与度低等严重问题[①]，如何保障精神残疾人群体的生活权益，是我国面临的一个迫切需要解决的重大问题。1985 年以来一直酝酿至今仍未出台的《精神卫生法》的立法初衷是基于公共卫生管理的需要而制定，经过二十多年的起草制定，目前立法的焦点也主要是集中于如何保障精神残疾人乃至健全人的人身不受非法拘禁而展开，对于精神残疾人而言，这充其量是一种司法福利，而非社会福利。直言之，仍未颁布的《精神卫生法》并没有立足于保障精神残疾人福利的思想或理念而制定。

另一方面，是城乡残疾人福利保障之间的不平等。由于受城乡分治的二元社会经济结构思想的影响，我国长期以来的残疾人社会保障制度存在着重视城市残疾人权利保障而忽视农村残疾人权利保障的倾向[②]。目前，国家现有的制度难以打破农村残疾人面临的困境，农村残疾人弱势特征明显，生活水平远低于健全人，社会保障缺口大，社会支持不足[③]。我国现有残疾人约 8300 万，约占总人口的 6.34%，其中 70%以上为农村残疾人。农村残疾人社会福利需求度与供给度之间存在较大缺口，实行分税制后，乡镇财政收支矛盾深化，基础教育、公共卫生、医疗保障等支出成为财政负担。社会化的保障机制还没有在农村残疾人中普遍建立，农村残疾人得不到应有的福利保障。

（三）保障残疾人福利的国家责任原则仍未得到切实体现

现今社会，对于许多承受着无法恢复的永久性残疾的个人来说，其不仅负担着现实的残疾，而且还不得不承受由此而产生的社会性制约。此外，残疾人的问题并不仅仅只和残疾人有关，而是和社会所有人都可能发生关系。交通事故、自然灾害、环境污染及社会压力所导致的残疾自不待言，年老是

① 曲相霏：《保障精神和智力障碍人的生命与尊严》，《河南省政法管理干部学院学报》，2010 年第 2 期，第 14 页。

② 杨思斌：《残疾人权利保障的法理分析与机制构建》，《社会保障研究》，2007 年第 2 期，第 178 页。

③ 杜鹏、米红等：《中国农村残疾人及其社会保障研究》，北京：华夏出版社，2008 年版，第 154 页。

所有人都将面临的现实问题，对于大多数人来说，因年老而导致的身体残疾、精神残疾无法避免。因此，不能把残疾仅仅当成是个人的问题而看待，而应将其作为社会问题来应对。从社会的最高统辖者国家的角度看，提高残疾人的福利并不意味着要等到国力增强时才考虑进行，为了使残疾人能够平等参与社会，国家必须为提高其福利而发挥作用。然而，就目前我国相关法律制度的现状而言，还存在着一些缺陷。

1. 政府开展残疾人福利保障工作的具体职责和开展福利服务工作的范围不甚明确

《残疾人保障法》第5条规定：国务院和地方各级人民政府负责制定全国残疾人事业发展纲要和地方发展规划和年度计划，“县级以上人民政府负责残疾人工作的机构，负责组织、协调、指导、督促有关部门做好残疾人事业的工作。”此外，第7条还规定：“国家机关、社会团体、企业事业单位和城乡基层群众性自治组织，应当做好所属范围内的残疾人工作。从事残疾人工作的国家工作人员和其他人员，应当依法履行职责，努力为残疾人服务。”但是，这些规定过于笼统，在国家责任的具体履行方面，各级政府部门的具体职责范围究竟多大，尤其是提供残疾人福利服务的组织和实施机构及人员配备等问题法律并无明确规定，这对残疾人福利的保障极为不利。实践中，负责残疾人福利服务的各地政府部门存在多头管理的情况，如何整合各级残联、民政、劳动保障、医疗卫生等部门的职能，实行科学联动管理是迫切需要解决的问题。此外，各地的地方政府由于对残疾人工作的重视程度及财政预算等因素的影响，提供残疾人福利服务的内容和水平也有很大差别，有些地方家庭依然是残疾人生活和服务保障的主要依靠，在农村其表现尤为明显。

2. 国家提供的残疾人福利保障的内容和标准存在缺失

虽然，《残疾人保障法》对残疾人的康复、社会保障、文化生活、无障碍环境等内容进行了规定，但体现残疾人特殊需求的生活服务保障，如对残疾人在医疗、辅助器具、生活护理等服务保障方面，国家能够提供的具体服务内容严重缺失，且已有的涉及生活服务方面的相关规定主要是以补贴的形式进行，而对于有特殊需求的残疾人来说，有形的具体服务更为重要。并且，在《残疾人保障法》中，即使对与残疾相关的补贴规定，也仍不够系统化①。此外，细化残疾人福利保障标准，加强残疾人福利服务设施建设，降低残疾人进入公益福利服务机构的收费标准等问题也需要通过立法予以明确。

3. 残疾人福利保障的财政负担迫切需要法定化

社会保障制度的推行恰恰最需要财政的保障，否则很难真正开展。长期

① 李迎生、厉才茂：《残疾人社会保障理论与实践研究》，北京：华夏出版社，2008年版，第225页。

以来，我国社会保障立法对于体现国家责任的社会保障费用负担问题讳莫如深，一贯性的做法是，要么在法律中不作出明确规定，要么采取笼统性或原则性的规定。我国《残疾人保障法》第5条规定："县级以上人民政府应当将残疾人事业纳入国民经济和社会发展规划，加强领导，综合协调，并将残疾人事业经费列入财政预算，建立稳定的经费保障机制。"但是，这个规定仍然太过笼统，实践中，我国对残疾人福利的财政保障机制存在一定的随意性，为此，必须从制度上建立残疾人福利财政保障机制。

三、构建我国残疾人福利法律制度的思考

残疾人"十二五"规划纲要中明确指出：今后要"完善残疾人事业法律法规政策体系，依法保障残疾人政治、经济、社会、文化教育权利。"可以断言，加快进行残疾人福利方面的法制建设，正是今后国家推进残疾人事业的重点任务之一。笔者认为，在构建我国残疾人福利法律制度时应把握以下几个方面。

(一)残疾人福利立法模式选择

目前，我国关于残疾人福利方面的专门立法明显缺失，虽然《残疾人保障法》对残疾人的福利问题进行了原则性规定，但其原则性内容亟待立法予以具体化，使其具有可操作性。这已成为不争的共识。然而，现实的问题是，如何立法？就我国目前的残疾人福利保障现状来看，若试图通过对《残疾人保障法》进行修改而在其中对各类残疾人的社会福利保障作出具体的、有针对性的立法规定，显然存在着很大难度。因为残疾人保障法涉及残疾人政治、经济、社会、文化教育、就业等权益保障的各个方面，就立法技术而言，只能对残疾人的各项权益保障作出原则性的规定，以体现其作为残疾人权益保障基本法的性质。至于涉及各类残疾人的各项权利保障，通过具体的专门性立法或其他一般性立法予以规定则更为有效。

笔者认为，如前所述，与"残疾"密切相关的残疾人社会福利的保障是残疾人各种权益保障的重中之重，残疾人的社会福利若得不到保障，其他权利的保障就会成为无源之水，无本之木。因此，对残疾人需求最大的社会福利的保障必须予以高度的重视，应通过专门立法使之明文化和具体化。在进行残疾人福利专门立法时，有两种思路：一是制定残疾人社会福利基本法，对保障残疾人福利的基本理念、原则、福利服务内容、实施机构和机制、费用负担、罚则等作出明确规定，然后，在该法的统领下针对不同残疾群体制定出具体的法律等。另一种思路是，直接制定单行法律，即按照残疾种类制定出专门的法律，如对身体残疾人、智力残疾人、精神残疾人等分别制定专门的福利保障法律。目前我国各种类型的残疾人福利问题日益呈露，残疾人福利法制体系建设是在政府提出的"以人为本"、"让每一位公民过上有尊严的生

活"这个指导思想下开始构建的，是有计划、有目的进行的社会建设活动，我国的相关立法应具有可持续发展性和科学性。因此，笔者认为，形式上，我国应首先制定《残疾人福利基本法》作为残疾人福利的框架法，以统合现行分散的制度，构建各类残疾人福利一体化的综合法律制度体系。然后在综合法制框架下，构建身体残疾人福利、智力残疾人福利、精神残疾人福利三大支柱法律制度。内容上，《残疾人福利基本法》应体现残疾人福利法制的基本理念、原则、制度内容以及法律责任等基本事项，以指导和制约残疾人福利法制发展的基本方向。在此基础上，制定身体残疾人福利、智力残疾人福利、精神残疾人福利等专门的单行性法律，对提供福利服务的内容、种类、程序及标准等进行细化规定，并对开展福利服务的政府机构及其他机构、福利费用负担、违法行为的制裁等实质性问题进行明确界定。总之，在残疾人福利法律制度体系构建之初必须高度重视立法工作，广泛听取社会各界特别是残疾人的意见和呼声，尽最大力量保证残疾人立法的科学性和民主性，为日后法律制度的实施奠定良好的立法基础。

(二)明确残疾人福利立法的基本理念

为了维护残疾人的合法权益，发展残疾人事业，保障残疾人平等地充分参与社会生活，共享社会物质文化成果，我国《残疾人保障法》第3条规定立法的理念是："残疾人在政治、经济、文化、社会和家庭生活等方面享有同其他公民平等的权利；残疾人的公民权利和人格尊严受法律保护；禁止基于残疾的歧视。禁止侮辱、侵害残疾人。禁止通过大众传播媒介或者其他方式贬低损害残疾人人格。"上述理念着眼于残疾人与一般健全人的平等权利保护而提出，但是，具体到残疾人福利立法，其立法理念应更加具有针对性和明确性。基于这样的考虑，笔者认为，我国残疾人福利立法应体现以下理念。

1. 保障残疾人福利权理念

如前所述，20世纪90年代以后，我国在解决残疾人的贫困、教育、就业等问题方面，付出了诸多的努力，近年来，残疾人福利保障工作也有了长足的发展。但是应该看到，我国现行残疾人福利法规政策仍存在着诸如残疾人权利平等保障、国家责任落实等重要问题，这些问题的存在表明，我国长期以来并未完全明确残疾人福利权保障的立法理念，关于这一点可以在具有最高法律效力的宪法相关规定中得到印证。

从立法的角度而言，建立一项法律制度，必须从宪法上寻找根本法依据。我国现行宪法关于残疾人福利权保障内容，主要体现在第45条的规定中。现行宪法第45条第1款规定："中华人民共和国公民在年老、疾病或者丧失劳动能力的情况下，有从国家和社会获得物质帮助的权利。国家发展为公民享受这些权利所需要的社会保险、社会救济和医疗卫生事业。"同条第3款规定："国家和社会帮助安排盲、聋、哑和其他有残疾的公民的劳动、生活和教育。"

对于现行宪法第 45 条的规定，从残疾人社会福利保障的角度看，笔者发现有两个问题值得注意：第一，上述规定本身是否包含残疾人社会福利保障的内容？从第 45 条第 1 款的前半部分规定看，该条款将物质帮助的范围用列举规定的方式明示，即其范围为“社会保险、社会救济和医疗卫生事业”。尽管我国关于社会保障的概念本身并未形成准确的定义，但对社会保障的范围基本达成了共识，即一般包括社会保险、社会救助、社会福利、社会优抚、公共卫生事业等内容。倘若如此，从宪法的规定看，很难说社会福利也包括在其中，因为医疗卫生事业充其量是社会福利事业的一部分，而非全部。第二，残疾人获得物质帮助权究竟是抽象性权利还是具体性权利？笔者对此持二分论的观点。具体地，第 45 条第 1 款规定了作为公民的残疾人有获得物质帮助权，这是毋庸置疑的，但仅仅依据宪法的这条规定残疾人是否当然地享有社会福利请求权仍是一个疑问。因为从第 45 条第 1 款的后半部分规定看，“国家发展为公民享受这些权利所需要的社会保险、社会救济和医疗卫生事业”这个规定究竟是国家应尽的法定义务还是努力奋斗的职责？学界观点见仁见智①。不仅如此，在同条第 3 款中还规定：“国家和社会帮助安排盲、聋、哑和其他有残疾的公民的劳动、生活和教育。”这个规定是否为国家的法定义务？何谓“帮助安排”？从宪法的规定看这些问题似乎不很明确，若将这些规定只是理解为国家努力奋斗的职责，那么，残疾人获得物质帮助权的性质就只能属于抽象性权利，该权利的实现必须通过具体的立法加以明确化。再者，即使该项权利是具体性权利，若残疾人认为自己的福利权被侵犯，如何救济自己的权利也是一个现实问题，在我国目前违宪诉讼制度还未建立的情况下，针对残疾人福利权保障的专门性立法就显得异常重要。

综上，尽管我国现行宪法第 45 条对残疾人是否享有与其“残疾”密切相关的福利权规定不甚明确，但 2004 年我国宪法修正案中增加规定了“国家尊重和保障人权”、“国家建立和健全社会保障制度”等内容，这些都为残疾人的福利权保障提供了重要的宪法依据。因此，必须确立残疾人的福利权保障理念，只有这样在立法目标上才可能主动及时地进行相关制度的安排，从而实现社会公平正义之终极目的②。因此，特别有必要在我国残疾人福利保障立法中明确残疾人福利权保障的理念，即承认残疾人享有社会福利方面的权利，应将残疾人在融入社会和参与社会活动过程中所遇到的障碍视为是对人权的侵犯③。

2. 维护残疾人尊严理念

“维护人的尊严”、“尊重个人”、“自己决定权”是许多国家宪法中规定的

---

① 龚向和、邓炜辉：《国家保障民生主义的宪政分析》，《河北法学》，2009 年第 6 期，第 32 页。
② 李磊：《社会保障权的宪法保护问题研究》，《河北法学》，2009 年第 10 期，第 58 页。
③ 陈新民：《残疾人权益保障——国际立法与实践》，北京：华夏出版社，2003 年版，第 3 页。

公民基本权利和自由，我国宪法中也有“国家尊重和保障人权”以及“公民的人格尊严不受侵犯”的规定。然而，在残疾人福利立法中，明确维护残疾人尊严理念有着其独特的含义。笔者认为，对残疾人尊严的保障具有消极和积极两个方面的内涵，消极方面的内涵是指，残疾人的人格尊严不受侵犯，禁止基于残疾的歧视，禁止侮辱、侵害残疾人；积极方面的内涵是指，残疾人既非被动的客体，亦非自由主义意义上独立自主的个人，而是在与他人共同生活中亲自承担责任的个人。强调维护残疾人尊严的理念，不仅可以减少虐待残疾人现象的发生，而且能够促进残疾人积极融入社会活动，后者的意义尤其重大。因为维护残疾人尊严的理念要求，在开展残疾人福利事业时，应本着帮助残疾人自立和参与社会生活为宗旨。这里所谓的“自立”，不仅仅指经济的自立，而且包括精神或人格的自立。长期以来，我国由于缺乏维护残疾人尊严的理念，尽管国家实施了一系列保障残疾人权益的措施，但对残疾人实施的福利政策所追求的终极目标往往是使其自食其力，在这种思想的指导下，我国残疾人福利政策更多关注的是为残疾人提供劳动就业的机会，帮助其实现经济的自立，而对与“残疾”有关的残疾人福利缺乏应有的重视。不容否认，有些残疾人或许终生都无法获得经济的自立，但这并不妨碍其作为具有能动性的主体在国家和社会提供良好社会福利的情况下获得精神或人格的自立，并因此而主动参与社会生活的各个方面。笔者认为，只有国家和社会深刻认识到这一点，我国的残疾人福利事业才能得到健康全面的发展。此外，强调维护残疾人尊严的理念，还意味着，残疾人福利事业的开展，必须基于残疾人的意愿而进行，其能够而且应当像其他社会成员一样决定自己的生活，在一定程度上有权自主决定福利的方式和福利服务机构，应避免出于福利保障的大义名分而不问残疾人的个人意愿如何强行进行福利保护的情况发生；残疾人应主动参与到国家残疾人福利法律及政策的制定过程中来，国家应倾听残疾人群体的诉求和呼声。为此，也需要在残疾人福利立法中注重对民主参与程序的保障。

（三）明确科学的立法构成

残疾人权益保障事业只有在国家主导下才能够推进和完成，这已是国际社会的共识。1982年12月3日联合国大会通过的《关于残疾人的世界行动纲领》中指出，无论在什么地方，对产生缺陷的条件进行弥补以及对致残后的种种后果进行处理的最终责任都要由各国政府来承担。因此，在进行残疾人福利立法时，应始终本着国家责任的思想构建立法内容。具体而言，第一，明确保障残疾人福利权和维护残疾人尊严的立法理念，表明实现残疾人自立和全面参与社会生活的立法目的。第二，明示基于主导地位的政府和负有社会连带责任的公民的责任与义务。第三，明确各级人民政府从事残疾人福利工作的政府实施机构体制，配备足够的专业人员从事提供残疾人福利服务的工作。第四，细化规定国家能够为残疾人提供的福利服务内容或范围及福利设施的种类与标准。因为这些关系到残疾人享有福利权的具体内容，反映着残疾人福利权的实现程度。第五，细化规定中央和地方各级人民政府负担福利费用的项目内容及比例，使其各司其职，保证福利费用负担落到实处。第六，明确各级人民政府与残疾人联合会及其他社会团体、基层群众性自治组织等的关系，发挥政府主导下的各社会团体及民间福利事业组织的力量。第七，明确残疾人权利救济的方式与程序。第八，规定罚则，对与从事残疾人福利工作和提供福利服务有关的人员或组织以及残疾人等违反法律规定的情形予以明确规定，并给予相应的处罚。

（作者：韩君玲　北京理工大学法学院副教授）

项目名称：高等学校创新功能的法律保障研究
项目编号：10AbFX088
项目负责人：龙文懋
项目信誉保证单位：首都师范大学

高校图书馆数字图书合理使用问题研究

数字图书，又称电子图书（e-book）[①]，关于它的定义鲜有学者专门研究，《牛津英语大辞典》的解释为：印刷书籍的电子版本，这种电子版本可以在个人电脑或为此特制的手持设备上进行阅读[②]。这个定义只是从外在特征或功用上对数字图书进行描述，并未表明其本质特征。另外将数字图书界定为印刷书籍的电子版本也不尽妥当，因为有相当数量的图书是直接表现为电子图书，而不是印刷书籍的电子化，这种界定带有明显的"后印刷时代"的印迹，还不能摆脱图书即印刷图书的传统思维。笔者认为，从文本表现方式和记载介质来看，数字图书与印刷图书（纸介质图书）有明显区别，它是以数字代码方式将图、文、声、像等信息存储在磁、光、电介质上，通过计算机或其他装有解读程序的设备使用，并且能够在网络上传播的新的图书形式。

数字图书较之传统图书（纸质图书）具有明显的优势：获取成本低廉，传播快捷，借阅复制方便，存储数量大、占地少，易于维护、保存，资料损耗小，资料二次加工和提取方便，等等。由于数字图书在获取、存储、传播、使用方面的优势，近年来我国高校数字图书馆发展迅猛，各个图书馆在数字图书（资料）的采购、馆藏图书资料的数字化及数字图书资料的阅览、复制服务等方面做了大量的工作，高校图书馆的存在样态与服务模式发生了巨大变化，可以说发生了自图书馆产生以来最为重大的"革命"。

然而随着高校数字图书馆的建设和发展，相关法律问题也纷至沓来，给高校数字图书馆建设带来巨大困扰，也对著作权制度提出了前所未有的挑战。

---

① 参阅维基百科"e-book"词条，原文 An e-book (short for electronic book, or E-Book), also known as a digital book，地址：http：//en. wikipedia. org/wiki/E-book # History.

② 英文原文"an electronic version of a printed book which can be read on a personal computer or hand-held device designed specifically for this purpose"，地址：http：//en. wikipedia. org/wiki/E-book # History.

《白领高手》作者诉中国人民大学、北京交通大学侵犯著作权案[①]，以及自由撰稿人李昌奎与十几所高校的著作权侵权纠纷，敲响了高校数字图书馆建设的著作权警钟[②]。目前，高校数字图书馆建设可能涉及的法律问题包括以下几种：第一，图书资料复制权问题。将图书作品数字化制作成电子版本，可以理解为对图书作品进行再一次复制使用，这有可能侵害著作权人的复制权。第二，数字作品网络传播权问题。将数字图书置于数字图书馆网站进行网络传播（包括在校园网内传播和公网内传播），可能侵犯著作权人的信息网络传播权。第三，作品发表权问题。将未发表的作品数字化并提供阅览、打印、下载服务，无论是在馆舍内进行还是在校园网、公网上进行，都涉及作者的发表权问题。第四，作品人身权问题。进入公有领域作品的采集和加工整理涉及作者的人身权问题，如保护作品完整权问题。第五，作品版式设计权问题。已经出版的图书、期刊的采集有可能侵犯出版者的版式设计权。第六，连带侵权问题。高校图书馆从数字出版商处购买数字图书，可能因为运营商侵犯作者著作权而负连带侵权、帮助侵权责任。总之，高校数字图书馆建设涉及复杂的著作权问题，存在巨大的法律风险，甚至已经产生一些诉讼、纠纷。对这些问题进行深入细致的研究，必将有益于信息化社会著作权制度的完善，也将有助于高校数字图书馆的建设和科学文化知识的传播和发展。有鉴于此，本文对于高校图书馆数字图书合理使用问题作一个初步研究。

一、公共图书馆纸介质图书的合理使用与合法使用

著作权合理使用是指著作权人以外的其他人不经著作权人同意，也不向其支付报酬，而直接使用著作权。著作权指的是作者或其他著作权人对特定作品享有的独占性权利，包括发表权、署名权、修改权、保护作品完整权等著作人身权和复制权、发行权、出租权、展览权、表演权、放映权、广播权、信息网络传播权、摄制权、改编权、翻译权、汇编权等著作财产权。基于著作权人享有的上述权利，著作权人以外的其他人未经权利人许可以上述任何一种方式"使用"作品，包括发表、修改复制、发行、出租、展览、表演、放映、广播、网络传播、摄制、改编、翻译、汇编作品等，一般而言均构成侵

① 新华网，《高校图书馆的数字化传播是否享有豁免权》，http：//www.bj.xinhuanet.com/bjpd-ds/2005-08/25/content_4971971_4.htm．2005年，《白领高手》作者以两校图书馆未经作者许可便将《白领高手》一书在图书馆网站上进行传播为由提起侵权之诉。虽然案件最后以庭外和解而告终，但这起案件引起了图书馆学界和法学界对高校数字图书著作权问题的第一次广泛探讨。

② 《一个人与数字图书馆的20起诉讼 版权"原罪"困扰数字图书产业》，http：//news.sohu.com/20071216/n254112967.shtml．从2006年11月起，自由撰稿人李昌奎陆续把哈尔滨广播电视大学、长春理工大学、对外经济贸易大学、北京理工大学、青岛理工大学、深圳南山大学等十几所在各自网站使用其作品的高校连同出版其作品的数字出版商告上法庭。正处于建设探索阶段的高校图书馆霎时间感到重重隐患，如李昌奎本人所说，数字图书的著作权问题成为"一座随时会喷发的活火山"。

权，但是在合理使用和法定许可使用的情况下除外。故此，著作权合理使用制度是对著作权人以外其他人使用作品的普遍禁止，它本质上是基于公共利益或公民个人基本权利而获得的、针对著作权的优先权。各国著作权法中合理使用通常包括以下一些情况：一是基于人们普遍的知情权而为之使用，主要是对各种事实信息，比如新闻、节目预告等而言。各国著作权法专家大多认为“言论自由”相对优先，从而知情权(资讯自由权)足以对著作权构成限制。合理使用的第二种情况是公务使用，指为执行公务的需要而对著作权的“进入”(ACCESS)。第三种情况是为科学研究而使用他人著作权，比如引用他人作品。第四种情况是为文化教育之目的而为之使用，如图书馆为保存版本需要而为之使用。

我国《著作权法》第二十二条就合理使用制度作了明确规定：“在下列情况下使用作品，可以不经著作权人许可，不向其支付报酬，但应当指明作者姓名、作品名称，并且不得侵犯著作权人依照本法享有的其他权利”。其中第八款规定了图书馆合理使用作品的情形：“图书馆、档案馆、纪念馆、博物馆、美术馆等为陈列或者保存版本的需要，复制本馆收藏的作品”属于合理使用。也就是说，图书馆为保存版本的需要，可以未经著作权人许可复制作品，也不必支付报酬。

另外，读者可以基于个人学习、研究、欣赏之需要复制图书馆中的作品，不构成侵权，这属于读者的“合理使用权”，而图书馆提供有关服务也不构成侵权，因此图书馆应读者之请求少量复制作品并将其提供给读者使用不构成侵权，这也可以算做图书馆合理使用作品的一种情形，当然图书馆可以合理使用作品是基于读者的合理使用权。

再者，由于针对纸质图书著作权人不享有“出租权”(音像制品的著作权人有出租权)，图书馆可以提供馆内和馆外借阅，不必经著作权人许可，不必支付报酬，不构成侵犯著作权人的权利。由于该种使用不被著作权法禁止，可以名之为合法使用。合法使用与合理使用的区别在于，合法使用是为著作权法不禁止的使用，而合理使用是作为著作权法普遍禁止的例外的使用。图书馆在馆内馆外借阅图书属于合法使用主要是由于著作权的“权利穷竭”，它指的是著作权人对于著作载体的控制权在该载体第一次合法转让之后即终止，即“权利穷竭”，以图书为例，图书售出之后，著作权人对它们不再享有支配权，购买者可以将图书转卖或赠与、借与、租与他人。著作权权利穷竭的原因在于作品载体的物权对于著作权的限制，也就是说著作权以作品载体的物权为边界而告穷竭。

总之，公共图书馆对于其馆藏纸介质图书可以复制以备馆藏、复制并提供给读者使用、向读者出借，不必经著作权人许可，也不必支付报酬，这属于合理使用或合法使用。

二、公共图书馆数字图书的合理使用与合法使用

(一)我国法律中关于公共图书馆数字图书合理使用的规定

上文提到的公共图书馆对于纸介质图书的合理使用和合法使用，并不自动延及数字图书，也就是说，虽然著作权法规定图书馆可以不经著作权人许可复制图书或向读者提供复制件，也可以出借图书，却并不当然地可以制作电子图书的复制件，或者将图书的电子复制件以拷贝的方式提供给读者，或者通过网络将图书的电子复制件提供给读者在馆内馆外阅览。另外，图书馆也并不当然地享有制作纸介质图书的电子复制件的权利。这里需要说明的是，我国《著作权法》保护的作品，包括文字作品、口述作品、音乐、戏剧、曲艺、舞蹈、杂技艺术作品、美术、建筑作品、摄影作品、电影作品和以类似摄制电影的方法创作的作品、工程设计图、产品设计图、地图、示意图等图形作品和模型作品、计算机软件、法律、行政法规规定的其他作品等，这些作品的载体既可以是纸介质，也可以光、电、磁介质，记载的方式既可以是图形、文字，也可以是数字编码，以纸介质和图形文字记载的便是传统意义上的“图书”，以光、电、磁介质和数字编码方式记载的便是“数字图书”。《著作权法》主要规定了“图书”及音像制品的著作权保护问题，对于“数字图书”的著作权保护基本没有涉及。也就是说，《著作权法》中的各种规定并不当然地适用于数字图书。

对于数字图书的著作权保护和使用问题，其他法规里有一些规定。比如《信息网络传播权保护条例》对于纸介质作品的数字化以及数字作品的网络传播作了规定，这些规定与图书馆使用数字作品有直接关系。该条例第七条规定：“图书馆、档案馆、纪念馆、博物馆、美术馆等可以不经著作权人许可，通过信息网络向本馆馆舍内服务对象提供本馆收藏的合法出版的数字作品和依法为陈列或者保存版本的需要以数字化形式复制的作品，不向其支付报酬，但不得直接或者间接获得经济利益。当事人另有约定的除外。”“前款规定的为陈列或者保存版本需要以数字化形式复制的作品，应当是已经损毁或者濒临损毁、丢失或者失窃，或者其存储格式已经过时，并且在市场上无法购买或者只能以明显高于标定的价格购买的作品。”

从以上规定中可以解读出以下一些含义：

第一，将纸介质作品转化成数字作品(数字化)属于著作权法上的“复制”行为。这意味着作者独占性地享有将作品转化成数字作品的权利，该权利是被作为著作权人的“复制权”加以保护的。这同时意味着立法上排除了另外一种思路：在著作权人的权利中另行设立“数字化权”，该权利由著作权人独占享有，从而未经权利人许可，其他人不得擅自将作品数字化。值得注意的是，2010 年修订的《著作权法》并未对《信息网络传播权保护条例》作出必要的照应，

在著作权人的复制权的规定中，并没有明确作品的数字化属于复制，这是由于立法者的疏漏还是由于不认同《信息网络传播权保护条例》的思路就不得而知了。

第二，公共图书馆为馆藏需要，对于损毁或濒临损毁、丢失或失窃、存储格式过时并且无法在市场上购买或只能以明显高于标定价格购买的作品进行数字化，属于合理使用。

第三，公共图书馆通过信息网络在本馆馆舍内提供上述作品的复制件，属于合理使用。

第四，公共图书馆通过信息网络在本馆馆舍内提供合法出版的数字作品，属于合理使用。

另外，由于除合理使用的情形外，任何人未经著作权人许可不得将其作品进行网络传播，所以实际上公共图书馆不得通过互联网向读者提供作品进行阅览。这里我们比较一下纸介质图书与数字图书的有关规定：可以说读者在馆舍内通过内网阅览数字图书类似于读者在馆舍内阅览图书，两者都是合法的，只不过对于纸介质图书而言馆内阅览属于合法使用，对于数字图书而言馆内阅览属于合理使用；而读者在馆舍外借阅纸介质图书属于合法使用，在馆舍外借助互联网阅览数字图书则被禁止，因为公共图书馆未经著作权人许可不得通过互联网提供数字作品，对于公共图书馆而言，通过互联网提供数字作品供读者阅览既不属于合法使用、也不属于合理使用。

（二）我国法律未曾明确的一些数字图书使用问题

我国法律对于一些数字作品使用问题作了明确规定，对于另外一些问题则没有明确规定：在未经权利人许可的情况下，公共图书馆将纸介质作品转化为数字作品是否合法？公共图书馆向读者提供数字作品的拷贝是否合法？公共图书馆将数字图书打印出来（制作数字作品的纸介质复制件）是否合法？这些问题迄今没有明确说法。

关于公共图书馆是否可以未经权利人许可将纸介质作品转化为数字作品，一般认为是不可以的，《信息网络传播权保护条例》也隐含了这种观点：该条例第七条规定，图书馆为保存版本的需要可以制作作品的数字复制件，但可以进行数字复制的图书仅限于损毁、失窃、存储格式过时且难以买到的图书。这意味着：第一，图书馆以外的其他主体未经权利人许可不得数字化作品。第二，图书馆未经权利人许可，不得对于特定作品外的其他作品进行数字化。也就是说，制作纸介质作品数字复制件的权利专属著作权人。遗憾的是《著作权法》未明确将作品数字化属于“复制”，所以著作权人将作品数字化的权利也就难以直接依据《著作权法》加以保障。另外除《信息网络传播权保护条例》有关合理使用的规定隐含了作品数字化的权利专属著作权人的法意外，现有立法并没有明确未经著作权人许可他人不得将作品数字化，这不能不说是一个缺憾。

关于公共图书馆向读者提供数字作品的拷贝是否合法以及公共图书馆将数字图书打印出来(制作数字作品的纸介质复制件)是否合法，我国现有立法也没有明确。在美国，数字作品的复制不属于合理使用或合法使用是和它有关纸介质作品的规定相一致的。美国法律规定，利用复制设备进行的个人学习、研究、欣赏性质的作品复制，复制载体和载体设备的制造者和进口者及设备的经营者(包括图书馆)应支付报酬。在我国，个人(包括图书馆为个人)复制纸介质图书属于合理使用，似乎图书馆为个人复制数字图书(包括提供数字作品的纸介质复制件)也应属于合理使用范畴。目前立法上还没有明确这一点，这是应该填补的漏洞。

三、高校图书馆数字图书合理使用问题的进一步思考

(一)高校图书馆通过校园网向师生提供数字图书应规定为合理使用

以上谈到的公共图书馆纸介质图书和数字图书的合理使用、合法使用的规定，均适用于高校图书馆。然而考虑到高校图书馆的特殊性，笔者认为数字图书的合理使用制度应该作一些调整。总体上看，高校图书馆只能通过馆舍内网提供合法出版的数字图书及某些纸介质图书的电子复制件的规定不尽合理，过于偏重保护著作权人的利益，对于高校的教育和文化传播不太有利。

合理使用制度本质上是对著作权人权利的限制，是出于保护公共利益和公民基本权利的目的而设置的，所以在保护著作权人的利益和维护公共利益及公民基本权利之间找到平衡点十分重要。为此，一些国家和学者提出了一些判断是否属于合理使用的具体标准：美国 1976 年著作权法第 107 条归纳了判断合理使用是否正当合理的诸种依据："(1)使用的目的和性质，包括这种使用是具有商业性质或者是为了非营利的教育目的；(2)有版权作品的性质；(3)同整个有版权作品相比所使用的部分的数量和内容的实质性；以及(4)这种使用对有版权作品的潜在市场或价值所产生的影响。"柯亨教授认为，判断合理使用的依据包括："(1)所使用之态样；(2)所使用之目的；(3)对原作之影响；(4)使用人所费劳动之多寡；(5)使用人所获利益之大小；(6)所涉作品之性质；(7)所使用资料之数量；(8)相对价值之多寡。"

以上述原则衡量，纸介质图书是可以适用向社会公众开放、馆内外借阅、文献复制等合理使用制度和合法使用制度的，这主要是由于：第一，公共图书馆具有非营利性，以文化教育等公共目的为设立初衷。第二，图书传播范围的有限性：图书馆的建筑容量，对同一书籍购买册数的有限性，及传统图书载体性质决定了能够借助同一图书馆同时阅读同一作品的人数非常有限。第三，作品使用的不便性：读者必须亲自到馆内才能进行阅读或者借阅，时间和距离的限制决定了读者不可能轻松随意地使用作品。第四，文献的复制受法律约束：各国法律都对私人复制作出了严格的限制，对使用目的、复制

部分占全部作品的比例、复制份数，都有虽不尽相同但也算颇为明确的要求。图书馆遵守这些法律要求，将作品的复制行为限定在合法的范围内。第五，对作品的潜在市场或价值的影响有限。读者要克服时间和距离的障碍来到图书馆，但由于馆容量和书籍册数的限定，也未必就能读到书，所以图书馆的开放，并不会在多大程度上取代读者对图书的购买。因此，图书馆的开放对“作品的潜在市场或价值的影响”是很有限的。

而对于数字图书，由于其获取成本低、传播效率高、便于阅览和复制、可同时供多人阅读等特性，直接适用合理使用制度和合法使用制度显然不妥。那么如果对于数字图书的利用作一些必要的技术限制，高校图书馆的数字图书可否满足合理使用的原则，进而适用合理使用制度呢？笔者认为答案是肯定的。高校图书馆在满足以下条件的情况下，可以不经著作权人许可通过校园网(而不是图书馆馆舍内网)向师生提供数字图书：第一，坚持非营利性、以高校教育和文化传播为目的；第二，设置网关，使数字图书只能在校园网范围内传播；第三，通过技术措施一定程度上增加阅览数字图书的难度；第四，施加技术措施控制复制件的获取。这样做实际上是基于高校图书馆的特殊性赋予其更广泛的合理使用数字作品的自由，以便利高等教育和文化传播。

高校图书馆较之一般公共图书馆具有以下特殊性：第一，开放对象的特定性。高校图书馆虽然不完全禁止校外人员阅览图书，但是主要是对本校师生开放，有别于向不特定公众开放的一般公共图书馆。第二，开放对象的有限性。由于高校师生数量是特定的，高校图书馆开放对象也是有限的，不同于一般公共图书馆。第三，负担特殊教育目的。公共图书馆虽然也承担文化传播和教育的责任，但是它负担社会一般文化传播和教育的责任，其读者虽然也包括未成年人、无经济收入者等，但主流群体是有经济能力、从事一定职业的成年人。高校图书馆面向接受高等教育的学生，他们大部分是没有收入的学生，为他们提供阅读图书资料的便利、降低其阅读图书资料的人力成本和经济成本无疑十分必要。基于高校图书馆的特殊性，对其通过校园网向师生提供数字图书的行为适用合理使用制度是必要的。另外，通过校园网向师生提供数字图书可以节约学校图书馆馆舍建设成本，减少国家在高等教育方面的投入，对于公共财政无疑也有裨益。

(二)高校图书馆数字图书合理使用的限制

上文笔者提出，我国应立法规定高校图书馆通过校园网向师生提供数字图书属于合理使用，而不是像目前这样仅仅规定在馆舍内通过内网提供数字图书属于合理使用。另一方面，为防止著作权人的权利受损，对于高校图书馆数字图书的合理使用应作必要的限制。要言之，高校图书馆只有满足以下条件才可通过校园网向师生提供数字图书：

1. 对数字图书的开放对象和网站同时在线人数进行限制

这主要是要控制数字图书的传播范围、避免对数字作品市场和价值的潜在影响。为此必须做到：

(1)服务对象限定为本校(在职、在校)师生。通过设置校园网网关可以很容易地做到这一点。

(2)限定数字图书馆网站同时在线人数。《美国数字千年版权法案(DMCA)》规定：数字资料“仅限于在馆内对大众提供，不得被借出或以网络传出馆外”[①]，我国的《信息网络传播权保护条例》第7条也将数字图书的开放范围限为“馆内”，但笔者认为这一规定的合理性值得商榷。

根据这一规定，高校师生只有利用学校图书馆内的电脑才能阅读数字图书。若想提高数字图书利用率，则学校需投入更大的物力、人力，而用这笔支出足以扩充传统图书馆的容量和规模。可能的更糟的情况是，学校大力投资做好了建设工作，师生们却因为每次都要到图书馆才能阅读这一“障碍”而没有多少使用的热情。

实际上，不论是我国的《信息网络传播权保护条例》还是美国的DMCA，限定图书馆开放的物理空间，无非是为了限制读者的数量。只要我们能对数字图书馆网站的同时在线人数进行限制，就足以实现这一目的。这就好比在网络空间里给数字图书馆盖了一座大楼，大楼能够同时容纳的读者数量被设定为N，如此一来，数字图书馆内的读者数就被限定在了N之内。

2. 对数字图书的阅览人数进行限制

控制图书馆的使用对作品市场和价值的影响原则还要求对同一图书的阅览人数加以限制。

图书馆对同一纸质书籍的购买册数是有限的，法律不允许它买一本书然后复制多本来使用，这就使得某一作品的使用者数量被限制住，作品的市场价值损害得以控制。但在数字化条件下，图书馆只需合法取得一本书的一份数字化形式，就可通过网络让多名读者阅读。数字化技术带来的著作权与物权的剥离，加上网络数据传输的便利性，造成了作品传播范围的无限延展，即使在限制数字图书馆网站同时在线人数的前提下，这种传播范围也有过分之嫌。

因此，我们必须借助技术手段将这一过分的范围加以限制，借助于上面的思路，我们可将数字图书的同时阅览人数限定为一个合理的数字，使能够同时阅览该作品的人数得以控制。这个数字应该比传统图书馆对同一书籍的一般馆藏册数大一些，但也不宜过大，具体应当如何设定(统一设定为一个数字还是不同书籍区别对待)，需要充分地调研与充分地论证，须经图书馆学界及法学界共同研究探讨，限于能力，笔者在此暂时不能给出答案。

3. 严格控制作品数字形式复制件的获取

作品的数字形式复制件如果流出馆外，很容易形成大范围传播，极大侵

---

① 《美国数字千年版权法案》第108条。

害著作人的权益。所以必须对此加以限制。

针对数字环境下的图书馆复制服务，美国《数字千年版权法案》第 108 条直接作出了完全的禁止性规定。而澳大利亚 2000 年《著作权修正(数字议程)法案》(The Copyright Amendment [Digital Agenda] Act)规定，在一定条件下[①]，图书馆"以电子形式取得已出版著作，成为馆藏的一部分时，图书馆……或档案机构可容许接触数字馆藏的人们使用诸如打印机等设备为数据之实体重制[②]。即读者可以在合理使用的范围内通过打印机等设备获得其实体形式的复制件。相比之下，我们认为后者的规定值得借鉴。如果读者仅能通过馆内的设备获取实体形式的复制件，则其对作品市场的影响与纸质图书的复制无异，仍然是非常有限的。

我们认为，如果通过施加技术措施限制数字复制件的再传播，那么许可读者在合理使用范围内获取数字复制件也未尝不可(但这复制件必然不能是作品之全部，否则前述要求限制同书同时浏览人数就失去意义)。据悉，超星数字图书馆就在推行这样的限制再传播技术，超星的读者可以下载图像格式的图书，但只能用超星阅读器阅读，而且最多只能由 10 台电脑阅读，这样可以保证下载的电子图书不能被多次复制。如果高校图书馆能够在数字图书服务中利用这项技术，从而有效地限制作品数字形式复制件的再传播，相信能够在保障著作权人权益得的同时能更好地满足师生的需求。

总之，我国应完善高校数字图书馆数字图书的合理使用制度，前提是施加必要的技术措施使其对著作权作品潜在市场或价值的影响保持在合理限度内，从而既有利于知识的传播，又保障著作权人的利益，达到"双赢"。

（作者：龙文懋　首都师范大学政法学院教授
高　震　首都师范大学政法学院学生）

① 具体条件内容可参见澳大利亚《著作权修正(数字议程)法案》第 51A 条。

② 根据相应规定，接触资料的人们可以根据合理使用的规定(例如允许个人为研究或学习之用，第 40 条)打印一定数量的数据。

项目名称：首都公安队伍职业化现状评估与发展研究
项目编号：10AbFX091
项目负责人：张　光
项目信誉保证单位：中国人民公安大学

首都公安队伍职业化建设评估体系构建及实证研究

促进职业化发展是公安队伍建设的一个重大课题。2008年孟建柱部长提出："全国公安机关要按照中央政法委的统一部署，深入学习党的十七大和胡锦涛总书记在全国政法工作会议上重要讲话精神，紧密结合本地区、本部门、本警种的实际，着力解决在工作理念、工作机制、执法实践、纪律作风等方面存在的突出问题，着力提高公安队伍的职业化水平，不断推动公安事业的进步与发展。"①公安队伍职业化建设就是要建立一套符合警察职业要求和职业特点，保障公安机关和人民警察依法公正行使职权的有效制度和机制，造就一支素质优良、品德高尚、业务扎实的职业化公安队伍。加快公安队伍职业化建设进程，已经成为新形势下公安机关加强能力建设的重要内容，成为提升公安队伍整体素质，提高公安队伍战斗力的重要途径。

北京是中国的政治、经济、文化中心，首都公安队伍承担着更加繁重的公安保卫工作，高强度、高压力的工作任务和环境，对首都公安队伍职业化建设提出了更高更严格的要求。对首都公安队伍职业化现状进行客观的评价，并在此基础上提出公安队伍职业化建设的发展方向，具有重要的现实意义。为此，本论文拟以首都公安队伍职业化建设评估为题，开展初步探索和研究。本论文将在全面系统分析公安队伍职业化内涵、职业化建设标准等理论问题的基础上，针对首都公安队伍职业化建设的现状，构建出有较强针对性和实用性的评估体系，在对首都公安队伍职业化水平做出客观评价的基础上，提出进一步改进与完善职业化建设的途径。

① 孟建柱：《切实加强公安队伍的职业化建设》，http：//www.gs.xinhuanet.com/gsgaw/2008-05/06/content_13178786.htm，2008-05-06.

一、公安队伍职业化的内涵及构成

(一)职业化及公安队伍职业化

根据中外学者对“职业”定义与特征所做的研究，一般认为，职业是具有专业知识和技能的从业人员为获得主要生活来源而从事的全日制的社会工作。职业具有经济性，它需要取得报酬以维持生计；职业具有社会性，它是社会发展的产物；职业具有专业性，它必须具有特定的知识和技能。①

因此，一般认为“职业化”是指从业人员从非职业状态逐渐过渡到职业状态，在知识、技能、观念、思维、态度、心理上符合职业规范和标准。简言之，从业人员在正确的时间、正确的地点，用正确的方式，说合适的话，做合适的事。“职业化”包含两层含义：一是强调状态，是指一个职业群体的职业化处于何种状态；二是强调过程，是指一个职业群体由非职业状态变为职业状态的变化过程。

公安队伍职业化的内涵是指为了满足经济社会发展需要，在公安工作中，要求公安队伍这一特殊群体应具有共同的职业意识、崇高的职业道德、专业的职业技能、良好的职业形象，依靠科学的管理机制和完善的职业保障体系，为社会提供更加专业、更加高效的公共安全服务的职业化过程。

(二)公安队伍职业化构成要素

公安队伍职业化建设的根本目的是将职业化的理念渗透到公安工作的各个环节，由非职业化向职业化发展的动态过程，可将公安队伍职业化构成要素划分为民警个人内在要素和公安机关制度要素。

1. 民警职业化内在要素

(1)职业资质②。职业资质是被社会认同的，从业人员从事某一职业必备的专业知识、职业素质和职业能力的基本要求。随着社会分工日益细化，越来越多的职业提出更高的职业资质，职业资格制度也会日趋完善，因此，拥有职业资质就拥有了进入某一职业领域的通行证。如从事心理咨询工作必须持有国家心理咨询师证书，从事教育工作必有持有教师资格证。从2011年1月1日起，公安机关实行人民警察执法资格等级考试，通过等级考试的人民警察才具有执法资质，由此，在加快公安队伍职业化建设进程中又迈出了新的一步。

(2)职业素养。职业素养是职业人在工作过程中表现出来的综合品质，不仅要具备专业知识，还包括职业意识、职业形象、职业道德、职业作风等方面。根据警察职业化的特点和要求，将公安队伍职业化的职业素养概括如下：

---

① 孙琴：《公共人力资源职业化研究》，安徽大学硕士学位论文，2007年。

② 景亭：《中国公务员职业化问题研究》，南京师范大学博士学位论文，2007年。

①职业意识。职业意识是职业人对职业劳动的认识、评价、情感和态度等心理成分的综合反映，是支配和调控全部职业行为和职业活动的调节器，不同职业反映的职业意识略有不同，但任何职业的职业意识的产生和发展都经历了漫长的过程。警察职业意识也随着社会的发展而变化，在现今的社会环境下，警察的职业意识主要有以下几个方面：

一是大局意识。当前，在全面建设小康社会和构建社会主义和谐社会的大背景下，公安机关作为全面建设小康社会和构建社会主义和谐社会的保卫者、参与者和建设者，必须把握好这个大局。针对新情况、新问题，要有效加强对整个社会治安形势的把握和控制，进一步提高维护国家安全和社会稳定的能力。

二是政治意识。各级公安机关和人民警察必须坚持正确的政治方向，在任何时候、任何情况下都要坚决维护社会政治稳定，维护国家统一和民族团结，维护宪法确定的基本政治原则。

三是忧患意识。在新时期，国家安全和社会政治稳定的任务更趋复杂艰巨。目前，各类犯罪仍未得到有效控制，群体性事件仍不断上升，面对新任务、新挑战，各级公安机关和广大公安民警务必保持清醒头脑，切实增强居安思危、未雨绸缪的忧患意识，始终保持高昂的斗志，高标准、高质量地开展公安工作。

四是群众意识。公安机关及其人民警察以全心全意为人民服务为宗旨，公安机关一切工作都是为了维护最广大人民群众的根本利益。要牢固树立“人民公安为人民”的理念，坚持打击、管理、服务的一致性，增强主动服务、平等服务、公开服务、高效服务的观念，不断提高服务质量和水平。

五是法治意识。在依法治国进程中，公安机关必须充分发挥职能作用，带头维护法律尊严。因此，上至领导干部下至基层民警，都要确立法律意识，要学法、懂法，严格执法，始终以事实为依据，以法律为准绳，坚持公开、公平、公正的原则，依法保护人民群众的各项合法权益。

②职业形象。形象指一个社会组织及其行为在公众心目中所确立的综合印象，即公众对一个社会组织的全部看法和总体评价，形象的好坏直接影响社会公众对职业的评价。[①] 警察职业形象是社会公众对公安机关和人民警察总体的概括认识与评价。警察形象通过仪表形象、执法形象、服务形象、社会形象等表现出来。良好的警察职业形象是公安队伍的一面旗帜，不仅体现了公安机关的精神风貌，而且具有强大的感召力、凝聚力和沟通力，对促进公安队伍职业化建设，提高公安队伍职业素养具有重要作用。

③职业道德。职业道德是对从业者的职业活动自始至终起到约束和指导

① 熊艳：《试析我国新闻媒体中的警察形象》，华中科技大学硕士学位论文，2009 年。

作用的行为规范。人民警察职业道德是人民警察在职业活动中反映出来的道德观念和道德活动能力的总和，是人民警察之间、人民警察与社会之间、人民警察职业内部之间、人民警察与职业活动对象之间的标准和规范，是评价人民警察是非、真假、美丑、荣辱的标尺。[①] 人民警察的职业道德是根据社会主义道德的基本原则、传统的社会公德及其自身的职业规范建立起来的，依据《人民警察职业道德规范》将警察职业道德概括为：对党忠诚、服务人民、秉持执法、清正廉明、团结协作、勇于献身、严守纪律、文明执勤。

(3)职业技能。职业技能即职业能力，是从业人员从事职业活动、履行职业责任必备的能力和手段。公安机关担负特殊的任务和社会责任，其职业技能不同于一般国家公务员，公安队伍职业化建设不仅要求警察具有过硬的身体素质，掌握一定的法律知识，还要拥有一定的基本警务技能，如：擒拿格斗、射击、警务驾驶、游泳等。目前，我国的公安队伍职业化建设过程中存在只注重对基层民警、年轻民警的培训，忽视对中高层领导的技能培训的倾向，对不同层级的职业技能培养缺乏侧重。因此，将警察职业技能按人民警察管理类职业技能、执法类职业技能、技术类职业技能进行划分，分类别、有重点地进行职业培训和考核，可大大提高职业技能培训的针对性和有效性。

(4)职业行为。职业行为是从业者对职业活动的认识、评价、情感和态度等主观意识的行为反映。职业行为是职业人在工作中对上级、同级、下级、工作对象的活动总和，职业行为的行为方式与职业环境、职业纪律、职业素质有关。公安机关的职业行为通过人民警察个体来表现，因此，民警个体的职业行为是否符合职业规范在一定程度上影响公安机关的职业形象。《中华人民共和国公务员法》、《中华人民共和国人民警察法》、《中华人民共和国人民警察使用警械和武器条例》等法律法规规范了执法行为和服务行为，要求每个民警必须自觉遵纪守法，约束自己的行为或行动，符合职业化要求。

2. 公安机关制度要素

(1)职业录用制度。民警录用属于国家公务员录用的范畴，是从外部获取警察人力资源的重要方式，因此，在坚持国家公务员录用制度和原则的同时，也要满足公安机关的特殊要求，从源头保证警察的职业素质。要坚持公开、平等、竞争、择优原则，进行规范的笔试和面试，对政治审查、体能测试、心理素质、综合能力等设定严格标准，运用多种测试方法，全面考察、了解被录用对象，将符合警察职业要求的优秀人才纳入公安队伍，为公安队伍职业化建设打下良好的人才基础。

(2)职业保障制度。人民警察是保卫国家、保护人民的忠诚卫士，其工作

① 贵玉君、张士清、潘德平等：《人民警察素质测评研究》，北京：中国人民公安大学出版社，2004年版，第85页。

内容包含方方面面，工作对象群体复杂，工作环境多变，与其他类公务员相比，警察工作具有复杂性、艰苦性、冲突性、高应激性、高风险性和易受腐蚀性等特点。由于职业的特殊性，警察承受着远大于常人的风险，每年都有许多警察因公致疾，甚至是牺牲生命，为了让广大民警安心工作，为了不让更多的英雄既流血又流泪，注重人民警察各方面的保障是公安队伍职业化建设的重要内容之一。职业保障形成制度化、法制化的体系，其内容不仅仅体现在工资福利、退休养老、住房、医疗、休假、抚恤、装备等物质方面，还体现在提高警察社会地位、保护警察合法权益，从物质和精神两个方面保障警察职业安全，切实解除后顾之忧。

(3)职业监督体系。警察监督体系是我国行政监督的重要组成部分，也是加强公安队伍建设，落实“从严治警、依法治警”方针[①]的重要措施和途径。《中华人民共和国人民警察法》和《中华人民共和国公安机关督察条例》等法律法规的颁布实施标志着公安机关的监督体系已经基本形成，但经济社会的发展，对警察职业提出了更高的要求，因此，进一步完善符合警察职业特点的内、外部监督制约机制，加强廉政建设，保持公安队伍的纯洁性具有重要现实意义。

二、首都公安队伍职业化建设评估体系构建

(一)确定首都公安队伍职业化建设评估主体

科学组合评估主体是构建首都公安队伍职业化建设评估体系，保证评估有效性的重要前提，确定评估主体就是确定由谁直接或间接地进行评估，因此，遵循评估主体多元结构原则，运用360度反馈评估方法，结合公安工作特点，确定首都公安队伍职业化建设评估主体。

360度反馈评估法是20世纪80年代由美国学者艾德沃兹(Edward)和艾文(Ewen)在一些企业组织中不断发展而成的，不仅体现了“组织调查”，“全员质量管理”，“发展回馈”，“绩效评估”，以及“多元评估系统”，而且符合“公开、公平、公正”的管理精神，更符合时代的潮流与趋势。[②] 评估主体多元结构是保证评估有效性的一个基本原则，科学、经济地组合评估主体也是建立评估指标体系的基础。不同评估主体由于素质和主观态度的差异，对评估标准及评估方法理解不一致，可能造成评估结果的失效。因此，要选择经过评估培训，掌握评估技术，具备一定素质的，与评估对象有直接、密切联系的人作为评估主体，对评估对象进行多角度、多层次、综合性的评估。

① 陈德祥:《在职民警培训正规化建设若干思考》,《中国人民公安大学学报》(社会科学版),2008年第6期,第37页。

② 范柏乃:《政府绩效评估与管理》,上海:复旦大学出版社,2007年版,第144页。

为了全面评估首都公安队伍职业化建设水平，依据360度反馈评估方法，将上级公安机关、地方党委和政府、专家评估、同级评估、自我评估、人民群众确定为评估主体。见下图：

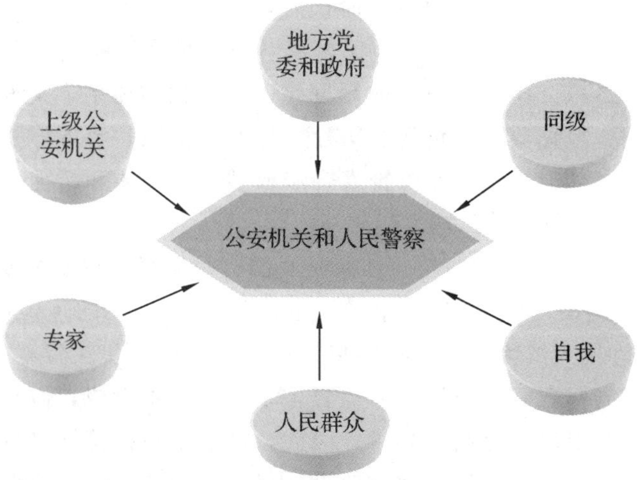

首都公安队伍职业化建设评估主体

1. 上级公安机关

“统一领导，分级管理，条块结合，以块为主”的公安领导体制①，决定了全国公安工作在公安部的统一领导下进行，上级指导下级公安机关业务，承担下级公安工作结果。上级公安机关需全面了解下级公安机关的工作绩效和工作质量，同时，也需要引导、激励、监督下级公安机关正确履行职责。

2. 地方党委和政府

各级公安机关是各级地方人民政府的组成部分，必须在同级政府领导下开展工作。地方公安机关必须置于同级党委的实际领导之下，同时接受同级地方人民政府的领导。各级公安机关的主要职责就是巩固共产党执政地位、维护国家长治久安、保障人民安居乐业，在地方党委政府的领导下保一方平安，为地方经济建设保驾护航。② 公安机关的工作做得好不好，是否发挥应有的作用，同级地方党委和政府最具有发言权，作为评估主体能够提供客观公正的评价。

3. 专家评估

聘请相关领域的专家成立评估小组，根据一定的评估指标和评估标准，对公安队伍职业化建设开展评估，并将评估结果提交给相关机构作为最终结

① 公安学基础理论教程编写组：《公安学基础理论教程》，北京：中国人民公安大学出版社，1995年版，第176页。

② 蔡晓燕：《江西公安机关优化警力资源配置问题研究》，南昌大学硕士学位论文，2009年。

果的一部分。

4. 自我评估

自我评估是公安机关或公安民警自身充当评估主体对自身的职业化水平进行评估。公安机关从宏观层面进行自我评估，民警从微观层面进行自我评估，只要设计合理、客观的评估指标，不仅能抑制主观随意性，还能体现主人翁地位，提高广大民警的自我管理意识和能力。

5. 同级评估

同级评估是相关单位之间或同事之间互评，相关单位之间在业务上有往来，对对方单位的工作流程、效率有所了解，同事之间在日常工作中交流较多，相互熟悉，在相关单位或同事之间进行互评，对比同级评估结果与自我评估结果，更能客观地反映事实。

6. 人民群众评估

《中华人民共和国人民警察法》第三条规定："人民警察必须依靠人民的支持，保持同人民的密切联系，倾听人民的意见和建议，接受人民的监督，维护人民的利益，全心全意为人民服务。"①人民群众既是公安机关的服务对象，又是公安机关的监督主体，因此，人民群众是公安队伍职业化评估最具有发言权、最不可或缺的评估主体。人民群众作为评估主体，能够最真实、最直观地体现出对评估对象的满意度，弥补了仅由内部开展评估的不足。

由于上述评估主体在评估过程中所具有的局限性，仅依靠单个评估主体作出整体的评估结论，容易有失偏颇，只有将所有的评估主体的评估结果进行必要的整合，才能更科学、客观、公正地评估出公安队伍职业化建设的真实水平。

(二)首都公安队伍职业化建设评估指标体系的建立

1. 建立首都公安队伍职业化建设评估体系的原则

公安队伍职业化建设评估是一个动态、复杂的过程，为了保证整个评估工作的系统性、科学性，在构建指标体系的过程中必须遵循一些原则，具体如下：

(1)科学性原则。构建评估指标体系必须遵循科学性原则，公安队伍职业化建设评估是依据公安队伍职业化特色，借鉴人力资源管理者评价指标理论，并依据指标间的逻辑关系构建符合公安队伍职业特点的指标体系，再采用适当的分析方法进行数据处理，使评价结果能够客观地反映我国公安队伍职业化建设现状。

(2)系统性和层次性原则。公安队伍职业化建设评估体系是一个相对开放的，由若干相互联系的要素组成的复杂系统，这些要素，相互影响和制约，

① 《中华人民共和国人民警察法》，北京：中国法制出版社，2010年版。

形成一个多层次、多目标、多结果的有机整体。同时，这些要素可以分为若干个子系统，每个子系统之间具有一定的逻辑关系，按照某些原则合理地分层次设置指标，形成适合的、可测定的、可评价的指标层次体系。

(3)可操作性原则。可操作性原则是指公安队伍职业化建设评估的指标体系在日常操作中的方便程度。在构建评估指标体系时，必须考虑相关指标内涵是否明确，指标操作是否方便，选择被量化的指标是否科学，资料和数据的收集是否有难度，以及整个指标体系的构成是否科学合理等。

(4)导向性原则。导向性原则要求在构建公安队伍职业化评估指标体系时，以履行警察职业职责和满足公众需求为出发点，不仅要全面反映出公安队伍职业化建设的现状，而且还能够体现公安队伍职业化的发展趋势，为公安队伍职业化建设指明方向，引导相关部门有效地开展提高公安队伍职业化程度的工作。

(5)定量分析与定性分析相结合的原则。定量分析和定性分析都有各自的局限性，在实际评估中，二者相互补充，缺一不可。定量分析方法不是万能的，它不可能将所有的评价对象量化，如意识、能力、心理，这些评估对象是难以量化的，必须借助于定性分析方法。在选择评估指标时，尽可能选择可量化的指标，提高准确性，对于难以量化而又必须存在的指标，可采用主观打分的方法进行间接量化。但最终评价结果应形成一个量化的结果，以排除定性分析中主观因素或不确定性因素的影响。

2. 首都公安队伍职业化建设评估体系的指标设计

目前，对公安队伍职业化建设评估体系的研究甚少，大多停留在公安队伍职业化建设的理论层面，或是对人力资源管理者、职业经理人、老师、律师等职业的评估研究，通过整理相关材料，遵循职业化指标体系设计原则，根据职业化和公安队伍职业化建设的理论，结合首都公安民警的职业特点，确定了公安队伍职业化建设评估指标体系的内容。见表 1：

表 1　首都公安队伍职业化建设评估体系

一级指标	二级指标	序号	三级指标	标准分
职业资质(20 分)	学历(6 分)	1	各层次学历所占的比例	6
	各类相关资格证书(7 分)	2	取得各类相关资格证书的比例	7
	执法资格考试(7 分)	3	通过执法资格考试的比例	7

续表

一级指标	二级指标	序号	三级指标	标准分
职业素养（25分）	职业意识（7分）	4	考试合格率	3
		5	测评情况	4
	职业形象（9分）	6	考试合格率	4
		7	测评满意度	5
	职业道德（9分）	8	考试合格率	4
		9	测评满意度	5
职业行为（30分）	执法行为（15分）	10	执法用语合格率	3
		11	执法举止合格率	3
		12	处置案件合格率	3
		13	使用武器、警械合格率	3
		14	行政强制措施投诉率	3
	服务行为（15分）	15	相关信息公众知晓率	5
		16	行政审批效率	5
		17	群众满意度	5
职业技能（25分）	管理类职业技能（10分）	18	考试合格率	5
		19	测评情况	5
	执法类职业技能（8分）	20	考试合格率	4
		21	测评情况	4
	技术类职业技能（7分）	22	考试合格率	4
		23	测评情况	3

三、首都公安队伍职业化建设实证研究

(一)基础数据获取

北京市某公安分局，辖区总面积为84.32平方公里，人口共35万人，共有在职民警1170人。该公安分局坚持科学发展观，认真贯彻落实“第二十次全国公安会议”的会议精神，积极推进公安队伍职业化建设，取得显著成绩。现通过实地查阅资料、问卷调查及走访座谈等形式取得该单位公安队伍职业化建设评估所需的职业资质、职业素养、职业行为、职业技能等方面相关数据。

(二)评估结论研判

结合数据分析得知，该公安分局公安队伍职业化建设总分为83.5分，各

部分得分情况见表 2：

表 2　北京市某公安分局职业化建设评估得分表

职业资质	职业素养	职业行为	职业技能	总分
16.5	24	19	24	83.5

从评估分析的整体结果来看，北京市某公安分局职业化建设总体水平较高，为 83.5 分。

从各构成要素来看：

(1)职业资质为 16.5 分，可折算为 82.5 分；

(2)职业素养为 24 分，可折算为 96 分；

(3)职业行为为 19 分，可折算为 63 分；

(4)职业技能为 24 分，可折算为 96 分。

由此可看出，该公安分局公安队伍职业化建设进程中，职业行为与标准要求还有一定距离，应成为今后的改进建设的重要方向。

参考文献

[1]孟建柱：《切实加强公安队伍的职业化建设》，http：//www. gs. xinhuanet. com/gsgaw/2008-05/06/content _ 13178786. html，2008-05-06.

[2]The SHRM Learning System. Mpdule 1：Management Practices. Alexandria，VA：Society for Human Resource Management，2003. 3-5.

[3]Timothy Belcourt and Victor Catano. HR morphs from a‘job’ to a profession. Canadian HR Report，2006.

[4]国家职业分类大典和职业资格工作委员会：《中华人民共和国职业分类大典》，北京：中国劳动社会保障出版社，2008 年。

[5]赵康：《专业、专业属性及判断成熟专业的六条标准》，《社会学研究》，2002 年第 4 期。

[6]徐国成：《我国公务员职业化研究》，《网络财富》，2009 年第 8 期。

[7]孙琴：《公共人力资源职业化研究》，安徽大学硕士学位论文，2007 年。

[8]饶征、彭青峰、彭剑茹：《任职资格与职业化》，北京：中国人民大学出版社，2004 年。

[9] Richard H Hall. Occupations and Social Structure. Englewood Cliffs：N J，Prentice Hall. 1969.

[10]秦朝钧、冯方、邹文娜：《职业化养成理论与实践》，武汉：华中科技大学出版社，2009 年。

[11]赵曙明：《人力资源经理职业化的发展》，《南开管理评论》，2003 年第 5 期。

[12]宇卫昕：《人力资源管理者职业化研究》，南开大学硕士学位论文，2005 年。

[13]唐洁、龙波：《加强公安队伍职业化建设的几点思考》，《湖北警官学院学报》，2009 年第 1 期。

[14]李龙：《警察职业化及其建设问题纲要》，《北京人民警察学院学报》，2006 年第 4 期。

[15]石启飞：《警察职业、职业警察与警察职业化》，《辽宁警专学报》，2007 年第 1 期。

[16]马德才:《公安队伍职业化建设的实现路径探讨》,《公安研究》,2010 年第 10 期。
[17]韩德明:《警察职业化的理念要旨和制度历程》,《中国人民公安大学学报》,2006 年第 1 期。
[18]叶宏杰:《从杨佳袭警谈加强警察职业化建设》,《公安研究》,2008 年第 11 期。
[19]王辉忠:《公安队伍职业化建设研究》,《公安研究》,2008 年第 10 期。
[20]卓越:《公共部门绩效评估》,北京:中国人民大学出版社,2004 年。
[21]张旭霞:《公共部门绩效评估》,北京:中国商务出版社,2006 年。
[22]周凯:《政府绩效评估导论》,北京:中国人民大学出版社,2006 年。
[23][美]尼古拉斯·亨利:《公共行政与公共事务》,北京:中国人民大学出版社,2003 年。
[24]Evan M Bermen. Productivity in Public and Nonprofit Organization-Strategies and Techniques Thousand Oaks, CA: Sage Publications, 1998.
[25]胡宁生:《公共部门绩效评估》,上海:复旦大学出版社,2003 年。
[26]彭国甫:《对政府绩效评估几个基本问题的反思》,《湘潭大学学报》,2004 年第 5 期。
[27]刘旭涛:《政府绩效管理》,北京:机械工业出版社,2003 年。
[28]公安部政治部:《公安基础知识》,北京:中国人民公安大学出版社,2007 年。
[29]邓小平:《思想路线政治路线的实现要靠组织路线来保证》,见《邓小平文选》(第 2 卷),北京:人民出版社,1994 年。
[30]徐镇强:《警察专业化发展问题研究》,《江苏警官学院学报》,2009 年第 1 期。
[31]景亭:《中国公务员职业化问题研究》,南京师范大学博士学位论文,2007 年。
[32]熊艳:《试析我国新闻媒体中的警察形象》,华中科技大学硕士学位论文,2009 年。
[33]贵玉君、张士清、潘德平等:《人民警察素质测评研究》,北京:中国人民公安大学出版社,2004 年。
[34]陈德祥:《在职民警培训正规化建设若干思考》,《中国人民公安大学学报》(社会科学版),2008 年第 6 期。
[35][美]罗伯特·B. 登哈特著,扶松茂等译:《公共组织理论》,北京:中国人民大学出版社,2003 年。
[36][英]亚当·斯密著,杨敬年译:《国富论》,西安:陕西人民出版社,2001 年。
[37]孙柏英、祁光华:《公共部门人力资源管理》,北京:中国人民大学出版社,2004 年。
[38][美]加里·贝克尔著,彭建松译:《家庭经济分析》,北京:华夏出版社,1987 年。
[39]程琳、张惠文:《警察人力资源开发和管理的理论与实务》,北京:中国人民公安大学出版社,2002 年。
[40] Riehard S Williams. Performance Management, London: Internationgal Thomoson Business Press, 1998.
[41]财政部财政科学研究所绩效预算课题组:《美国政府绩效评价体系》,北京:经济管理出版社,2004 年。
[42]范柏乃:《政府绩效评估与管理》,上海:复旦大学出版社,2007 年。
[43]陈振明:《公共管理学——一种不同于传统行政学的研究途径》,北京:中国人民大学出版社,2003 年。

[44]邱霈恩：《美国 1993 政府绩效与结果法案译文》，《中国行政管理》，2004 年第 5 期。
[45]全国 13 所高等院校社会心理学编写组：《社会心理学》，天津：南开大学出版社，2003 年。
[46]Thibaut J W，Kelley H H. The social psychology of groups. New York：Wiley，1959.
[47]蒋衡：《20 世纪 90 年代以来中国中小学教师角色研究述评》，《教育理论与实践》，2004 年第 8 期。
[48]冯刚：《美国省军区督导课程领导角度研究》，西南大学硕士学位论文，2010 年。
[49]公安学基础理论教程编写组：《公安学基础理论教程》，北京：中国人民公安大学出版社，1995 年。
[50]蔡晓燕：《江西公安机关优化警力资源配置问题研究》，南昌大学硕士学位论文，2009 年。
[51]中国法制出版社：《中华人民共和国人民警察法》，北京：中国法制出版社，2010 年。
[52]张光、程奕爽：《公安队伍职业化：研究视域与进展》，《中国人民公安大学学报》，2009 年第 4 期。
[53]唐楠、王丽雪：《公安机关人民警察执法资格等级考试解读》，《人民公安报》，2011 年 4 月 28 日。

（作者：张　光　中国人民公安大学公安管理系主任，教授）

项目名称：医疗侵权责任立法对首都医师执业环境的影响评价与对策研究
项目编号：10AaFX093
项目负责人：张博源
项目信誉保证单位：首都医科大学

我国医疗执业法制环境研究的路径与方法

一、问题的提出：基于文献的考察

医患矛盾的日益突出已经发展成为影响和谐社会构建的一个严重社会问题。在医改政策背景下，研究改善医疗执业环境，无疑对完善医疗行业风险管理、激发执业医师群体的积极性，建构和谐有序的医患关系具有重要意义。随着我国医患纠纷的日渐突出，医疗执业环境问题开始受到行业管理者和学界的重视。笔者在中国期刊网以“医疗执业环境”作为关键词进行文献“模糊检索”发现，截止到2010年年底，期刊论文、报纸文章以及年鉴累计不足百篇。主要特点如下：

第一，研究产出的数量规模小，报道性文章居多理论性专论偏少，期刊专论不足30%，而新闻媒体报道也更多限于医疗专业报刊。其理论深度尚难以满足医疗行业健康发展的理论需求。

第二，缺乏对“执业环境”的准确界定。执业环境一词常常在多种语义下使用。大部分论述没有明确执业环境的具体内涵。有人把执业环境等同于法制环境，或是把医患关系状况等同于执业环境；还有人把社会环境、治安环境等同于医疗执业环境。

第三，缺乏对执业环境的层次、构成要素及其相互关系的学理分析。医疗执业环境是一个复杂、多元体系，其包括政策、法制、经济、文化等子系统。并可以细分为内部环境和外部环境；宏观环境和微观环境等层次。

第四，研究偏重于社会心理学、管理学和伦理学视角，鲜有从法律制度的角度对医疗法制环境进行整体描述和评价。研究者知识结构和职业思维的局限性无疑是一个重要原因。

第五，研究方法带有“重对策、轻理论”、“重技术、轻法理”的取向。一些研究虽然实证性较强，但是对于医疗执业法律环境则只是稍有提及，偏好社会心理学、统计学方法，研究成果也采用“目的—方法—结果—结论”的写作路径，由于缺乏对法律制度的深入研究，研究结论对医疗法制建设的助益也相当有限。

二、医疗执业法制环境的研究模式

执业环境是一个由政策、法律制度、行业规范以及人文社会等因素构成的复杂、多元系统，我们虽然可以从政治、经济、人文、管理等学科的不同视角解读医疗执业环境的复杂现象，但是，法律制度对于医疗执业主体的权利和义务发挥着基础性的配置作用，这一本质属性是任何研究均不能忽略的。

(一)医疗执业法制环境研究的价值

目前，我国医疗纠纷增多、医患关系紧张的原因是多方面的，既有医疗服务自身的问题，也有制度建设、医疗保障、舆论氛围和社会环境等方面的问题。① 研究表明，宏观制度环境对医疗执业环境满意度的影响最大。②宏观制度环境包括与医疗执业有关的政策和法制环境。法律制度调控社会关系的强制性、普遍性、可诉性等特点，决定了医疗法制环境的“制度刚性”最强且最具稳定性，法律制度对医疗主体的法律资格、行为方式和责任追究等方面的调控力度也是其他治理方式无法比拟的。然而，这一点并未得到足够的重视，我国当前有关执业环境的研究存在着明显的轻法制、重管理的流弊，一些优化执业环境的对策建议也不免陷入“行业本位思维”、“以权代法”、“以情(伦理)代法”、“以言(舆论)代法”的误区。中国医师协会 2007 年的一项问卷调查表明，医师认为当前执业环境不佳，最突出的感受是缺乏安全感。安全风险加剧折射出制度保障的缺失以及执业群体对制度环境的不良感受。究其本质，人身安全问题涉及执业医师人身权利保护问题，也曲折地反映出医疗机构工作秩序受到严重干扰的社会现实。这一问题最有可能也只有通过法律的途径予以有效解决。诚然，卫生行政部门创建“平安医院”的对策措施发挥了一定的积极作用，但是扰乱医疗机构运转秩序、妨碍执业医师人身安全的行为在法律属性上是一个治安问题甚至是刑事犯罪问题，从这个意义上讲，单纯依靠政府干预、强化监管等行政途径解决“聚众闹医”这个社会症结的看法是没有法理依据的。

总体而言，医疗执业环境的严峻性、法律调控机制的独特性从不同的视角昭示出强化法制建设和加强法制研究的实践价值。研究医疗执业法制环境的目的在于，通过分析和描述医疗法制体系和法律制度的现状与问题，进一步提炼医疗服务的法制需求，促进整个行业的法制化建设，为医疗行业管理提供政策和法律支持，实现“有法可依”、“依法监管”的目标。同时也有助于

---

① 曹荣桂：《优化医疗执业环境 共建和谐医患关系》，《中国医院》，2007 年第 8 期，第 2 页。

② 黄冬梅等：《医生执业环境满意度的结构方程模型研究》，《中华行为医学与脑科学杂志》，2009 年第 1 期，第 51 页。

为医疗主体的执业活动提供具体的法律保障，有效提高医疗服务质量，合理防范和规避不必要的法律风险，切实保障医疗机构和执业人员的合法权益。

(二)法制环境研究的基本模式

1. 基于“需求—供给”的建构性研究

中共十七大报告强调加强“以民生为重点”的社会建设，这会涉及社会事业、社会建设基本制度、社会公平等方面的建设。医疗行业法制建设是我国新时期社会建设的重要组成部分之一。它要求法律制度供给在时间安排上尽可能满足其制度需求，这也是世界法制变迁规律的一个主要体现。从这个意义上讲，发现和顺应潜在的法制化需求，研讨和论证制度解决方案，是医疗执业法制化建设的一项重要课题。侧重制度建构层面的研究，旨在从医疗执业的法制需求出发，以建立和健全相关法律制度为目的，为医疗执业法制环境建设提供意见和建议。实践表明，制度供给需求主要通过以下几种渠道获取：

第一，基于对法制内容完备性的考量。法是通过社会主体之间的权利和义务关系调控主体间行为关系的规范体系。医疗执业法制环境主要由医疗主体法律制度、医疗行为法律制度和医疗责任法律制度三个主要部分构成。实践表明，国内上述三大部类的法律制度还很不完备，要么存在立法空白，要么主要法律制度长期未见修订，不敷医疗实践之需。

第二，基于法制体系中不同制度之间的协调关系而引发的制度需求。具体包括：(1)纵向关系的协调。即宪法、法律、行政法规、地方性法规和行政规章之间的协调一致。(2)横向关系的协调。包括但不限于同类法的规定之间的协调。(3)法的内部结构之间的协调。最为主要的是法律规范的行为模式和后果模式这两个要素的协调。(4)法的内容、形式、结构之间的协调。

第三，基于行业管理者的监管需要。行业监管者在取得实施某项政策的经验之后，待时机成熟后，通过一定的立法程序，以法律、行政法规、地方性法规或国务院部门规章等形式建立相应的制度规范。

第四，基于医疗执业主体及相关利益群体权益保障的需要。实践表明，医疗机构及其执业人员对于其自身权益保障有着强烈诉求。在“以患者为中心”政策话语下，医疗执业主体的法律利益主张并未受到应有的重视。例如，医师多点执业问题一直被视为当前医师队伍的建设和发展的一项有力措施，却始终没有明确的法律规定。在制度规范层面，只有 2009 年卫生部《关于医师多点执业有关问题的通知》对医师多点执业做出的规范。此外，北京市在 2011 年 3 月正式实施《医师多点执业管理办法(试行)》。上海、青海等地也有类似政策性文件出台。根据现行《执业医师法》的规定，医生只能定点注册行医，否则属于违法，这意味着“医师多点执业”的做法与现行法律相互抵触。这无疑说明应该在《执业医师法》中增设“医生多点执业”等规定进行修改，制订相关细则，并增加保护医生相关权益等内容。类似地，鼓励民间资本投资医疗行业也缺乏明确的法律规定，各地多以政策性文件的形式加以指导，由于权利界定不够明确，致使具体操作层面存在很多障碍。

从我国立法实践来看，回应立法需求的方式可以表现为两种。一种是“填补空白型”，即针对医疗执业的法制供给不足，通过立法行为供给相应的法律制度，它是一种“增量”供给模式。而另一种则是“清理冗余型”，即及时法律清理，修改、补充或废止现存的失效、低效的法律制度等，它属于一种“存量”供给模式。需要指出的是，法制需求的最终兑现，需要受到立法主体及政策制定者、立法供给模式和机制、需求非均质性等因素的制约，[①] 故不能以制度供给的实际状况“反向推导”立法需求，否则将陷入“存在即合理”的思维误区。

2. 基于“制度—绩效”、“制度变迁—影响”的评价性研究

在医疗行业的法制化进程中，法律制度的生产和再生产是一个绵延不断的历史过程。从法的运动轨迹看，执法、司法、守法是法的运作与实现的重要过程。因此，医疗执业法制环境建设不仅要“向前看”，注重制度本身的建构和完善，更有必要“向后看”，探讨法制实施的社会效果，为法律制度的进一步完善提供循证依据。从这个意义上讲，法律实施效果的评价更具实践价值。

应当指出的是，本文探讨的评价性研究并非立法机关的法律评估。严格意义上的法律评估是指在法律、行政法规和其他规范性文件实施后，依照一定的程序、标准和方法，对其执行情况、实施效果、存在问题等进行客观调查和评价，进而提出改进意见。我国的法律评估制度（又称立法后评估制度）源于 2004 年国务院出台的《全面推进依法行政实施纲要》。该《纲要》第 17、18 条的规定，政府立法不仅要考虑立法过程成本，还要研究其实施后的执法成本和社会成本；规章、规范性文件施行后，制定机关、实施机关应当定期对其实施情况进行评估；实施机关应当将评估意见报告制定机关，制定机关要定期对规章、规范性文件进行清理。由此可见，法律评估工作本身已经实现了法制化。评价性研究与法律评估制度有着本质区别。首先，评价性研究属于研究范畴，不属于立法活动。其次，评价性研究的主体比较宽泛，不具有法定性。再次，评价性研究的目标更为多元化。包括新旧法律文本的对照性评价、法制变迁的影响评价，其目的主要是为监管者、医疗机构及其执业者提供决策或行动依据。尽管如此，评价性研究仍然可以在程序规范方面借鉴法律评价制度的有关内容。与建构性研究不同，评价性研究有助于解答以下

---

① 张博源：《社会建设视野下的法律制度供给时序均衡问题研究》，《河北法学》，2010 年第 7 期，第 57 页。

问题：

第一，某一特定的法律制度是否实现了立法目的，达到了预期效果？其原因为何？主要侧重考察制度的实际效果、效益和效率。

第二，某一项制度变迁对于既定的制度环境可能产生什么影响？主要考察制度规范的变化诱发制度群落之间关系变动的可能性。

第三，目前的法制环境是否能够支持此项变迁的顺利实现？若否，还需要进行哪些制度完善？对于政策管理和其他社会机制有什么潜在需求？即主要侧重考察制度实施的各项约束条件。

三、医疗执业法制研究的基本方法

法制环境研究方法的选择取决于两个主要因素：一是法学方法论自身的发展规律；二是研究目的的制约。近些年，我国法学研究方法论已经呈现出积极的实证化倾向。医疗执业法制环境研究以提炼制度完善需求，旨在为行业监管者和执业主体提供行动指南。这一目的从根本上制约着医疗执业法制环境研究模式的设定和研究方法的使用。正如美国法律学者 Aaron Rappaport 所言："我们无法确定什么样的分析工具是最为适切的，直到清楚地获知我们使用某种特定方法所要达到的功能和目的。在丰富的理论研究成果中，最为匮乏的是关于学术研究活动本身的目的的阐述。"①医疗执业法制研究在本质上属于法学研究的范畴，应以遵循经典的法学研究方法作为原则，同时也要以开放的心态，吸收、借鉴医学、社会学、管理学、心理学、统计学等学科的科学方法，拓宽研究视野和工具体系，提高对医疗法制问题的解释能力和解决能力。基于对现有文献和研究实践的考察，本文认为可以在研究方法上做以下的安排和创新：

(一)法律规范分析

法学是一门以规范为研究对象的实践学科，规范分析是法学研究的基础方法和逻辑起点。规范分析的主要对象是法律条文。具体分析方法包括但不限于：(1)渊源分析法。侧重考察规范的本源合理性和社会基础，旨在促进其他社会规范、域外法律规范、公共政策与本国法律规范之间的良性互动关系。(2)逻辑实证分析法。着重分析考察法律规范本身的逻辑合理性，并建立相应的理论体系。许多医疗法律概念需要有机融合法学、医学等多学科知识才能正确使用，这对于医疗法制体系的严肃性和严密性具有重要意义。逻辑实证方法又可以细分为语义分析和概念分析。以《侵权责任法》第 66 条第 3 项"限于当时的医疗水平难以诊疗"中的"诊疗"一词为例，有学者研究指出，该术语

---

① 参见 Aaron Rappaport，The Logic of Legal Theory：Reflections on the Purpose and Methodology of Jurisprudence，73 Miss. L. J. 559(2004).

的使用不准确。因为从现代医学上说，“诊”和“疗”是两个不同的行为，前者为诊断，后者为治疗。一般而言，只有在诊断清楚的情况下才能实施有效治疗，但是有时即使可以诊断清楚的，医学中的难题不在诊断而在治疗上。这属于立法者对于医学不甚理解的情况下的立法技术疏漏，其所要表达的意思应当是：“目前医疗水平难以明确诊断或者诊断清楚但是不能根治的”，法条中的语义表述不到位。

法律制度分析是一种以规范分析为基础的针对规范集群的高层次分析活动，它侧重研究规范之间、制度之间的关系问题，更加强调不同规范之间的对照性分析研究。主要侧重分析以下内容：第一，制度的构成要件。许多立法建议正是基于在发现制度要件缺失的情形下提出的。《侵权责任法》第 55 条关于医方告知义务制度的规定即属此例。第二，制度逻辑。即不同制度之间在目的、功能方面的协调关系。例如，上位法发生变化之后，下位法的内容应当如何调整，相邻法律部门的制度是否也应当作出修改等问题。第三，制度变迁。着重分析研究某项法律制度发生变迁的条件和机制问题。

(二)社会实证分析

研究实践表明，社会实证分析方法可以广泛用于医疗法制研究的各个阶段，且与法律规范分析方法具有较好的互补性。需要注意的是，国内一些研究只是具有社会实证的表观特征，还不是针对法律制度的实证研究，存在着过分注重研究对象的心理感受、忽视法律制度对其行为方式的影响的倾向。如果说法律规范分析侧重研究“文本中的法律”(Laws in Books)，那么社会实证分析则侧重研究“事实运作中的法律”(Laws in Action)。法律的制定、实施和变迁不能脱离其所依存的社会环境，法律作用于社会的同时也构成一种更为复杂的社会现象。因此研究者不能回避制约医疗法制的建立与实施的诸多社会因素。实践中，法律制度形同虚设、“潜规则”大行其道的现象俯拾即是，这正是社会实证分析方法的用武之地。例如医疗行业大量存在的“飞行执业”现象，潜在地与医师多点执业法律制度的出台相冲突，在一定程度上造成了行业监管者、医疗机构和医师的观望态度。对此，凭借传统的规范分析路径难以作出有说服力的解释，更不可能形成切实有效的制度方案，必须以较为精确的、定量的方式观察该现象的成因和发展轨迹，发现制约法律制度的制定和实施的具体社会因素及其相互关系。唯此，方能为人们提供有关某一法律问题的动态的、量化的解释，使得人们对于法律问题的认识更加切近客观实际。实践中，比较常用的社会实证分析方法包括：

1. 定性访谈法

定性访谈的主要做法是，在确定与法律制度有关的访谈专题、问题和要点的基础上，按照一定的抽样原则，确定受访者的范围和数量，通过专题小组讨论或深入访谈，最终将访谈获取的资料分别按照对制度的认知和理解、执行、影响及存在问题和建议等进行代表性观点的提炼和描述性分析。这种是一种侧重了解受访者对法律制度或法律问题的心理和行为的心理学基本研究方法。因研究问题的性质、目的或对象的不同，访谈法具有不同的形式。根据访谈进程的标准化程度，可将它分为结构型访谈和非结构型访谈。定性研究的结果强调真实性和可靠性，定性访谈需要尽可能避免访谈者自身的主观臆断。因此，访谈质量控制意义重大。研究表明，研究团队和研究者在研究过程中的内省、研究设计、资料分析和结果报告对于访谈的质量控制具有关键作用。

2. 问卷调查法

它是实证研究中研究者用来收集资料的一种常用方法，通常使用严格设计的问题或表格，收集研究对象的资料。问卷调查法适合那些标准化的问题，适用于描述性调研和解释性研究。问卷调查法在正确实施的前提下，可以高效收集数据的并且调查结果容易量化，便于统计处理与分析。如果量表的信度和效度高，样本数量大，研究者可以收集到高质量的研究数据。此外，问卷调查对于被调查者的干扰较小、可行性较高。但是，这些优势只有在大多数的被调查者认真地阅读和理解问卷中的所有问题，并且提供真实坦诚的回答的基础上才能真正发挥出来。同时，问卷本身的质量会直接影响被调查者在填写问卷时的态度和行为，也将进一步影响调查的最终价值。医疗行业的监管者、医疗机构及其执业者并不直接参与法律制度的创设、修改和废止等立法活动，他们在多数情形下是置身于医疗法制环境中并接受法律制度规制的社会主体，同时也是法律实施效果的承受者。鉴于此，问卷调查方法的使用比较有助于了解医疗执业主体对制度的认知水平、主观感受以及行为的心理动机，这些信息对于具体法律对策的研发是非常必要的。

3. 统计分析法

研究者通常还可以在定性访谈、问卷调查两种方法的基础上，运用统计学的专业方法或工具，在对于所调集的数据建立相应的数据库进行技术处理，分别从对医疗法律制度的理解、认知、执行及其影响等方面进行统计学分析，从而得出有价值的研究结论。例如，通过统计学的聚类分析方法，对于医疗行业监管者、执业者和其他利益相关群体对于同一项法律制度的理解和认知水平差异作出统计学意义上的解释。

新制度经济学代表人物诺斯指出，正式制度、非正式制度和制度实施是共同决定着制度变迁的三个因素。医疗执业环境是对执业医师及其所属医疗机构在提供医疗服务过程中所处的政策环境、法制环境和社会文化氛围的总称。医疗执业环境并非意识形态，而是一种“制度化语境”。它受到一国的政治体制、法治状况、经济发展水平和社会环境等具体国情因素的制约。按照制度经济学的观点，正式制度(法律制度)、非正式制度(行业规范、惯例、传统、风俗)都是对不同层次社会需求的回应，这些回应在整体上概括地构成了社会制度(包括法律制度)的变迁。因此，医疗法制环境研究也不能“就法论法”，尤其不能割裂、忽视医疗行业发展规律及其制度累积的成果，因为这些行业规范、技术规范共同构成了法律制度实施的具体情境，同时也为医疗法律制度的实施预设了具体的约束条件，并与法律制度本身共同创造着制度变迁的诸多可能性。从这个角度看，医疗法制环境的研究绝不可能是法学、医学两学科成果的简单叠加，其研究的特殊性还需要研究者在良好的问题意识主导下，有效地实施“科际整合”的方法论创新，注重把握医疗执业法制变迁的范式与规律。

参考文献

[1] 周旺生：《立法论》，北京：北京大学出版社，1994年。
[2] 赵西巨：《医事法研究》，北京：法律出版社，2008年。
[3] [美]道格拉斯·C. 诺思著，杭行译：《制度、制度变迁与经济绩效》，上海：格致出版社、上海三联书店、上海人民出版社，2008年。
[4] 宋英辉、王武良：《法律实证研究方法》，北京：北京大学出版社，2009年。
[5] 汪全胜：《法律绩效评估机制论》，北京：北京大学出版社，2010年。
[6] 陈志华：《医疗损害责任深度释解与实务指南》，北京：法律出版社，2010年。
[7] 刘鑫等：《侵权责任法“医疗损害责任”条文深度解读与案例剖析》，北京：人民军医出版社，2010年。

（作者：张博源　首都医科大学卫生管理与教育学院副教授）

项目名称：在京外国人犯罪的规律分析与对策研究
项目编号：10BeFX094
项目负责人：于志刚
项目信誉保证单位：中国政法大学

城市、国家的国际化与法律准备
——以2001—2010年在京外国人犯罪为样本

随着改革开放的不断深入和综合国力的迅速上升，中国的国际影响力日益上升，北京、上海、广州等中心城市的国际化程度日益提高。外籍人口数量和所占比例是衡量城市国际化的指标之一。改革开放以来，北京、上海、广州、深圳等中心城市的外籍人员数量急速增加。[①] 随之，中国大型城市中的外国人犯罪问题开始凸显，而相适应的立法、司法和理论上的准备却不充分。本文以北京地区2000—2010年的外国人犯罪为样本和视角，尝试分析在华外国人犯罪的规律和趋势，并以此为基础来思考与未来城市发展、国家转型相适应的法律配套问题。

一、城市和国家发展视野中的外国人犯罪

“二战”之后，特别是近几十年来信息社会和经济全球化的时代背景下，西方发达国家的国际化程度持续提高，一大批国际化的大都市逐渐形成，外国人犯罪开始呈现出爆发的态势，在发达国家的犯罪总量中比重开始日益增大，成为国际化国家刑事司法中日益突出的严重问题。

历史地看，一个国家及其内部城市的国际化程度，同该国境内的外国人犯罪数量之间有着内在联系。随着国家国际化程度的逐渐加深和国际大都市的出现、增多，外国人犯罪的现象也就会越发严重：庞大的外国人人口基数是国际化大都市和国际化国家存在着大量外国人犯罪的重要前提和基础，国际化国家和国际大都市所具有的丰富资源和财富则为外国人犯罪的实施提供了土壤和空间。尤其值得注意的是，许多西方国家在本国公民犯罪率不断下降的同时，外国人犯罪率却在日益攀升。一些国家开始出台更加严格的旨在加强外国人管理、严厉制裁外国人犯罪的法律，例如，2009年英国颁布了新

① 参见国家统计局公报：《2010年第六次全国人口普查接受普查登记的港澳台居民和外籍人员主要数据》，2011年4月29日，http：//www.stats.gov.cn/tjfx/jdfx/t20110429_402722585.htm.

的《移民与边境法》，2011年5月法国通过了2002年以来的第7个《移民法案》。

中国改革开放前的近30年间，中国对于大部分外国人而言处于封闭状态，境内的外籍人员总量较少，非法入境、非法滞留的外籍人员几乎没有，司法机关和社会公众对于外国人犯罪的认识基本局限在间谍罪等危害国家安全犯罪。20世纪70年代末，随着改革开放政策的实施，来华投资和留学的人员日渐增加，这一阶段的外国人犯罪主要还是在华留学生实施的偷窃、寻衅滋事等轻罪。20世纪80年代中后期，伴随改革开放的进一步深化，中国的国际化程度也随之加快，前来中国的外籍人员的身份开始多元化，不再限于留学人员和投资人员，数量也开始快速增加，随之而来的外国人犯罪现象也开始不断增加，逐渐成为当前中国犯罪统计中极为值得关注的特点之一。2006年，北京市公安局全年共立案侦查外国人刑事犯罪案件237起，查处外国人违反治安管理案件200起，同比上升49.2%；上海市涉外案(事)件也比之前两年分别上升45.2%和99.7%；广州市全年查处涉外治安、刑事案件达694起。① 同时，外国人犯罪引发的群体性事件已经出现多次，严重影响和干扰着中国的社会秩序。

二、在华外国人犯罪的特征和规律

北京、上海、广州、深圳这样的国际化大都市是在华外国人的主要聚居地。其中，北京业已成为在华外籍人员最为集中的地区。根据公安部出入境管理局的数据统计，2010年外国人入出境共计5211.2万人次，同比增长19.2%，而仅北京首都机场一个出入境口岸2010年外国人出入境人数就近千万。②可见，北京地区外国人犯罪的数据具有典型意义。通过分析北京地区近10年来外国人犯罪的数据进行分析，可以显示在华外国人犯罪的特征、变化轨迹和发展规律。

(一)在京外国人犯罪的整体状况和发展趋势特征

根据北京市司法机关的统计数据，从整体上来看近10年北京市的外国人犯罪呈现出日益增加的趋势。北京市司法机关追究刑事责任的外国犯罪人案件，2004年共17件24人、2005年共16件25人、2006年共19件27人、2007年共76件95人、2008年共87件107人、2009年共101件121人、2010年共70件80人。对于这一看似过低的数字，应当指出两点：(1)由于外

① 漆菲：《"西出东进"，外国人在华犯罪加速》，http：//www.globalview.cn/ReadNews.asp?NewsID=22361.

② 参见公安部出入境管理局网站通告：《2010年出入境人员和交通运输工具数量同比稳步增长》，2011年1月12日，http：//www.mps.gov.cn/n16/n84147/n84196/2666368.html.

国人在华停留时间短、流动性大，案件的侦破率比较低，因此，最终被追究刑事责任的外国人比例较低，实际的犯罪数量要远远大于进入诉讼程序的案件数量。(2)这一数字仅仅指已经进入中国境内的外国人在京犯罪的数量，而不包括为非法进入中国而在首都机场等北京出入境口岸被抓获的外国人偷渡案件，偷渡案件中抓获的外国人仅仅从2006—2011年的5年间就达到1800余人。

(二)在京外国人犯罪的罪名分布特征

2004—2010年期间，北京市司法机关查处的外国人犯罪涉及罪名共43个，其中，危害国家安全罪2个，危害公共安全罪2个，破坏社会主义市场经济秩序罪13个，侵犯公民人身权利、民主权利罪6个，侵犯财产罪6个，妨害社会管理秩序罪13个，贪污贿赂罪1个。

上述类罪在外国人所犯罪名中的比例及特征是：其一，妨害社会管理秩序罪和破坏社会主义市场经济秩序罪在外国人犯罪所触犯的类罪中占据主要地位，二者占外国人触犯全部罪名的比例达到了将近60%。其二，北京地区的外国人犯罪还呈现出多样化的特征，中国刑法分则规定的10个类罪中，除了第9章渎职罪和第10章军人违反职责罪，其他的8个类罪，外国人犯罪都有所涉及，外国人犯罪的罪名有向多样化发展的趋势。

(三)在京外国犯罪人的来源地特征

2004—2010年期间，北京市司法机关追究刑事责任的全部479名外国犯罪人中，主要来源国依次是：尼日利亚60人、韩国46人、蒙古38人、巴基斯坦27人、利比里亚21人、喀麦隆15人、泰国11人。实际上，从中国各个城市外国人犯罪的整体情况来看，在华犯罪人犯罪的整体特征和在京外国人犯罪的特征基本相似：来自于经济发达、法制较健全国家的外国人，以及来自于拉丁美洲、欧洲等特定区域和国家的外国人在华违法犯罪人数所占比率一直较小，绝大多数违法犯罪人员来自周边与中国交往较多的国家，或者相对贫穷落后、经济不发达的国家地区，例如，韩国、日本、巴基斯坦、蒙古、尼日利亚、喀麦隆等国家。

(四)在京外国犯罪人的刑事责任特征

2003—2010年北京东部地区已经审理完结，刑事判决已生效的外国人犯罪案件中，共有外国犯罪人299人，其中判处免除刑事责任5人；单独适用驱逐出境2人；单处罚金刑4人；拘役3人；缓刑5人；不满3年有期徒刑83人；3年以上不满5年有期徒刑21人；5年以上不满10年有期徒刑36人；10年以上有期徒刑56人；无期徒刑83人；死缓1人。

1. 犯罪人刑事责任以自由刑为主

上述刑事责任承担方式中，判处有期徒刑的外国犯罪人人数最多，达到196人，其次是无期徒刑，达到83人。判处自由刑的外国犯罪人占到总数的

94%。仅有 1 人判处了死刑缓期执行，没有外国犯罪人被判处死刑立即执行。

2. 在整体犯罪中以重罪居多

全部 299 名犯罪人中，判处不满 3 年以下有期徒刑、缓刑、拘役、单处罚金、单处驱逐出境、免予刑事处罚的共计 102 人，判处 3 年以上有期徒刑、无期徒刑、死刑的共计 197 人，2003—2010 年北京东部地区外国人犯罪的轻罪、重罪比例分别为 34%和 66%，也就是说，在对外国人犯罪基于司法惯性已经予以普遍化的从宽处罚的背景之下，通过宣告刑罚体现出的外国人犯罪，仍然以重罪居多，充分说明了外国人犯罪呈日益严重的趋势。

三、城市、国家的角色转型与外国人犯罪应对体系的滞后

以上分析表明，在京外国人犯罪在犯罪数量、犯罪人数上都呈现出明显的上升趋势，在京、在华的外国人犯罪问题已经不容忽视。然而，中国针对外国人犯罪的刑事立法明显严重滞后，严厉制裁和全面预防外国人犯罪的刑事司法理念尚未确立，对于外国人犯罪在处罚上过度从宽的超国民待遇现象比较严重，法学理论上对于这一问题的关注也严重不足。

(一)刑事立法、司法的自我错误定位和理念缺失

以偷渡犯罪为例，长期以来，中国刑法中偷渡犯罪的假想敌被毫无疑问地预设为本国人，对于偷越国(边)犯罪的立法关注和司法制裁重点是本国人的非法出境行为，基本上不关注外国人的非法入境行为。虽然刑法典第 6 章第 3 节的“妨害国(边)境管理罪”中的罪名从解释学上可以理解为兼顾了非法入境和非法出境，但是，在司法观念上和司法实践中，实际上一直是以制裁本国人偷渡出境为主。例如，刑法第 319 条的骗取出境证件罪，专门用来制裁为组织他人非法出境而骗取出境证件的行为，而对于为组织他人非法入境而骗取相关证件的行为却没有规定为犯罪；同样，刑法第 322 条的偷越国(边)境罪，理论上此罪可以同时制裁情节严重的非法出境和非法入境的行为，但是，偷越国(边)境行为构成犯罪的标准是“情节严重”，而根据 2002 年最高人民法院《关于审理组织、运送他人偷越国边境等刑事案件适用法律若干问题的解释》(以下简称《国边境解释》)第 5 条的规定，“情节严重”的第一项判断标准就是“在境外实施损害国家利益的行为的”，这一判断标准显然只能适用于非法出境的行为，对于“在境内实施损害国家利益的行为的”非法入境行为没有任何的入罪化评价。

(二)刑事实体法的体系性滞后

1997 年刑法修订时，外国人犯罪数量极少，刑法对外国人犯罪问题，尤其是外国人入境后的后续犯罪问题，很少予以专门关注。随着在中国非法入境以及非法滞留的外国人的日渐增多，协助甚至组织来华非法移民、非法居留、非法就业的行为已经开始大量出现，在此种背景下，设置专门的罪名体

系来严厉制裁外国人非法入境、非法滞留、非法就业等行为，特别是严厉制裁组织、帮助外国人非常入境、非法居留、非法就业等逐渐产业化的犯罪行为，应当早日提上立法日程。

(三)刑事程序法的历史残留

中国一些法律法规实际上在许多方面对于外国人、外国企业和外国组织给予了过高、过大的单方面优惠待遇。例如，公安部《关于对外国人和无国籍人以及港澳台居民采取留置措施有关问题的批复》(公复字[2001]16 号)明确规定："对外国人、无国籍人和港澳台居民采取留置措施，应当贯彻慎用的原则，原则上不用。不得已采取时，应当在设施较好的留置室进行。"并且，根据《刑事诉讼法》第 20 条规定，外国人犯罪的案件，只能由中级人民法院管辖，基层人民法院没有管辖权。这种对待外国犯罪人的"超国民待遇"规则，在客观上也抹杀了刑事实体法的公平正义性，实质上违反了中国刑法第 4 条规定的"对任何人犯罪，在适用法律上一律平等"的基本原则，已经成为外国人犯罪刑事法律制裁体系中最为突出的问题。

(四)刑事司法中的过度礼遇

多年来，司法机关、司法人员在具体案件的司法裁量上较为普遍化地表现出极度的司法自信缺失，由此导致了几乎所有的外国人犯罪刑事案件在适用刑罚时都存在着明显的畸轻问题。甚至在是否构成犯罪的标准上也内外有别，例如，上海市《关于本市公安机关办理刑侦部门管辖外国人轻微犯罪案件的若干规定》(沪公发[2010]234 号)第 5 条就明确规定："涉嫌轻微犯罪的外国籍犯罪嫌疑人，犯罪情节轻微，危害不大，并具有下列情节之一，可不追究其刑事责任：(1)未成年人、在校留学生或者 70 岁以上老年犯罪嫌疑人，残疾人、患有严重疾病或者怀孕、正在哺乳自己婴儿的女性犯罪嫌疑人；(2)主观恶性较小，初次或者偶然实施犯罪；或过失犯罪的，到案后有认罪悔过表现……"如果上述标准平等地适用于所有犯罪嫌疑人，则在正当性上不存在问题，但其不合理性恰恰在于"内外有别"式的过度礼遇。

(五)刑事司法的经验不足

实践中，过度从宽的司法惯性和严重缺乏的司法经验导致，对于外国犯罪人适用驱逐出境刑罚时颇为混乱，甚至多次出现外国犯罪人被判处有期徒刑和驱逐出境后，直接予以驱逐出境、不再执行有期徒刑的情况，严重地损害司法主权。[①]

驱逐出境刑的适用还缺乏实施细则。例如，对于驱逐出境的犯罪人是否可以再次入境，目前没有明确规定。同时，被驱逐出境的外国人再次入境非

---

① 翟中东：《驱逐出境司法问题研究》，《河南公安高等专科学校学报》，2001 年第 1 期，第 23 页。

常容易，相当一部分被驱逐出境的犯罪人在境外换个方式或更换一本护照又重新入境，使驱逐出境只是增加了部分外国犯罪人的一个再次入境成本，基本上丧失了其作为刑罚的严厉性属性。

四、城市、国家的国际化与刑事法律准备

伴随着中国国际化进程的加快加深，境内外籍人员除了人数有了激增的势头，也开始由中心城市向中小城市、边远城市扩散。外国人犯罪问题在中国已然不再是潜在的、未来的威胁，它已经开始释放出较大的破坏力，给现有的犯罪预防和制裁体系带来了日益巨大的冲击。因此，西方发达国家国际化过程中曾经面临过的外国人犯罪所带来的严重社会问题，应当使中国引以为戒和未雨绸缪。

（一）重构符合大国地位的外国人犯罪刑事政策

刑事政策既是制裁和预防犯罪的整体策略，也是一个国家的社会总政策的组成部分。为了应对外国人犯罪日趋严重的影响和挑战，有必要重新思考、确立符合中国社会现状和国际地位的外国人犯罪的刑事政策。

目前的中国刑法，过度关注中国公民的外向型犯罪和参与国际有组织犯罪，对于外国人的跨国犯罪关注过少。例如，刑法第347条规定，“参与有组织的国际贩毒活动的”，加重处罚，无论数量多少，都“处15年以上有期徒刑、无期徒刑或者死刑”，这一基本指向中国公民犯罪的加重条款，应当转换理念而一律适用于犯罪的外国人，甚至是要主要适用于外国人。在当前跨国有组织犯罪日渐猖獗的情况下，特别是国际恐怖组织有意识地加强向中国渗透的背景下，着力加大打击此类外国犯罪人的力度，势在必行。

（二）设置顺应国际人口流动趋势的出入境犯罪罪名体系

科学地设置与现实相呼应的外国人犯罪的罪名体系，是为中国的国际大都市日渐增多、整个国家的国际化程度日渐提高所做的刑事法律准备的基本内容。

1. 构建以严厉打击非法入境犯罪为中心的出入境犯罪罪名体系

目前，中国处于偷渡犯罪的出境国、过境国和目的国三种角色并存的状态，应当顺应国际人口流动的规律和趋势，及早建立以严厉打击非法入境为中心的出入境犯罪罪名体系。具体而言，刑法第6章第3节的妨害国（边）境管理罪，应当在恰当的时机进行如下的调整：（1）将刑法第319条的“骗取出境证件罪”修正为“骗取出入境证件罪”，以适应中国快速成为偷渡过境国和目的的现实罪情的变化，严厉制裁和遏制近几年大量出现的骗取国内的商务邀请函、公务邀请函、留学邀请函等入境证件，组织外籍人员非法入境的案件。（2）增设“帮助他人非法入境罪”。组织他人偷越国（边）境罪难以将“帮助他人非法入境”的行为纳入刑法的制裁范围内。因此，恰当的时候，应当增设帮助

他人非法入境罪。

2. 外国人入境之后的后续行为的犯罪化

目前外国人在华非法滞留、非法就业的行为，已经日益成为一种社会不稳定因素。但是，组织、帮助外国人非法居留、非法就业的行为实际上是将零散的外国人非法滞留、非法就业行为的危害性急剧地扩大，此类行为为来华的非法移民提供了得以非法滞留的土壤，客观上成为大量非法移民源源不断地来到中国的重要诱因，具有严重的社会危害性。鉴于此类组织、帮助行为的严重社会危害性和日渐产业化的现状，应当是中国今后外国人入境之后后续行为犯罪化的重点。

(三)完善预防外国人再次犯罪的刑罚制度

应当让驱逐出境制度真正发挥出它的独特价值，它不仅是要让外国犯罪人承受一定权利被剥夺的痛苦，更是有效预防外国人再次入境实施犯罪的重要举措。

1. 增设禁止入境的具体期限

中国刑事立法应当借鉴相关国家的立法经验，结合中国的罪名体系，对于以下几类外国人犯罪应当考虑设定永久性禁止入境的规定：(1)对于判处 10 年以上有期徒刑、无期徒刑、死刑(缓期两年执行)的外国犯罪人；(2)实施刑法分则第 1 章的危害国家安全罪的外国犯罪人；(3)实施性犯罪的外国犯罪人；(4)曾经因为犯罪被判处驱除出境，在禁止入境期届满后再次入境，再次实施犯罪的外国犯罪人。

2. 明确驱逐出境的适用对象

明确驱逐出境的适用对象是准确适用驱逐出境的前提，现有的模糊性规定使司法实践缺乏统一的适用标准。笔者认为，对于以下几类外国犯罪人，需要以法律形式明确规定应当适用驱逐出境刑罚：(1)对于判处 3 年以上有期徒刑、无期徒刑、死刑(缓期两年执行)的外国犯罪人；(2)实施刑法分则第 1 章的危害国家安全罪的外国犯罪人；(3)实施性犯罪的外国犯罪人；(4)累犯；(5)曾经因为犯罪被判处驱除出境，在禁止入境期届满后再次入境，再次实施犯罪的外国犯罪人。对于其他的外国犯罪人，则可以根据其犯罪的具体情节，由法官酌定考虑是否适用驱逐出境刑罚。

3. 强化驱逐出境的执行效果

目前，驱逐出境和禁止再次入境之间的不衔接，导致驱逐出境作为刑罚实际上形同虚设。例如，1993 年巴基斯坦人穆罕默德 · 阿克拉姆 · 纳扎尔因在华非法居留、涉嫌组织他人偷越国(边)境被拘留审查，公安部门将其列入不准入境人员名单并遣送出境，自 1993 年以来他 7 次非法进入中国国境，从事组织运送他人偷越国(边)境、诈骗、伪造签证及印章、非法居留等违法犯罪活动。[①] 因此，必须严格实施对于驱逐出境的外国犯罪人的禁止入境制度，加强司法机关和出入境管理机关的互动与合作，确保驱逐出境刑罚效果的实现。

（四）全球化趋势下刑法适用范围的扩张和国际刑事司法合作的强化

应当适时地调整中国刑法的适用范围，强化国际之间的刑事司法合作，为城市、国家的进一步国际化预先作好刑事法律准备。

1. 移民时代中国刑法适用范围的扩张：属人管辖的范围扩张

目前中国刑法中的属人管辖的适用范围限定为中国公民，而从世界范围来看，普遍将本国公民和在本国拥有永久居留权的外国人都纳入属人管辖的范围。因此，同中国的国际化发展相适应，为了更好地维护国家利益，有必要适度扩张中国刑法的适用范围，首要的就是将在中国拥有永久居留权的外国人纳入刑法的属人管辖范围之内。

2. 在华外国人犯罪的刑事管辖：坚守"属地管辖"的基本准则

刑法第 6 条属地管辖的第一规则是："凡在中华人民共和国领域内犯罪的，除法律有特别规定的以外，都适用本法。"补充规则是："犯罪的行为或者结果有一项发生在中华人民共和国领域内的，就认为是在中华人民共和国领域内犯罪。"因此，在中国领域内的一切犯罪行为，中国都有刑事管辖权，不能因为船舶或者飞机拥有外国国籍而否定中国的属地管辖权。应当强调的是，在中国领域内只能适用"属地管辖"原则，不能错位优先选用"保护管辖"而舍弃"属地管辖原则"。

3. 国际刑事司法合作的加强

应当尽快强化关于外国人犯罪的国际刑事司法合作，与尽可能多的国家签署刑事司法协助协议，在对等基础上解决在华的外国犯罪人问题，着力加大未决犯移交和已决犯移管两项制度的实践力度。(1)未决犯的移交，通常是指外国人在他国犯罪后进入中国境内或者在中国境内实施针对他国公民、国家的犯罪的情形下，中国将在中国境内的外国人不经审判直接移交给他国。(2)已决犯的移管，是在中国对于犯罪的外国人行使了刑事审判权后，在刑罚的执行过程中可以移交给犯罪人国籍所在国执行。目前在对外国犯罪人具体执行刑罚时，由于语言、文化、宗教信仰的差异，中国行刑机构在执行的过程中投入了大量的司法资源，但是效果依然十分有限。

（作者：于志刚　中国政法大学教务处处长，教授）

① 刘杰伟：《从纳扎尔七次非法入境引发的思考》，《北京人民警察学院学报》，2001 年第 4 期，第 48 页。

项目名称：北京市医疗纠纷非诉讼纠纷解决机制研究
项目编号：11FXB009
项目负责人：范贞
项目信誉保证单位：北京卫生法学会

北京、山西、英国和德国医疗纠纷发生水平比较

医疗纠纷是现代医疗服务业必须面对的现实问题，合理把握国内外医疗纠纷发生现状，对于我国医务人员正确面对并妥善处理医疗纠纷具有重要意义。本文"医疗纠纷"的范围仅限于医疗护理活动中因诊疗行为产生的争议，不包括非临床诊疗行为产生的医患纠纷，如天花板照明灯坠落导致患者损伤等。

一、医疗纠纷发生率指标的选择

国际上比较医疗纠纷发生率的常用指标包括：1. 每百万常住居民每年发生的医疗纠纷数量。该指标与当地居民受教育程度、经济发展水平等外部因素有关。2. 每千名医生每年发生的医疗纠纷数量。该指标与医师医疗纠纷的内部因素有关，如医院医疗纠纷的风险控制水平、医师与患者的沟通水平等。

目前我国缺乏全国医疗纠纷统计数据，本研究选择具有一定代表性的北京和山西作为样本地区：北京作为全国医疗中心之一，其基本能够代表发达地区的医疗纠纷发生水平；山西作为中部省区，能够代表中西部欠发达地区医疗纠纷发生水平。

发达国家医疗纠纷发生水平，本文选择英国和德国。理由：1. 人口相对较多的发达国家，其医疗纠纷发生水平能对我国起到参考借鉴作用；2. 该国有完整的医疗纠纷发生水平的统计体系，能够比较完整地反映该国家医疗纠纷发生的全貌。

二、北京医疗纠纷发生的现状

北京：2005 年开始在全市开展医疗责任保险，北京卫生法学会医疗纠纷调解中心承担原 18 个区县中的 16 个区县的医疗纠纷调解工作，如果将北京卫生法学会医疗纠纷调解中心受理的医疗纠纷数据增加 2/16，大致相当于北京可能涉及赔偿的医疗纠纷数量。北京 2011 年 5 月底成立北京市医疗纠纷人

民调解委员会，至该年年底受理医疗纠纷投诉1118例，考虑到数据完整性，暂不比较2011年的数据。

按照《北京市2010年第六次全国人口普查主要数据公报》[①]北京市常住人口为1961万，暂以19.6百万计算。

根据北京市公共卫生信息中心公布的《2010年北京市卫生资源与医疗服务发展情况简报》[②]，北京市2010年执业医师和助理医师6.6万人，暂以66千计算。平均每百万人口的医师数量为：66000/19.6=3367。

年份	医疗纠纷投诉数(件)	乘以18/16后的数据	医疗纠纷发生比率(件/百万居民)	医疗纠纷发生比率(件/千名医师)
2007	1237	1391	71	21
2008	1403	1578	80	24
2009	1484	1669	85	25
2010	1335	1501	76	22

三、山西医疗纠纷发生现状

山西省2009年年初开始开展医疗责任保险(个别地市除外)，山西省医疗纠纷人民调解委员会承担全省医疗纠纷投诉的受理和调解工作。山西省医疗纠纷人民调解委员会2009年受理医疗纠纷投诉453件，2010年890件，2011年为1390件。

按照《山西省2010年第六次全国人口普查主要数据公报》[③]，全省常住人口为3571万，简写为35.7百万。根据山西省统计局《山西省2006年国民经济和社会发展统计公报》[④]，全省6.7万执业医师和执业助理医师，暂以67千计算。平均百万人口的医师数量为：67000/35.7 =1876。

① 北京市第六次全国人口普查领导小组办公室：《北京市2010年第六次全国人口普查主要数据公报》，(2011-05-05)[2012-08-28]，http：//www.bjstats.gov.cn/xwgb/tjgb/ pcgb/201105/t20110504_201363.htm.

② 北京市公共卫生信息中心：《2010年北京市卫生资源与医疗服务发展情况简报》，(2011-03-21)，http：//www.phic.org.cn/tonjixinxi/weishengtongjigongbao/201103/t20110321_35697.htm.

③ 山西省统计局：《山西省2010年第六次全国人口普查主要数据公报》，(2011-05-05)，http：//www.stats.gov.cn/tjgb/rkpcgb/dfrkpcgb/t20120228_ 402804337.htm.

④ 山西省统计局：《山西省2006年国民经济和社会发展统计公报》，(2007-03-09)，http：//www.stats-sx.gov.cn/html//2008117978.html.

年份	医疗纠纷投诉数（件）	医疗纠纷发生比率（件/百万居民）	医疗纠纷发生比率（件/千名医师）
2009	453	12.6	6.7
2010	890	24.9	13.2
2011	1390	38.9	20.7

四、英国医疗纠纷发生现状

根据英国全民保健诉讼管理处公布所受理的医疗纠纷投诉统计数据①，2007—2008 年度 为 5470 件，2008—2009 年度为 6088 件，2009—2010 年度为 6652 件，2010—2011 年度为 8655 件。

英国注册医师数量为 245918②(245 千)，其中服务于全民医疗保健的医师总数为 145497 人(145 千)，英国居民为 6000 万(60 百万)。平均百万人口的医师数量为：245918/60＝4098。

年份	医疗纠纷投诉数（件）	医疗纠纷发生比率（件/百万居民）	医疗纠纷发生比率（件/千名医师）
2007—2008	5470	91	37.7
2008—2009	6088	101	41.9
2009—2010	6652	110	45.8
2010—2011	8655	144	59.6

五、德国医疗纠纷发生现状

根据德国医师公会公布所受理的医疗纠纷投诉统计数据③，2007 年为 10432 件，2008 年为 10967 件，2009 年为 10972 件，2010 年为 11016 件。

德国注册医师数量④为 409090(409 千)，德国居民为 8200 万(82 百万)。平均百万人口的医师数量为：409090/82＝4988。

① The National Health Service Litigation Authority. Report and Accounts 2010 - 2011. London, 2011: 12.

② 英国医生执业委员会，http://www.gmc-uk.org/doctors/register/search_stats.asp.

③ Gutachterkommissionen und Schlichtungsstellen bei den Ärztekammern, 2011: 08, 7. http://www.bundesaerztekammer.de/downloads/Wegweiser_Gutachterkommissionen_082011.pdf.

④ Bundesärztekammer. http://www.bundesaerztekammer.de/page.asp? his=3.90.

年份	医疗纠纷投诉数（件）	医疗纠纷发生数（件/百万居民）	医疗纠纷发生数（件/千名医师）
2007	10432	122	25.5
2008	10967	133	26.8
2009	10972	133	26.8
2010	11016	134	26.9

六、我国北京、山西和英国、德国医疗纠纷发生现状分析

(一)以百万居民医疗纠纷发生数量为指标对我国北京、山西和英国、德国进行比较

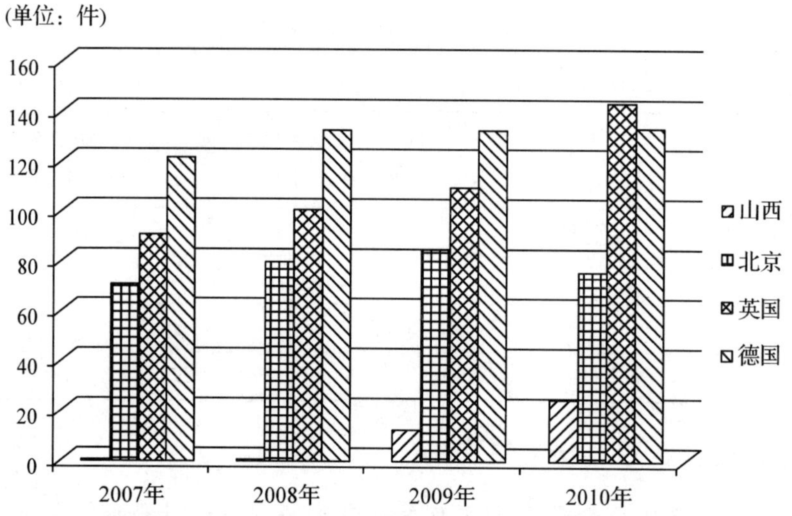

从上图百万居民医疗纠纷发生率分析：

(1)北京每百万居民医疗纠纷发生率远低于英国和德国的平均水平，如果以“平均百万人口的医师数量”作为评价指标，山西为 1876，北京 3367，英国为 3850，德国为 4988。从一个侧面反映出我国山西、北京每百万居民享受的医疗服务水平或者医师数量低于英国、德国等发达国家，相应的，每百万居民医疗纠纷发生率远低于英国和德国的平均水平。随着我国医疗服务水平提高、经济发展、居民受教育程度的提高，百万居民医疗纠纷发生数量将逐渐增多。

(2)鉴于北京作为全国医疗中心之一，全国的病人都有可能到北京看病，因此，如果仅以北京常住居民实际发生的医疗纠纷数量为指标(不包括外地在京看病患者发生的医疗纠纷)，相信百万居民医疗纠纷发生水平与英国、德国差距会更明显。

(3)山西百万居民医疗纠纷发生水平远低于北京，即使采用山西2011年的数据也远低于北京。从一个侧面表明，北京作为全国医疗纠纷高发区将长期存在。

(二)以每年千名医生发生的医疗纠纷数量为指标对我国北京、山西和英国、德国进行比较

为便于比较，将山西数据人为提早一年，即假定2009年数据对应2008年，2010年对应2009年，2011年对应2010年。

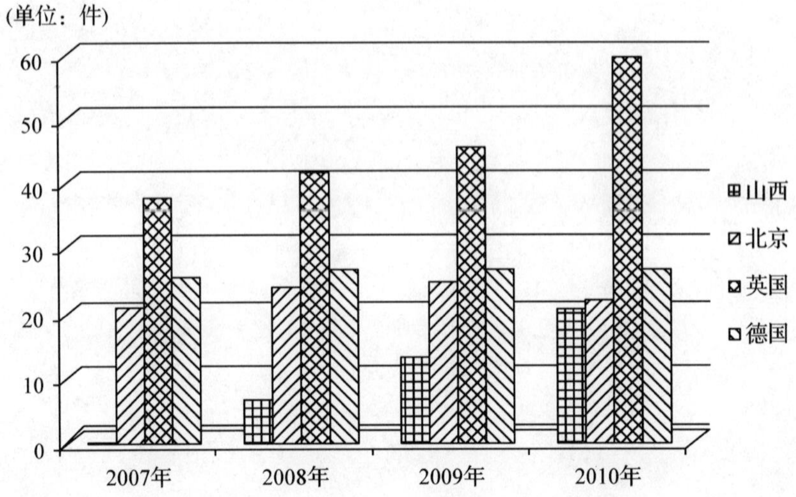

从上图可以发现：北京、山西每千名医生发生医疗纠纷的数量与德国大致相仿，但是远低于英国。虽然北京、山西百万居民医疗纠纷数量远低于英国和德国，就目前医疗服务水平，每位医师可能发生的医疗纠纷的几率，我国逐渐接近发达国家水平。

综上所述，鉴于我国卫生条件限制，百万居民发生医疗纠纷的数量远低于英国、德国等发达国家，随着经济发展、居民受教育程度的提高，医疗纠纷发生的总量将日益增多。就目前而言，我国每千名医生中发生医疗纠纷的水平，包括东部经济发达地区和中西部地区，虽然低于发达国家，但正逐渐接近发达国家的平均水平。合理把握我国现阶段医疗纠纷发生水平，对于妥善处理医疗纠纷，建立和谐的医患关系具有重要意义。

（作者：范　贞　北京卫生法学会副研究员
张云林　北京卫生法学会副会长，教授
韩学军　山西省医疗纠纷人民调解委员会主任）

教育学学科

J I A O Y U X U E X U E K E

项目名称：基于首都文化创意产业发展的数字媒体艺术本科专业构建模式与定位研究
项目编号：09AbJY062
项目负责人：马永红
项目信誉保证单位：北京航空航天大学

北京地区高校数字媒体艺术本科专业发展的专业认知模式及实践研究

作为文化创意产业最为典型的产业形态的数字创意产业，在20世纪末得到迅速发展，国内相关产业的启动与发展几乎与国外同步。而支撑数字创意产业持续发展的人力资源培养与立足未来的高层次人才储备必将成为产业持续健康发展的关键所在。从这个意义上讲，创意产业的发展催生了高等教育中数字媒体相关专业和学科的出现，而20世纪末和21世纪初国内外高校纷纷自行设立与数字媒体相关的本科和研究生专业，20世纪90年代中期，国外的部分艺术院校和工科院校就开始设立数字媒体技术与艺术相结合的专业。随着国内的创意产业的市场和人才需求量越来越大，一些国内高校也争相创办数字媒体专业。也可以说，数字媒体专业是一个新兴的应运而生的专业，但专业不是“职业培训中心”，而是要符合教育发展规律，符合专门知识的体系化和科学内化的理性与规范。因此它需要经过一个摸索、建设、积累、发展进而走向成熟的过程。经历这样的发展过程，数字媒体才可能逐步成长为一个教育意义上的学科。

数字媒体相关专业中数字媒体艺术专业与直观可见的动画、影视特效、广告、游戏等紧紧联系在一起，成为高校设置中颇为受追捧的对象。根据教育部1998年颁布的《普通高等学校本科专业目录》，该目录正文中并无数字媒体相关专业，但《经教育部批准同意设置的目录外专业名单》中包含数字媒体艺术（专业代码080623W）和数字媒体技术（专业代码080628S）两个专业。根据专业代码说明，专业代码后带“W”的表示目录外专业，专业代码后带“S”的表示在少数高校试点的目录外专业。因此在专业设定之初，数字媒体艺术专业是普通目录外专业，数字媒体技术专业是少数高校试点的目录外专业①。2002年开始高校申请增设数字媒体技术和数字媒体艺术专业迅速增加，截止

① 本文数据来自于教育部网站 http：//www.moe.edu.cn/。

到 2011 年年底，经教育部备案或审批同意明确设立数字媒体艺术专业的高校共有 88 所，而北京高校就有 11 所。事实上，仅北京就有很多高校已经通过在原有艺术或计算机技术或其他学科下自行设立了数字媒体艺术方向，并实际培养了大批数字媒体艺术专业的本科生和研究生，但大多数也没有申报独立的数字媒体艺术本科专业。经本课题组逐家调研，发现北京地区开设数字媒体艺术本科专业或专业方向的高校不完全统计至今已有 29 所之多。

通过不到十年的发展，数字媒体艺术本科专业发展状况如何，应该引起学术界、教育界以及社会的关注。数字媒体艺术本科专业是否已建立起符合逻辑的专业理性认识，是否已经形成符合教育规律的专业规范，是否得到高校的普遍认同，现有人才培养模式是否满足产业发展的需求？……一系列问题都等待发现、分析和研究。本课题组对北京高校数字媒体艺术本科专业设置现状进行了调查研究，采用文本分析、重点访谈、问卷调查等多种形式进行问题挖掘、深度提炼和梳理总结。而本文拟就数字媒体艺术本科专业的专业认知理念及课程设置实践进行重点探讨。

一、数字媒体艺术本科专业的认知模式

美国数字媒体相关专业的发展有着充足的后劲，这一方面来自于美国完善的大学教育，另一方面也与美国整体的技术发展氛围紧密相关。本课题组曾对美国具有代表性的几所大学进行综合分析，发现数字媒体教育可以分为以下几类形态：以计算机图形图像为基点的数字技术院系，以创意艺术为目的的数字艺术院系，以及以实用工具为需求的数字应用院系。集中办院系时机不够成熟的学校，大多数都设立大学的数字媒体或数字艺术中心。

观察我国的数字媒体艺术专业的发展，有出现了相似的情况。以北京地区为例，虽经教育部备案或审批同意明确设立数字媒体艺术专业的北京高校有 11 所，但实际上北京共有 29 所高校按数字媒体艺术专业的培养方案在培养专业人才。这 29 所高校中，教学内容实际涉及“数字媒体艺术”专业内涵的已设本科学科专业共计 7 个，对应的本科学科专业名称为：数字媒体艺术、艺术设计、动画、数字游戏设计、艺术设计学、影视学、戏剧影视美术设计。

这 7 个专业在 29 所高校所占比例依次为：数字媒体设计专业占 25%、艺术设计专业占 44%、动画专业占 21%、戏剧影视美术设计专业占 4%，数字游戏设计专业、艺术设计学专业和影视学专业均占 2%。（见图 1）

以上 7 个专业中，具体的专业方向更是名目繁多，在各高校相关院校的培养方案及招生简章中，绝大部分高校明确专业研究方向，也有部分高校并没有具体指明专业方向。其中，数字媒体艺术专业方向有 7 个、艺术设计专业方向有 35 个、动画专业方向有 11 个、数字游戏设计专业方向 1 个、艺术设计学专业方向 6 个、影视学专业方向 2 个、戏剧影视美术设计专业方向 1

个，共计 63 个专业方向。

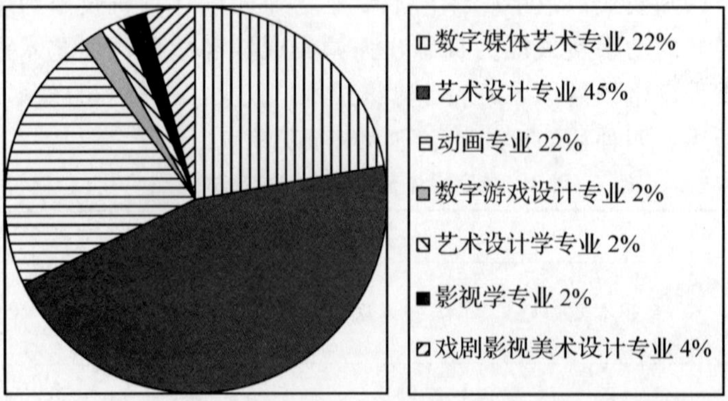

图 1　北京地区高校数字媒体艺术相关专业分布比例图

29 所高校所设立的相关这 63 个专业方向中与数字媒体艺术专业最吻合的专业是动画、数字游戏设计和戏剧影视美术设计。例如：在艺术设计专业中，有 35 个研究方向，其中有 16 个方向与数字媒体艺术专业相关，它们是：数码媒体方向、视觉传达方向、媒体设计、信息设计、商业信息设计、导视设计、新媒体艺术方向、动画设计、网络艺术设计专业方向、影像设计、数字媒体娱乐方向、多媒体艺术设计、数码影像艺术设计、数字艺术、网络传播、广告传媒艺术设计，其他方向均不在本文研究范围之内。艺术设计学专业中只有 1 个方向与数字媒体艺术专业相关，是新媒体艺术与动画方向。在影视学专业中只有 1 个方向与数字媒体艺术专业相关，是数字媒体艺术方向，共计 31 个方向和数字媒体艺术专业内涵有关。

而形成以上如此纷乱的专业建设现实正是源自每个高校对数字媒体艺术专业不同的认知理念。

本文研究发现，北京地区高校数字媒体艺术本科专业(群体)已逐步形成数字媒体艺术专业的以下四类认知模式。

第一类认知模式：数字媒体艺术专业是强调以计算机和互联网为核心的，通过应用数字技术来创作观念驱动下的艺术作品，并通过数字媒体的形式传播。该认知模式注重数字媒体艺术专业的多学科交叉、数字化传播媒介、创作产品互动等特点，更注重艺术基础和理论。

第二类认知模式：数字媒体艺术专业是强调以信息技术为主，面向客户需求进行艺术作品的计算机载体和软件设计，强调设计思维训练和实践。该认识模式也同样注重数字媒体艺术专业的多学科交叉，但更注重计算机技术和设计。

第三类认知模式：数字媒体艺术专业是强调仅是通过数字化的创作手段和传播媒介来创作和展示艺术作品。该认知模式着重强调艺术创作，而不关注数字技术，也不关注应用技术的深度掌握。

第四类认知模式：数字媒体艺术专业是强调以计算机技术为基础，侧重职业需求导向的动手实践能力训练，强调实践性和应用性的艺术设计。该认知模式着重强调市场需求导向的计算机技术，仅关注一般性的艺术审美认知。

综合所述，四种认知模式的名称和特征见表1：

表1　数字媒体艺术专业认知模式类型

认知模式类型	特征			
	专业本质偏好	艺术/技术融合度	多学科交叉程度	主体能力体现
第一类	艺术	高度	强	交互、艺术创意
第二类	设计	较高	强	设计思维
第三类	艺术	较低	弱	艺术创作
第四类	技术	一般	弱	动手操作

从表1可以发现，专业认知模式的特征可以从专业本质偏好、艺术/技术融合度、多学科交叉程度以及主体能力体现等方面进行描述。

二、数字媒体艺术专业课程设置理念

本课题组在研究中发现，美国的数字媒体艺术专业基于其不同的发展形态，其课程设置和培养模式突出表现了合理性、针对性和实用性三个特点。同时从课程的结构来看，其基本课程和选修课程并举，理论性和实践性都得到了强调。尽管美国各个学校的数字媒体系（专业）的课程设置的门数与课程名称、课程内容等有很大的差异，但基本上都包括以下不同层面的模块式课程：(1)核心课程包括史、论、技、规；(2)专业课程强调精、练、作；(3)选读课程则突出一个泛字。美国大学的课程之“泛”，是泛中有精，在广泛的知识寻求中寻找艺术和真知。

北京地区数字媒体艺术本科专业的发展，在教育实践中已形成了不同的认知模式，在具体的培养方案中也必然体现出不同的课程设置理念。有的以强调艺术素质教育为主，有的以强调项目驱动教学为主，有的更多关注技术教学……

(一)强调本科生的通识教育

中国传媒大学动画与数字艺术学院秉承“数字媒体艺术专业集数字技术应用与艺术创作为一体，是培养具有扎实的数字媒体技术应用基础和艺术理论为基础……”的理念，其基础课程模块就是艺术基础和人文素养，开设有：创造型基础、视觉形态造型基础、设计基础、摄影基础、文艺美学、中外文学、传播学等专业基础课。

如北京航空航天大学新媒体艺术与设计学院，就是以素质教育为核心，强调本科生的通识教育，非常注重学生的理论和专业基础课程学习，着眼于学生的全面的素质教育和长期发展，培养真正有创意的艺术人才。所有不同专业和方向的学生在一、二年级都是相同的学科与专业基础课程，近40门，学生将“基本达到或满足了一个艺术人才的基础教育”。

(二)强调艺术理论教育

数字媒体艺术专业究其本质仍然是“艺术教育”。重视艺术基础和艺术理论是培养艺术类人才的基本内涵。

如北京航空航天大学新媒体艺术与设计学院重视艺术理论教育，所有不同专业和方向的学生在一、二年级都是相同的学科基础理论课程，如中外美术史、设计艺术史、民间美术与创意、素描、色彩等艺术教育核心课。虽然从三年级开始，学生分专业授课，但有关理论课程的学习还是不分专业，大班授课。同时，学生也可以选修自己感兴趣的其他专业课程。

如北京电影学院为例，在课程设置上注重对基础知识的学习，注重对学生设计思维、艺术审美的培养。一年级有绘画基础训练、动画概论、绘画赏析；二年级有中国电影史、外国电影史等，电影学院也有大量的人文基础课程供学生选修。

(三)注重技术与艺术人才培养的融合

数字媒体艺术专业培养目标实现的关键要素之一就是：是否实现了艺术和技术的融合。如美国哥伦比亚大学的艺术学院设有数字媒体中心①，中心资源主要是为了使艺术学院的学生在工作中磨炼视野、发现新方向，并应用新兴技术去获得艺术上的成就，同时提供应用最新的硬件和软件进行一对一的辅导、研讨和会见一些业内的专业人士，以实现艺术和技术的有效融合。

要培养学生获得艺术和技术的融合的能力，首先是教师要能够实现和具有艺术和技术的融合能力，学科和学校要为这种融合提供良好的环境。中国传媒大学动画与数字艺术学院专家提出：“搞数字媒体艺术专业的老师一定要处理好理论和实践的关系。通过教学和项目实践，首先使不同专业背景的老师在思维上能够融通，这是关键所在。同时也要求学艺术的老师要懂得一定的技术，学技术的老师在这种项目的实践中对艺术的认识也会提高。”

(四)重视项目驱动教学的方式

数字媒体艺术专业作为文化创意产业催生下的一个新兴专业，本身就有着很强的实践性，也是技术与艺术有机结合的产物。产学研一体的教学模式已成为高校发展的共识。在这29所高校中，与国外高校或机构有合作项目的有13所，有8所高校在国内建立了实习基地，积极将教学和实践项目结合来

---

① http：//arts. columbia. edu/digital-media-center.

完成专业教学。项目驱动实践，既加强了数字媒体艺术专业的艺术与技术的不断融合，也培养学生的团队精神。

如中国传媒大学动画与数字艺术学院的实践教学形式灵活多样，有联合创作、小学期、工作坊、毕业设计等，把有关项目全部融入其中。学院积极与国内外动画教学和实践机构搭建多层次、全方位的人才培养平台，课程设置与业界最新发展紧密对接。清华大学美术学院信息艺术设计系从2004年开始，就陆续与IBM研究院、微软亚洲研究中心、三星、LG、诺基亚、摩托罗拉等公司有合作，也参与了波音飞机机舱电子娱乐综合性项目、电子商务网站合作等，每年都有和具体项目结合的专业课程。

(五)注重学生创新实践能力

美国著名大学的数字媒体专业大部分都配备了开放实验室供学生训练和操作，只要带着创意和新奇的想法，学生在实验室里都能充分体验到创作的成就。

北京地区高校不断建设新的数字媒体实验中心，以满足人才培养需求，开设工作坊，支持学生参与国内外各类赛事，使得学生在实践中加深对专业理论的理解和激发艺术创新能力。如中国传媒大学建设有动画制作实验室、互动艺术实验室、CG实验室，媒资管理系统、数字影视制作创作室、网络多媒体创作室、游戏设计创作室、虚拟演播室、数字合成机房、数字录音棚、苹果联合实验室、定格动画联合实验室、移动多媒体与NGN实验室、无纸动画实验室、数字动画创作室和运动捕捉系统等教学、创作设施。而学生艺术作品创作参赛方面，高校均会参加，其中参与至少两项及以上国际性赛事的高校就有9所。

(六)侧重实用课程学习，强调职业导向的动手操作

部分高校侧重培养动手能力强，适应市场需要，以掌握技术为主的应用型人才。如某独立学院的艺术设计系在课程安排上，根据自身学生的素质和能力水平，采用了“倒着培养”的方式，即：学生一入学，不安排艺术人文课程，而是注重技术技能的掌握。所有的选修课程(含艺术人文课程)也放在三、四年级，门类不多，使得学生很早就建立起对未来职业的感性认识。直接让学生动手操作，让学生在实践中发现问题、解决问题时，如果有关理论的知识需要掌握，学生就会主动地学习，效果会好些。而且这种后置的课程设置模式，学生也可能会发现自己的真正兴趣所在和未来发展的方向。

综上所述，可以发现，基于对数字媒体艺术专业的不同认知，高校在课程设置上会有所不同，见表2：

表 2　数字媒体艺术专业认知模式/课程设置理念/生源对应关系

认知模式类型	课程设置						
	通识教育	艺术理论教育	艺术技术融合	项目驱动	创新实践能力	职业导向动手操作	生源
第一类	√√√	√√√	√√√	√√	√√√	√	艺术生
第二类	√√	√√	√√	√√	√√	√	艺术生
第三类	√√	√√	√	√	√	√	艺术生
第四类	√	√	√	√		√√√	艺术生/普通高考生

注：表 2 中“√”代表对应理念所实现的程度，“√√√”表示高，“√√”表示较高，“√”表示一般。

三、学生响应程度研究

基于提出的认知模式和课程设置理念，作者从调查问卷中得到有效响应。本课题组已完成对北京地区高校的数字媒体艺术本科专业的调研，29 所高校有 19 所高校共 972 份有效学生调查问卷反馈。问卷调研研究结果可以很好反映出数字媒体艺术本科专业实际建设情况。

(一)强调本科生的通识教育

如研究发现，80%以上学生认同通识教育课程(基础课程)的开设(见图 2)。

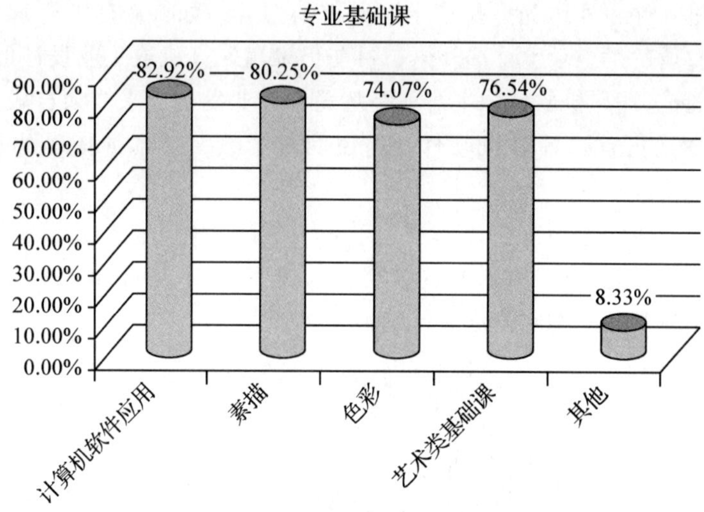

图 2　开设基础课程认同比例图

而对按照不同历史渊源发展起来的高校分析发现，在专业基础课设置中，不同类型高校学生对计算机软件应用课程的选择率均为最高；在艺术相关课程的选择中，在素描、色彩和艺术类基础课上侧重有所不同，但差别不大。

(二)强调艺术理论教育

70%的学生均认可艺术理论(67%)、艺术创作技能(78%)、计算机软件(79%)的学习(见图 3)。

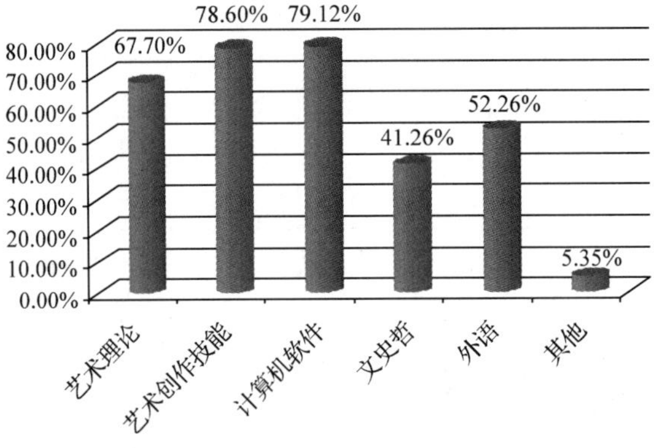

图 3　数字媒体艺术专业应掌握的知识构成图

图 3 说明学生对于艺术理论、艺术创作技能、计算机软件和外语(52%)等的几个主要部分的学习取得共识，而由于大部分招收的是艺术生，对于计算机软件技术的学习确存在矛盾心理，希望能够通过学习解决这个问题，故对按照不同历史渊源发展起来的高校进行分析时发现，艺术理论、艺术创作技能、计算机软件和外语先后排序上还是有所差异。如：从理工科背景学院独立出来的专业(一类)学生首选外语；目前仍隶属计算机或工业设计的专业(二类)的学生首选计算机软件；本身就是从美术专业发展起来或独自成立该专业(三类)的学生仍首选计算机软件。这说明对于数字技术的依赖的认知是共同的。

在对以实践学习为重还是以理论学习为重的选择上，55%以的上学生总体认为是同等重要(见图 4)。按高校层次来观察，985 工程和 211 工程建设高校、一般高校和独立学院的选择差别不大。

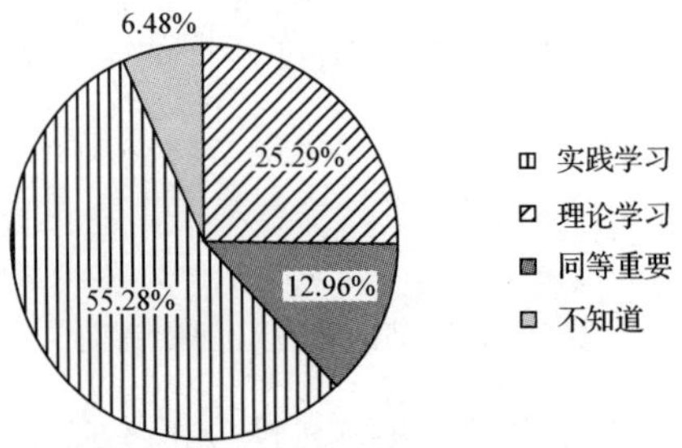

图 4　实践和理论部分的重要性

(三)注重技术与艺术人才培养的融合

仅有50%的学生认为“本专业艺术的内容能用目前的计算机技术很好表达出来的”(见图5)。说明技术的发展，以及艺术与技术的融合还有很长的路要走，同时也隐含着很大的发展空间。

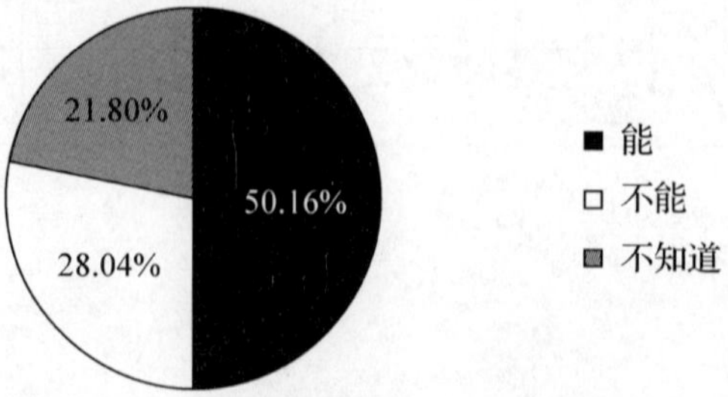

对“本专业的艺术内容用目前计算机技术表达”的不同看法

(四)重视项目驱动教学的方式

学校提供的实践形式(见图6)以工作坊(本校工作室)、本校教学实验室为主，也有少量合作企业的机会；而学生的实际参与的实践形式(见图7)，也是以工作坊(本校工作室)、本校教学实验室为主。这说明学校仍是学生参与实践的主要场所。学生参加了工作坊的项目以驱动实践学习为主。但对比学校所提供的机会，学生实际参与的比例均下降大约5%，而参与合作企业的可能性下降近10%。说明学生实践的类型和机会都需要不断扩展和提高。

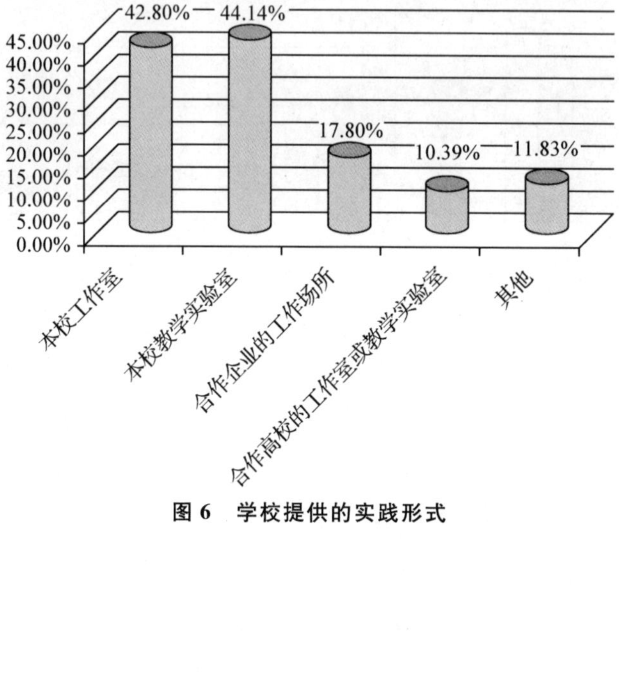

图6　学校提供的实践形式

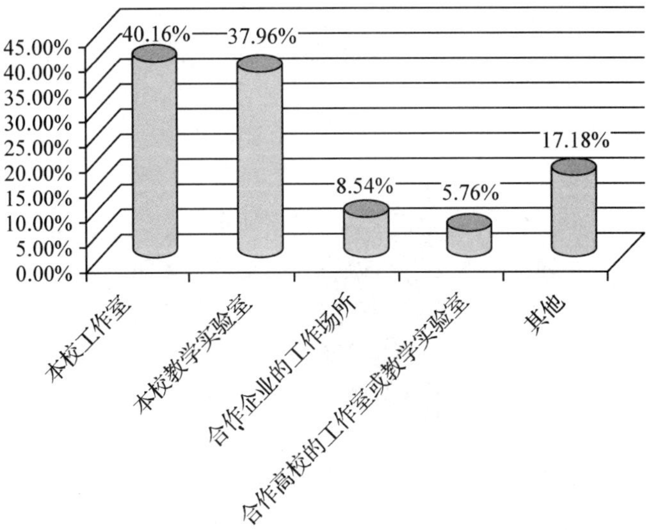

图 7　学生实际参与的实践形式

不同历史渊源下发展的该专业在所提供的实践方面有所差别，均提供工作坊和教学实验室，而从理工科背景学院独立出来(一类)的数字媒体艺术专业和从美术专业发展起来或独自成立该专业(三类)提供了与企业合作的机会(见图 8)。

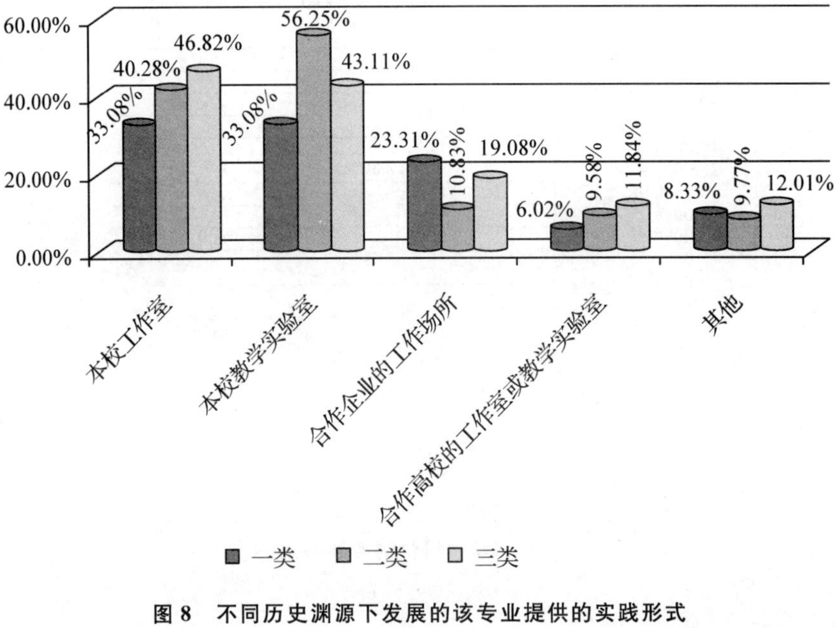

图 8　不同历史渊源下发展的该专业提供的实践形式

而学生实际参与的情况也因历史渊源而不同(见图 9)，发现从艺术院校发展成数字媒体艺术专业的学生拥有更高比例的参与工作坊的机会，但与企业合作的机会甚低，现远远不能满足该专业学生成长的实践需求。体现了项目驱动教学在数字媒体艺术本科专业教育中的重要性，以及需要加强的紧迫性。

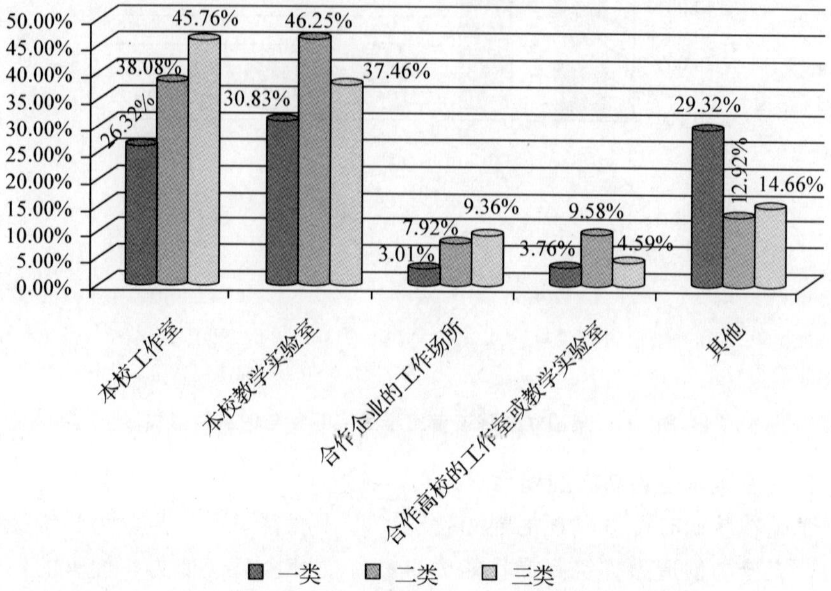

图 9　不同历史渊源下发展的该专业学生实际参与的实践形式

(五)侧重实用课程学习，强调职业导向的动手操作

以某独立学院为例，可观察其职业导向的实用性课程学习的状况(见图 10 和图 11)。图 10 与图 8 对比可见，独立学院为该专业学生提供的实践环节和场所明显高于其他高校。同时对比图 11 与图 9 还发现，独立学院的该专业学生所参与的实践环节和机会也明显高于其他高校。较为符合独立学院的培养职业导向型、应用型的人才培养的目标定位。

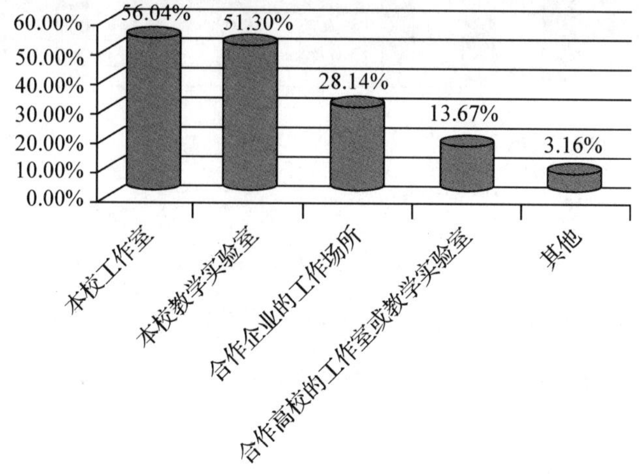

图 10　某独立学院该专业提供的实践形式

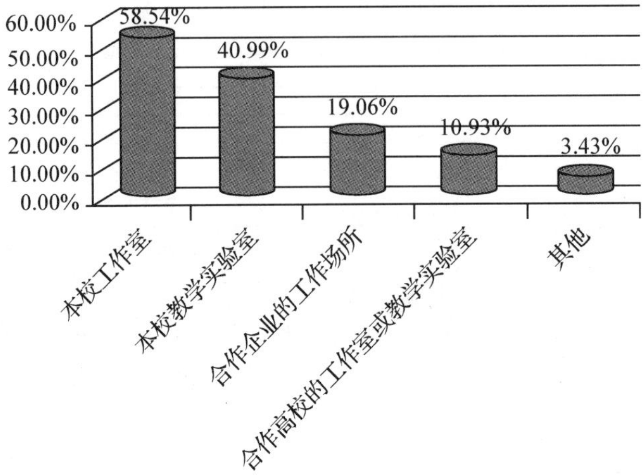

图 11　某独立学院该专业学生实际参与的实践形式

(六)注重学生创新实践能力

学生在就业时可以呈现的能力优势，将体现在丰富的想象力、敏锐的观察力、充分的创造力、实际操作能力、良好的社会适应能力、优秀的团队协作能力、良好的合作沟通能力等方面。调研中发现，该专业学生普遍认为在丰富的想象力、充分的创造力、实际操作能力方面具有明显优势，在敏锐的观察力、优秀的团队协作能力方面一般，合作沟通能力也亟待改善，也同时需要学校提供参与合作的机会(见图 12)。

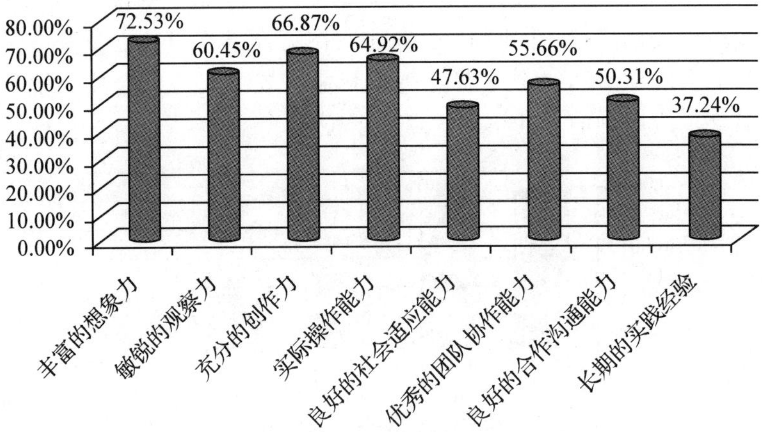

图 12　该专业学生在就业中所具有的创新能力优势

按照学校层次来观察，发现一个有趣的现象(见图 13)。

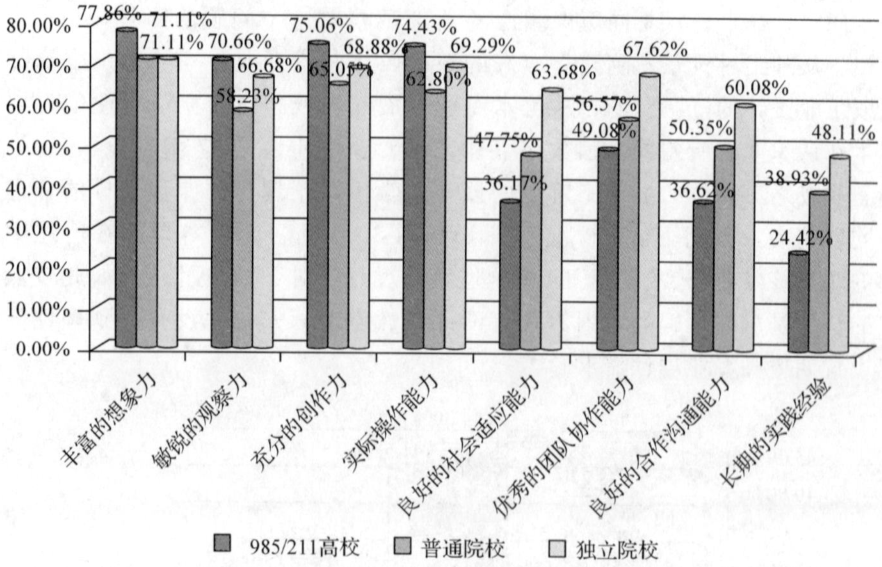

图 13　不同层次学校该专业学生在就业中所具有的创新能力优势

研究发现，各层次学校的学生在能力优势上的排序与总体(图 12)一致。但 985/211 高校和独立学院该专业学生在敏锐的观察力、充分的创造力、实际操作能力上均明显高于一般院校，985/211 高校的学生在“丰富的想象力”方面具有较高优势。说明学校整体环境能够提供学生艺术教育的良好成长环境和创作机会，有利于其艺术的创造及想象力等发散思维的呈现，而独立学院对于动手实践能力的充分重视和强度训练也能达到良好的效果，但仍逊于 985/211 高校。而独立学院、一般高校和 985/211 高校在良好的社会适应能力、优秀的团队协作能力、良好的合作沟通能力等方面出现了逐次下降的情况。这与独立学院强调职业导向的应用实践有直接关系。

(七)对现行课程安排的合理性反映

在对本专业的课程安排是否合理的认识上，仅有 34.5%的学生认为合理(见图 14)。这既说明数字媒体艺术专业处于发展的初期，发展不成熟、不尽人意，也说明对于该专业的发展理性认知和规范亟待研究和达成共识。

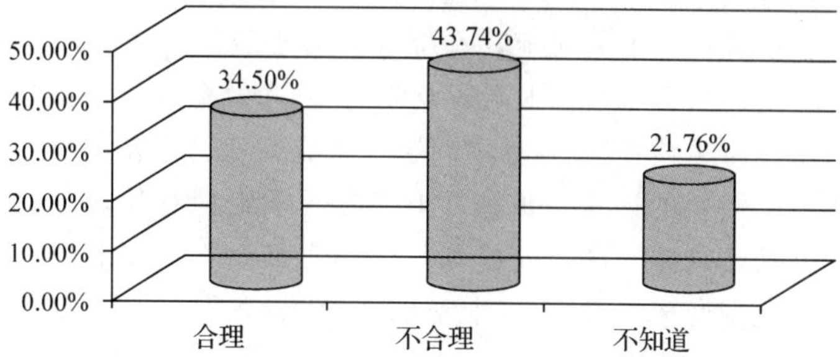

图 14　学生对“本专业的课程安排是否合理”的认识

同时，作者还从不同历史渊源的角度观察对这个问题的回答(见图15)，发现：从理工科背景学院独立出来的数字媒体艺术专业(一类)和仍隶属计算机或工业设计的(二类)的、从美术专业发展起来或独自成立该专业(三类)的学生在认识上有所差异。因数字媒体艺术专业本质还是“艺术教育”，故第三类学校较之第一、二类理工背景的该专业学生对于现行的课程安排的合理性认同度稍高，分别为38.27%、27.13%和32.46%。对照本课题在前述中提到的对于该专业“艺术教育”的基本坚守的观点，对于“合理性”的如此较低程度的认识是可以理解的，因为现有的课程教学实际安排并没有达到理性的课程设置期望和专业理性需求。

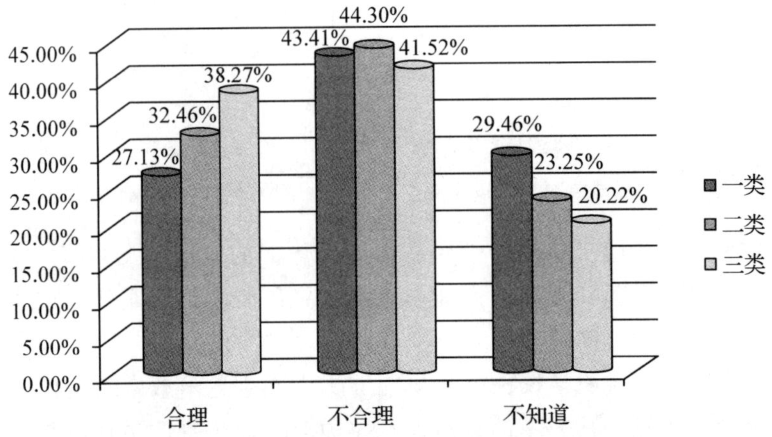

图15 不同历史渊源下该专业学生对“本专业的课程安排是否合理”的认识

四、结 语

基于以上阶段性研究，作者发现和提炼了北京地区数字媒体艺术专业发展中的四种专业认知模式，并对应总结了高校数字媒体艺术专业的课程设置理念的六种主要体现，对体现程度作简要分析，同时关注了学生的响应情况。研究发现，不同高校由于对数字媒体艺术专业认知模式不同，落实到课程设置中的设置理念会不同，学生的响应培养也会存在差异。可喜的是，专家认识、学校课程设置和学生的响应，都体现了对于数字媒体艺术专业理性认识的期待，并在强调数字媒体艺术本科专业的“艺术教育本质”和“艺术和技术融合”、“项目工作坊驱动教学”等基本问题上达成共识。但在实践中如何实现这些共识，是一个漫长的进程，虽该专业专家、学生均有基本共识，但实际的课程设置，尤其是具体的课程安排和教学落实都面临很多困难，有的课程设想一时还难以达到期望，没有达到理性的课程设置期望和专业理性需求。从长远看，数字媒体艺术本科专业的发展，是需要创意产业、教育界、社会等多方理解、宣传和支持，更重要的是要不断总结发展中的经验教训，瞄准国际前沿的该学科专业的发展趋势，逐步构建数字媒体艺术专业的学理体系，共同促进数字媒体艺术专业走向成熟，为其形成一门真正的学科而努力。

参考文献

[1] [美]尼葛洛庞帝著，胡泳等译：《数字化生存》，海口：海南出版社，1997 年。
[2] 李四达：《数字媒体艺术概论》，北京：清华大学出版社，2009 年。
[3] 肖永亮：《美国的数字媒体学科发展》，《计算机教育》，2006 年第 5 期。
[4] 宫凡迪、马永红等：《北京高校数字媒体艺术本科专业教育现状实证研究》，《中国法学教育研究》，2012 年第 3 期。
[5] 廖祥忠：《中国传媒大学新媒体艺术学科建设及人才培养汇报》，《新媒体艺术与创新教育》，北京：中国传媒大学出版社，2008 年。
[6] 龙全：《融合与拓展与时俱进的新媒体艺术学科》，长沙：湖南美术出版社，2010 年。
[7] 李慧敏、马永红：《新数字媒体艺术教育：域外借鉴与启示》，《中国政法大学教育文选》，2012 年第 2 期。

（作者：马永红　北京航空航天大学首都高等教育发展研究基地教授
宫凡迪　北京航空航天大学首都高等教育发展研究基地讲师
刘瑞萍　北京航空航天大学首都高等教育发展研究基地硕士研究生
刘贤伟　北京航空航天大学首都高等教育发展研究基地博士研究生）

项目名称：ASSURE 模式在汉语国际教育中的应用
项目编号：10BaJY065
项目负责人：徐　娟
项目信誉保证单位：北京语言大学

ASSURE 模式在"哥伦比亚在北京"(CIB)课堂教学设计中的应用

一、ASSURE 模式简介

ASSURE 教学设计模式是美国印第安纳大学教育技术专家罗伯特·海涅克(Robert Heinich)、迈克尔·莫兰德(Michael Molenda)，普渡大学教育技术专家詹姆士·D. 拉塞尔(James D. Russell)，北伊利诺伊大学沙伦·E. 斯马尔蒂诺(Sharon E. Smaldino)于 1982 年在他们的著作《教学技术与媒体》(Instructional Technology and Media for Learning)一书中提出的。ASSURE 模式是一个系统整合教学技术与媒体，计划和实施教学的过程指南。该模式以认知学习理论为基础，有效整合了加涅的九段教学事件理论，以指导教师在教室环境下如何有效利用媒体与技术而著名，是一个很有价值且被广泛接受的教学设计模式。经过三十年的发展，该书已经出版了第九版，ASSURE 教学设计模式的整体框架和构成要素基本没有变化，彰显了 ASSURE 模式的科学性和强大的生命力。

ASSURE 模式是对整个教学设计的计划和执行过程的系统化和步骤化，其名称"ASSURE"是教学设计过程中六个环节的首字母缩写，每个字母分别代表设计过程中的一个环节。即：分析学习者(Analyze Learners)，陈述教学目标(State Objectives)，选择教学方法、媒体和材料(Select Methods, Media and Materials)，利用媒体和材料(Utilize Media and Materials)，要求学习者参与(Require Learner Participation)，评价和修正(Evaluate and Revise)(Robert Heinich 等，2008)。六个环节环环相扣，便于教师针对课堂教学活动的具体情况生成个性化的教学设计方案和执行方案，从而"确保"(ASSURE)真实课堂环境中教学技术与媒体运用的有效性。可见，"ASSURE"是一个巧妙的双关语。

二、ASSURE 模式在“哥伦比亚在北京”(CIB)课堂教学设计中的应用

CIB 暑期中文项目是美国哥伦比亚大学东亚语言文化系中文部在常规语言课程之外在北京设置的短期汉语强化教学项目。自 1997 年在中国人民大学举办首期以来，已经成功举办了 14 期。课程以强化的课堂教学为主，辅之以专业教师的个别辅导、谈话。此外，CIB 还为学生安排了丰富的课外活动，例如自助语言实践、欣赏中文电影、举办中文演讲比赛等。

(一)分析学习者(Analyze Learners)

分析学习者的目的是充分准确地了解跟语言学习活动有关的学习者自身的学习能力、学习特征和学习风格，为确定教学目标提供参考，为选择教学方法、媒体和技术提供依据，以使教学方法、媒体和技术与学习者的特征相匹配，从而让教学技术和媒体更有效地发挥作用。分析学习者的每一种特质是难以做到的，其中学习者的入门能力、一般特征和学习风格等对教学目标的确定以及教学方法、媒体和技术的选择起决定作用。

1. CIB 学习者的入门能力分析

入门能力是指学习者在进入具体的语言学习之前所具备的相关知识、技能和态度，具体包括三方面的内容：①对预备技能的分析，即了解学习者是否具备了新的学习所必须掌握的知识与技能；②对目标技能的分析，即了解学习者是否已经掌握或部分掌握了教学目标中要求学会的知识与技能；③对学习态度的分析，即了解学习者是否对将要学习的内容感兴趣、是否存在偏见误解、有无畏难情绪等。对入门能力进行分析有助于确定正确的教学起点。

(1)CIB 学习者入门能力的宏观分析。CIB 学习者入门能力的宏观分析是指从整体上对学习者的语言水平进行一般性了解。教师可以通过非正式方式如查阅历史语言成绩、分析学习者使用过的汉语教材、了解其学习汉语的时间等对入门能力进行一般性了解，在此基础上，可以通过比较正式的方式如编制专门的测试题，对学习者进行比较客观、准确的学前测试。

学习者提交的申请材料通常包括正式的语言课成绩单、中文教师的推荐信、自命题作文一篇、汉语录音一段，还要填写项目申请表格，撰写个人陈述。为进一步确定学习者的实际语言水平，入选项目的学习者来到中国后将参加分班测试，包括笔试和口试。最终将 CIB(2011 年)的 76 名学习者分到五个不同等级的教学班级，见表 1。

表1 CIB学习者分班情况

年级	一年级	二年级	三年级	四年级	五年级
人数	8	24	非华裔班：17　华裔班：6	20	1

(2)CIB学习者入门能力的微观分析。根据CIB学习者入门能力的宏观分析结果，将不同语言水平的学习者编入了不同等级的教学班级。而具体到某一个年级的某个班，教师在进行微观课堂教学设计时，还应该了解学习者对于某个单元某节课教学的具体准备状态，以便确定具体某一次教学的起点，使课堂教学活动始于学习者的“最近发展区”。教师可借助课堂测验、作业、谈话、随堂观察等手段进行定性和定量分析，以把握学习者在课堂教学中已具备哪些知识和技能，还缺乏哪些知识和技能。这可以为教师设计教学策略提供一个合适的教学起点，避免课堂教学活动的盲目性，具体结果见表2。

表2 CIB学习者入门能力的微观分析

课型	具体途径
大班课	查看上一课作业完成情况；听写本课生词10个、英译汉1个，检查预习情况和复习情况。
小班课	小班课教师听大班课，观察学习者的课堂反应，作课堂记录；大班课后，与大班课教师及时沟通交流，扫除盲点，查漏补缺。
单班课	听小班课，重点观察和记录下午谈话对象在课堂上的表现；单班课前让学习者认读所学课文，检查掌握情况；预习下一课生词。

2. CIB学习者的一般特征分析

学习者的一般特征是指学习者年龄、年级、工作/职务类别、文化程度、社会经济背景等因素(祝智庭等，2003)。具体到第二语言学习者，崔永华(2008)认为学习者的一般特征指影响学习者学习行为的、与具体学科内容没有直接联系的生理、心理和社会特点，包括年龄、性别、认知成熟度、学习动机、个人对学习的期望、工作经历、生活经验，以及经济、文化、社会背景等。

(二)S：陈述教学目标(State Objectives)

教学目标是教学活动主体共同实现的目标，是教学的出发点和归宿，它是教育者预先确定的，要求学生在某一时间内所要达到的预期效果或标准，这种效果和标准预先可以进行具体描述，并最终可以通过学生的行为变化得到体现。教学目标可以为课堂教学活动指明方向，是教师设计课堂教学活动的基本依据。

1. CIB教学目标的分类体系

当前国际公认的教学目标分类框架是布鲁姆、加涅等人提出的。布鲁姆等人认为教学目标可分为三大领域：认知领域、情感领域和技能领域。认知领域的目标包括有关知识的记忆、再认和运用，理智能力和技能的形成等；情感领域的目标包括学习的情绪反应，情感、兴趣、价值倾向的发展等；技能领域的目标包括由心智活动控制的肌肉反应、活动或操作。加涅将学习结果分为五类：言语信息、智力技能、认知策略、动作技能、态度，这里的“学习结果”即我们讨论的教学目标。

2. CIB 教学目标的陈述

为了保证教学目标的可操作性，ASSURE 模式采用 ABCD① 法陈述 CIB 的课堂教学目标。

(1)CIB 的总体教学目标。CIB 以强化学习者的听说能力，培养学习者实际运用汉语的能力为总体教学目标，坚持听说领先、读写跟上，坚持把汉语作为有声语言来教。

(2)年级教学目标。CIB 分别制定了年级教学目标，见表 3。

表 3　CIB 各年级教学目标

年级	教学目标
一	能够创造语句、提问和回答，参加简短的交谈。使用日常必需和礼貌用语，所说的话能被经常与外国人打交道的母语者听懂。
二	提高基本的听说读写能力，能够参加非正式的交谈，陈述事实，下达指令，能对现在、过去、将来的活动进行描述、报告和叙述。能够就具体的话题发表自己的看法，如个人经历、家庭、爱好、工作、旅行、时事等。所说的话基本能被不常与外国人打交道的母语者理解。
三	进一步提高听说读写能力，掌握口语和书面语的基本区别和使用场合。能在正式和非正式场合与人交谈，能处理语境难题、应付不熟悉的话题，能作出解释、详细描述、论证观点和作出假设。能够讨论实用、社会、专业以及抽象话题、特殊兴趣话题以及需要一些专门知识的话题。口语表达中有不影响理解的、母语者几乎察觉不到的错误，偶有基本结构错误。
四	可以阅读中文原文、小说、报刊等，语言使用与谈话对象相宜，能商讨、劝说、谈判、阐述观点。可以讨论一般专业性话题。口语表达接近母语者，话题广泛，措辞准确，与场合相宜，偶有小错。
五	全面掌握书面语、正式用语，为以后进入学术领域、进行学术研究作准备。

(3)周教学目标。CIB 是短期强化教学，共有九周的学习时间，因此为了保证在有限的九周时间内最终实现总体教学目标和年级教学目标，学习者必须清楚地知道每周的教学目标。按照 CIB 的教学安排，周一至周四每两天学

① ABCD 法是指用可观察和可测量的行为来陈述目标，一般由四个要素组成：对象(Audience)：指学习对象；行为(Behavior)：通过学习后，学习者能做什么和应达到的能力水平；条件(Condition)：上述行为在什么条件下产生；标准(Degree)：规定评定上述行为的最低要求。这四个要素并非必须一应俱全，只有行为要素(B)不能省略，而其他三个要素都可以根据具体情况适当省略。

习一课(包括一篇短文和一段对话)，周五进行复习和考试，也就是一周学习两课。以CIB二年级第三周为例，周教学目标的内容见表4。

表4　CIB二年级教学安排(第三周)

时间	大班课	小班课	单班课	作业
星期一	1. 交上周作文《我的一个中文梦》 2. 听写生词和句子 3. 串讲L5《中国家庭》对话部分，讲练语法	操练重点生词和语法	1. 朗读对话，复习 2. 话题讨论 3. 预习L5课文	1. 预习明天的生词和课文 2. 完成L5作业(一)
星期二	1. 交作业 2. 听写生词和句子 3. 串讲L5《中国家庭》课文部分，讲练语法	操练重点生词和语法	1. 朗读课文，复习 2. 话题讨论 3. 预习L6对话	1. 预习明天的生词和对话 2. 完成L5作业(二)
星期三	1. 交作业 2. 听写生词和句子 3. 串讲L6《中国的饮食文化》对话部分，讲练语法	操练重点生词和语法	1. 朗读对话，复习 2. 话题讨论 3. 预习L6课文	1. 预习明天的生词和课文 2. 完成L6作业(一)
星期四	1. 交作业 2. 听写生词和句子 3. 串讲L6《中国的饮食文化》课文部分，讲练语法	操练重点生词和语法	1. 朗读对话，复习 2. 话题讨论 3. 预习L7对话	1. 预习明天的生词和对话 2. 完成L6作业(二)
星期五	复习本周所有重点词汇和语法	周考(笔试)	周考(口试)	作文：《中国的“小皇帝”》

(4)课时教学目标。以CIB二年级教材《留学北京》第十三课《请客送礼名堂多》的课文部分为例，具体说明CIB如何陈述课时教学目标，见表5。

表 5　CIB 二年级课时教学目标(第十三课《请客送礼名堂多》)

认知领域	语音	声韵调基本准确，话语语调基本正确。
	词汇	掌握“具有、与众不同”等 7 个重点词汇，掌握它们的常用义项、用法，正确率在 90%以上。
	语法	掌握“对……满意”等 8 个语法项目，完成书面作业中的练习，正确率在 90%以上。
	汉字	掌握“合适、复杂、流行”等高频字词，要求会读、会写。
技能领域	听	听懂没有新的语法项目、每分钟 160 个音节左右、新词语不超过 1%的材料。
	说	围绕“请客送礼”的交际话题进行会话时，语音语调基本准确自然，句法结构恰当。
	读	朗读课文时，能达到每分钟 180 个汉字左右。有正确的词重音、句重音、停顿。
	写	听写本课生词的速度达到每分钟 12—15 个。
情感领域		了解中国人请客送礼的习俗。
学习策略		学会通过参与、合作的方式表演汉语对话。

(三)S:选择教学方法、媒体和材料(Select Methods,Media and Materials)

ASSURE 模式第一步“分析学习者”确定了课堂教学设计的起点，ASSURE 模式第二步“陈述教学目标”则预设了课堂教学将要达到的终点。如何实现从起点到终点的飞跃，ASSURE 模式第三步“选择教学方法、媒体和材料”是关键：一方面要坚持以学习者为中心，充分考虑学习者特征的分析结果，做到因材施教；另一方面要以教学目标为导向，根据教学目标的类型和层级选定不同的教学方法、媒体和材料。

1. 选择合适的教学方法

教学方法具有很强的适用性，所谓“法无定法，贵在得法”，没有最好的教学方法，只有最合适的教学方法。CIB 基于学习者特征分析和九周内要完成的教学内容和预期达到的教学目标，参考了不同流派的语言学和语言教学理论，以认知法和听说法为基础，主要采用 4P 教学法：预习(Preview)、呈现(Presentation)，操练(Practice)，运用(Production)。

2. 选择有效的教学媒体

在实际选择教学媒体的过程中，我们选择“问题表模式”来实现对教学媒体的有效选择。即列出一系列要求媒体选择者回答的问题，通过对这些问题的逐一回答，来比较清楚地发现适用于一定情境的教学媒体。这种方法简单易行，为教师选择教学媒体提供了操作性比较强的具体实施步骤。表 6、图 1—图 3 具体说明了 CIB 常用的教学媒体及其在不同课型中的运用。

表 6　CIB 常用的教学媒体(二年级)

课型＼媒体类型	传统教学媒体	现代教学媒体
大班	语言媒体、黑板＋粉笔、词卡	多媒体计算机(文字、图片)
小班	语言媒体、句型卡、报纸	多媒体计算机(文字、图表、图片、音频、动画、视频)
单班	语言媒体、教材、报纸、书刊	

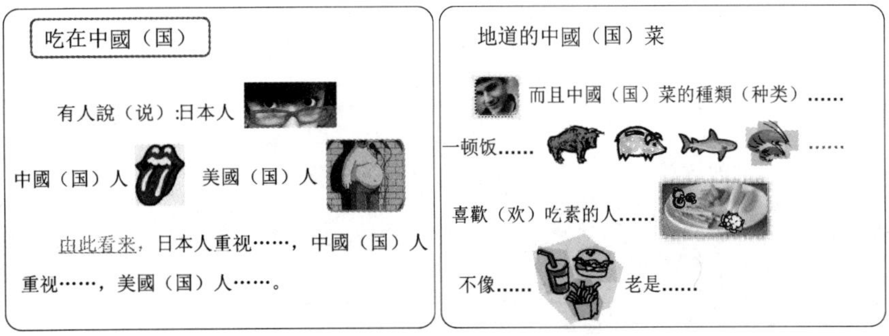

图 1　课文复述环节图片使用举例

有了……进步

有了很大的进步　有了不小的进步　有了一些进步

	2009年	2010年
汉字	++	+++++++
拼音/发音	++	++++
语法	+	++
中文	++	+++++++
考试	+++	++++++

据调查，subject 以……的速度 VP

	2008年	2009年	2010年
结婚的人数	1600万	1400万	1200万
离婚的人数	200万	400万	600万
北京绿地的面积（m²）	1000万	1500万	2000万
中国的人口	12．6亿	12．8亿	13．0亿
民族大学的人数	3500人	4000人	4500人
CIB学生的人数	80人	100人	120人
动物的种类	1000万	900万	800万

图 2　小班操练环节图表使用举例

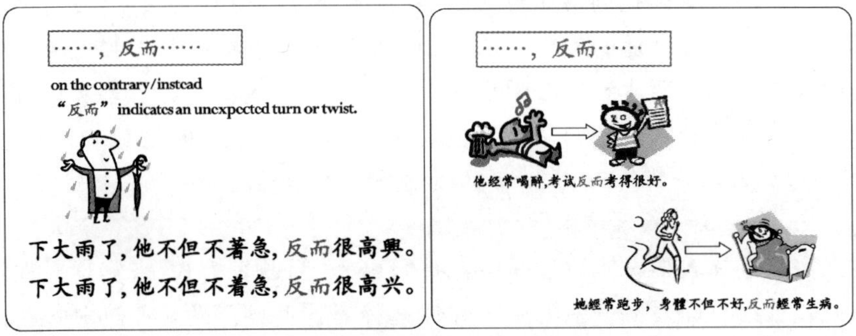

图 3　小班操练环节图片使用举例

3. 选择特定的教学材料

教学材料的选择一般有三种途径：一是直接选择现有材料，二是对现有材料进行修改，三是设计新材料。在选择材料时需要注意：①内容上有趣而富于挑战。最好是美国大学生感兴趣的话题，如果是辩论性的小讨论，则话题一定要具有挑战性。因为美国大学生的心智都已经比较成熟，他们喜欢表达自己，说自己的话，说有意义的话，说有意思的话。②难度上坚持“i＋1”理论(i 来表示语言习得者的语言水平，理想的输入要稍高于习得者的语言水平)，坚持可理解性输入。用于引出目标句型的铺垫性材料必须是学习者已经掌握或者学过的内容，要做到以旧带新，让学习者所学新知识与已有认知结构发生联系，减轻学习者的认知负担。同时也达到复现和复练的目的，一举两得。

(四)U：利用媒体和材料(Utilize Media and Materials)

ASSURE 模式不仅重视媒体和材料的选择，同样重视对它们的运用，特提出 4P 原则：预览教学材料(Preview the Materials)、准备教学材料(Prepare the Materials)、准备教学环境(Prepare the Environment)、让学生做好准备(Prepare the Learners)。

1. 预览教学材料

使用教学材料的教师务必对教学材料进行预览，做到四个“确保”：①确保教学材料的规范性和准确性；②确保教学材料结构的合理性；③确保教学媒体运行流畅；④确保对教学材料烂熟于心。

2. 准备教学材料

教师需要认真准备课堂教学活动需要用到的所有材料，包括教师和学生将要用到的。为了避免遗忘，教师可以按照教学材料的呈现顺序，将需要用到的教学材料列一个清单。

3. 准备教学环境

对教学环境的准备主要体现为对课堂空间环境和课堂物理环境的设计。CIB 的中方合作院校中央民族大学提供了现代化的多媒体教室，为项目顺利进行提供了强大的物质保障。CIB 对课堂空间环境和课堂物理环境的准备和设计见图 4。

4. 让学生做好准备

进入课堂教学学习前，学习者是否做好了充分的准备对课堂教学效果有很大影响。CIB 主要通过以下三种方式让学习者做好准备。首先，学习者都签订了语言誓约，这样就保证了学习者课上课下都使用汉语进行交际，始终保持说汉语的状态；其次，CIB 会将课程的教学计划以及每周的教学安排提前告知学生，方便学习者对所学内容有所了解；最后，CIB 会通过特定的教学环节帮助学习者更快更好地做好准备，如大班课前的生词和句子听写环节

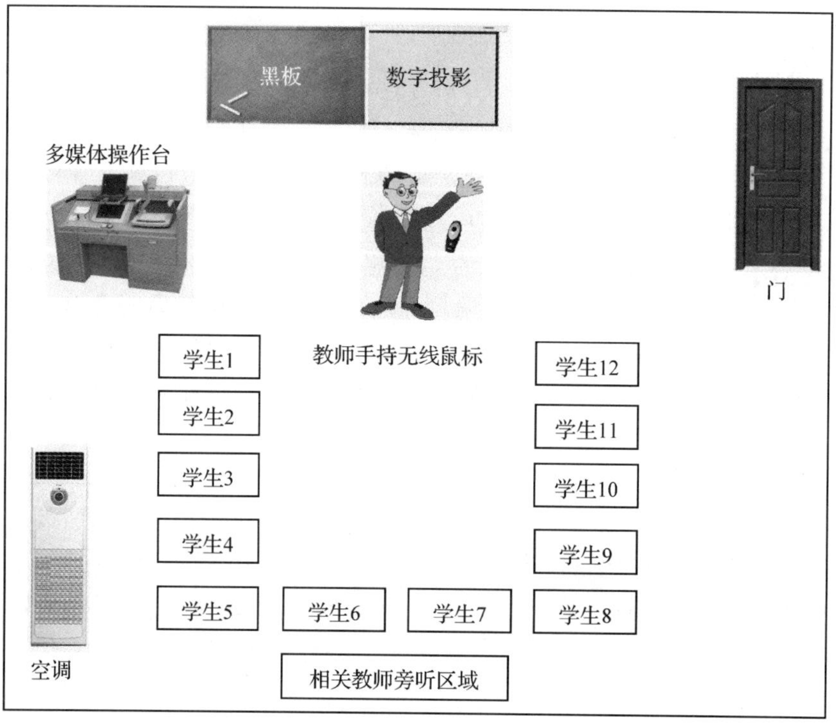

图 4　CIB 教学环境示意图(大班)

以及单班课的预习环节等。

(五)R：要求学习者参与(Require Learner Participation)

学习者参与语言课堂学习的过程是教与学双方(教学活动主体)之间相互影响、相互作用的过程。Allwright(1983)提出课堂互动是语言课堂的基本事实，课堂上所发生的一切都是生动的人与人之间的互动过程。课堂互动既可以是教师与学习者之间的互动，也可以是学习者之间的互动。

1. 师生互动

师生互动是在课堂环境下，教学活动主体——教师和学习者之间相互作用和相互影响的过程。它不是教师对学生或学生对教师的单向、线性的影响，而是师生间的双向、交互的影响，它是一个链状、循环的连续过程。图 5(皮连生，2009)显示了课堂教学中师生互动作用的模式。

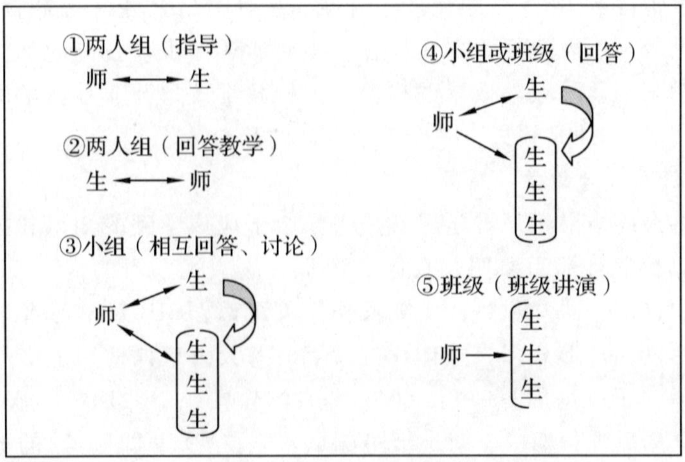

图 5　师生互动作用模式

2. 生生互动

生生互动是在课堂环境下，学生与学生之间发生的相互作用和影响。主张通过生生之间的个体间支持、信息交流、评价判断等方式唤起学生的学习需要，建立与同伴共同置身于其中的一种环境，从而深化学生与学生间的相互影响，开发学生间原本具有的相互培育、塑造的潜在作用。同时，生生互动也为学生提供了平等参与、主动表现才能的机会，有利于激发学生的成就动机和创新意识。图 6 显示了课堂教学中生生互动作用的模式。

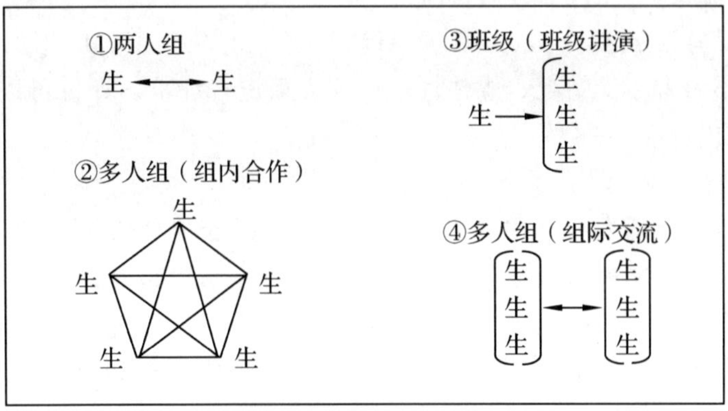

图 6　生生互动作用模式

(六)E：评价和修正(Evaluate and Revise)

评价和修正是教学设计中最常被误用的，其主要目的在于衡量教学品质，检查教学存在的问题，改进教学的效果。教学前，教师对学生的起点行为和教学媒体本身都须加以评价，以确定学生的经验背景与教学媒体是否确实适配；教学中，教师随时从学生的练习与回答，以及学生的自评中诊断出教学目标的达成情况和教学中的问题与困难，并对不足之处进行补救；教学后，则可以借助较为正规的测验方式检查学生对所学知识与技能的掌握情况，并可以此作为某一学段教学效果的检验。评价教学效果并非是教学的终点，而是有效使用 ASSURE 模式下一个教学轮回的开始。

1. 评价学习者的学习结果

教学的最终结果就是看学习者是否学会了应该学到的知识和技能，因此评价必须以教学目标为参照。具体的评价方法应视学习的内容及目标而定，纸笔测试、口试、课堂观察、实际操作等都可以。CIB 对学习者学习结果的评价具有密度大、形式多、立体化的特点。每天大班课前须上交作业，听写生词，翻译句子；每周写一篇 300 字左右的作文(二年级)，一次口语考试；四周后和九周后进行期中、期末纸笔测试，坚持“所学即所考”的原则，同时学习者需要完成个人演讲。此外，学习者在课堂上的平时表现也会参与评价，比如是否迟到、是否积极回答问题。这样，CIB 建立了一个立体化的用于测评学生综合表现的一个评价体系，见表 7。

表 7　CIB 学习结果的评价体系(二年级)

评价指标	出勤及课堂表现	作业	听写和翻译	作文	单班表现	周考(含期中考试)	期末考试
所占比例	10%	15%	15%	5%	15%	20%	20%

2. 评价教学方法、媒体和材料

主要是针对教学方法、媒体和材料选择上的准确度、应用的实际效果、利用率、学习者接受情况、媒体性价比等方面进行评价。评价可以来自学生，也可以来自教师。

3. 评价教师

主要确定教师在教学中的表现是否出色，是否能在实现教学目标中真正起到作用，是否能够有效培养学生的汉语交际能力，是否能在一定程度上促进学习者学习经验的获得，是否在任何教学场合下都体现出良好的职业道德素养。同行评价在 CIB 中扮演重要角色。实践证明同行间及时、坦诚、有针对性的评价对于教师，特别是新手教师的成长有重要意义。

4. 修正

修正主要是在评价的基础上，发现教学设计过程中各个环节设计不当的地方，分析原因，探讨改善的对策，确保 ASSURE 模式在下一个教学轮回中的有效运用。根据教学评价结果，教师需要回顾教学过程中的每个要素，特别是在教学评价中反映出的问题，然后对问题进行记录，并在新一轮教学开始之前作为参考。这样可以让教师不断地调整和改进教学，然后再回到教学，就建立了一个良性的不断增益的循环。

三、总结与展望

随着全球汉语教学需求的多元化，国内得天独厚的目的语环境吸引着越来越多的国外大学将汉语教学延伸到中国，中外合作开展的在华暑期中文项目已经成为短期汉语强化教学的一种重要形式。CIB 是美国大学来华开办短期汉语强化教学项目的典型代表，在信息化背景下研究其如何利用教学技术与媒体，如何遵循 ASSURE 模式进行科学合理的教学设计具有重要理论意义和现实意义。

ASSURE 模式提供的宏观策略框架有助于教师发展成为策略型教师和策略型研究者。作为策略型教师，教师应该在 ASSURE 模式下不断反思教学过程，拓展自己的知识和技能，探索宏观策略并使之适应不断变化的教学环境，充分发挥课堂潜能。作为策略型研究者，教师应该充分利用 ASSURE 模式这个宏观策略框架来培养自己探索课堂的能力，在教学实践中提炼教学理论再将其回归到教学实践中去。

参考文献

[1] Allwright，R，Classroom-centered research on language teaching and learning：A brief historical overview，TESOL Quarterly，1983.

[2] RobertHeinich，Michael Molenda，James D. Russell，Sharon E. Smaldino 著，郭文革译：《教学技术与媒体》(第八版)，北京：高等教育出版社，2008 年。

[3] 崔永华：《对外汉语教学设计导论》，北京：北京语言大学出版社，2008 年。

[4] 皮连生：《教学设计》(第 2 版)，北京：高等教育出版社，2009 年。

[5] 祝智庭、钟志贤：《现代教育技术——促进多元智能发展》，上海：华东师范大学出版社，2003 年。

（作者：蔡建永　北京语言大学硕士研究生
徐　娟　北京语言大学研究员）

项目名称：U-S 协作对北京中小学教师专业发展影响力的研究
项目编号：10BaJY066
项目负责人：朱晓宏
项目信誉保证单位：首都师范大学

他者经验与儿童成长：师生关系的另一种解读
——基于舍勒的情感现象学理论视域

作为一个社会性存在，儿童个体的成长不可能独立完成，必须依靠那些处于他生命周遭中他人的本质帮助。父母和教师无疑是儿童生命中的“重要他人”，儿童与父母、教师交往中获得的他者经验对其成长有着重要影响。德国著名现象学学者舍勒(Max Scheler)对主体间关系的现象学理解为我们思考儿童与“重要他人”交往关系提供了有价值的理论参考视域。基于舍勒的视角，我们拟重新考察亲子关系与师生关系的内在联系，进而揭示这两种关系对儿童成长的重要影响。

一、舍勒关于主体间关系的理解

主体间性问题通常被视为有关“你”或“他者”的问题。舍勒对此类问题的理解是建立在其独特的现象学分析基础上的。他非常关注个体对共体、对他人意识的起源问题，并认为个体与共体的关系问题以及作为心灵主体的“自我”与“他人”的问题从最根本上是伦理学问题。他重点讨论了“自我”的本质、“你”的明证性和对“他者”的感知，还将其现象学立场运用于主体间的情感经验领域，拓展了学界对主体间情感关系的理解。

(一)“自我”、“你”或“他者”的原初共在

凭借对鲁宾逊经历的现象学解读，舍勒认为，他人心灵中的思想不一定后于我们自己的，而我们自己心灵中的内容也不一定先于他人的，主体间性的自我与你(或他者)在最初尚未得以区分，而且，这种主体间性的无差别源自最初的心理之流，人与人之间也由此发生情感上的相互关联。这种原初的共在也构成了主体间达成理解的内在意识前提。

1. “自我”的本质

笛卡尔曾提出“我思故我在”，思的行为是与自我实体相关，而胡塞尔的“我思”总是对某种东西的意识。在现象学还原之后，意识行为乃是最原初的存在领域，独立于一切内在的心理事物和外在的物理事物。这种原初性也被

称为行为的自我关涉性，即行为不依赖于任何生理—心理性的偶然实在性的组织形式。在这种行为的自我关涉、自我构成中，世界的实在存在的问题就自然被排除了。

舍勒将胡塞尔的意向性原理进一步扩展，并把意向性意识视为是一种超越性意识。这种超越性表明意识或者精神原初地就是超出自身而指向他物的行为。这种意向性实质上也是一种关系性(Relation)，这种关系性同样是原初的和不可还原的，绝不是某个主体或者先验自我的构造的产物。因此，舍勒从根本否定了胡塞尔的"先验自我"。在舍勒对"自我"的本质分析中，"自我"是精神人格的内知觉的对象。内知觉的根本所指是在"对……的意识"中被给予的。一个意向行为始终要求意向对象的充实，这种要求是先天的，与经验对象无关。

2. "你"的明证性

由于舍勒的"自我"是内知觉的对象，"你"就是自我的直接关联项，即自我的意向所指是"你"。"你"对于"我"而言，不是经验的给予，也不是从类比推论中来，而是自明地给予。"你"的先天性是作为一个意识"领域"而发挥作用的，由于意识的"超越性"，"世界"现象是超越于自我的。在这种意识中，不是"世界"而是"你"被自我的瞬间意向所指。

为了说明"你"的明证性，舍勒还对鲁宾逊的经历进行现象学分析。鲁宾逊在开始有目的的行为时所出现的本质上确定的和不容混淆的空位之中，将在他心灵中出现关于作为你之领域而临在的东西之至为实在的直观和理念，只是他不曾见过它的任何范例而已。因此，舍勒说："你性是人类思维的基本存在范畴。"[①]海德格尔也有同样观点："即使他人实际上不现成地摆在那里，不被感知，共在也在存在论上规定着此在。此在之独在也是在世界中共在。……独在是共在的一种残缺样式，独在的可能性恰是共在的证明。"[②]

3. "他者"的被给予

从舍勒的视角看，人类个体的存在，首先意味着与"他人"的本质联系。与他人一起生活，不只是一个事实，而且这种与他人的联系在本质上是在体性的。这种在体性带来了对纯粹本质的开放认识，这样的本质只能是"直观的"。例如，在鲁宾逊的意识"领域"中，虽然其经验到的意识是缺乏共同体性的，但是，他的情感和理性机能仍能意向性地指向"他者"。这样的"他者性"正是存在于共同体成员的缺席之中。

---

① ［美］弗林斯著，张志平、张任之译：《舍勒的心灵》，上海：上海三联书店，2006年版，第81页。

② ［德］海德格尔著，陈嘉映、王庆节译：《存在与时间》，北京：生活·读书·新知三联书店，2000年版，第140页。

舍勒还以幼儿生活的事实作为证明。“一个孩子生活于其中的观念、情感和追求方向——除了诸如饥、渴之类的普遍欲求——最先完完全全是他周围的世界，即他的父母、亲友、姐姐、兄长、教养者，他的故土、民族观念、情感和追求方向。”[①]可见，人最先体验到的是他人的自我而不是自己的自我，换言之，“自我”与“他者”是原初共在。

综上所述，作为关系世界的实在，“你”或者“他者”总是基本的，总是先于“自我”被给予的，并不证自明地先于所有生命和无生命的自然的实在，而“自我”只能在“我们”之中认识自身。一个人也正是由此获得对主体间情感经验的把握，正是在这一层面上，舍勒勾勒出主体间情感交流的基本样式。

(二)同情：主体间性的情感经验

舍勒还将现象学的意向性原理扩展到主体间的情感领域。他认为，“他者之我”是可以被把握的，这一事实为主体间发生情感上的相互关联提供可能性。他在前人研究成果的基础上对同情提出了独特的现象学理解，即“同情(sympathy)不仅指一个人对他人的怜悯，而是有着更为广泛的含义，亦泛指人们对同一种情感的分享或对他人之情感的参与(participation)”[②]。基于对同情现象的本质与形式的现象学分析，舍勒区分出人与人之间情感经验的四种基本形式，即情感共同、情感参与、情绪感染、情感认同。

1. 情感共有即直接的同情

情感共有在本质上表现为三个方面：一是A和B两个人共同感受着同一种情感，这种情感是由对两人而言共同的价值事态引发的。二是A和B两个人相互独立地产生了同一情感。三是B的情感对A而言不仅仅是对象性的，A确实感受到与B一样的情感。这种同情现象在现实生活中大量存在着。当然，舍勒认为，情感共有只涉及人的心灵性情感，如悲伤、欢乐、痛苦、自豪等，而与人的生命感受或感官感受无关。

2. 情感参与即参与某种情境的同情

情感参与不同于前者。在情感参与中，A的情感和B的情感是源自两个不同的价值事态。例如，A看到B失去父亲时非常痛苦，A也为B感到难过。这里，A的情感是由B痛苦这个价值事态引发的。B是当事人，A是旁观者。A的悲伤和B的悲伤是两个不同的事实，而不是像第一种情况(情感共有)那样是一个事实。因此，这里的情感参与不同于怜悯意义上的同情，它不仅指向同悲，还可以指向同乐，更接近于我们理解的情感共鸣现象。在此，舍勒认为，爱是情感参与的前提。

---

① 刘小枫选编：《舍勒选集》(上)，上海：上海三联书店，1999年版，第375页。

② 张志平：《情感的本质与意义——舍勒的情感现象学概论》，上海：上海人民出版社，2006年版，第116页。

3. 情绪感染即心理传染

这是一种被动的情感反应。单纯的感情传染着眼于人的情绪受他人或外部环境的影响。它可能发生在人与人的情绪之间，并不以对他人欢乐或悲伤的认知为前提，也可能发生在人与环境氛围之间，都不是一种情感上的主动参与。例如，我也许正在公园散步，人群莫名其妙的骚动可能会引起我内心的恐慌；在阳光明媚的日子里，我的心情也会随之变得明快起来。这种情感传染的发生具有任意性，而且行动着的“群体”轻易地超越所有个体的意向，可能做着没有任何人“愿意”和“对之负责”的事情。

4. 情感认同即情感一体

这是一种真正的体验性感觉，也是同情现象的极端形式。在此，“不仅他人的、有限的感觉过程被不自觉地当成自己的感觉过程，而且他人的自我恰恰（在其所有基本行为上）与自己的自我被认同为一体”[①]。它一般表现为三种类型：一是自发型，即一个人将别人的自我纳入自己的自我当中，从而使对方完全生活在“我”之中。二是他发型，即一个人完全将自己的自我完全纳入别人的自我当中，从而使“我”完全生活在“他人之中”。三是交融型，即一个人的自我与他人的自我构成相互交融的双向的一体关系。

总之，基于舍勒对主体间关系与情感体验的现象学解读，我们看到在生命空间和生命关联的整体上给予个体感受影响的深刻意蕴，这就使得我们思考儿童与成年人的关系问题能够突破原有的局限，进入一个更为广阔的理论视域。如果将舍勒的现象学理论拓展到教育领域，或许能够丰富我们对儿童与成年人（父母或教师）交往关系的教育学理解。

二、重新理解亲子关系和师生关系的教育意蕴

纵观儿童的成长过程中，孩子与父母、教师构成的交往关系恰恰是其精神成长过程中的独特之处，一个孩子与他者、与世界的遭遇也由此展开。孩子与父母、教师交往构成的亲子关系与师生关系是一个具有连贯意义的统一体。儿童与家长或教师交往中逐渐形成的“我—你”关系意识和情感体验构成其精神生命的基调。

（一）亲子关系：儿童初获他者经验与情感体验

根据舍勒的理解，家庭是儿童出生于其中的生活共同体的基本形式。家庭是一个孩子生命展开的第一个处所，是他一开始就在其中生活的共同体。儿童在家庭生活中获得“我—你”关系意识和情感体验对他进入学校生活起到了奠基作用。

---

① 刘小枫选编：《舍勒选集》（上），上海：上海三联书店，1999年版，第292页。

1. 孩子在亲子关系中获得自我意识

在舍勒看来，在个人生命的早期阶段，婴儿完全是被卷入原初的、在其中你的和我的还未区分的心理之流当中；孩子只能从这个可以说在自己头上汹涌流过的心理之流中非常缓慢地抬起自己的头。换言之，在一个孩子的生命早期，最初在他没有关于“我”和“你”的经验之前，他只是用父母的观念和感受来支配自己的观念和感受，渐渐地学会复制父母的想法，但他却把这些想法当成自己的想法，并没有意识到他如何获得这些想法，正是经由这一途径，父母的思想和感受作为“自己的思想或感受”给予儿童。

随着一个儿童的成长，他渐渐意识到自己也有自己的感受、观念和倾向的存在。在这一过程中，儿童逐渐能够对其直接环境中的事物进行客体化，儿童的自我逐渐从他者性占压倒性优势的范围中慢慢分离出来。可见，一个孩子无法逃避他所生活于其中的家庭生活的影响，尤其是受到其父母亲看世界方式的自然而然的影响。对于一个孩子的成长来说，早期家庭生活经历可能影响个体的命运、个人的独特品位(inner sense)、自我意识和道德倾向的形成。

2. 孩子在亲子关系中体验同情

家庭是儿童直接体验同情的最初场所。在家庭生活共同体中，所有的成员都彼此熟悉，没有陌生人，彼此分享着某种特殊的、拥有它自己法则的共同经验之流。在此基础上，家庭成员之间存在着某种“自然的理解”①。彼此之间的“自然的理解”表现出持续而又自然的相同的思维、生活、倾听、眼光以及爱和恨，简言之，所有成员都被休戚与共和同情感联合在一起。

在家庭生活中，“对于我们成人微不足道的家庭事件，争执或者爱与理解、虚伪的或者善意的微笑、一瞥，对于孩子却是一出至为壮观的戏”②。基于舍勒的同情理论，我们看到孩子在亲子关系中获得的四种类型的情感体验。例如，孩子考试成绩优异，父母为之自豪，孩子和父母彼此能够感受到同一情感；父母感情不和，孩子也会参与到父母的情感中而陷入痛苦；父母闷闷不乐，这种情感也会传染给孩子，他也会感到心中郁闷；一些父母会把孩子当成自己生命的一部分，并因此支配孩子的行为和生活，其结果是孩子成为父母的附庸；与此相反，还有另一些父母将孩子视为“太阳”，对孩子唯命是从，成为孩子的附庸。在孩子与父母的“亲密无间”关系中，父母的体验似乎直接为孩子所“理解”，父母的爱与恨影响着一个孩子之所爱和所恨的模式或框架。

---

① [美]弗林斯著，张志平、张任之译：《舍勒的心灵》，上海：上海三联书店，2006 年版，第 99 页。

② 刘小枫选编：《舍勒选集》(下)，上海：上海三联书店，1999 年版，第 1133 页。

总之，舍勒视角中的亲子关系为我们理解师生关系提供了十分丰富的理论资源。一个儿童与父母的交往经验为他对待师生关系提供一种指引和规范性模式，构成其处理师生关系的内在意识前提。儿童往往凭借他与父母交往的经验来理解他与教师的交往，并从中逐渐意识到其中的同与异，而这个“求同存异”的过程就是其自我意识成长和情感丰富的真实体验过程。

(二)师生关系：丰富儿童的他者经验与情感体验

在学校这个特殊的社会生活环境中，对一个儿童的成长来说，教师无疑是塑造或影响其人生的重要他人了。如果我们认可儿童的亲子交往是构成其师生交往的内在意识前提，那么，借鉴舍勒的情感现象学理论，或许能够洞察师生交往对于儿童成长的深刻影响。

1. 师生交往拓展儿童的他者经验

现代学校属于公共教育机构，不同于以血缘为基础的家庭生活共同体。在家庭生活共同体中，父母对于孩子来说，“他者”首先被“自我”经验为“一起生活”的人。“自我”与“他者”是相互渗透的，即“自我”与“他者”总是血脉相连。学校作为一个雏形社会，师生之间是一种有意或刻意建立的人际关系。对于刚刚跨入校门的孩子来说，教师作为他者，首先不是被孩子经验为共同生活的人，而是被经验为异己的他者。与家庭生活共同体相比，师生彼此是必须选择去和他者休戚与共，而家庭成员彼此是在天然血缘关系基础上的休戚与共。在学校背景中，无论一个儿童是否愿意，他的学校生活都得与教师发生关联。

尽管学校与家庭存在上述差异，但也有着同样本源。舍勒认为，通过意愿和意向所确立的人与人之间的关系根源于生活共同体的休戚与共的情感经验。可见，学校生活中的师生关系是以家庭生活共同体中亲子关系为背景的。一个儿童从家庭生活进入学校生活，他的生活视域由此展开，他所经验到的他者性逐渐变得丰富和多元，而且他对重要他人的情感意向对象也从父母伸展到学校生活中的教师。

2. 师生情谊影响儿童的成长

事实上，教师和学生都是活生生的人，即每位教师和学生各自具有独特情感，师生交往过程中每个人都会有不同的体验与感受。从个别师生交往看，在孩子心目中留下深刻记忆的老师，首先是有人情味的，有爱心的，特别亲切的、容易相处的老师。教师首先呈现于学生的情感体验之中，它规定着那些隐蔽于意愿之后的“意旨”。

依据舍勒的同情理论，我们可从四个方面看到师生情感交流给予孩子的影响。其一，师生之间的情感共有可以促进彼此心灵沟通，例如，音乐课上师生共同欣赏一部经典音乐作品的时候，可能引发师生之间共同的感受。其二，师生之间的情感参与分享可以促进彼此之间的信任，如果教师能够对学生采取主动的情感参与，就会让学生感受到教师与他之间形成了一种休戚与共的亲密关系。其三，情绪感染在师生关系中具有潜在效应，尽管情绪感染对于被感染者来说是一种被动反应，如果教师能够让学生在不知不觉中受到某种积极的情绪感染，其教育价值是不言而喻的。其四，情感一体可以促成学生对教师的情感认同。尽管情感一体现象中呈现出两种可能性，一方面，学生也可能盲目地信服教师；另一方面，学生也许会表现出“亲其师，信其道”，其意义也是显著的。

总之，在师生交往过程中，无论学生是否真正意识到教师的影响力，教师在事实上塑造着和构成着学生的观念和意旨。一般来说，学生愈少清晰地描述教师的影响，教师对其成长的影响愈是强而有力，这或许就是“润物无声”的效应。着眼于儿童健康品格的养成，我们有必要尝试重构一种新型的师生关系。

三、重构新型师生关系之可能

基于舍勒的理论，我们重新考察了亲子关系和师生关系对于儿童成长的影响，试图找回孩子与成人之间交往的本然联系。如果教师能够清醒地意识到儿童的他者经验和情感体验特征，就能够明晰什么将触动儿童或唤醒儿童，或许从中看到重构新型师生关系的可能性。

（一）教师承担“替代父母”之职

家庭是一个孩子获得他者经验的原初居所，一个孩子的家庭生活经历形成他最基本的生活体验。着眼于儿童的成长，学校必须成为儿童的第二个家。“学校教育和家庭教育一样，关键在于关系，而非控制”。[①]师生交往就是要鼓励儿童扩展其在家庭生活中已获得的亲子关系体验与理解。当孩子在家庭中生活的时候，父母会向孩子传递这样一个信息：“我在这里，你可以呼唤我。”[②]做父母就意味着必须聆听孩子的呼唤并以适当的方式采取行动。当孩子从家庭走进学校以后，父母不可能对孩子的呼唤作出及时的回应，最可能的替代者就是教师。因此，从现象学、教育学的角度看，我们要赋予教师“替代父母”的职责。

但是，令人遗憾的事实是，“学校教育一直关注公共生活，而不是家庭生活……我们教育工作者也一直以为生活的起点好像处于‘家外’”[③]。其实，学

① ［美］诺丁斯著，侯晶晶译：《始于家庭：关怀与社会政策》，北京：教育科学出版社，2006年版，第25页。

② ［美］诺丁斯著，侯晶晶译：《始于家庭：关怀与社会政策》，北京：教育科学出版社，2006年版，第25页。

③ ［美］诺丁斯著，侯晶晶译：《始于家庭：关怀与社会政策》，北京：教育科学出版社，2006年版，第177页。

校作为一种公共生活领域与作为私人领域的家庭生活始终有着千丝万缕的联系。对于一个孩子来说，学校和家庭除了是他身体的处所之外，还是他与他我的相遇，与我们称之为文化的社会环境的相遇。在这两个领域中，作为成年人的教师或父母，他们对于孩子的呼唤都应该是令人放心的回应——“我在这里”。

(二)理解的心灵需要爱与同情

根据舍勒的同情观，一个孩子如果能够意识到“他者之我”，他就能够体验到他人对自己的道德关怀。这种情感体验就是舍勒的同情，它可以在教师和学生之间建立一座桥梁，教师和学生的心灵也由此相通了，进而改善彼此的人生际遇。为了培养学生的同情感，教师首先要对学生同情。它涉及一种存在的转变，在“我—你”关系的体验中，存在着深层的联系、直接的真诚甚至爱等高尚的情感。因此，教师必须铭记一个信念：教师必须像父母那样始终怀有一颗向着孩子的爱心。这就要求教师必须从多方面去理解学生，理解是师生建立亲密关系的前提。从舍勒的视角看，理解超越了理性的逻辑，遵循心灵的逻辑，而心灵的逻辑使得教师和学生共同步入一个新的、可能性的世界。

在现实的师生交往中，学生一般很难具体地说清楚爱(或恨)教师的理由，因为爱(或恨)在他内心深处总是建立在对某位老师的总体印象基础之上的，这是一种未经割裂的情感体验与内心觉察。当一个孩子爱(或恨)的时候，便表达了他赞同或反对、追随或对抗的倾向了，他可能会因为爱(或恨)一位老师而热爱(或厌恶)某一门学科。因此，做教师的第一要旨就是爱学生。这种感情是一种内心的状态。孩子感受到师爱，在其内心深处愿意成为像亲爱老师那样的人，愿意听从老师的教导。在此过程中，这个孩子不断走向他最深层的自我，走向他的“成为你之所是者”。

总之，教师需要充分认识到，儿童在亲子关系中获得的他者经验与其在师生关系中拥有的他者经验有着内在统一性。儿童的家庭生活与学校生活不能被人为地隔离，坐在家里的孩子与坐在教室里的学生本来就是同一个人。为了儿童的健康成长，教师必须不断提醒自己所应该承担的“替代父母”的责任，并始终怀有一颗向着孩子的爱心，这是教育能够所由开始之处，也是教育应该所由开始之处。

（作者：朱晓宏　首都师范大学教授）

项目名称：北京市“示范性”高职院校教育质量评价与保障机制研究
项目编号：10BfJY068
项目负责人：张耀嵩
项目信誉保证单位：北京劳动保障职业学院

高等职业院校教育质量评价与保障体系重构

截止到 2009 年我国独立设置的高等职业院校达到 1200 余所，招生数达到 313.4 万人，与本科招生规模大体相当，在校生 964.8 万人，占高等教育的半壁江山，满足了人民群众接受高等教育的强烈需求，为我国实现高等教育大众化的历史性跨越发挥了重要作用，① 提升高等职业院校教育质量就成为摆在教育行政管理部门面前的重要课题。教育行政管理部门必然要对高等职业院校教育质量进行全面掌控，进而形成相应的教育质量评价和保障体系，促进高等职业院校教育质量不断提高。本文认为高等职业院校教育质量评价与保障体系的主要目的就是为促进我国高等职业教育质量的提升，进而服务我国经济和社会的发展，发现高等职业院校在教育质量方面存在的问题，并指导其如何弥补不足、提升教育质量。

一、我国高等职业院校教育质量评价与保障体系概述

2004 年 4 月，教育部《关于全面开展高职高专院校人才培养工作水平评估的通知》(教高厅[2004]16 号)的出台，标志着我国高等职业教育质量评价与保障工作全面展开，这也被教育界称为“第一轮评估”。评估的主体是教育部及其组织的相关教育专家共同组成；评估的内容包括办学指导思想、师资队伍建设、教学条件与利用、教学建设与改革、教学管理、教学效果、特色或创新项目 7 项一级指标和 15 项二级指标；评估的对象是高等职业院校；评估的结论包括“优秀、良好、合格、不合格”四种。

2008 年 4 月，教育部《关于印发〈高等职业院校人才培养工作评估方案〉的通知》(教高[2008]5 号)的出台，标志着“第二轮评估”工作全面启动。评估的主体除了保留教育行政部门专家外，增加用人单位、学生、教师、主办方、社会、家长；评估的内容包括领导作用、师资队伍、课程建设、实践教学、

① 教育部高等教育司：《高等职业教育概览》，全国高职高专校长联席会议编：《高等职业教育改革与发展报告 2000—2010 年》，北京：高等教育出版社，2010 年版，第 3 页。

特色专业建设、教学管理、社会评价 7 项一级指标和 22 项二级指标；评估的对象仍然是高等职业院校；评估的结论由原来的四种变为两种"通过"和"暂缓通过"；还有一项重大变化增加了数据平台项目，高等职业院校每年填报一次平台数据，避免"第一轮评估"采集信息中存在的问题，增加数据的可靠性。

二、"第一轮评估"方案分析

(一)有利方面

教育行政管理部门进行的"第一轮评估"对高等职业院校的人才培养工作进行了全面考察，明确了"以评促建、以评促改、评建结合、重在建设"的评估方针，确实督促了受评院校在按照教育规律不断明确办学指导思想、找准自身定位、坚持教育创新、深化教学改革、改善办学条件、加强教学基本建设、全面提高教育质量和办学效益等方面前进了一大步。"第一轮评估"的推出与我国高等职业教育刚刚起步的背景紧密相连，许多高等职业院校在此轮评估中全方位规范了自身的办学，为高等职业教育质量的提升奠定了基础。"第一轮评估"最大的亮点，就是全过程规范高等职业院校的办学。

(二)不足之处

教育行政管理部门认为"第一轮评估"存在的问题主要表现：一是雷同于学科性高校的评估模式，不能很好地适应高等职业教育的特点与规律；二是评估的目的重心偏移，重结论、重外延；三是评估的主体错位；四评估方案分类发展指导性不够；五是存在信息缺陷，采集的信息缺少即时性、原始性、动态性、综合性和透明度。由于这些问题的存在，助长了急功近利的浮躁心理，导致形式主义的抬头和弄虚作假现象的产生。① 上述问题是从教育行政管理部门反思得出的相关结论，为进一步修订该方案指明了方向。

三、"第二轮评估"方案分析

(一)有利方面

2006 年 11 月，教育部颁发了《关于全面提高高等职业教育教学质量的若干意见》(教高[2006]16 号)文件，"第二轮评估"是在全面贯彻此文件的背景下出台的。在吸取了"第一轮评估"的经验和教训的基础上，进行了积极地完善，体现在以下两点：一是评软不评硬，软的就是人才培养模式和质量，即培养什么人和怎样培养人；二是评动不评静，即看人才培养过程，看院校和社会经济发展的结合度，让数据说话，让信息技术说话。因而，新方案简化了不

---

① 教育部高等教育司、教育培高等教育教学评估中心、高等职业院校人才培养工作评估研究课题组：《高等职业教育质量保障体系建设进展报告》，全国高职高专校长联席会议编：《高等职业教育改革与发展报告 2000—2010 年》，北京：高等教育出版社，2010 年版，第 264 页。

少麻烦环节，体现了对受评院校真诚帮助的良好愿望。[①] 另一个亮点是引入了《高等职业院校人才培养工作状态数据采集平台》，包含 9 个大类 51 个小类，涵盖了高等职业院校办学的方方面面，此平台数据每年由各院校上报一次，使办学的相关数据更能真实有效。"第二轮评估"最大的亮点，就是将高等职业教育导入"内涵质量"的办学方向。

（二）不足之处

本文认为教育行政管理部门对"第一轮评估"所出现的问题，没有从实质上进行变革，仍然是就方案说方案，没有从方案中从跳出来，没有站在中国高等职业教育更长远的发展角度考虑评估问题，这就注定了"第二轮评估"方案仍然没有解决存在的重要问题，主要表现在以下方面：

一是评估主体。虽然增加了用人单位、学生、教师、主办方、社会、家长等方面，但重要的组织主体仍然是教育行政管理部门，而不是性质独立的第三方专业机构负责组织实施，尤其是许多高等职业院校主办方就是教育行政管理部门，所以既是"裁判员"又是"运动员"的身份很难让教育行政管理部门有效开展对高等职业院校的全面评估工作。

二是评估对象。两轮评估的对象均为高等职业院校，虽然"第二轮评估"侧重高等职业院校的内涵建设，但是在对专业质量的提升上"第二轮评估"重视得还是不够，即所谓"广度"和"深度"不可兼得。

三是评估结论。为了避免"第一轮评估"过度重视等级的问题，所以"第二轮评估"完全摒弃了等级，从一个"极端"走向了另一个"极端"，没有等级的区别同样不利于高等职业院校在教学质量方面的比、学、赶、超。综上所述，要想解决"第二轮评估"中存在的问题，必须跳出评估来看中国高等职业院校教育质量评价与保障这个关乎职业教育发展的重要课题。

（三）高等职业院校教育质量评价与保障体系发展趋势

我国高等职业教育可以说刚刚起步，所以高等职业院校教育质量评价与保障体系必然要经历"规范办学"阶段和"内涵提升"阶段，可以说"两轮评估"基本实现这样的目的，但是要想进一步对高等职业院校教育质量进行评价和保障，必须从本质上改变现行的评估体系。发展趋势表现在以下方面：

一是需要探索专业评估和专业认证制度。参考国际通行的做法和经验，职业教育和执业资格认证必须紧密结合，但职业教育要和职业资格结合的一个重要前提是专业的认证和评估。[②]

---

① 张尧学：《在新指标体系下扎实开展高职业人才培养工作评估》，《中国高等教育》，2008 年第 15 期，第 32 页。

② 李志宏、杨应崧等：《高职高专院校人才培养工作水平评估绩效分析研究》，《教育研究》，2011 年第 8 期，第 28 页。

二是需要将评估划分为职业教育办学资格评价和职业教育专业建设质量评价两种。前者只对高等职业院校是否达到办学基本标准进行审核，后者只对高等职业院校某个专业建设质量进行评价。

三是需要将评估组织方进行区分和分类。既应该有教育行政管理部门组织实施的办学资格评价，同时也应该有独立的第三方组织实施的专业教学质量评价，使教育行政管理部门和第三方评价机构各司其职发挥其应有的作用。

四、新的高等职业院校教育质量评价与保障体系构建

(一)理论基础

早在20世纪40年代，泰勒(R. W. Tyler)提出："教育评价在本质上是确定课程和教学大纲在实际上实现教育目标的程度的过程。"[①]20世纪60年代，克龙巴赫(L. J. Cronbach)于1963年在《通过评价改进课程》一文中提出：教育评价是一个收集和报告对课程研制有指导意义的信息过程。[②] 日本学者辰野千寿认为："教育评价是依据教育目标和指导计划，使用一定的指导方法，教育那些具备输入条件(能力、适性、兴趣、学习态度等)的学生，并且参照最初的教育目标对教育成果(输出)予以评价，把借此而获得的信息反馈给作为指导者的教师和作为学习者的学生，从而调整指导方法和学习方法，以便更有效地达到教育目标。"[③]1981年，美国教育评价标准委员会对教育评价的综合界定是："教育评价是对教育目标和它的优缺点与价值判断的系统调查，为教育决策提供依据的过程。"[④]我国学者认为："教育评价是对教育活动满足社会和个体需要的程度作出判断的活动，是对教育活动现实的(已经取得的)或潜在的(还未取得，但有可能取得的)价值作出判断，以期达到教育价值增值的过程。"[⑤]还有学者认为："教育评价是指评价者按照一定的评价标准，在对教育活动及其相关因素进行系统分析的基础上，就教育活动满足社会和个体需要的程度作出判断的特殊认识活动。"[⑥]

上述各国学者在教育评价认识上存着一定的分歧，这是由于他们的教育观和方法论各异，但也有其相通的地方，表现在：一是教育评价应该有事实判断；二是教育评价同样应该有价值判断；三是进行教育评价必须有一定的标准。所以本文认为高等职业院校教育质量评价是教育行政管理部门和第三

---

① 陈玉琨、赵永年：《教育学文集·教育评价》，北京：人民教育出版社，1989年版，第263页。

② 陈玉琨、赵永年：《教育学文集·教育评价》，北京：人民教育出版社，1989年版，第82页。

③ 王汉澜：《教育评价》，郑州：河南大学出版社，1995年版，第14页。

④ 钱在森：《普通教育评价原理与方法》，沈阳：辽宁大学出版社，1992年版，第5页。

⑤ 陈玉琨：《教育评价学》，北京：人民教育出版社，1999年版，第7页。

⑥ 肖远军：《教育评价原理及应用》，杭州：浙江大学出版社，2009年版，第5页。

方独立的评价机构，依据一定的标准分别对高等职业院校的办学资格和院校中具体专业质量作出价值判断的特殊认识活动。

(二)建立原则

该体系的建立必须按照其基本内涵进行框架结构设计，同时也要遵循一定的原则进行建设。主要的原则体现在以下方面：

一是分类评价与定向指导相结合。将评价体系分为教育行政管理部门组织开展的高等职业院校办学资格评价和第三方独立机构组织开展的高等职业院校作具体专业质量评价，教育行政管理部门只对高等职业院校的办学情况进行指导与督促，第三方独立机构只对高等职业院校的具体专业的建设质量进行指导和建议。

二是定性与定量相结合。对高等职业院校办学资格的评价是定性的，直接决定该高等职业院校的办学资格是否存续；对高等职业院校作具体专业质量的评价是定量的，直接决定该专业在同类高等职业院校中的排名。

三是硬性评价与选择性评价相结合。对高等职业院校办学资格的评价是硬性评价，是高等职业院校不能回避的评价；而由第三方独立机构对高等职业院校作具体专业的评价，是可以由高等职业院校进行自由选择的。

(三)体系具体内容

高等职业院校教育质量评价与保障体系包括三个子系统：高等职业院校教育办学资格评价体系、高等职业院校教育专业质量评价体系和高等职业院校教育质量保障体系。如图所示：

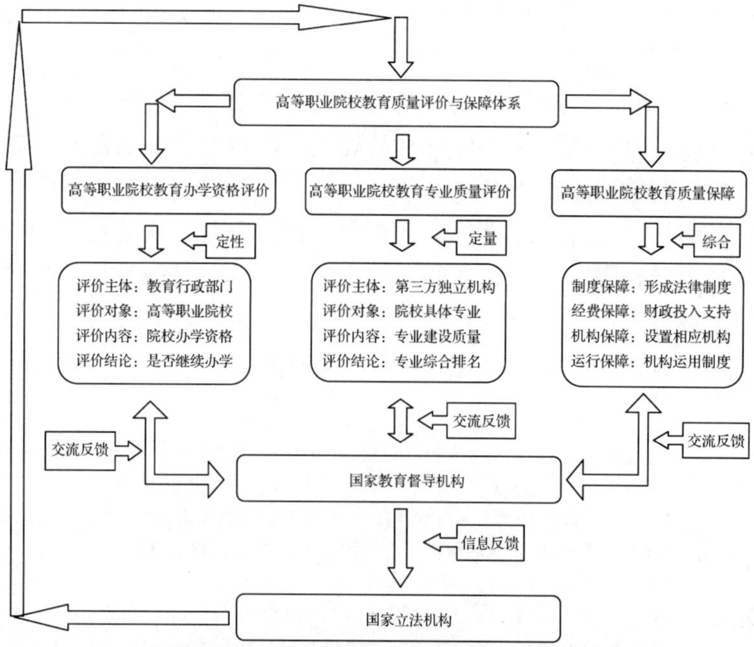

高等职业院校教育质量评价与保障体系结构图

高等职业院校教育办学资格评价体系包括评价主体(教育行政管理部门)、评价对象(高等职业院校)、评价内容(院校办学资格)、评价结论(是否继续办学),该体系属于定性评价,所以指标设计应该尽可能量化和简洁,程序也要尽可能地简化。

高等职业院校教育专业质量评价体系包括评价主体(第三方独立机构)、评价对象(高等职业院校具体专业)、评价内容(具体专业建设质量)、评价结论(该专业在同类院校中的综合排名),该体系属于定量评价,所以指标设计应该尽可能从专业建设各个角度出发,涵盖专业建设的所有方面,再综合分析各指标的权重比例,程序设计要尽可能地严密。

高等职业院校教育质量保障体系包括制度保障(形成相应的评价与保障高等职业院校教育的法律制度)、经费保障(财政投入支持)、机构保障(设置相应机构)、运行保障(相应评价与保障机构运用相应的制度),该体系属于综合保障,从制度制定、运行及反馈各环节形成良性运行的系统。

上述三个子系统均直接与国家教育督导机构进行全面的沟通与交流,将各系统存在的问题予以反馈,国家教育督导机构再将各子系统反馈的意见和建议进行甄别选择,将意见和建议反馈到国家立法机构,再由国家立法机构将高等职业院校教育质量评价与保障体系的各项制度予以法律化,高等职业教育领域的各主体遵照执行,形成良性运行的高等职业院校教育质量评价与保障体系。

(作者:张耀嵩　北京劳动保障职业学院教务处处长)

项目名称：大学章程：一个国内外比较研究
项目编号：10BcJY071
项目负责人：柯文进
项目信誉保证单位：首都经济贸易大学

大学章程起源与演进的考察

《国家中长期教育改革和发展规划纲要(2010—2020 年)》中关于大学章程建设明确指出："各类高校应依法制定章程，依照章程规定管理学校。尊重学术自由，营造宽松的学术环境"；"学校要建立完善符合法律规定、体现自身特色的学校章程和制度"。但目前我国绝大多数高等学校仍处在无章(程)办学状态。即使少数大学制定了自己的大学章程，但章程质量和执行效果不尽如人意，表现为结构不完整、同质化、空泛、执行起来形同虚设，等等。对中国而言，大学是舶来品，大学的故乡在欧洲，盛极于欧美。如果说不独立则无大学；无大学则无大国，那么无章程则无独立。本文通过追根溯源，考察大学和大学章程的起源与演进，探寻大学章程起源、生长和演变的逻辑；考察大学章程文本演变所折射出来的社会环境条件变迁及其对大学使命的影响，总结历史变迁中大学章程带有规律性的本质特征，以期对我国大学章程建设和现代大学制度建设有所启发和借鉴。

一、大学和大学章程的起源：欧洲中世纪

从人类传播、保存和生产知识的角度来看，宗教(及其修道院)、大学、研究机构都是一种知识制度。如果说宗教的出现是人类知识整理制度的一次重大进展；那么大学的兴起则是一次发生于 12 世纪的重要文化演化事件，一股新的知识潮流冲破了中世纪(5－14 世纪)宗教严格限于"自由七艺"的宗教学校，创造出了专业化的学者职业，出现了教师和学生社团。知识突破修道院，大学出现了。大学、天主教堂和英国君主制被认为是欧洲三大古老传统。其中大学又是数量上占多数的传统机构和制度(institutions)。作为一种知识制度的早期大学的出现是人类精神取得巨大进步的宣言。当然也有人说，大学是贪婪和野心促使人们从事教学……有两样东西促使人们刻苦学习法学，这

就是追逐权力和追求名望以满足虚荣心；① 有的学说则认为学校和高等教育是训练维护统治阶级的统治所需人才而设。整体看来，此二者不是非此即彼的关系。关于“大学”的起源，人们已经逐渐形成这样的共识，即13世纪被授予特殊的自由和特权的学生组织或教师组织，为高等教育的形式奠定了基础，这种形式在中世纪被称为大学馆(studium generale)。② 从经济学视角看，12世纪出现了城市兴盛的现象，而城市从一诞生就是靠更深化的分工获得更高的生产率，于是城市表现为各种各样行会(universitas)的集聚。大学是分工深化和城市兴起导致更为专业化的知识部门出现的结果。中世纪晚期的欧洲，“精神的手工业者”开始聚集形成一个产业，知识的生产、持有、保存和传承在中世纪晚期开始从神圣宗教体制中“祛魅”。从政治的视角，教会和世俗权力机构都需要专门人才特别是法律人才的供给。因此不奇怪，历史上，罗马教廷和各国王室都是大学的支持者和同盟者，教会和王室也争相施加自己对大学的影响。根据特许机构的不同，大学也相应地区分为教皇特许的大学、王室特许的大学和教皇和王室共同特许的大学。从诞生过程来看也可以分为自发的大学(典型的如巴黎大学、博洛尼亚大学)、迁徙中诞生的或分裂形成的大学(典型的如剑桥大学分裂自牛津大学、帕多瓦大学分裂自博洛尼亚大学)和创建的大学(意大利腓特烈二世皇帝创建的那不勒斯大学)。③ 一部大学历史，既是一部外部权力(教皇、王室、所在城市当局)施加自身影响力的历史，也是一部大学争取大学自治、争取学术自由的历史。

全知全能的人不需要信仰，承认自己的无知是信仰的前提。信仰是承认无知的人们为了有所知而采取的行动。在中世纪，理性保持着应有的谦卑，信仰高于科学，信仰确定科学的边界，规定科学的前提条件。④ 中世纪后期的大学一度被要求“与上帝的事业为一”，大学是信仰之光、真理的情侣。自文艺复兴(14—16世纪)时期以来，近代大学被认为是追求纯粹学问的地方即象牙之塔。现代大学被认为是知性的殿堂、理性的故乡。⑤ 从信仰救赎到追求知识的矛盾、彷徨和挣扎，大学从中世纪到现代的发展经历了脱胎换骨的转变。其实中世纪的大学起源于城市中独立的行会，即学生或教师社团。这种团体

---

① [比]H. 里德-西蒙斯主编，张斌贤等译：《欧洲大学史》(第一卷)，保定：河北大学出版社，2008年版，第12页。

② [比]H. 里德-西蒙斯主编，张斌贤等译：《欧洲大学史》(第一卷)，保定：河北大学出版社，2008年版，第6—7页。

③ [美]哈斯金斯著，王建妮译：《大学的兴起》，上海：上海三联书店，2007年版，第43页。

④ 梦海：《大学的理念与使命——卡尔·雅斯贝尔斯〈高校革新提纲〉与马丁·海德格尔〈校长就职演讲的比较〉》，《自然辩证法通讯》，2006年第3期。

⑤ [美]哈斯金斯著，王建妮译：《大学的兴起》，上海：上海三联书店，2007年版，第2页；梦海：《大学的理念与使命——卡尔·雅斯贝尔斯〈高校革新提纲〉与马丁·海德格尔〈校长就职演讲的比较〉》，《自然辩证法通讯》，2006年第3期。

能够使同行业者密切联系，联合起来，确保自己得到存在下去的合法权利。早期的教师来源于宗教团体，教学活动也是在教堂和修道院里进行，因此教师的数量、教师的执教权也由宗教权威管制。教会控制的教育设施有僧院学校、大教堂学校和教区学校。早期的大学有“学生的大学”和“教师的大学”之分。博洛尼亚大学最早作为学生组织出现，一种那时候意大利十分常见的行会；而巴黎大学则是教师和学生的（主要是教师）组织。那时的大学还没有被称为大学而被称为“大学馆”。学生团体、同乡会、教师团体为了保护自己的权利展开斗争，形成自己的组织规则并寻求合法化支持。早期大学的典型形态不是一群建筑、一块地产，而是作为教师或学生社团，或同乡会。就此而言，早期的大学是“人的组合体”，没有固定的建筑群，没有章程和学位，可以自由迁徙，它和现代大学的差异是巨大而显著的。①

最早的大学，博洛尼亚大学和巴黎大学，前者是典型的学生大学，后者是典型的教师大学。现代大学都是它们的直系后裔。其中，据考证，被称为欧洲大学之母的博洛尼亚大学诞生于1088年，在1158年获得神圣罗马帝国皇帝弗雷德里克一世特许。著名的伊尔涅留斯和佩普是最早在博洛尼亚讲授法律的教师。大学的诞生和大学章程的确立并不一定一致，这是因为早期大学的建立是一个从行会团体、大学馆再到大学慢慢演变的过程，设立大学并不像现在一样有现成的榜样可以参照。② 作为学生主导的大学，早期的博洛尼亚大学由学生自己保证着大学的运行，由学生招聘教授。1208—1209年，巴黎大学的章程得到教皇英诺森三世（Innocent Ⅲ）的承认，1213年巴黎大学章程在教皇通谕《知识之父》中得到公开承认，1215年再次得到教皇的特使认可，这一年被认为是巴黎大学最早的章程发布年份。③ 早期的巴黎大学由教师主导，学生只是随从。值得指出的是，此两种区分并不是绝对的，二是具有某种程度的混合特征。得到特许批准建立大学章程的年份，各大学见表1。

① [美]哈斯金斯著，王建妮译：《大学的兴起》，上海：上海三联书店，2007年版，第2页。

② [比]H. 里德-西蒙斯主编，张斌贤等译：《欧洲大学史》（第一卷），保定：河北大学出版社，2008年版，第5页。

③ [比]H. 里德-西蒙斯主编，张斌贤等译：《欧洲大学史》（第一卷），保定：河北大学出版社，2008年版，第26页。

表 1 欧洲中世纪后期大学得到教皇(或王室)特许建立大学章程的年份

大学名称	获特许年份	大学名称	获特许年份
巴黎大学	1200 年，菲利普·奥古斯特教皇授予巴黎教师和学生证书。1246 年获得正式印章	萨拉曼卡大学	1255 年，教皇特许；1254 年得到王室特许
博洛尼亚大学	1158 年	里斯本大学	1290 年
蒙彼利埃大学	1220 年	帕多瓦大学	1222 年
萨拉尔诺大学	1231 年		
奥尔良大学	1306 年	格拉斯哥大学	1451 年
安格斯大学	1364 年	那不勒斯大学	1224 年，腓特烈二世(王室)特许
牛津大学	1168 年建立，1214 年获得特许	海德堡大学	1386 年
剑桥大学	1208 年从牛津分裂出来，1209 年—1225 年建立；1318 年获得教皇约翰二十二世特许	图卢兹大学	1229 年
维也纳大学	1365 年		

资料来源：[比]H．里德-西蒙斯主编，张斌贤等译：《欧洲大学史》(第一卷)，保定：河北大学出版社 2008 年版，第 47—55 页；[美]哈斯金斯著，王建妮译：《大学的兴起》，上海：上海三联书店，2007 年版，第 10、13、17 页；[法]雅克·维尔热著，王晓辉译：《中世纪大学》，上海：上海人民出版社，2007 年版，第 25、34 页。

大学是 12 世纪西方基督教世界的世纪产物，这不仅体现在大学的组织方面，而且表现在大学从教皇和国王那里获得特权和保护。按照欧洲中世纪的传统，大学特许状由教皇或国王颁发，赋予大学开设课程、招收学生、聘请教师、制定学术标准的权利。历史地看，大学特许状的权威性首先来自于教权，中世纪教会拥有足以与世俗权力抗衡的权力，因此，教会颁发的特许状赋予了大学诸多特权，但宗教改革之后赋予大学特权的特许状主要来自于王权和国家权力。大学特许状特别是教皇颁布的特许权赋予大学的权利甚至是超世俗的，享有独立的特别司法权、自我管理权、豁免权，以及一些特别的保护措施，独立于地方法律，大学被认为是国中之国，具有罗马帝国式的治外法权。特许状其实就像今天的执照或政府批文，是界定大学与政府之间权利义务关系框架的法律性文件。① 启蒙运动以来，随着权力世俗化进程，大学为保护自身利益转而寻求王室、世俗政权代议机构或者行政当局的认可。如

① 马陆亭：《大学章程地位与要素的国际比较》，《教育研究》，2009 年第 6 期。

英国最负盛名的牛津和剑桥大学就是分别于1214年和1318年得到教皇训令，并在其后的发展中得到了王室的各种特许状。英王室在1570年颁布了关于剑桥大学的办学令《伊丽莎白法令》明确规定：大学实行自治。

二、启蒙时期以后的大学与大学章程

(一)启蒙时期以来欧洲的大学与大学章程

1485年，亨利七世开始了英国都铎王朝统治。学者一般认为都铎王朝是英国历史进入近代的开端，将此后一百多年称为"黄金时代"。16世纪30年代，英国国王亨利八世进行宗教改革之后，赋予特许状开始自于王权和国家权力。自宗教改革后，教权渐渐淡出，王权走上前台，新教学说改变了人们对教育的传统观念。伴随着启蒙运动而来的市场经济扩张，英国教育事业得到了迅猛发展，现代教育的某些特征也开始初露端倪。王权确立以后，特许状授予权成为一项皇家特权(Royal Prerogative)。英国枢密院作为御前会议的遗存，负责大学特许状的审批、修订过程。作为大学设立的宪章性文件，英国大学皇家特许状对大学内部治理架构和法人治理相关制度安排作出了框架性的规定：准予成立，赋予大学特许法人地位；确认质量保证能力，授予高等教育机构大学资格；建立大学内部法人治理架构等。[①] 进入民族国家时代，大学的社会作用也发生了转变，大学演变为研究和教学的发源地，从教化和信仰的传播者扩展到服务于国家利益和经济社会发展的职业训练。

德国的高等教育产生于中世纪晚期，虽然采取了巴黎大学自治团体的模式，但它不是作为学者联合体自发产生的，而是由代表封建邦国的诸侯建立的，因此大学既是国家机构又是社团法人。大学在获得建立教育机构许可的同时，必须提出自己的大学章程作为其"基本法"。1737年成立的哥廷根大学，其哲学院章程规定"所有教授，只要不涉及损害宗教、国家和道德的学说，都应享有教学和思想自由这种责任攸关的权利"，这是德国第一次在法律的意义上申明学术自由的原则，因此被看做是德国大学史上的一个里程碑。[②] 现代民族国家里，大学章程的权力渊源是政府或教育主管部门对大学章程的批准或授权。如丹麦的哥本哈根大学章程是根据丹麦教育部1993年5月做出的第334号教育饬令(教育法案)及其后的修正案的第三章制定的，并被研究与信息技术部批准通过生效。[③]

在欧洲大陆和英国，大学和大学章程建立的权力渊源都经过了宗教权力

① 孙贵聪：《英国大学特许状及其治理意义》，《比较教育研究》，2006年第1期。

② 马陆亭：《大学章程地位与要素的国际比较》，《教育研究》，2009年第6期。

③ Statute for the university of Copenhagen. http: //www. ku. dk/regel/1/002(E). html(2010/6/16).

机构、王室或代议机构、现代民族国家的议会或行政部门。这实际上是大学本身的一个世俗化进程，从负责信仰与教化的宗教教职人员的教育机关到科学与理性的殿堂，并进而发展到实用的职业训练。大学的使命无所不包：信仰、美德、理性和实用。在这一演变进程中，“拯救信仰”和“获取学问”的冲突一直存在，文艺复兴以后，世俗社会的知识诉求大获全胜。

(二)美国的大学与大学章程

美国是现代大学滥觞之地。工业革命以后，世界经济重心逐渐由欧洲向北美转移，大学的中心发生了类似的变化。因此考察美国的大学及其大学章程看似一个地理上的区分，其实更是基于大学本身历史演变的区分。教育史家 A. 科恩把美国大学的演变大致划分为五个时段：建立旧式学院的殖民地时期(1636—1789)；建立成百上千小型学院的建国时期(1790—1869)；研究型大学出现，州政府在高等教育中的作用开始扩大的大学转型时期(1870—1944)；高等教育大众化时期(1945—1975)；高等教育稳定发展，州政府控制进一步加强的当代时期(1976—)。[①] 从大学章程的授权权力渊源来划分也可以大致划分为两个阶段，殖民地时期和建国以后。

殖民地时期的大学模式可以追溯到两种欧洲大学传统——学生大学和教会主导的教师大学。殖民地时期的美国大学章程源于英国王室或殖民地议会颁发的特许状。特许状不仅规定了美国学校管理、教师聘任等内容，更重要的是以法律的形式确认了学校存在的依据。[②]

哈佛大学是美国大学的先驱。人们常说：“先有哈佛，后有美利坚。”1636年，一群来自英国的清教徒在北美马萨诸塞殖民地的查尔斯河畔建立了美国第一所殖民地学院——哈佛学院(Harvard College，哈佛大学的前身)。1642年，经马萨诸塞议会批准，哈佛董事会在该院成立。董事会由 6 名包括马萨诸塞殖民地总监、副总监、财政大臣、地方法官在内的地方官员和 6 名牧师组成，拥有任免校长、筹集资金以及管理学院资产等重要权力。1650 年，马萨诸塞州议会为哈佛学院颁发了特许状，规定哈佛学院实行两院制(Dual Board System) 管理体制。根据特许状，哈佛学院又在董事会之外成立了院务委员会，院务委员会必须接受董事会的监督，其决定必须由董事会批准方能生效；而且董事会对院务委员会拥有监督权以及新校长的委任权。从此，哈佛学院形成了董事会和院务委员会并存的局面并一直维持到今天。[③] 威廉·玛丽学院

① [美]A. 科恩著，李子江译：《美国高等教育通史》，北京：北京大学出版社，2010 年版，第 5 页。

② 刘承波：《大学治理的法律基础与制度架构：美国大学章程透视》，《国家行政学院学报》，2008 年第 5 期。

③ 李玲玲：《大学章程：高校治理的制度保障——哈佛宪章透视》，《大学》(学术版)，2010 年第 11 期。

1693 年得到英国王室的特许而成立，在管理体制上也实行两院制，外行董事会权力大于教授会。著名的耶鲁大学前身耶鲁学院的建立可以追溯到 1640 年，直到 1701 年康涅狄格州议会通过了成立该校的特许状（ Yale Charter)。鉴于两院制的弊端，耶鲁学院只建立了一个董事会，实行单一董事会（ Single Board System）管理体制，董事会的成员全部由公理会牧师（10 名）担任。根据章程，世俗政府官员不得插手学院管理。新泽西学院（普林斯顿大学）1746 年由英王室颁发特许状，并被殖民地立法机构批准。既不是来自英王室特许，也不是来自殖民地议会特许，1740 年建立的费城学院（宾夕法尼亚大学）由捐赠者建立，由董事会制定章程，宣称不需要得到任何外界政府的许可。

建国后，美国联邦政府从三个方面推动开放的教育市场形成：一是宪法中没有明确提及教育的相关条款；二是最高法院在 1819 年达特茅斯学院案判决中强调法人团体不可侵犯的原则。此外，美国自始至终坚持不建立国立大学。联邦政府拒绝建立国立大学以防影响高等教育，不仅如此，联邦政府还限制州政府对私立院校的权力。[1] 美国联邦法典第 31 章教育总则法规定：任何有关适用项目的法律条款不得解释为授权任何美国政府部门、机构、官员或雇员对任何教育机构、学校或学校系统的过程、教学计划、管理或人事，或是对任何教育机构或学校系统选择图书馆藏书或其他印刷的教育资料，或是对安排或输送学生或以克服种族不均衡加以指导、监督或控制。[2] 这些举措鼓励了个人和团体建立各种学院和大学。

建国后，州议会的立法许可逐步取代殖民地时期的英王室的特许权。建国以后和 19 世纪前半叶，一些州相继建立了州立大学，其中相当一批是赠地学院。1862 年通过的《莫雷尔法案》（《Morril Act》）规定，根据各州所拥有的国会议员数量划拨土地，每拥有一名国会议员可以获得 300000 英亩土地。各州从划拨土地中获得的资金作为建设大学之用，《莫雷尔法案》颁布后，到 1900 年以前，共有 30 多个州建立了赠地学院。受益于此的著名大学有加利福尼亚大学、伊利诺伊大学、康奈尔大学、威斯康星大学、麻省理工学院等，均在各自的大学章程中可以追根溯源到这里。[3] 此后，公立高等学校蓬勃发展。对于建国后成立的私立高校，其创办要得到当地州政府的批准，因此这些

---

① ［美］A. 科恩著，李子江译：《美国高等教育通史》，北京：北京大学出版社，2010 年版，第 155 页。

② 刘承波：《大学治理的法律基础与制度架构：美国大学章程透视》，《国家行政学院学报》，2008 年第 5 期；另见马陆亭、范文曜：《我国现代大学制度的建设框架》，《国家行政学院报》，2009 年第 5 期。

③ 陶立鹏等：《美国大学章程特点分析》，《中国高等教育》，2009 年第 9 期。

私立高校的大学章程的效力渊源于本州的相关法律法规。[①] 1868 年，加州颁布了标志加州大学从此建立的《组织法》(Organic Act)。该法案是对《莫雷尔法案》要求州在规定的时间内设立一个宪章机构的适时反映，加州大学的"大学宪章"，涵盖了大学基本的管理和运作规则。加州大学章程的最重要特征是"加州宪法—大学章程"模式下，大学及其理事会享有"最高自治权"。[②] 一方面，政治经济环境的结构性变迁导致州对大学的影响日深，另一方面我们看到美国大学始终坚持不懈守护大学自治传统。

进入工业化时期(1870—)以后，国会通过的两个重要法案对美国高等教育产生了重大影响，一是前面提及的《赠地学院法案》(College Land Grant Act)[③]推动赠地学院的兴起，一是第二次世界大战结束时期通过的《退伍军人安置法案》(Serviceman's Readjustment Act)推动高等教育大众化，高等教育大众化的结果是消除了大学的神秘感，任何人都可能上大学的观念开始深入人心。自建国以后，高等教育管理世俗化趋势不断加强，大学治理结构明显向科层管理和官僚管理体制转变。认证和专业协会(如美国大学联合会 AAU)扮演着半官方的角色。各州地区性大学联合会和美国大学联合会发布自己的认证院校名单。这种认证信息在联邦和州政府拨款，学生入学，大学获得捐赠等各事务中发挥越来越重要的影响。但是认证机构的评估可能导致大学同质化趋势也引起了应有的关注。联邦教育局曾经试图制定自己的院校认证名单，因被视为政府干预大学而受到强烈反对，在 1911 年被迫中止。1945 年以后的高等教育大众化时期，州的经费在大学尤其是州立大学的经费中占有比例越来越大，州政府对高等教育的影响加深，范围愈加广泛：颁发办学许可、提供经费、管理大学，制定劳动关系的一般法律等。1994－1995 年公私立院校收入中，公立院校的第一大收入来源是州政府占 36%，其次为销售和服务收入、学杂费；私立院校第一大收入来源为学杂费占 42%，其次为销售和服务收入、联邦政府经费，而州经费只占 2%。[④] 1976 年、1982 年新泽西州最高法院的两个判决都确认所有学位授予机构必须由州颁发办学许可。但州对大学的干预仍然有限，1990 年密歇根州最高法院议会在对大学提供经费的时候可以提出附加条件，但是要以不干预大学的管理为限度，因为这些权力是

① 刘承波：《大学治理的法律基础与制度架构：美国大学章程透视》，《国家教育行政学院学报》，2008 年第 5 期。

② 刘文娟：《加州大学章程的"思想"给我国公立大学的启示》，《辽宁教育研究》，2007 年第 7 期。

③ 1862 年赠地学院法案(1862 Land-Grant Act)，在国内，通常称之为莫雷尔法案(Morrill Act)。

④ [美]A. 科恩著，李子江译：《美国高等教育通史》，北京：北京大学出版社，2010 年版，第 348 页。

宪法赋予大学的。① 我们看到世俗化进程如何改变着大学的设立和大学章程。大学章程必须对世俗化进程中大学使命的重审和扩大作出响应。大学出现了几个多少有些矛盾的目标：培养客观判断的良好公民、追求真理、培养劳动力，也就是美德、理性、实用三大目标。

表 2　启蒙时期以后欧洲大陆和英美大学得到特许年份

大学名称	获特许年份	大学名称	获特许年份
杜伊斯堡大学	1566 年；1654 年成立杜伊斯堡学院	哈佛大学	1639 年建立，1650 年马萨诸塞议会特许，在获得特许之前哈佛已经开始颁发学位
乌普萨拉大学	1655 年（查尔斯十世特许）	威廉·玛丽学院	1693 年英国皇家特许
杜埃大学	1559 年（菲利浦二世特许）	耶鲁大学	1745 年
法兰西大学	1749 年（路易十五世特许）	新泽西学院（普林斯顿大学）	1746 年总督特许
柏林大学	1810 年	罗德岛学院（布朗大学）	1764 年/1765 年
伦敦大学	1836 年	王后学院（罗格斯，新泽西州立大学）	1766 年
		拉特格斯大学	1774 年
		国王学院（哥伦比亚大学）	1754 年
		达特茅斯学院	1769 年
		康奈尔大学	1869 年
		约翰·霍普金斯大学	1876 年
		麻省理工学院	1865 年
		芝加哥大学	1892 年
		斯坦福大学	1891 年
		俄亥俄大学	1867 年
		加利福尼亚大学	1868 年

资料来源：[比]H．里德-西蒙斯主编，张斌贤等译：《欧洲大学史》（第二卷），保定：河北大学出版社，2008 年版，第 53、180、282－283 页；[美]A．科恩著，李子江译：《美国高等教育通史》，北京：北京大学出版社，2010 年版，第 5、99 页。

① [美]A. 科恩著，李子江译：《美国高等教育通史》，北京：北京大学出版社，2010 年版，第 333 页。

三、我国近代大学和大学章程

作为一种知识制度的古代书院产生于唐代，兴盛于宋代并延续于明清。书院崇尚“为己之学”，主要培养学术人才，传授知识，为拓宽学术的传播范围、增强学术的研究价值，对整个社会的发展和文化教育的继承和弘扬，起了重要作用。[①] 书院兼有藏书、教学、交友、祭祀的功能，具有开放性、独立性、研究性。无论是古希腊的学园还是中国古代的稷下学宫和唐以后的书院，它们都有高等教育的内容但还不是严格的大学，这些机构至少不颁发毕业文凭，它们不是大学的前身。

奠定中国近代高等教育学制基础的盛宣怀，在1895年创办中国近代第一所大学——天津中西学堂（今天津大学）时，向清政府呈递了《拟设天津中西学堂章程禀》。这一章程被认为是中国人在借鉴西方大学经验的基础上制定的第一个近代大学章程。[②] 1898年，梁启超草拟出一份京师大学堂的建校章程《总理衙门奏拟京师大学堂章程》，成为中国第一个正式的大学章程。中国自1901年各地纷纷建立学堂，这就使制定统一学校章程、建立学校教育制度成为必要。中国近代第一个由政府颁布的学制是张百熙于1902年拟定的《钦定学堂章程》又称《壬寅学制》。1904年，由张百熙、荣庆、张之洞共同拟定《奏定学堂章程》，此章程自公布之日起实施，一直延续到1911年，对于晚清“兴学堂”起了决定性作用。无论是《钦定学堂章程》还是《奏定学堂章程》，都是政府介入、控制和指导高等教育发展的法律规章，无论是政府与大学之间的关系还是大学内部的治理，官僚化和行政化色彩明显，从一开始就体现了服从和服务于政治的宗旨，与现代大学章程或欧洲王室专门针对某几所大学制定的旨在保障大学自治的特许法律相去甚远。

1912年，中华民国成立，南京临时政府教育部先后颁布了《大学令》、《大学规程》、《专门学校令》、《专门学校规程》等，使中国高等教育向近代化迈进一步。1917年北洋政府教育部颁布了《修正大学令》、《国立大学条例》，规定大学“设二科以上者得称大学，其他设一科者称为某科大学”。该时期，涌现出了《震旦学院章程》、《江苏师范学堂现行章程》、《奏定北洋师范学堂试办章程》、《北京师范大学组织大纲》和《厦门大学大纲》。这些现代大学制度的国家层面的制度安排，无疑对各个大学的大学章程的制定产生影响。[③]

香港的大学在近现代以来中国大学发展上有不可忽略的地位。香港大学1911年在港英政府主导下成立，通过香港立法局（相当于英国代议机构）制定

---

① 陈敏：《我国现代大学章程的缘起与困境分析》，《现代教育科学》，2007年第4期。

② 陈敏：《我国现代大学章程的缘起与困境分析》，《现代教育科学》，2007年第4期。

③ 杨金玲、李福华：《我国大学章程建设缺失成因透析》，《煤炭高等教育》，2007年第1期。

大学章程。1963年，香港立法局通过并颁布香港中文大学条例，成立香港中文大学。1991年香港科技大学也是在港英政府大力支持下由香港立法局批准成立。香港各大学条例就是香港立法会制定的有关教育方面的附属法例，这些附属法例是香港教育条例的有效补充。香港立法局通过对香港各大学制定大学条例，并把各大学条例纳入香港法例或附属法例体系中来。香港各大学条例也在香港法例中各占一章，如香港大学条例在香港法例中是第1053章，香港中文大学条例是1109章等。[①] 香港的大学章程类似于美国加州大学“加州宪法一大学章程”模式，在地方议会的层面以法律的形式确认大学的合法性、地位和基本治理框架。

四、历史叙事中大学章程演化的逻辑

从自治行会到巨型大学，从“乡村”、“市镇”到“一座城市”，历经信仰救赎与实用知识的斗争，发展到今天的“知识工业”之重地，中世纪至今的大学经历着深刻的嬗变。可以肯定地说没有人设计了这一嬗变的历史路径。不能孤立地看大学，而是要把大学嵌入到当时的社会和历史脉络中考察。最初的大学作为行会组织其教师的工资来自契约关系，也就是学生支付给教师酬金；中世纪和文艺复兴之交的大学经历一个曲折的重归贵族化的过程，获得大学教育和相应受教育证书展示出一定程度“发信号”的功能(大学给人以声望)，这是一种特权阶层区别于下层阶级的信号。教廷和本国最高宗教机构或者王室开始感受到大学的重要作用，通过特许确立的章程中规定，大学先是从教廷而后从王室政权那里获得俸禄。先是教廷意识到大学发展神学、哲学和法学的力量，从而意识到时代对大学的需求。直到15世纪后期，教皇集权衰落，王室和世俗政权走向前台。早在13世纪的时候原本简单的国家机器向复杂的官僚机构转变，国家对法律人才和各类其他人才的需求向大学提出变革要求。工业化以来，大学以另一种崭新的姿态“恢复”了其最初的世俗化特征，成为知识工业重镇。外部力量与大学的联系也促进其获得自身的声望。大学从政府、商业组织和个人捐赠中获得资助。从大学学成的学生供职于教廷、国家和商业社会。相应的大学章程条款体现了政府、捐赠人和私人举办者的理念。演变进程如下图所示。

① 梁剑：《香港与内地大学章程比较研究》，西南大学硕士论文，2008年。

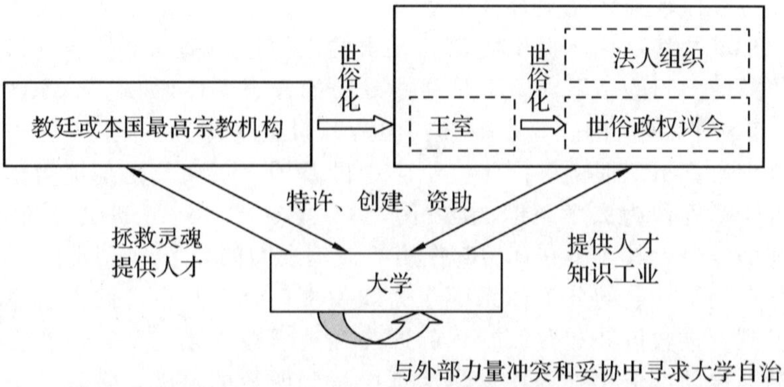

大学获得特许/确立章程的历史演变

同样，貌似设计的大学章程其实呈现的是生长的逻辑。作为一种知识制度，大学从宗教机构中孕育而生。大学章程正是大学组织诞生、成长过程获得合法化证明和规范自身的一种制度安排。从宗教机关中孕育，在权力世俗化社会快速成长，成为现代社会中举足轻重的部门，大学见证了人类知识制度的重大变迁。随着组织社会的权威从宗教转移到世俗王权，后来进一步转向现代民族国家的议会或行政部门，新成立大学的大学章程的法律渊源也相应地发生转移。从罗马教皇特许、本国宗教机构特许，到王室特许，立法机构立法许，所在城市当局特许可或国家行政部门颁发许可证，直到成立法人组织经由其董事会自行依法订立章程，大学章程也见证了近现代以来的人类政治经济制度变迁。

欧洲中世纪的大学并非是由人类自己直接依靠先验的理性构想而直接产生的，却是市民阶层随城市兴起和工商业发展聚集成立行会保护自己利益，并逐步发展成被特许的师生联合自治团体而逐渐成立的。13 世纪的大学没有校舍(最早的住宿学院是为接待贫困学生而创建的，后来其功能扩展到教学事务)，没有自己的收入，教室是租来的房屋或教堂、修道院。同时，大学的师生为维护自身利益与各种力量进行抗争并逐步取得各项权利，最终通过特许状确立下来而成为一项制度形式。最先是与所在城市的市民冲突，然后是与宗教权力和世俗政权之间，试图既获得认可又保持一定程度疏离。启蒙运动以前，宗教是社会治理核心，同时也是一种知识制度，社会成员的教育是通过宗教形式和宗教机构得以实现，大学和大学章程的合法性以神权作为根据。特许状是大学章程最初的存在形态，其诞生和成长都是依靠大学及大学成员不断抗争和积淀的传统、经验等，并以此指导大学内外行为。特许权内容主要涉及兵役、税收豁免、避开世俗司法、俸禄获得等方面的规定。大学章程的产生并非完全依靠人类的理性建构，而是将理性建立在社会组织体自然演进的基础上；是自发秩序中认知进化过程的产物，而非人们直接根据明确的前提所作的逻辑演绎之物。大学章程的演化思维拒绝将理性视为独立于高等教育进化过程而单独地完美存在的认知状态。大学章程是立基于大学和外部社会文化环境及其变化所提供的信息元素的反馈这一基础上的制度形式，是各种主体共同参与的结果，而不是某些专门的权力主体(如政府)理性设计的结果。[①] 作为时代变革的一个反应，大学也是中世纪以来“民主倾向”的一个侧面。

制度理论把组织惯例等同于生物学中的基因。正如基因是生物体的生长蓝图，大学章程作为大学组织的“惯例”是大学建构、运行和生长的路线图。大学之间的竞争，其实是它背后起作用的惯例之间的竞争。不同于企业组织，大学在整个经济社会的分工体系中作为知识部门，有其自身的生长逻辑和绩效评价准则。拯救信仰和获取知识的冲突在大学建立之初就开始存在了，后来，不断强化的世俗化进程在大学治理中得到明显的反映，宗教人士在大学治理结构中扮演重要角色逐渐淡出，社会贤达、商业人士以及世俗政权的行政官员在大学的董事会中逐渐占据主导。后来，相关利益者治理理念出现，学生、教师代表在大学治理中的角色有所增强。大学镶嵌在整个经济社会的结构体系中，经济社会变迁迟早会在大学治理及其章程中有所反映。

五、结语：大学章程起源演进的逻辑对我国大学章程建设的启示

第一，大学章程是大学组织历史演化的产物，制定大学章程表面上是人为制定文本条款，其实本质上是“发现”、“再现”大学办学的规律性规则集合。只有发现那些有利于大学健康发展，有利于实现大学使命、落实大学功能，符合教育教学规律的基本规则，并把它成文化，才是有生命力的大学章程。大学章程不是找几个专家、开几次座谈会“人为设计出来”的。

第二，大学章程需要对外部政治经济环境做出响应和调整，完全服从于政治经济需要和完全独立于外部环境变化两种倾向都不利于大学的健康发展，这是因为大学作为社会知识部门有其自身的生长逻辑。大学章程的制定要响应外部环境的变化，但保持大学自治是大学章程永远的使命。

第三，大学章程的核心目标是大学自治，学术本位和教授治学。大学章程绝不仅仅是一个科层组织内部的管理规章，它是用来保障实现大学使命，落实大学功能的社会性制度安排。

第四，大学章程的制定需要大学、教育行政部门参与，由省级人民代表大会常委会批准，以体现大学自治的目标，确立大学章程的权威性、严肃性。

第五，大学章程所确立的核心治理结构，无论是董事会－评议会－校长，还是董事会－校务委员会－学术评议会，或者党委会－校长治理框架，关键是：(1)扩大决策的信息基础；(2)学术自由和学术本位构成治理结构的权力一方；(3)形成决策、执行、监督三种权力制衡机制。

（作者：柯文进　首都经济贸易大学教授）

---

① 季凌燕、陆俊杰：《大学章程的历史生长逻辑与价值预期》，《教育学术月刊》，2009 年第 7 期。

项目名称：建设世界城市背景下首都90后大学生消费观研究
项目编号：10AbJY072
项目负责人：刁志萍
项目信誉保证单位：北京交通大学

幸福消费：实质、异化以及可能救赎的路径

唯物史观认为，劳动创造了人类。而人类劳动的直接动因是为了满足自身生存发展的需要，要满足自身生存发展需要就必须进行消费，消费是人们满足自身生存需要、进行自身再生产的途径之一。在一定意义上说，只要有人类存在的一天，消费就是人的永恒的活动，消费活动的实质即是人的存在方式。正是在劳动——消费的循环发展中，最终实现人的全面而自由的发展，实现快乐幸福的人生。

改革开放以来，伴随着我国社会生产力的快速发展，人民生活水平的不断提高，消费领域不断拓宽，消费水平不断提高，消费方式上实现了从节俭型向享受型的转化。然而，与此相伴，人们的幸福感却并未提升，甚至呈现出下降的趋势。党的十七届六中全会在《中共中央关于深化文化体制改革推动社会主义文化大发展大繁荣若干重大问题的决定》中指出："物质贫乏不是社会主义，精神空虚也不是社会主义"。因而，研究消费与幸福的背离现象出现的根源，深入分析异化消费的救赎路径，实现幸福消费目的的主旨回归，这是一个不仅具有重大理论意义，更是彰显实践价值的大问题。

一、幸福消费的实质

研究消费，理论上的逻辑起点必然是人的需要。因为需要是人在目的、意识、愿望的驱动下，人的所有生命活动的内在动因。马克思指出："任何人如果不同时为了自己的某种需要和为了这种需要的器官而做事，他就什么也不能做。"[①]"他们的需要即他们的本性"。[②]

人的需要是一个不断丰富的过程。其中，生存需要是人的最基本的需要。人作为生命有机体，首先要满足保存和延续生命的需要。即，"人们为了能够创造历史，必须能够生活，但是为了生活，首先就需要消费衣、食、住、行

① 《马克思恩格斯全集》第3卷，北京：人民出版社，1960年版，第514页。
② 《马克思恩格斯全集》第3卷，北京：人民出版社，1960年版，第514页。

以及其他东西。因此第一个历史活动就是生产满足这些需要的资料，即生产物质生活本身”①。在此基础上，还有更高层次的享受需要和发展需要。

消费是人们在满足自己生存和生活需要的过程中产生的一种社会现象。消费的本质是满足人的各种需要。消费的终极目的是实现人的全面而自由的发展。

所谓幸福，一般意义上说，就是人的生理、心理或精神欲望的满足以及由这种满足所带来的愉悦感受。

那么，是否任何对人的需要的满足的消费都必然带给人们幸福快乐的感受？答案是否定的。

从个体角度来看，只有那些满足人们真实、正当需要的消费，人们才会从中切实获得幸福快乐的感受。物质消费满足人们的衣食住行基本需求，通过丰衣足食、身体健康，提高人的生活水平，由此带给人一种基础性的物质幸福感。精神消费满足人们的精神生活需要，通过对精神家园的追寻，自我价值的实现，使人的生活质量得以极大提升，由此带给人一种高层次的精神幸福感。与之相反，那些非正当的、异化消费实质的消费，不仅不能带给人幸福快乐，反而使人陷入痛苦的深渊。

从社会角度来看，唯物史观告诉我们，人不仅是个体，同时，人的本质，在其现实性上是一切社会关系的总和。因而，在满足个人需要的同时，必然与社会、他人联系在一起，在满足需要的过程中产生人的社会关系。正像马克思所说的那样：“把人和社会连接起来的唯一纽带是天然必然性，是需要和私人利益”。② 因此，人在满足自己需要的时候，不能不想到他人，不能不考虑到消费的社会效果，不能不受社会生产水平、生产状况的制约。在消费过程中，人的消费不仅要满足个体的正当、真实的需求，还必须与社会发展相一致，既不破坏自然环境，又不损害他人利益，这样的消费才会给人带来真正的幸福和快乐，这也正是本文幸福消费观点的主旨所在。

二、异化消费必然导致人的幸福感降低

随着我国社会主义市场经济体制的建立和进一步完善，在我国经济上取得了巨大的进步，人们的基本物质消费需求普遍得到了满足的情况下，人们所期待的精神上的富裕与满足，并未呈现出同步增长的态势，反而陷入了消费快乐与痛苦的复杂境地，消费与通过消费想要获得的幸福感背道而驰。之所以呈现出消费与幸福的背离，与我国社会发展中出现的、并且大有愈演愈烈趋势的异化消费现象不无关系。

---

① 《马克思恩格斯全集》第1卷，北京：人民出版社，2009年版，第531页。

② 《马克思恩格斯全集》第1卷，北京：人民出版社，2009年版，第439页。

异化的本意是指人本身的创造物与人分离，而成为一种外在的异己力量与人相对立，并使人的意识和活动从属于它。

所谓异化消费，主要指以人的虚假需要为前提、以对商品的无度的占有和索取为主要特征，使消费从满足人们各种需要的手段异化成生活的目的和生活的全部，是对消费目的的根本背离。

异化消费，主要表现为三种形式：一是以转嫁自己负面情绪为目的的冲动式消费。二是以显示自己身份高贵为目的的炫耀式消费。三是以消费活动本身替代生存的目的、为消费而消费的符号性消费。

异化消费必然导致人们由消费带给人的幸福感的降低。人们力图通过随心所欲的物质消费寻找精神的慰藉，填补心灵的空白。消费物品的多寡、是否时尚、成为衡量幸福大小的唯一标准。“幸福就是消费更新更好的商品，现代人的乐趣主要包括消费与‘吸收’的满足，商品、景色、食品、饮料、香烟、人物、演说、书籍、电影——所有这些都被消耗和吞噬。”①这种异化了的幸福，带给人的只能是一种虚假的幸福，正像牛津大学心理学家迈克尔·阿吉尔在其《幸福心理学》一书中指出的那样：真正的幸福是被掩盖了的社会关系、工作和闲暇。而在消费主义社会中，尽管消费者能够得到充裕的物质满足，但他们也并不感到特别的快乐。②

异化消费现象在中国现实社会发展中之所以能够存在，不得不说，恶劣的消费生态环境已成为异化消费滋生的土壤。

从我国外在消费环境来看，西方消费主义思潮的影响不可低估。消费主义是 19 世纪中叶，随着近代工业经济的迅猛发展而出现的畸形消费形式。它的准则是追求体面的消费，渴望无节制的物质享受和消遣，试图以物欲的满足和占有来构筑其心理和精神的需求，把人的价值单一定位于物质财富的享用和高消费基础之上。它是把消费看做人生最高目的的一种消费观和价值观。其实质正像马克思所揭示的那样：“有产阶级和无产阶级同是人的自我异化。但有产阶级在这种自我异化中感到自己是被满足和被巩固的，他把这种异化看做是自身强大的证明，并在这种异化中获得人的生存的外观。”“享受这种财富的人，一方面，仅仅作为短暂的、恣意放纵的个人而行动，并且把人本身——因而也把他本身——看做毫无价值的牺牲品。他把人的本质力量的实现，仅仅看做自己放纵的欲望、古怪的癖好和离奇的念头的实现。”③

消费主义盛行与西方第二次世界大战以后社会发展的现实密切相关。第二次世界大战以后，资本主义发展出现了新变化，由于资本主义生产过程和

---

① ［美］弗洛姆著，孙恺译：《健全的社会》，北京：中国文联出版公司，1988 年版，第 330 页。

② 刘晓君：《全球化过程中的消费主义评说》，《青年研究》，1998 年第 6 期。

③ 《马克思恩格斯全集》第 42 卷，北京：人民出版社，1995 年版，第 141—142 页。

交换过程严格遵循可计算的合理化原则，人日益成为机器的奴隶、商品的奴隶。面对生产中的不自由，人的意识领域的物化，人的生存境况的碎片化和平面化，哪里才是逃避现实痛苦与不幸的避难所？此时，消费主义恰逢其时，乘虚而入，消费被赋予了特殊的意义，消费从满足人们各种需要的手段异化成生活的目的和生活的全部。

在全球化浪潮中，西方消费文化，作为一种主流文化，与商品、技术一起扩张到物质生活有了一定的发展，但又不十分发达；物质消费基本得到满足，精神消费尚处于贫瘠状态的中国，消费主义思潮对中国人的影响、对中国社会发展的影响日益凸显。

从我国内在消费现实环境来看，给中国社会转型带来的影响不可低估。

社会转型特指传统型社会向现代型社会的变迁。中国社会转型的主要标志是中国社会从计划经济社会向社会主义市场经济社会的转化，从农业社会向工业社会的转化。

一方面，市场经济给我们整个社会的发展和个人的发展带来了一系列的好处：形成了平等、竞争、流动和开放的社会风尚；造就了人的自主意识、主体意识、平等意识、效率意识、竞争意识等现代意识；提供了个人能力发展、个性完善和价值实现的广阔自由空间。表现在消费观中，人们开始敢于表达和追求自己的想法，秉持更为自由和独立的意识，选择不同的消费方式、消费内容。总体上，中国人的消费水平有了极大的提高，中国人的消费方式开始呈现出从“节俭”向“奢华”的转变。

另一方面，市场经济也带来了其自身无法避免的消极性影响：在市场机制下，对效率、竞争、资本利润最大化的追逐就成为合法而且合理的，而消费是资本增值的重要手段之一。于是，随着社会主义市场经济的确立，生产力以惊人的速度发展着，为中国人民创造出了大量的物质消费品和精神文化消费品。面对日益丰富的消费品，人们的消费热情被激发出来。那么，尽管消费本身内在的含有为资本服务和为人类生活服务的双重性和矛盾性，但在这种情况下，消费的基本逻辑，却只能是仅仅偏重实现资本增值和利润最大化；伴随着这种经济上的快速发展，社会上贫富两极分化现象开始显现。而先富起来的群体，人们的精神境界与物质财富的发展具有不同步性，人对物的依赖关系日益强烈，人逐渐被“物”主宰和奴役，消费无可避免地走上了“消费就是目的”的道路；在市场经济中也随之确立了以个人主义为基础的道德体系，贪得无厌、纵欲无度的利己主义、拜金主义、享乐主义应运而生。无论是富人还是穷人，一方面，通过消费，使它成为人们在精神中失去自由的一种“补偿”，成为人们逃避现实痛苦与不幸的“避难所”；另一方面，消费操纵和控制着人，使消费成为一种非理性的狂欢。它不再是满足人们需要的手段，和人的真正需求失去了联系。人们无视商品的使用价值和人的真正需要，只专注于去满足无限占有。甚至认为对物的占有就等于对幸福和美好生活的拥有。以虚假的需求，即“主体自以为需要而实际并不需要，只是由于外部的舆论导向和主体赋予需要物以某种非本身固有的象征而加以追求。”①“最流行的需求包括，按照广告来放松、娱乐、行动和消费，爱或恨别人所爱或恨的东西”②，替代真实的需求，消费手段与消费目的的背离，消费目的的扭曲必然导致人们幸福感的降低。

分析恶劣的消费生态环境，人们还应关注以大众传媒为代表的人为因素造成的消费环境的异化，对异化消费推波助澜的重大影响作用。现代社会，大众传媒本应正确地引导人们科学消费，通过消费不断提高人们的幸福指数，但是在市场利益的驱动下，某些大众传媒广告在引导消费方面，走向了自己的反面，通过铺天盖地的广告引导、刺激消费主体进行不必要的消费，极力推崇“没有最好，只有更好”的消费价值观，异化消费与异化幸福殊途同归。

三、救赎异化消费，实现消费目的的主旨回归

救赎异化消费，实现消费目的的主旨回归，使人们在消费中体验到幸福快乐的感觉，不仅是必要的而且是可能的。按照从低到高的顺序，异化消费救赎的基本路径依次表现为物质救赎、道德救赎和审美救赎。

(一)坚持适度原则，实现异化消费的物质救赎

在消费领域，生产与消费的良性循环这一实现异化消费物质救赎的客观尺度告诉我们：生产是手段，是实现消费的物质前提；消费是目的，又是推动生产的动力。在社会生产和再生产过程中，生产表现为初始环节或起点，消费表现为终末环节或终点。生产决定消费，消费又反过来促进或阻碍影响生产，生产与消费互为起点和终点，互为媒介、共生共灭，在一定意义上说，生产就是消费，消费就是生产。因此，实现幸福消费首先应通过解放生产力、发展生产力，拓宽消费领域，开拓新型消费产品，为满足人民群众不断增长的物质和文化需求提供尽可能大的空间和可能，这是建构幸福消费观的物质前提。正如恩格斯所说的那样：“追求幸福的欲望只有极微小的一部分可以靠观念上的权利来满足，绝大部分却要靠物质的手段来实现。”③

适度消费是异化消费物质救赎的基本原则。社会发展中的任何一个环节超越其本身的“度”，不仅不能促进社会的进步与发展，必然走向其反面，消费领域也不例外。消费产品数量少、范围窄、品质低，必然不能带给人以快

① 袁贵仁：《马克思主义人学思想》，北京：北京师范大学出版社，1996 年版，第 54 页。

② [美]马尔库塞：《单向度的人：发达工业社会意识形态研究》，重庆：重庆出版社，1988 年版，第 8 页。

③ 《马克思恩格斯选集》第 4 卷，北京：人民出版社，1995 年版，第 239 页。

乐幸福；与之相反，消费的范围越广，消费的物品越多，消费的产品越新，带给人的幸福快乐也并非就越多。倡导适度消费，即是指摒弃“消费和拥有更多物质财富就更幸福”的价值观，反对“为身份地位而消费”等背离消费实质而带来的挥霍与浪费，把满足人的各种基本需要作为消费标准。“过”与“不及”都不能带给人以更大的幸福感，这也是经济学边际递减规律在消费领域的具体体现。

(二)坚持平等原则，实现异化消费的道德救赎

人之所以为人，不是因为人的生物本能，更主要是人的社会属性决定的。道德与法律是调节人的行为的两大尺度。道德是处理个人与他人、个人与社会之间关系的行为规范及实现自我完善的一种重要精神力量。道德反映了社会生活的应然状态，体现了人对自身的完整性的追求。因而，在消费活动中，还应该坚持公平正义，这是消费异化道德救赎的基本原则，这是实现幸福消费的必要条件。

在消费活动中，只有基于自身真实需求的消费、既不损害自然环境又不危害他人利益的消费，同时，还能促进社会进步发展的消费，才是合乎道德的消费。对社会而言，力求个人需要与他人的利益相一致，个人需要与社会需要相一致，克服以“发达国家与发展中国家、富人与穷人之间”为主要表现的代内消费不公，以及“当代人提前消耗了本该属于后代人消耗的资源，使资源迅速耗竭并加剧了环境污染，从而影响后代人的生存和发展”的代际消费不公，实现消费异化的道德救赎。一旦在人们的消费活动中闪现出人性道德的光辉，符合最大多数人的利益、有利于大多数人的幸福消费的实现也就为期不远了。

(三) 坚持和谐原则，实现异化消费的审美救赎

人的本性具有“求真、向善、爱美”从低到高的三个指向。如果说体现人的“求真”本性的物质救赎、体现人的“向善”本性的道德救赎，在我国改革开放以来，已经得到了人们的普遍关注，在一定程度上已经成为人们的共识。然而，具有更高层次、更重要地位的异化消费的审美救赎，尚未引起人们的充分关注，在一定意义上说，已成为实现幸福消费的瓶颈环节。

和谐消费应为异化消费审美救赎的基本原则。消费主体通过人所独有的、自觉的审美意识、无功利性的审美情感，克服虚假需求，不再将对物的占有多少作为人的价值大小、地位高低、身份显赫的评判标准，在消费活动中放射出生命的光彩和人性的光辉，以此实现异化消费的审美救赎。

异化消费的审美救赎，突出地表现为人的物质消费与精神消费的和谐统一。物质消费是实现幸福的必要条件，但不是充分条件；物质消费带来的幸福是低层次的幸福，而根本的、长远的、持久的幸福必定是由人的精神需要的满足带来的，这是人的根本属性决定的。

对中国社会发展而言，就中国人的素质水平而言，离异化消费的审美救赎的真正实现尚有较大的距离，但是，社会主义先进文化的大繁荣大发展为异化消费的审美救赎提供了有利的契机。通过文化软实力的大力发展，人的素质的普遍提高，特别是人民精神世界的极大丰富，消费异化的审美救赎就会从“应然”进入到“实然”阶段，异化消费现象得以彻底克服，幸福消费的主旨得以彻底回归。

（作者：刁志萍　北京交通大学人文社会科学学院教授）

社会学学科

S H E H U I X U E X U E K E

项目名称：北京市监狱服刑人员未成年子女的社会态度及犯罪危险性评估
项目编号：09BeSH055
项目负责人：王国芳
项目信誉保证单位：中国政法大学

服刑人员未成年子女的问题行为实证研究

一、引 言

家庭是组成社会的单位，在无数的家庭中，总是存在着一些特殊的家庭，这种家庭与普通家庭不同，或者缺少家庭成员或者家庭成员身体不健全。该类家庭很难像正常家庭一样可以完善地发挥出一个家庭的正常功能，而对于生活在其中的孩子来说，身心的发展上都受到了很大的影响。相对于正常的、完整的家庭来说，这样的特殊家庭可以分为以下几种类型：离异家庭、丧偶家庭、分居家庭、再婚家庭、留守家庭、流动家庭、寄养家庭、父母残疾家庭、父母或祖父母犯罪家庭等[①]。有关特殊家庭子女的心理健康状况，目前国内研究较多的是离异家庭子女和留守家庭子女，其他特殊家庭子女的研究很少[②]。

服刑家庭子女即监狱服刑人员未成年子女是指现正在监狱中服刑的罪犯其家中不满18周岁的子女(无论其是已婚生育或是未婚生育)[③]。在这种服刑家庭中，又可以区分为：(1)父母一方服刑，一方抚养孩子；(2)父母双方先后或同时因犯罪入狱服刑；(3)父母一方死亡或下落不明，另一方正在服刑；(4)父母离异后，直接抚养孩子的父或母入狱服刑；(5)父母一方服刑双方离异。其中后者又属于遭遇双重家庭变故的服刑人员未成年子女。本文中，我们对服刑父母的设定是，只要父母一方在服刑都属于我们研究的范畴。

在特殊家庭中，服刑家庭子女是一个相当特殊的群体，人们给予的平等对待远远少于其他特殊家庭，这既缘于对罪犯的犯罪行为的唾弃和蔑视的转

---

① 王玲凤：《特殊家庭子女心理健康状况的调查分析》，《中国特殊教育》，2007年第3期，第72—77页。

② 王金云：《我国特殊结构家庭子女问题研究综述》，《河南师范大学学报》(哲学社会科学版)，2009年第1期，第252—255页。

③ 卢琦：《“监狱服刑人员未成年子女基本情况调查”综述》，《中国监狱学刊》，2007年第1期，第59—63页。

嫁，也出于对上行下效的刻板印象。在这样的家庭中，家庭结构不完整，父母双方缺一或是都缺，经济来源不稳或者消失，生活、教育都得不到保障。服刑人员未成年子女易形成无人看护、照管、生活困难、失学的情况，增加生活的高危性，对儿童个体发展产生显著的影响，并持续和贯穿整个成长过程。作为一个具有多种危险因素而导致不良结果的高攻击性群体，他们相较于正常儿童，会出现更多的问题。他们因为父母服刑，而导致亲子分离，亲子关系受到严重的影响，婴幼儿不能获得安全的依恋关系，学龄儿童则可能会出现学习问题、品行障碍，直接面临退学停学的问题，而父母服刑在儿童的发展阶段中出现，能够影响和破坏他们的道德感发展，社会化和情绪的发展，甚至可能包括智力的发展。

服刑人员未成年子女占据了儿童青少年这个大群体中的一定比例，而且正处于一个增长的过程中。我国截止到2005年年底的统计表明，我国监狱在服刑期的156万名在押犯中，近46万人其子女还未成年，占押犯总数的30%左右，也就是说服刑人员未成年子女总数超过60万人，其辍学人数占全国中小学生平均辍学人数的1.28%，平均辍学率为13.1%，尤其是当其父亲或母亲入狱后，其子女的辍学率上升得更快。更有甚者流落社会，流浪乞讨，达到总数的2.5%。有研究者指出，父母犯罪服刑，其未成年子女的犯罪率要远远高于全社会未成年人犯罪率。国外研究表明，父母服刑往往通过两种途径影响儿童的问题行为和违法犯罪行为。一是引起了家庭经济状况的变化、家庭结构改变、儿童获得不安全依恋、亲子关系严重受损等，父母服刑通过这些外在因素发生作用来影响儿童问题行为的发生。二是，父母服刑也会通过儿童个体自身心理机制的变化而发生影响。已有研究证明，父母服刑与智力发展受阻、情绪调控能力降低、社会适应不良增加等儿童的个体内在心理机制有显著的相关，而这些具体因素也显著影响着儿童问题行为的发生，尤其是情绪调控的能力，而且情绪调节和道德情绪两者之间可以共同影响儿童一系列的应对能力和外化行为。本研究将从第一个方面入手，探讨父母服刑如何引起了家庭环境和家庭结构的变化，进而探讨这些家庭背景因素与未成年子女的问题行为和违法行为之间的关系。具体提出如下的研究假设：

(1)相较于正常家庭的子女，父母服刑家庭的子女表现出更多的问题行为。

(2)父母服刑家庭的子女有更多的违法行为。

(3)服刑家庭未成年子女的问题行为更多地受到家庭结构和家庭经济状况的影响。

二、研究对象与方法

(一)研究对象

由于研究对象的特殊性，本研究采取随机抽样和方便抽样相结合的方法。服刑家庭的被试信息来自于北京市太阳村(N＝25)、北京市第一监狱(N＝24)、广东省监狱(N＝10)、江苏省监狱(N＝22)、河北省冀东监狱(N＝19)，一共100人，男生57人，女生41人，缺失值为2；被试的年龄分布为8—21岁，缺失值为8；正常家庭的被试来自于北京市一所中学和小学，共229人，其中男生114人，女生114人，缺失值为1；年龄分布为10—18岁。本研究主要涉及的人口学变量有年龄、学习成绩、父母教育程度、父母婚姻状况、家庭经济状况。

(二)研究工具

本研究采用量表测量法，包括初中生问题行为量表、青少年违法行为问卷。

1. 初中生问题行为量表

采用苏州大学郭海峰自编的初中生问题行为问卷来测量问题行为。该问卷包括六个维度，分别是学习问题行为、交往问题行为、性格问题行为、情绪问题行为、品德问题行为以及神经性问题行为，每个维度下又有具体的对应因子。学习问题行为分量表包括自觉性、厌学、坚持性3个因子；交往问题行为分量表包括敌意、胆小、退缩3个因子；性格问题行为分量表包括5个因子：自负、依赖、自我中心、自卑、嫉妒；情绪问题行为分量表包括4个因子：孤独苦闷、冲动、焦虑、抑郁；品德问题行为量表包括2个因子：欺骗、欺侮；神经症性问题行为分量表包括2个因子：强迫性、心理性不适。

该量表共80个项目，采用五级计分，答案选项包括“非常不符合”、“基本不符合”、“有时符合”、“基本符合”、“非常符合”，要求被试参照自己的真实情况进行回答。得分越高说明在问题行为上表现越严重。通过对量表进行验证性因素分析发现，六因素模型能够较好地拟合，说明该问卷具有一定的结构效度，能够对问题行为进行测量。在本研究中，总量表Cronbach α 系数达到0.934，各维度 α 系数分别为0.752(学习问题行为)、0.616(交往问题行为)、0.819(性格问题行为)、0.893(情绪问题行为)、0.618(品德问题行为)、0.706(神经问题行为)，各个维度与总量表相关显著，说明该量表具有较好的信度和效度。

2. 青少年违法行为问卷

由屈志勇编制，测量的是青少年较为严重的问题行为(包括违法行为)，一共25个项目，问卷的Cronbach α 系数达到0.647；学习问题行为与品德问题行为与青少年违法行为之间显著相关，相关系数分别为0.413** 和0.297**

(P<0.01)。可见该量表信效度较好。

(三)研究过程

正常家庭组数据采用课堂上集中施测获得，共发放问卷300份，回收有效问卷229份，回收率达到76.3%。服刑家庭组数据分别来自太阳村和监狱，在太阳村进行实地取样，发放问卷50份，回收有效问卷27份；监狱的数据采用信封回邮的形式，共发放问卷300份，回收100份；回收率为33.3%。

使用SPSS13.0和AMOS6.0进行数据统计和分析。

三、结果分析

(一)人口统计学变量的频数分布

服刑家庭的被试家庭所在地为城市的所占比例为24.0%，家庭所在地为郊区的所占比例为11.0%，而农村的比例最大，为63.0%。这些被试中上学的比例达到90.0%，从小学三年级到高中三年级都有，主要分布在小学五年级到高中二年级之间，学习成绩达到优秀的比例为16.0%，中等以上的比例为60.0%，中等偏下的比例为17.0%。但是家庭经济状况[①]普遍不好，中等以下的家庭所占比例达到62.0%，中等的家庭比例为33.0%，中等以上的家庭比例仅为3.0%。生活在一起的家庭成员多为单亲或祖父母及兄弟姐妹，其中单亲家庭的比例达到一半，家中只有祖父母或兄弟姐妹的家庭比例达到22.0%，在这一个项目上，缺失值比例达到28.0%，可以认为，这一部分被试的家庭也是残缺不全的。父母服刑家庭的被试中父母婚姻正常的比例不到一半，为45.0%。父亲受教育程度多为高中、中专或职高以下，比例达到70.0%，初中毕业的比例为36.0%，小学以下则达到21.0%，母亲的情况稍好于父亲，受教育程度初中毕业的比例为43.0%，小学以下的仅为11.0%，高中左右的为16.0%，但是总体情况都不容乐观。

相比较而言，正常家庭组被试在学业和家庭状况的各方面均好于服刑家庭组。正常家庭组被试中：小学五年级90人，初中二年级100人，高中二年级39人；学习成绩中等及中等偏上者居多，各占总数的32.3%和33.2%，其次为优秀和中等偏下，差的人数最少；家庭经济条件中等的比例最大，为63.3%；其次为中等以上，达到25.8%；最后为中等以下，达到5.7%。父母受教育情况良好，父母的教育程度在初中以下的比例不到三分之一，而且两者之间差异不显著；父母婚姻状况正常的比例为87.8%，离异和父母亲一方去世的比例仅为9.6%；家庭成员组成中，有50.7%的家庭是核心家庭(包括父母和孩子)，9.2%的家庭属于父母不完整家庭，39.3%的家庭属于完整

---

① 本研究中的“家庭经济状况”采用主观评价的方式，请被试自评其家庭经济条件在当地所处的水平，分为三级：中等以下，中等，中等以上。

家庭，父母健全，孩子可能不止一个，还有部分与祖父母共同生活，也就是说 88.6%的孩子都有较好的家庭支持。

(二)被试目前存在的烦恼和困难、不了解自己的个体的频数分析

在 A(现在个体存在的烦恼和困难)和 B(不了解自己的个体)这两个问题上，两组被试间没有显著差异。在服刑家庭组中，自己前途是个体最为关心的问题，其次是家庭经济困难问题，然后是家庭成员问题、功课、性格、身体健康、学校的事情、朋友、异性、家庭住房困难问题，还包括一些其他的问题。在正常家庭中，被试最关心的问题依次是自己前途、自己的性格、功课、身体健康、家庭成员、朋友、家庭住房困难、家庭经济困难、异性、学校的事情、其他的事。服刑家庭的被试大部分认为最不了解自己的是老师、父亲和母亲，最后才是同学；正常家庭的被试大部分认为同学和老师不完全了解自己，然后才是父亲和母亲不了解自己。

(三)青少年违法行为具体条目频度分析

两组被试在违法行为问卷(参见附录)上的得分差异不显著，但频度分析和百分比统计显示有差异。通过对量表中的 25 个条目进行频度分析发现，以下的一些条目比较具有代表性。在正常组中，项目 12、1、17、2、25、7、10、14 等，有较多的个体容易初犯，项目 1、25、15、8、7、17、12，发生的频率逐步增加，其中，项目 1、17、2、25、7、10、14、3、15、8 所代表的行为更易初犯和再犯。服刑组中，发现项目 12、17、1、6、10、25、16、14、2、8、15、23、3、4、5、7、13 有较多的个体易初犯，其中 1、12、17、25 等项目最易初犯；项目 1、3、4、6、8、10、12、13、14、15、17、21、22 等代表的行为发生的频率逐渐增加，项目 1、6、10、12、14、17、15、8 初犯个体多，再犯频率也高，项目 3、4、13、21、22 初犯少，但是再犯频率高。根据百分比的统计结果，正常家庭组被试偶犯的行为是：项目 12、1、17、2、25，服刑家庭组被试偶犯的行为是：项目 12、17、1、6、10、25、15。可见，两组被试在不良行为的发生性质上有共性，但后者从数量上多于前者。

(四)问题行为的差异分析

因为父母服刑家庭的被试数为 100，所以从正常家庭的被试中选择了 104 个被试进行匹配。对被试父母是否服刑这个因素进行了独立样本 T 检验，发现被试在情绪问题行为因子—冷漠或抑郁($M=6.5$，$F=2.102^*$)、神经症性问题行为因子—强迫($M=10.75$，$F=2.212^*$)上具有显著性差异。父母服刑家庭的被试会表现更多的冷漠或抑郁情绪，正常家庭的被试会出现更多的强迫问题。

对性别这一维度进行独立样本 T 检验，发现服刑家庭组被试在学习问题行为及其因子厌学、性格问题行为因子嫉妒和品德问题行为因子欺骗上有显著性差异，其中男生比女生具有更多的学习问题行为，他们更容易厌学、嫉妒，表现出欺骗等行为，见表 1。同样，正常家庭组的男生比女生更容易发生欺骗和欺侮行为，男女差异显著。

表 1　父母服刑家庭的被试性别差异显著性分析

	男		女		T
	M	SD	M	SD	
学习问题行为	33.8478	9.07247	29.6286	9.00681	2.080*
学习问题行为因子—厌学	9.2083	3.88099	7.1944	3.80090	2.374*
性格问题行为因子—嫉妒	6.0980	2.30872	5.0556	2.06943	2.164*
品德问题行为因子—欺骗	11.2653	9.0286	5.03643	3.34739	2.289*

注：** 表示 $p<0.01$，* 表示 $p<0.05$，下同。

服刑家庭组被试其问题行为、学习问题行为及其相对应的具体因子自觉性和厌学、情绪问题行为及其相对应的具体因子冲动和焦虑、品德问题行为及其相对应的具体因子欺骗、性格问题行为的具体对应因子依赖、自卑和嫉妒、神经性问题行为对应的具体因子心理性不适在学习成绩自评上具有显著性差异。除了情绪问题行为，个体的学习成绩自评越差，其问题行为就越多，具体表现在自觉性、厌学、欺骗、嫉妒、依赖、自卑、心理性不适等方面，而成绩中等偏上的个体最少出现情绪问题行为，其次才是学习成绩自评优秀、中等的学生，学习成绩自评差的学生最容易出现情绪问题行为，具体表现为易冲动、焦虑等，见表 2。正常家庭被试在学习问题行为、交往问题行为上差异显著，个体的学习成绩自评越好，个体的自我评价就越高，其学习问题、交往问题以及违法行为就越少。

表 2　服刑家庭被试的问题行为及各维度在学习成绩自评上的差异分析

	优秀		中等偏上		中等		中等偏下		差		F
	M	SD	M	SD	M	SD	M	SD	M	SD	
问题行为	173.18	32.11	179.43	42.27	197.16	33.51	213.00	48.35	245.25	19.36	3.908**
学习问题行为:	25.23	7.00	30.75	7.15	32.19	8.24	35.33	10.65	49.75	4.65	7.598**
自觉性	10.86	3.63	14.84	5.45	15.71	4.80	15.85	5.55	25.25	2.99	7.238**
厌学	5.14	1.75	7.65	3.22	8.44	3.39	10.83	4.47	16.25	1.26	11.196**
情绪问题行为:	36.00	10.86	33.18	10.68	39.07	8.64	40.91	11.87	49.50	8.35	2.739*
冲动	12.14	4.31	11.39	4.43	14.47	3.56	13.75	3.91	19.50	3.79	4.464**
焦虑	6.93	2.97	6.83	2.79	8.58	2.74	9.08	2.18	9.25	1.71	2.518*
品德问题行为:	23.46	4.33	26.32	5.58	26.66	5.57	30.90	6.87	33.50	6.25	3.957**
欺骗	7.08	1.61	10.42	3.82	10.09	4.52	13.64	5.54	15.75	4.11	5.420**

续表

	优秀		中等偏上		中等		中等偏下		差		F
	M	SD	M	SD	M	SD	M	SD	M	SD	
性格问题行为：											
依赖	9.62	3.57	12.21	4.33	12.52	4.14	13.46	4.86	16.50	4.04	2.573*
自卑	5.50	2.62	6.16	3.08	6.91	2.83	7.54	2.93	11.00	3.56	3.243*
嫉妒	4.21	1.63	6.21	2.23	5.38	2.43	6.77	2.13	7.50	1.00	3.543**
神经性问题行为：											
心理性不适	6.21	2.58	6.50	2.48	7.47	2.58	7.92	3.17	11.25	3.30	3.327*

对家庭经济条件这个维度进行方差分析，结果表明父母服刑家庭的被试易出现性格问题行为和情绪问题行为，即中等以下经济状况家庭的个体体验到最多的自卑（M＝7.39，F＝4.917*）和孤苦情绪（M＝11.09，F＝4.520*）。对父母受教育程度进行方差分析发现，服刑家庭组被试的情绪问题行为具体因子抑郁在母亲受教育程度上具有显著性差异。而正常家庭组被试则更容易受到父亲受教育程度的影响。

对父母婚姻状况进行方差分析发现，服刑家庭组被试受影响最大，他们的性格问题行为及其具体因子自负和自我中心、情绪问题行为及其具体因子孤苦都在这个维度上具有显著性差异。但是服刑家庭中父母婚姻正常的个体，其性格问题行为依然严重，父母一方去世的个体也会出现较多的情绪问题行为，见表3。相较之下，正常家庭组被试的问题行为在此变量上不存在显著差异。

表3　服刑家庭组被试父母婚姻状况差异显著性分析

	正常		离异		父母一方去世		F
	M	SD	M	SD	M	SD	
性格问题行为	41	10.2	47.63	10.11	38	7.97	4.475*
一自负	9.76	3.74	12	4.07	7.44	2.88	5.488**
一自我中心	8.08	3.11	8.79	2.38	5.8	2.82	3.935**
情绪问题行为	35.32	10.33	41.6	7.87	39.33	10.65	3.197*
一孤苦	8.86	3.87	11.28	3.25	11.8	5.35	3.868**

四、讨　论

（一）服刑家庭组被试和正常家庭组被试其家庭环境状况存在显著的差异

本次调研发现，与正常家庭相比，父母服刑家庭中单亲家庭比例达到了一半，家中只有祖父母或兄弟姐妹的类似留守家庭比例达到四分之一，也就意味着这些特殊之特殊的家庭，所背负的影响和重担是双重的甚至更甚。父母服刑，尤其是父亲服刑意味着家庭中最主要成员的缺席，家庭中主要经济支柱的缺失，而在中国长久以来的传统文化观中，犯罪分子及其家庭都是不受大众所待见的，尤其是在农村，一个家庭极容易因为家庭成员服刑的经历而导致整个家庭的社会地位的降低；父母服刑，家庭中主要经济来源被切断，单亲家庭，尤其是单亲母亲必须独立支撑起整个家庭，而祖父母家庭中，老人年迈，家庭经济基本上处于瘫痪状态。在本次调查中，我们发现大部分的父母服刑的家庭经济状况在中等以下甚至更差。关于这些服刑人员未成年子女的教育问题，从反馈回来的基本信息中发现，大多数孩子都在上学，但是父母服刑家庭的孩子在学业上的表现并不乐观，我们推测这与父母服刑有关。父母在儿童的学习中起着不可磨灭的作用，在一定时期父母承担着儿童学习的榜样和监督者的身份。父母的缺席意味着儿童重要学习关注者的缺席，一定程度上影响了儿童学习的兴趣和质量。但是父母入狱的时间和儿童的年龄之间也存在着一定的关系，儿童年龄越大，父母入狱时间越晚，个体受到的影响就越小，这与个体自我的成长和发展是密不可分的。

调查显示服刑家庭组中大多数被试其父母文化程度都不高，高中及以下文化程度高达70%，而正常家庭组中被试父母文化程度在大学及以上的比例超过了50%，一部分原因是正常组样本的选取问题，正常家庭组的数据基本上是来自北京市及周边，大部分居于城市，家庭经济条件都不错，中等以下的仅为5.3%，而父母服刑家庭分别来自河北省、广东省、南京市、北京市和太阳村，大部分家庭居于农村，父母受教育程度很容易出现显著的差异，但是，这从一个侧面反映出，相较于正常家庭，父母服刑家庭的被试生活在一个更加恶劣和不稳定的家庭微环境中，并给儿童和青少年带来更多的危险性因素。

(二)父母服刑家庭的被试与非服刑家庭的被试具有不同的问题烦恼及重要他人

我们在本次调查中增加了两个项目，以求了解现在儿童和青少年的烦恼、困难以及个体觉得不了解自己的他人。数据结果显示，不论是正常家庭的被试还是服刑家庭的被试，他们最为关注的问题还是自己的前途。二者都处于求学期间，无论是来自学校的影响还是家庭施加的压力，都会进一步作用于个体，让其对自己的前途或是忧心或是怀疑，充满了不肯定性。不过，我们认为，正常家庭的被试对前途的担忧可能大部分来自父母的望子成龙和对比心理，内心因为担心不能完成父母期望而焦虑担忧；而父母服刑家庭的个体对前途的担忧，可能是由于缺少家庭和社会支持，以及父母服刑所带来的负面影响而造成的，担心父母的行为对自己将来发展造成阻碍。

在不了解自己的个体这一项目中，我们设置了父亲、母亲、老师和同学四个选项，实际上这四个个体都是儿童和青少年的重要他人。根据频度分析，我们发现，在父母服刑家庭的儿童和青少年心目中，老师、父母这三个重要他人对自己完全不了解，而正常家庭的个体则是选择了同学和老师，其次才是父亲和母亲。在本次调查中，服刑的人员刑期都较长，服刑父母与孩子相处的机会仅仅是每年的一次或两次探监，孩子所能获得的关于父母的信息也是凤毛麟角，双方缺乏沟通的程度远远超过正常家庭。Rebecca① 对 57 个服刑家庭的研究中就指出九岁以上的儿童，如果与服刑父母没有联系，更多的是报告对父母的疏远感受，而不是积极的依恋关系。所以在本次调查中，对于父母服刑家庭的被试来说，他们最不了解的是自己的父母，其父母最不了解的是自己的孩子。

（三）父母服刑家庭中的被试更容易发生攻击性的行为和具有犯罪前兆性的行为

通过对违法行为问卷中的条目进行频度分析，我们发现，正常组的个体最容易出现“踢打学校门窗和桌椅”之类的破坏性行为、“在学校考试中偷看别人的答案”等品德行问题行为以及“打同伴或同学”、“欺负别人”等欺侮行为；而服刑家庭组被试除了上述三种类型的行为外，还很容易出现“买卖、隐藏或转移赃物”，“偷别人的钱(100 元以上)”等具有犯罪前兆性的行为。“踢打学校的门窗和桌椅”、“在学校考试中偷看别人的答案”等行为极容易出现在学校生活中，很多时候是出于少年心性。但是“打同伴或同学”，“打群架”，“买卖、隐藏或转移赃物”，“偷别人的钱(100 元以上)”等行为我们必须警惕起来，因为这些行为极有可能进一步发展成犯罪行为，“打同伴或同学”多数出现于个体冲动愤怒的情况下，与个体的情绪调节和控制相关，而“打群架”行为则极有可能受到团体的影响，尤其是类似于黑社会的小帮派团体，同侪的攻击行为因为团体的强化而被模仿和实现。“打群架”、“偷别人的钱(100 元以上)”、“搭公共汽车出租车等不付钱”、“把学校的东西拿走”、“骗取别人的钱”这几点主要出现在服刑组的被试中。究其原因，我们认为首先是由于家庭经济困难所造成，其次可能模仿了负面榜样而得到强化的结果，再则是缺乏正确的引导，最后可能会带有身为罪犯子女的破罐子破摔的负性情绪和心理。“离家出走”这一行为也显著出现在服刑组儿童或青少年的身上，并且在年龄上具有显著的差异，年龄越大，离家出走的频率越高，这可能与个体青春叛逆期的到来却没有重要他人——父母在身边陪伴度过的原因有关。

---

① Attachment and caregiving relationships in families affected by parental incarceration Rebecca J. Shlafer a and Julie Poehlmann b，Attach Hum Dev. 2010 July；12(4)：395—415.

（四）父母服刑家庭的被试比正常家庭的被试表现出更多具体的问题行为，并具有显著差异

结果分析表明，问题行为总分在父母服刑家庭和正常家庭的被试之间并不存在显著的差异，但是在具体的问题行为分类和表现上，两者之间则具有显著差异。

父母服刑家庭的被试会表现更多的冷漠或抑郁情绪，正常家庭的被试会表现更多的强迫性问题。具体来说，父母服刑家庭的子女其具体的问题行为在性别、学习成绩自评、家庭所在地、父母受教育程度、父母婚姻状况上具有显著性的差异。

Murray& Farrington [1]指出，服刑父母在男孩成长过程中对其反社会行为以及问题行为有影响。本研究验证了这个结论，父母服刑家庭的性别差异表现在学习问题行为中的厌学因素、性格问题行为的嫉妒因素、品德问题行为的欺骗因素，其中男生更容易出现厌学、嫉妒和欺骗等问题行为。

在学习成绩自评这个维度上，父母服刑家庭的被试其问题行为表现出显著的差异性。学习问题行为、情绪问题行为、品德问题行为、问题行为在学习成绩自评上具有显著性差异，除了情绪问题行为，个体的学习成绩自评越差，其问题行为就越多，而成绩中等偏上的个体最少出现情绪问题行为，其次才是学习成绩自评优秀、中等的学生，学习成绩自评差的学生最容易出现情绪问题行为，具体表现在自觉性、厌学、依赖、自卑、嫉妒、冲动、焦虑、欺骗、心理不适应等因素上。学习成绩越优异，其自觉性就越好，越不容易厌学，其依赖性也越低。而在其余的几个因素上，成绩中等的个体表现出的问题越严重，他们因为处于一个比上不足比下有余的尴尬位置，所以更容易感到嫉妒、焦虑、心理性不适，必要时还会作出更多的欺骗行为，而成绩差的个体怀抱破罐子破摔的心理，反倒不会获得如此强烈的焦虑与心理性不适，但是他们的自卑情绪仍然存在，并且随着成绩的下降而增加。这与 Stewart[2] 在以往的研究中获得的结论相同，父母服刑导致亲子之间的分开，会导致更多的学习障碍等问题行为的产生。

父母服刑家庭的被试其性格问题行为中的自卑和情绪问题行为中的孤苦两个因素在家庭条件上具有显著差异性，家庭经济条件差的个体表现出更多的自卑和孤苦情绪，中等经济条件的家庭的个体很少表现出这两种特征。而家庭所在地为农村的被试比家庭所在地为郊区的被试具有更多的品德问题

---

① Murray J, Farrington DP. Parental imprisonment: effects on boys' antisocial behaviour and delinquency through the life-course. *J Child Psychol Psychiatry*. 2005 Dec; 46(12): 1269—78.

② Behavioral Problems in Sons of Incarcerated or Otherwise Absent Fathers: The Issue of Separation STEWART GABEL, M. D. a Fam Proc 31: 303—314, 1992.

行为。

在父母受教育程度这两个维度上，父母服刑家庭的被试，母亲受教育程度越高，个体越容易表现出冷漠或抑郁等情绪问题行为，这也可能同母亲的教养方式有关，母亲学历越高，越容易采取温和民主的方式与孩子相处，母亲一旦服刑离开孩子或者因丈夫服刑而将精力用于维持生计，这对于儿童来说是一个莫大的打击，已建立起来的依恋关系被强行切断，儿童被抽离的感情就越多，从而越容易因为母亲的缺席而表现出冷漠抑郁等情绪问题行为。

相较于正常家庭，服刑家庭组被试由于父母服刑的缘故，造成了更多家庭父母婚姻的破裂，这些个体会表现出更多的性格问题行为和情绪问题行为，父母婚姻状况不正常的个体更自负、自我中心，体验到更多的孤苦情绪，因为父母离异、去世、服刑造成了父母角色的缺席，个体远不能体会到家庭完整所能带来的幸福感，也无法享受到父母的细致呵护和照顾，与父母双全的同龄人相比，他们更感孤苦，但是又不得不强行振作，依赖的对象从他人转移到自身，为了增加自己的心理能量，他们夸大自己的力量，以自我为中心，更加自负，这样从表面上表现出更多的自信心和独立性。这与 Jacobson & Frye[①] 等人的研究结果相符，母亲服刑或离开，最终的结果可能会导致孩子问题情绪和行为的产生。

五、结　论

(1)相较于正常家庭中的被试，父母服刑家庭的被试生活在一个更加恶劣和不稳定的家庭微环境中，并给儿童和青少年带来更多的危险性因素。

(2)父母服刑家庭的被试，较多出现攻击性的行为和具有犯罪前兆性的行为。

(3)虽然服刑家庭子女和正常家庭子女之间的问题行为不存在显著差异，但是服刑家庭子女存在更多的学习、情绪、性格、品德和交往问题行为，他们相较于正常家庭儿童更加冷漠或抑郁，更需要社会的关心和关注。

(4)在父母服刑这一大背景下，此类家庭的未成年子女其具体的问题行为在性别、学习成绩、家庭所在地、父母受教育程度、父母婚姻状况上具有显著性的差异。

六、建议与对策

为了预防服刑人员未成年子女的“隔代犯罪”，增强其心理健康程度，我

① Barbara J. Myers, Ph. D., 1, 3 Tina M. Smarsh, B. S., 2, Kristine Amlund-Hagen, B. S., 2 and Suzanne Kennon, B. S. 2 (1999). Children of Incarcerated Mothers. Journal of Child and Family Studies, Vol. 8, No. 1, 1999, pp. 11—25.

们建议：

第一，在父母服刑期间，应通过各种方式增加服刑人员与其子女的交往。

第二，为服刑人员未成年子女提供有针对性的心理训练，尤其是针对情绪自我调节能力和应对较高水平的冷漠、孤苦情绪。

第三，政府和相关部门应建立相应的应对机制，预防服刑人员未成年子女陷入经济贫困和失学的境地。

第四，大力支持民间救助机构以收养、托管等方式帮助服刑人员未成年子女渡过难关，进入正常的发展轨道，同时，也应大力宣传和促进志愿者活动。

附录　青少年违法行为回卷

从小到大你总共有过几次以下的经历：

1. 从未有过　　2. 有过1—2次　　3. 有过5—6次　　4. 每周1—2次　　5. 经常发生

项　　目	从未有过	有过1—2次	有过5—6次	每周1—2次	经常发生
1. 踢打学校的门窗、桌椅等	1	2	3	4	5
2. 毁坏街边的公共设施	1	2	3	4	5
3. 买卖、隐藏或转移赃物	1	2	3	4	5
4. 偷别人的钱(100元以上)	1	2	3	4	5
5. 未经允许，骑走陌生人的自行车	1	2	3	4	5
6. 离家出走	1	2	3	4	5
7. 偷偷携带刀具、自制武器等	1	2	3	4	5
8. 故意伤害某人或动物	1	2	3	4	5
9. 为了获取报酬或以付钱的方式，与别人发生性关系	1	2	3	4	5
10. 打群架	1	2	3	4	5
11. 卖摇头丸等违禁药品	1	2	3	4	5
12. 在学校考试中偷看别人的答案	1	2	3	4	5
13. 搭公共汽车、出租车等不付钱	1	2	3	4	5
14. 偷偷拿走家人的东西	1	2	3	4	5
15. 在学校暗地里算计老师	1	2	3	4	5
16. 冲突时，动手打父母或其他长辈	1	2	3	4	5

续表

项　　目	从未有过	有过1—2次	有过5—6次	每周1—2次	经常发生
17. 打同伴或同学	1	2	3	4	5
18. 强行要同伴的钱、物	1	2	3	4	5
19. 强行拿陌生人的钱	1	2	3	4	5
20. 买东西不付钱	1	2	3	4	5
21. 把学校的东西拿走	1	2	3	4	5
22. 骗取别人的钱	1	2	3	4	5
23. 打骚扰电话或发骚扰短信	1	2	3	4	5
24. 因好奇尝试毒品	1	2	3	4	5
25. 调戏或欺负别人	1	2	3	4	5

（作者：王国芳　中国政法大学社会学院副教授
滕建楠　中国政法大学社会学院硕士研究生）

项目名称：北京市社会工作人才使用体制机制研究
项目编号：09AaSH068
项目负责人：许莉娅
项目信誉保证单位：中国青年政治学院

大学生职业选择的困境与出路

北京市市政府拟在2009—2011年3年内，共招聘5000名首都高校应届毕业生到6个城区的各社区服务站工作，这项计划被命名为“大学生社区工作者计划”。从2009年7月开始，首批被录用的2000名大学生陆续开始上岗。本次调查就是针对这个群体展开的。由于被调查对象普遍上岗时间较短，最长的也没超过5个月，所以他们很多看法和感受还比较粗浅，甚至可能不够准确和全面，但是，我们认为，只要这些信息在现阶段是真实的，就达到了我们调查的目的，也能够为我们的政策制定和执行提供某些依据。

一、研究设计

本项调查采取定性访谈与定量调查相结合的研究方法，旨在让部分重要的信息能够相互验证，以增强信息的可信度。在定性访谈部分，我们主要了解这个群体为什么选择这个岗位、上岗后对这个岗位的看法、工作中遇到了哪些问题，以及对这个职业有什么期望。定量调查采取的是问卷调查，问卷包括基本情况和工作状况两个部分。在基本情况部分，我们选取了11个影响大学生社区工作者工作满意度的重要个人变量。在工作状况部分，调查涉及对工作满意度有直接影响的11个工作本身变量和3个外部环境变量。

我们采取了分层抽样和立意抽样两种方法，分别在北京的丰台区、海淀区、宣武区和朝阳区进行了样本抽样。在4个区共抽取了206名大学生社区工作者进行问卷调查，问卷回收率100%；另抽取了32名大学生社区工作者作为访谈对象。

二、访谈与调查结果分析

(一)选择这个岗位的原因

我们认为，弄清楚大学生选择这个职业的原因和动机，对于今后制定针对这个群体的相关制度和政策，是非常有必要的，故在问卷设计和访谈中都涉及了此类选择题。主要是以下3个方面的因素驱使大学生选择了这个岗位：

1. 户口政策的吸引力

在被调查的206人中，59人是北京户籍的毕业生，147人是外地户籍的毕业生。占71.2%的人把能够解决北京户口作为他们选择这个岗位的首要原因。在访谈中，许多人还表示，正是因为能够解决北京户口，他们的家人才支持他们选择这份工作。拥有北京户口之后，他们以后就有资格继续报考北京市的公务员。能够在北京工作和生活，是许多年轻学生的梦想。尽管有户口政策的优惠条件，但今年招聘的2000人，在不到5个月的时间里还是流失了近一半，其中的原因仍然值得我们去探寻。

2. 就业形势严峻，找工作困难

2007—2009年的全球金融危机，对我国经济也带来了较大冲击，许多出口型企业和公司被迫减产、停产，甚至倒闭。金融危机对大学毕业生的直接影响就是找工作十分困难。有15%的人是因为找不到其他工作而选择了这份工作；7.3%的人从朋友那里得到消息就报考了这个岗位；4.9%的人是其他原因(考研究生失败、暂时过渡一下、不想出北京，等等)。无论是何种原因，基本上还是属于找不到合适的工作。几项数据相加，有27.2%的人是因为2009年找工作困难而选择了这个岗位。在访谈调查中，许多女性被访者表示，即使好不容易找到的工作，也常常面临被解聘的风险，因为，一些单位为了降低用工成本(新招聘的人只能拿试用期的工资)，频繁换人。由于这次大学生社区工作者的招聘工作，是政府组织的公开招聘，且招聘程序严格，给了许多应聘者安全、可靠、有保障的感觉。“挂靠在政府部门，感觉比较有保障。”工作的稳定性是许多女性大学生选择这个岗位的原因。

3. 能发挥自己的才能

问卷调查显示，20.4%人认为，能发挥自己的才能是他们选择这个岗位的原因。因为，社区居委会是我国最基层的单位，在基层工作能够使自己的能力得到多方面的锻炼，个人成长会比较快。7.3%的人是因为喜欢这份工作，1.5%的人是因为专业对口。我们假设，喜欢这个工作和专业对口都隐含有能发挥自己才能的因素，那么，三项数据相加是29.2%。这一数据表明，有近30%的人是怀抱理想进入这个岗位的，希望自己在这个岗位上有所作为，能为社区的建设与发展贡献自己的才智。

(二)对工作的满意度

1. 对这个岗位整体的满意度

在正式调查开始之前，我们已经知道很多大学生社区工作者选择了离开这个岗位，所以，我们假设，仍然在岗的人对这个岗位的满意度也不会太高。但调查结果显示，被调查者对这个岗位整体上的满意度，比我们预想的要高。

数据表明，大多数毕业生对当前这份工作持“一般”态度，满意和不满意的比例相当，分别为16.5%和17.0%，另有1.0%和5.8%的毕业生分别表示很满意和很不满意。在访谈中，许多被访者表示，居委会每天都会有些事干，工作都比较零碎，但一天忙下来也还比较充实，最怕的就是无所事事地闲着。这也许是高达59%人选择“一般”的缘由。

考虑到每月只有1500元左右可支配收入，尚有76.7%的大学生社区工作者对当前这份工作持中性甚至积极的评价，这一结果让我们对这个群体多了一些信心。

2. 对工作不同方面的满意度

(1)收入满意度。收入是大学生社区工作者目前最为关心的方面。我们的调查显示，超过90%的大学毕业生对上述工资水平持不满意态度，超过一半的毕业生表示很不满意，没有一个毕业生表示满意或非常满意。在实地访谈中，被访者抱怨得比较多的也是收入。他们认为当初招聘时承诺的年薪是3.4万元，而现在每月只能拿到1500元左右，与他们的预想差距太大。

(2)福利满意度。在福利待遇方面，3.9%的人表示满意，30.6%的人认为一般，33%的人不满意，31.6%的人很不满意。对福利待遇表示满意和一般的人，两项合计为34.5%，这一比例明显高于对收入的满意度。在访谈中我们得知，这是因为有些被分到街道办事处工作的人，街道帮助解决了的集体宿舍，这极大地降低了他们每月的生活支出。有些社区也给他们发放了一些生活补贴和工作补贴。1名在社区居委会工作的被访者，因负责计划生育工作，每月可获得200元的工作补贴。

(3)职业声望。对社区工作者这份工作社会上有两种相反的看法。一些人认为社区工作者直接服务社区居民，工作很有意义；但大多数人对这份工作还有一些偏见，认为它没多大技术含量，是退休大妈和下岗职工做的事。调查结果表明，26.7%的大学生社区工作者对自己所从事工作的职业声望不满意，16.0%的被调查者表示很不满意，只有4.0%的被调查者表示满意。

(4)工作条件满意度。调查结果显示，有一半的被调查者对工作条件持折中的态度，1.9%的被调查者表示对工作条件非常满意，26.7%的被调查者表示满意，11.7%的被调查者不满意，8.3%的被调查者很不满意。总体来看，大多数大学生社区工作者对工作条件表示理解和接受。

(5)单位人际关系满意度。劳动者除看重工资、工作条件等物质因素外，通常都希望在一个人际关系良好的用人单位工作。所以，单位人际关系也是影响职工满意度的一个重要因素。调查结果显示，27.1%的被调查者对单位人际关系表示很满意，51.2%的被调查者表示满意，16.7%的被调查者持折中的态度，表示不满意和很不满意的合计不足5%。可见，绝大多数被调查者对单位人际关系是满意的。

(6)工作压力满意度。一般认为，工作压力与职工满意度呈负相关关系，即工作压力越大，职工满意度越低。但是，对大学生社区工作者而言，过低的工作压力同时意味着无所作为，工作者的满意度反而会降低。调查显示，近70%的被调查者没有感到工作有太多压力，27.1%的被调查者感觉工作压力比较大，3.4%的被调查者感觉工作压力很大。在访谈调查中，多位被访者在谈到这一问题时表示，由于单位人际关系较好，遇到工作困难的时候，老同志会教他们如何处理，所以对工作他们没有太多的压力。

(7)工作成就感。虽然短短只有5个月的时间，但绝大多数被调查者都认为自己有一些收获，并体验到了一些成就感。其中，6.6%的被调查者感觉很有成就感，50.5%的被调查者有些成就感，23.9%的被调查者感觉成就感很小，10.7%觉得没有成就感，剩余8.3%表示说不清。

(8)职业发展前景。在我国社会管理社会化的大背景下，社区工作者这一职业的前景非常广阔，调查结果显示，超过一半的被调查者对此表示赞同。认为该工作很有前途的占4.4%，认为会有前途的占48.0%，认为前途不大的占21.8%，认为没有前途的占10.3%，剩余16.2%表示说不清。

总体来看，大学生社区工作者对于像人际关系、职业前景和工作成就感这样的软环境满意度较高，对于收入和福利这样的硬条件则满意度很低。

(三)影响满意度的个人因素

我们对被调查者的个人基本信息进行了全面的调查，由于许多信息对满意度的影响意义不大，所以我们只选取了几个因素进行分析：

1. 女性对这个岗位的满意度略高于男性

在被调查的206人中，女性139人，占比67.8%；男性67人，占比32.2%。女性对这个岗位表示很满意和满意的比例是22.8%，男性则只有19.7%；女性对这个岗位表示不满意和很不满意的比例也比男性低，女性是21.6%，男性是25.8%。结合访谈的资料，我们认为，导致男女满意度差异的原因有2个：一是这个工作相对比较稳定；二是因为女性找工作比男性困难。

2. 社会工作专业的学生比非社会工作专业的学生对岗位的满意度高

调查表明，社会工作专业毕业生满意的比例为18.2%，是所有专业中满意度最高的；不满意的比例为9.1%，是所有专业中最低的，无一人表示很不满意。这一结果说明，社会工作专业毕业的学生，他们对社区工作不陌生，在选择岗位时少了许多盲目性。而且，他们在学校所学的许多知识在工作中能用上，工作的自信心要强于其他专业。

3. 家庭经济状态与岗位的满意度之间呈现出较大的相关性

调查显示，选择这个岗位的大多数人，家庭经济条件都处于一般和不好之间，家庭经济条件一般的人对这个岗位的满意度高于家庭经济条件不好的人，前者是17.4%，后者是9.1%；家庭经济条件一般的人对这个岗位的不满意度也低于家庭经济条件不好的人，前者是15.4%，后者是24.2%。家庭经济越困难的人，对岗位的满意度越低。这说明，那些不能从家庭中得到适当经济补贴和支持的人，目前的工资水平的确很难满足他们的日常需求。这一点在访谈中获得了验证。

（四）对这个岗位的期待

如前所述，有30%的人是怀着期待走进这个岗位的。在宏观方面的期待主要是希望政府尽快出台更多的政策，在物力财力方面加大投入，推进社区的建设与发展，使他们的职业声望能够得到提升。由于整个社会对这个岗位的评价偏低，一些社区居民认为他们到社区工作是浪费才华，所以，他们希望政府能加大宣传力度，让更多的人认识到这个岗位的意义和重要性。在微观方面的期待主要是以下几个方面：

1. 提高工资水平

在访谈中，被访者抱怨得最多的就是工资收入，认为工资水平太低，无法养活自己。工作后仍向家里要钱，比较丢脸，在同学面前也抬不起头。但问卷调查发现，他们实际上对工资的期望并不高，2/3的大学生社区工作者对工资的期待集中在2000—3000元之间，其中30.6%的被调查者的期望工资为2000—2500元，36.4%的被调查者的期望工资为2500—3000元。应该说，这个期待还是比较现实和理性的。

2. 增加培训机会

2009年招聘的大学生社区工作者，绝大多数人是非社会工作专业的毕业生，被调查的205人中，社会工作专业的毕业生只有11人，因此，许多人都希望能够得到专业的知识培训，特别是与自己的日常工作相关的培训。在实地访谈中，近90%的人表示愿意接受专业培训，认为目前所进行的一些培训针对性不是太强，尽管如此，他们对培训还是很喜欢。在问卷调查中，29.6%的人认为培训很有必要，49%的人认为有必要，两项相加后，有近80%的人认为培训是有必要的。有16%的人认为无所谓，只有4.3%的人认为没必要。

3. 被重用提拔

在实地访谈中，近一半的被访者表示，他们不知道今后的发展方向是什么，通过努力会取得什么样的结果，这是他们对这个职业的困惑。他们希望被委以重任，承担更多的工作，干出一些成绩后被领导重视，从而得到升迁的机会。他们最不希望的就是，有他没他都一样，无所事事，不能发挥自己的所长。在问卷调查中，41.3%的人希望被重用提拔，这与访谈的结果是一致的。有27.7%的人希望被单位平等相待，即平等的工作机会和平等的晋升机会。

尽管对岗位的晋升方向有困惑，但对这个职业的发展前景，有超过50%的人持乐观态度，认为这个职业在未来会很有发展。在“是否有放弃此工作的打算”问题上，有近70%的人选择了“不确定”。这说明，如果他们的一些期望能够实现的话，他们并没有打算一定要离开这个岗位，因为很多人对这个职业的发展前景在观念上是肯定的。

4. 明确工作职责

在社区居委会和社区服务站工作的被访者，基本上都谈到了工作职责分工不明确的问题，这让他们经常无所适从，不知道自己究竟应该做什么。没有明确的分工，也没有具体的工作内容，没有独自承担的工作项目，这种状况让他们很不适应。在问卷调查中，超过50%的人也认为，由于岗位职责不明确影响了他们发挥才干。岗位职责分工不明确，成绩就很难界定，这让刚刚工作的他们比较苦恼。但我国目前社区工作的特点是事多、事杂、固定工作少，临时性安排多，要对这些工作作出明确的职责分工是很难的，很多临时性的指派任务，需要大家通力合作才能完成。许多可以进行明确分工的专业性服务工作，暂时又没有条件开展，所以，在短期内要改变这种状况还比较困难。

三、本次调查呈现出的积极信息

社区居委会和社区服务站是我国最基层的行政附属机构，无论是待遇还是办公条件相对都较差一些。大学生为什么会选择这个岗位？他们是否只是把这个岗位作为就业困难暂时的停泊地和避风港？北京市市政府给出的3年内解决北京户口的优惠政策，是他们选择这个岗位的唯一动因吗？他们对这份工作本身有兴趣吗？我们企图通过调查去弄清这些问题。

通过这次调查，我们发现，随着我国大学生规模的不断扩大，他们的就业预期也在不断地降低，有一份能养活自己的工作，成为他们的就业底线。除此以外，他们在价值理念方面也发生了许多令人欣慰的变化，少了许多的好高骛远，多了一些脚踏实地。这次调查传递出来了这样一些积极信息：

(一)大学生不只是关心职业中的收入和福利状况，对职业中的能力培养也非常看重

超过70%的被访者认为，在基层工作使自己的能力得到了很好的锻炼，无论是沟通的能力，还是人际交往的能力，以及工作能力等方面都得到了提升。他们认为，这种基层的工作经历对他们的成长是非常重要的，也加深了他们对社会的了解。在问卷调查部分，在“你从这份工作中是否得到了收获”这个选项中，高达92.2%的人认为有收获，56.8%的人对工作有成就感。工作中最大的收获依次是：积累了工作经验(79.1%)、提升了处理人际关系的技能(72.8%)、个人能力的提升(50%)、结交了更多的朋友(45.1%)、开阔了视野(31.6%)、没什么收获(7.3%)。

（二）不怕吃苦受累

在32位被访者中，只有1人抱怨工作累，常常加班；1人抱怨领导把别人不愿干的活推给他干。其余的被访者都是希望能承担更多的工作，能在社区发挥自己的才智，使自己能够得到更快的成长。在问卷调查中，有33%的人希望得到更富有挑战性的工作任务。为了个人成长，他们不在乎辛苦和劳累，尽管主观愿望是为自己，但客观上却有利于社会的进步和发展。

（三）近三分之一的被访者对这个岗位持肯定态度

尽管在访谈中，很多人都谈到这份工作比较琐碎，但近70%的人认为他们所做的工作是有意义的，也认为自己所做的工作能实现自己的价值。调查之前，我们以为，很多人会感到在社区工作没有用武之地，比较屈才，但实际上只有少数几个人有此种想法。在问卷调查中有56.8%的人对所做的工作有成就感，这说明访谈所得的信息是可信的。尽管收入、福利待遇、工作条件等因素都会对一个人的职业选择产生影响，但工作的成就感是其中非常重要的因素。

（四）父母降低了对子女的职业选择期望和要求

32名被访者中，只有3人的父母反对他们的选择，其余人的父母对他们的选择表示了支持和理解。这说明，人们对社会的认识在改变，对这个岗位的认识也在逐渐转变。今后，随着专业化的服务在社区层面普遍展开，人们对这个岗位会有全新的认识，但这必须有赖于一批高素质的人才进入这个队伍，才可能完成这样的观念转变。

（五）严格的招聘程序提升了大学生对这个岗位的信赖度

尽管绝大多数被访者坦言，有好的工作机会自己会放弃这份工作，但是，几乎每一个被访者都表示，只要在这个岗位上，自己就会认认真真地干。他们都是通过严格的招聘程序才进入这个岗位的，因此，对这个岗位他们是尊重的。一些人正是因为招聘程序的严肃性和公正性，才没有放弃这个岗位，因为得到这个岗位也不是太容易。调查之前，我们知道很多人放弃了这个岗位，但是没有想到，许多人不愿放弃这个岗位是出于这样的原因。这一信息，对我们的主管部门是有启示意义的。在我们的工作中，任何一个环节的阴暗和丑恶，都会对从业人员产生影响，会让他对这个职业的前景形成负面的评价。相反，职业中的严谨、严肃和公正，会使从业者形成正向的联想：在这个职场中他能够得到公正的对待，他可以通过努力获得他期望的东西，而不需要通过别的途径。应该说，应聘这个职位的毕业生，不可能拥有强大的社会资源让他们能够通过别的途径去获得机会。

四、建 议

(一)提升大学生人力资源利用效率

无论是薪酬问题、户口问题，还是岗位设置等其他问题，都应该以最大限度地有利于大学生社会工作者充分发挥其积极作用为目标。只有这样，才能够真正实现大学生就业和提升社区服务水平双重目标的双赢。在他们上岗之前，就应该有详尽的规划：如何安排使用，如何发挥效用，以及明晰的奖罚制度。一方面充分调动他们的工作热情；另一方面让他们尽可能发挥自己的才华和智慧，使投入与产出的效率最大化。这样做可以取得两个成效：一是满足了刚毕业的大学生想急于获得认可的愿望；二是迅速改善了社区工作的面貌，使他们对这份工作更有信心。

(二)保持社区良好的人际关系环境，靠感情留人

我们的调查数据已经表明，单位人际关系是影响大学生社区工作者最为显著的一个因素，也是目前他们最为满意的一个因素。可以想象，如果单位的人际关系普遍不和谐的话，大学生社区工作者的离职率会更高。对年轻大学生社区工作者的理解、尊重、支持和鼓励，会增加他们克服困难的勇气，同时也能降低他们的离职意愿。

(三)明确社区工作者的职责

目前，社区层面社区服务站和居委会的关系还没有理顺，存在各自职责不清的问题；在这种状况下，不同机构的社区工作者哪些事情必须做，哪些事情可以做，哪些事情不能做都还处于探索阶段。职责不清极大地限制了大学生社区工作者作用的发挥。尽快明确大学生社区工作者在各个岗位上的职责，对于充分发挥大学生社区工作者的作用具有十分重要的意义。

(四)拓宽大学生社区工作者职业发展空间

作为刚刚参加工作的青年人才，最重要的还是发展问题，要让大学生社区工作者们清楚地看到自己未来的发展空间。他们目前的身份既不属于公务员，也不属于事业单位工作人员，更不属于民非、社会团体或非营利机构的工作人员。这极大地限制了他们的工作认同感和对未来的憧憬。建议政府给予社区服务站更多的自主权，允许并鼓励社区工作者在社区服务过程中提供多种服务，在满足群众需要、解决群众困难的过程中拓展自己的事业。

(五)强化培训工作，包括专业知识培训和专业价值观教育

社会转型期的社区工作在我国是一项新的事业，没有成熟的经验可以借鉴，这对从业者的专业素质和综合能力提出了更高的要求。但目前担任社区工作者的大学毕业生们大多不是来自社会工作或相关专业，他们非常需要有机会接受专业培训。我们的调查显示，29.6％的被调查者认为非常有必要接受专业培训，49.0％的被调查者认为有必要，二者合计接近80％。另外，

57.8%的被调查者将提供培训作为自己对单位的期望之一。在对工作中最棘手的问题的调查中，27.7%的被调查者认为是居民不理解，9.7%的被调查者认为是自己能力不够，这说明社区工作者急需接受专业培训来提升自己处理问题的能力。

作为专业的社会工作，它有一套专业的价值理念和价值诉求，它要求从业者有强烈的服务社会和服务人群的责任意识和关怀意识。因此，对从业者进行专业价值观方面的教育与培训是这个职业的基本要求。

（作者：江　娅　中国青年政治学院副教授
薛在兴　中国青年政治学院副教授）

项目名称：北京市老年服务机构管理状况与对策研究
项目编号：10BaSH084
项目负责人：时立荣
项目信誉保证单位：北京科技大学

北京市养老机构老人日常服务管理问题探析

随着我国人口老龄化进程的加快，关于我国养老机构的发展改革也逐渐受到各方的重视，对我国养老机构的发展方向及服务管理的研究也越来越多，本文通过文献梳理后，发现目前的研究中对于养老机构在对老人的日常管理中所遇到的问题关注较少。本文对三家养老机构进行了老人日常生活管理问题调查，通过对机构员工及老人的访谈、不完全参与式观察、对机构内入住老人的问卷调查等具体调查方法，获得本次研究所需要的第一手资料，并在此基础上进行整理分析。

一、调查对象情况

(一)C老年公寓、Y养老院和L敬老院的基础状况

C老年公寓位于京北上风上水之地，占地147亩，建筑面积3.9万平方米，包括一个近万平方米的综合服务中心，集养生、医疗、休闲、娱乐、餐饮等配套设施为一体，是一项列入《北京市“十五”时期老年人事业发展规划》，向老年人提供养老生活服务的大型综合性社会福利设施。现有床位710余张，入住老人620余人，其中完全能自理和半自理老人约占60%。C老年公寓采取管家式服务，共有两名专业管家，也称主管，另有若干护理员、服务员、清洁人员等。其中，入住机构的老人日常大小事宜都可以找主管，由主管解决，并且主管也是连接老人与其他工作人员尤其是领导间的重要桥梁；护理员则为半自理老人提供日常的送餐、身体护理等日常生活照料；服务员则主要是对整个公寓的老人的普通要求进行服务；清洁人员则每天定时清洁房间，保证整个公寓的清洁。C老年公寓在对老人的服务管理中，主要以老人的需求为主导，根据老人不同的身体状况、精神状态、性格喜好等实际需要，提供送餐、洗澡、家政、生活照料、身体护理、悉心陪伴等各种单项服务。

Y养老院成立于2006年，是民办非营利性的社会养老机构。其地处北京市房山区，占地面积18500平方米，其中老人住房设施面积3500平方米，园区树木成行，枝繁叶茂，风景优美，院内集餐厅、健身场所、文化娱乐多功

能厅、医疗康体场所为一体，屋内装备一应俱全，符合老年人的生活需求，力求使老人能够感到安全和温馨。现有床位 150 余张，入住老人 120 余人，完全能自理和半自理老人 70 余人。工作人员 7 人，其中管理人员 4 人，另有护理人员 16 人。在日常的服务管理中，Y 养老院对老人采取人性化关怀服务，为老人主要提供：医疗护理服务，如定期的身体检查，吃药管理，以及院内派车送老人去医院等；日常生活照料服务，如为老人提供饮食、帮助老人洗澡、身体护理等服务；开展文化娱乐活动，为了让老人能够在养老院里住得更加舒心，Y 养老院积极利用院内资源，如多功能厅、健身场所等，为老人开展多种文化娱乐活动；精神慰藉服务，Y 养老院注重老人的精神健康，机构工作人员会经常跟老人进行沟通，倾听老人的诉求，并对老人进行心理安慰等服务。

L 敬老院成立于 1999 年，是 S 企业建立的面向社会的养老福利机构，它地处北京市石景山区，位于宁静安逸的社区里面，现有床位 100 余张，入住人数 96 人，入住率 96%，其中自理老人和半自理老人占约 40%。L 敬老院采用科学化服务管理方式，对自理老人和半自理老人的服务管理主要分为：日常医疗服务、日常生活照料、日常娱乐活动以及日常精神关怀。

(二)访谈对象简况

表 1　访谈个案基本情况

个案编号	年龄	所属机构	职位	进入机构时间(月)
1	38 岁	C	主管	28 个月
2	31 岁	C	护理员	11 个月
3	28 岁	C	服务员	3 个月
4	58 岁	C	服务员	5 个月
5	25 岁	Y	院长	48 个月
6	53 岁	Y	护理员	24 个月
7	48 岁	Y	护理员	8 个月
8	54 岁	F	书记	25 个月
9	50 岁	F	护理员	13 个月
10	25 岁	F	护理员	7 个月
11	82 岁	Y	入住老人	15 个月
12	67 岁	C	入住老人	13 个月
13	72 岁	F	入住老人	9 个月

(三)三家养老机构日常服务内容

通过调查了解，这三家养老机构虽然机构性质不同，规模不同，收费不同，但是在对自理老人和半自理老人的日常服务内容上却都是大致相同的，我们可以把它归类为：日常生活照料、医疗护理服务、社会性服务、日常精神关怀这四个方面。其中，日常生活照料主要为机构向老人提供基本的衣食住行的支持，以及对半自理老人提供的帮助其穿衣、洗漱、身体护理等服务；医疗护理服务则主要是为老人提供的定期的医疗体检、康复保健、就医帮助、吃药管理等服务；社会性服务，则是养老机构为满足老人的社交需求和自我实现需求而提供的服务，例如组织各种集体活动，成立老年兴趣小组，帮助老人与家人、社区进行正常交往的服务；日常精神关怀，即养老机构为满足老人的情感需要和尊重需要，而经常与老人进行沟通，给予老人情绪安慰和精神照顾的服务。本文通过对 L 敬老院里的“老年人一日生活常规照料管理标准表”进行了整理，在此基础上，得出表 2，代表了三家养老机构的日常服务的总体内容，这也可以更直观具体地展示三家养老机构的一日服务管理内容。

表 2　养老院一日服务管理内容

时间	生活环节	服务内容	护理标准
6：00—7：00	起床盥洗	叫醒老人，为老人送开水；提示或协助老人穿衣；帮助老人盥洗；开窗通风，协助整理床铺	按时提醒老人起床；老人起床盥洗，护理员说话轻声，动作柔和；细心观察老人情绪、体温等情况，发现异常及时汇报；老人床铺、物品做到干净整洁
7:00—8:00	早餐	做好餐前准备工作；组织老人进餐；清扫餐后卫生	遵照《食品安全法》，保证餐厅及个人卫生达标；确保老人吃饱吃好；提醒老人细嚼慢咽，讲解食物营养，激发食欲；细心观察老人用餐情况；纠正个别老人的不良饮食习惯
8:00—8:30	自由活动	对老人所需服务内容做好登记；主动与老人沟通，做好记录	为老人所需服务做到认真办理，让老人满意；与老人谈心，征求意见
8:30—9:30	晨练	检查活动场地，排除障碍；组织老人活动；组织半自理老人进行康复训练	晨练要有计划，符合老人特点及身体状况；康复训练有计划，并严格按照计划进行

续表

时间	生活环节	服务内容	护理标准
9:30—10:30	休闲娱乐	检查设施安全，组织老人开展各种娱乐活动，活动中注意观察老人的情况	休闲娱乐有计划；活动中确保老人不发生意外，对不配合的老人进行劝说；对半自理老人严格进行康复训练计划
10:30—11:00	自由活动	同早上自由活动内容	同早上自由活动标准
11:00—12:00	午餐	同早餐服务内容	同早餐标准
12:00—14:00	午睡	提示老人躺好、盖好衣被，关好门窗；巡视午睡情况，发现问题随时处理	巡视午睡，做好记录；纠正老人睡姿，以免发生窒息现象
14:00—16:00	休闲娱乐	同上午休闲娱乐内容	同上午休闲娱乐标准
16:00—17:00	自由活动	同早上自由活动内容，为老人送衣被，并帮助整理	同早上自由活动标准
17:00—18:00	晚餐	同午餐服务内容	同午餐标准
18:00—21:00	自由活动	同早上自由活动内容	同早上自由活动标准
21:00—次日6:00	盥洗睡眠	提示或协助老人盥洗；照顾老人睡觉，关好门窗，观察室温并随时调整；对不能正常睡眠的老人，要劝慰帮助其睡眠；观察生病老人的睡眠情况，做好记录，突发情况及时汇报	按盥洗入睡的程序照顾老人入睡；巡视老人睡眠，及时纠正睡姿，发现问题及时处理；对不能入睡的老人进行安慰，帮助其入睡

二、养老机构对老年人的日常服务管理问题的分析

马斯洛需要层次理论把人的需要分成了生理需要、安全需要、归属与爱的需要、尊重需要和自我实现需要五类，针对入住机构里的自理老人和半自理老人的特殊性，我们也可以在此基础上把老年人的需要分为五个层次，即老年人的基本生存需要、老年人的安全需要、老年人的情感与社交需要、老年人的尊重需要、老年人自我实现的需要。养老机构也就针对了老年人的这些需要，而设置了上面概括的四个服务方面，可是，当机构的服务管理不能完全满足老人的这些需要的时候，便会出现一些问题。

调查发现，由于老人的需求大致是相同的，机构对老人提供的服务管理内容也大致是相同的，因此，虽然这三家机构的规模不同，性质不同，但是，它们在日常服务管理老人中面临的很多问题确实非常相似的。本文将这些问

题归结于三个方面：第一，老年人日常生活基本服务的管理问题；第二，老年人日常交往中的冲突管理问题；第三，对老年人常见行为问题的管理。

(一)老年人日常生活基本服务的管理问题

由于老年人有基本生存需求、安全需求和情感方面的需求，因此养老机构在对老人日常服务管理中，首先就要针对老人的这些方面的需求，提供基本的服务，这主要包括给予老人物质方面的支持和情感方面的支持。

1. 给予老年人物质支持中的问题

一个人要想维持每天的日常生活，就一定少不了“衣食住行”这最基本的物质支持，对于养老机构里面的老年人来说最需要的物质支持则主要为“医”“食”“住”“行”这四个方面。养老机构在对老年人的日常服务管理中最基本的工作就是要给予老年人这些基本的物质方面的支持，在这些工作中养老机构往往会面临一些管理问题。

首先是给予老年人医疗服务方面的问题。因为人一旦步入老年期，身体就开始慢慢老化，进而也就更容易出现各种疾病，对于养老机构里面入住的老年人来说，就医吃药也是日常生活中不可缺少的一项了，因此，对养老机构来说日常医疗服务是必不可少的一项工作。这三个机构都有各自的医疗服务体系，并各有特色，像C养老院就有自己的医务室，F养老院与几个医院建立了良好的关系，Y养老院与社区医院也有良好的合作关系，但是，它们在对老人的日常医疗服务方面面临着相似的几点问题，即：就医管理、吃药照管以及日常体检管理三个问题。

在就医管理中，主要为机构里面的老年人生病后不愿意就医或者家人不配合来接老人回去就医的情况；再者就是医疗费用的报销问题，因为在养老机构里面就医的费用是不能报销的，这也就成了很多老人天天抱怨的事情，而目前的大环境下养老机构对这点也是束手无策的。

像我们这里有的老人生病了你让他去医院看病吧，他都不愿意去的，都说自己没有生病，你要是硬要他去吧，他还会生气。打电话给他的子女，他的子女也生气，总说：“我爸不是说他没病吗，有病我们会来接他的。”然后也就没有了音讯。(Case-8-F①)

有的老人生病了也不让我们通知他的孩子，说是怕影响孩子的工作什么的。(Case-1-C)

上次那个谢大爷生病了需要输液，可是不管怎么劝他就是不愿意输液，这种时候真的是很没有办法，你只有好好哄了。(Case-6-Y)

在这里看病不给报销，你要去可以报销的医院看病又太远了，这点很希

① 参看表1访谈个案基本情况介绍。Case-8-F表示访谈个案编号8所属机构代名。

望能够得到改善啊。(Case-12-C)

在吃药提醒服务中也主要表现为老人的不配合行为。这三个机构都对部分老人提供吃药照管服务，这些老人大多比较健忘或者有轻微的老年痴呆症，因此常忘记吃药或者吃过药又忘了导致重复吃药，更甚者有吃错药的，对于这些老人，机构就会对他们有专门的吃药照管，而在这个过程中有的老人就不配合。

喂老人吃药有的时候比喂孩子吃药还要困难呢，孩子你还可以吓唬吓唬，也好控制，而老人你在提醒他吃药的时候，他往往会说自己没有病，不吃药，或者非说自己已经吃过药了，你只能是给他好好解释，或者哄哄他们，这项工作看着轻松，每天都要这么干，还是挺困难的。(Case-2-C)

我记得我以前照顾的一个老人，年龄太大了，记得都快 90 了吧，经常喂他药的时候，他会怀疑药有问题，每次都得哄好久才能吃下去。(Case-10-F)

入住机构的老人一般都会每隔一段时间有一次定期体检，这三个养老院都提供有相应的体检服务，而在这个服务管理过程中，也是有很多老年人不配合工作的。

我总结出来啊，老人都是收钱的不检查，抽血的不检查，复杂的不检查。(Case-5-Y)

有的老人很看重自己的身体健康的，有的老人就比较悲观，怕体检，最主要是有的体检是要收费的，我们请人家来体检也要给人家钱啊，有的老人就不愿意出这个钱了。(Case-8-F)

不愿意体检，老是组织体检，又要收钱又复杂，检查来检查去还不都是那样。都这把岁数了，谁没有个把毛病啊，检查了也就那么回事。(Case-13-F)

民以食为天，对于养老机构来说为老人提供一日三餐是一项非常重要的服务。虽然三家养老机构在提供饮食服务的水平上各有差异，但都是按照营养专家的意见提供的专门适合老年人的饮食，可是它们仍都同样面临着类似的问题：即众口难调和纠正老人的不良饮食习惯中的问题。在本文对三家养老院的老人进行的问卷调查中，67.9%的老人都对养老院的饮食感到较不满意或者不满意，有 46.4%的老人认为在机构需要改善的管理问题当中提出改善饮食。有的认为养老院的饮食味道太过清淡，也有认为食物太硬或者太软的，总之，众口难调。另外就是还有少数老人有挑食、偏食、暴饮暴食或者过量饮酒的，在纠正这些老人的不良饮食习惯中往往也会遇到阻碍。

我们院里的老人食谱都是根据营养专家的建议来的，一周七天都各有变化，不过还是有老人总是对我们的食物感到不满意的，这我们也能理解，只能说是尽量改善，但是毕竟众口难调嘛，也不是那么容易做的。(Case-1-C)

有不爱吃饭的，也有爱喝酒的，像前段时间才住进来的朱老吃饭的时候总是爱喝酒，可是他有"三高"啊，他的儿子送他来我们院里的时候专门强调了不要让他喝酒，即使喝也得少喝，弄得我们护理员每次在他吃饭的时候都得特别注意，劝了又劝。(Case-7-Y)

有的老人刚进来的时候，心情不好，不爱吃饭，或者会嫌我们这里的饭和家里口味不一样什么的，我们就要劝解啊，久了会好点。(Case-9-F)

饮食上嘛肯定有照顾不到的，像我们这种年龄高点的老人就喜欢煮得烂一点的东西，我们院里还好，每天都有粥喝，但是有的老人像年轻一点的，硬朗一点的啊，他就不喜欢每天都吃这些。(Case-11-Y)

我们都在说这厨房是不是又换师傅了，那馒头面包做得都跟烂棉絮似的，真不好，食物跟白水煮似的，没味道。(Case-12-C)

在住宿方面，通过本文对老年人的调查问卷发现，67.9％的老人对于机构的住宿条件还是非常满意和比较满意的，另有32.1％的老人对机构的住宿条件感到较不满意和不满意。养老机构在对住宿方面的管理主要面临两个问题：房间的卫生管理以及老人的屋子分配问题。

在房间的卫生管理方面的问题主要是有的老人特别不注意房间的卫生保持。

有的老人特别不注意自己屋子的卫生，什么果皮啊各种垃圾都是往地上扔，有的是我们清洁员一边打扫，他一边乱扔，这个时候我们的清洁员都会比较生气，但是又不好发作，可有的时候这些老人还会抱怨清洁不好，在我们这里清洁人员的流动性是比较大的，因为好多人虽然不跟老人争吵，但是最后都会直接不干了。(Case-2-C)

你看我们这儿的一日照料服务标准，就可以知道我们每天都会定时打扫好几次卫生的，并且打扫不干净还会扣清洁人员的钱，可是还是会有老人说你打扫得不好啊，反正有比较偏激的老人会挺挑剔的，还有的老人确实对卫生不讲究，导致清洁人员打扫起来非常辛苦。(Case-9-F)

在老人的屋子分配问题上，由于这三个机构都有单人间、双人间和三人间，而单人间比较少收费也高，这就需要有的老人合租双人间或三人间，共同分摊房间费，也可以是一个人交双人间的房间费，然后自己一个人住。有的老人就愿意交双人间的钱，然后一个人住，这个时候他们就会要求房间按照单人间那样布置，例如搬走其中一张床，而养老院对房间进行重新布置就又是一个问题了。

有的老人不喜欢房间的布置，也有的两个老人合住，他会对房间的布置有争执，比如说我要睡靠窗的床啊，或者你把这个电视柜给移走啊，其实我们的房间布置都是整体规划好的，进行调整以后又要弄回来很不好弄的。(Case-1-C)

这屋子安排不合理啊，你看我一个人住，他放两张床在这里，让他搬走还不搬，说以后又要搬回来很麻烦。(Case-12-C)

你看我自己搬了台电视来吧，让管理员把他们自己这台给搬走，他们也不来搬。(Case-13-F)

更多的问题是关于合住老人的屋子分配问题，有的老人性格比较怪癖，不好相处，换了好几个老人跟他同住都不行，让他一个人住却需要交两个人的钱，他又不同意。这在后面老人间的交往冲突里面也有较多的解释。对于这种情况，三家养老机构在管理起来都是比较头疼的。

最后，就是对老年人日常出行的管理，这就主要涉及老年人集体出行的安全管理问题。三家养老机构都会经常组织机构老人出去游玩或者参加一些活动，而在这个过程中安全管理问题就非常重要了。因为机构老年人出去后，活动随意性较大，突发性问题也比较多，对他们的安全保护责任也就越重，往往当遇到老年人集体出游的时候，机构是会请志愿者来帮忙管理的，这里又涉及对志愿者的培训问题。

每次组织老人集体出行我们都得计划非常周全，另外还要对志愿者进行培训，像有的老人是坐轮椅的，那么就得教志愿者如何安全地推轮椅，这些都是非常必要的。(Case-8-F)

我们老人平时要自己出去都是要先登记的，出什么问题我们也是不负责的，就怕集体出去，那个时候对老人的安全问题就得非常重视了。如果出去的人多，我们都得请志愿者 ，否则根本看不过来。(Case-5-Y)

组织老人出去总会遇到一些问题，像有的完全能自理的老人他有时候会被自己感兴趣的东西吸引去，或者有的老人已经有点糊涂了，跟着有可能跟丢，这个时候就是最吓人的了，不过我们都是尽量保证每个老人的出行安全。(Case-1-C)

2. 给予老年人情感支持中的问题

养老机构在对老年人的日常服务管理中，既要提供相应的物质支持，也要提供相应的情感支持。在给予老年人情感支持的过程中，通过访谈者提供的信息，本文将这项工作主要分为：老人情绪照顾及满足老人对享受儿女亲情的情感需求。在进行这两项工作时三家机构也面临着类似的管理问题。

在我访谈的这三家机构的工作人员中，全都表示老年人的情绪变化是非常之大的，主要有两个极端，有的老人的情绪中总是流露出沮丧、失落感，通过对老人的问卷调查统计，78.6%的老人经常会有孤独感和失落感，而有的老人则非常易怒，稍微遇到一点小问题就大发脾气。

老人肯定是有情绪问题的啊，哪怕是在家里他也总会有情绪问题，到了这里来也避免不了啊，照顾老人就跟照顾孩子一个样，其实他们的情绪也挺容易变的，很多老人特别容易动怒，我们的服务员稍微出点问题，有的老人就会对他们发脾气，我们也只有忍着，等他发完脾气，然后就是试着与老人沟通，劝劝老人。(Case-3-C)

一般刚入住我们机构的老人都会有个不适应的过程，一般不愿意与人交往，我们都能明显感觉到他总是很沮丧、失落，我们也都试着陪他聊聊天，并且介绍老人给他认识，劝他多出去跟其他老人接触，希望可以让他的情绪好起来。(Case-7-Y)

我们几个老家伙有的时候吃完了饭散步，就总结了我们每天的生活啊，总结起来就是三等：等吃、等睡、等死。(Case-13-F)

再者就是养老机构在帮助满足老人对亲情的需求中的问题。养老院里工作人员对老人的关心永远代替不了老人的子女对他们的关心。据调查问卷显示，46.4%的老人觉得不能跟工作人员很好地沟通，57.1%的老人觉得没有得到足够的精神照顾，39.2%的老人对与子女的见面频率感到不满意，对于入住机构的老年人来说对亲情的情感需求是非常大的，因此，养老机构往往要承担着满足老年人享受儿女亲情需要的任务，需要与老人的亲属建立良好的沟通关系，养老机构很想帮助老人享受儿女亲情，然而在这个工作过程中往往会遇到有的家人不配合的情况。

我觉得最好是在养老院旁边建个幼儿园，那样的话(子女)就老人孩子一块看了。(Case-11-Y)

我们这里有个老人，住进来后特别想家，脑子也有点糊涂了，一天到晚都在院子里面溜达，不停说着回家，打电话给她家里人吧，也说着要来看看，可是也就是说说，没来过。(Case-5-Y)

我们这里的老人子女大都经常来看老人的，也有少数老人的子女很少来一次，也能感觉到这样的老人是很想念孩子的，也试着跟他的家人联系，不过有的家人总是以很忙为借口，或者直接说花了钱把老人送来了，我们就应该尽心照顾，等等。(Case-8-F)

孩子忙啊，我的两个儿子都在铁路部门工作，再想他们也不能总让他们来啊，何况这么远，但他们还是会经常来看下我的，比我们这住着的有的老人好多了，我们这里很多老人的子女都在国外，司机、保姆都跟着住进来了，但是子女很少来看的。(Case-12-C)

总之，养老机构在对老人日常生活进行服务时，主要面对老人及其家人的不配合问题及老年人的情绪、情感问题，养老机构在解决这些问题时，往往采取的是比较简单的方法，主要就是通过劝慰老人或者哄哄老人，在与老人的家人沟通方面也是不够的，因此在解决这些问题时的效果也并不明显。

(二)老年人日常交往中的冲突管理问题

由于老年人有社交需求和尊重需求，因此老人在养老机构里面的日常生活中，总要跟其他老人以及工作人员打交道，在这一个过程中总会出现一些摩擦冲突，这些冲突主要可以分为两种情况：老人间交往中的冲突、老人与机构工作人员的交往冲突。

1. 对机构老人之间的交往冲突的化解

老人之间的冲突主要可以分为两类：一类是同屋老人之间的冲突，另一类是在参加机构活动中的老人间的冲突。

对于同屋老人来说，由于每个老人的生活习惯和性格的不同，因此，当同住一间屋子时，也就不可避免地会有些冲突。

我没有跟人合住过，但是我知道我们这里合住的老人是很容易吵架的，那是很正常的。(Case-12-C)

其实我们老人间还是好相处的，都是那个年代走过来的人，但是你要说住在一起一点矛盾也没有那是不可能的，像我开始和同屋的人合住的时候，我爱看京剧，他呢爱看越剧，开始的时候我们就会争电视什么的，后来院长也过来调解了，现在我们就把时间给调整好了，也还好。(Case-13-F)

像三楼的胡大妈，七点就要睡觉，不让同屋的人看电视、开灯，而同屋的秦大妈又要看电视，两人就经常闹得不愉快。我们只好劝秦大妈去别的屋子看，并且劝劝胡大妈，可是老人往往是当时答应得好，第二天该怎么样还怎么样。(Case-6-Y)

有的老人凌晨三四点就起床了，然后在那里抽烟，同屋的人就不干了啊，我们只好互相做工作，但是效果也不大。(Case-10-F)

这三个机构的老人在日常生活中，还会参加机构里面组织的一些活动，这三个机构虽然各自的活动内容不同，但是都还是比较丰富的。而老人们在一起参加活动时，也免不了有些摩擦冲突。

你比如说玩门球啊，有的老人会打也好胜，就会说别的老人打得不好或者怎么的，这个时候其他的老人就会生气。(Case-1-C)

有为老伴吃醋的，尤其是在跳舞的时候。我们也是尽量劝解老人，告诉他跳舞是很正常的活动啊，让他不要多想。(Case-2-C)

老人在一起活动，有的时候也会传点闲话，这让有的老人知道了，又是矛盾了，像这种情况下我们有的时候会组织一个游戏，比如让老人们在一起传话，然后告诉他们传话过程中会出现错误是很正常的，等等。(Case-5-Y)

像有一个老人是帕金森患者，但他又特爱唱歌，要参加老人歌唱小组，可是其他的老人不同意，而他又非要参加，这个时候我们管理者只好协调两边，最后老人也进了歌唱小组了，不过只能在后面唱，并且保证不影响其他老人唱歌。(Case-8-F)

总之，这三家养老机构在对老人间的冲突化解中，其采取的方法主要就是两边劝解，多沟通，尽量使双方满意，只有Y养老院提到通过游戏解决个别问题，但是总体效果并不是特别好。

2. 老人与机构工作人员之间的冲突调适

虽然这三家养老机构都明确表示机构里面还没有发生过员工与老人直接冲突的问题，但是在谈到机构里面工作人员流失严重的问题时，却也从侧面提到了有些老人与机构工作人员之间的交往是有冲突的。在与这三家机构的工作人员的访谈中，大都提到机构管理中的一个困难，那就是工作人员流失严重，其原因主要有三个：待遇低、工作苦、受不了老人的脾气。因此，虽然都说机构的工作人员是经过培训的，不会与老人发生顶撞，但是，老人与机构员工之间的日常交往中的冲突是客观存在的。

有的老人总是怀疑自己的东西被偷了，这让我们的管理人员都很尴尬，你说谁偷他那些东西啊，有的护理员受不了老是被怀疑，就跟老人的关系不是很好。(Case-8-F)

去打扫房间，有的老人就会指手画脚的啊，说你这样也没弄好，那里还需要打扫，像我们有的清洁人员就受不了了，但他也不会跟老人吵，实在不行就辞职走人了，我们这里人员的流动性还是蛮大的啊。(Case-10-F)

有的老人思想偏激，脾气也不好，有的是对硬件条件不满意，因此也对我们的服务有意见了，有的服务员就受不了。我们有的时候会对护理员进行调换，比如三层的调到二层，但是有的老人习惯了其中一些护理员，对这种调动也不满了。我们这里还没发生过工作人员直接和老人发生冲突的，但是还是有护理员私底下对某些老人的行为表示难以接受，我们只好对护理员进行劝慰。(Case-1-C)

就老人与机构工作人员的冲突管理这一问题来说，三家养老机构对冲突的调适方法也都大致相同的，都是约束自己的员工，尽量不和老人发生直接冲突，但这样也导致了员工情绪的不满及人员流失的严重。

(三)对老人常见行为问题的管理

仝利民将老年人常见的行为问题总结为强迫行为、冷漠行为、攻击行为、好争斗行为、偏执性幻想、自我中心和沮丧七种[①]，在本文与三家养老机构的访谈中得知，机构在管理老人中主要要面对老人的偏执性幻想、攻击行为、自我为中心以及沮丧这四种行为问题，关于老年人沮丧这一问题本文在前面的老人情感支持上已有所提到，因此接下来就主要介绍前三种老年人行为问题的管理。

1. 对老年人的偏执性幻想行为采取的方法

偏执性幻想，即机构内的老人深信有人迫害或背后中伤自己，或者总是怀疑有人偷了自己的东西。

老人啊住进来以后，思维就逐渐由清晰慢慢变得偏执、糊涂了，这是老人在变老的一个过程。像苏阿姨就总是出现幻觉，感觉夜里老有人找她，要害她。经常半夜里跑来敲我们护理员的门，我们护理员只好过去陪着她，安慰她。(Case-1-C)

总以为自己的东西丢了，什么洗发水啊，醋啊，你说这些东西谁会拿啊，反正你劝劝他，隔几天他又找到了。(Case-5-Y)

像楼上住的赵大妈，总说自己的裤子、毛衣被偷了，还有丢醋、酱油的，哎呀，弄得我们管理人员都特别尴尬，你说谁偷她那些东西啊。反正隔不久那些东西又会"回去"的。但是我们有的服务员就受不了这种怀疑，最后走了的也有。(Case-10-F)

有的老人特别多疑，她在的时候，你绝对不能轻声说话的，不然她又会以为你在背后说她的坏话了。(Case-7-Y)

从调查中得知，养老机构在对老人的偏执性幻想行为进行管理的时候，

① 仝利民：《老年社会工作》，上海：华东理工大学出版社，2006年版，第98—99页。

采取的方法主要是忍让和劝说，可是效果往往是非常短暂的。

2. 对老人的攻击行为采取的方法

攻击行为，即机构里有的老人会有强烈的攻击倾向，经常与别人发生打斗。这种行为主要表现在刚入住机构里的老人身上，虽然不是很多，但是这三个机构也都面临着这样的管理问题。

我记得以前我们这里住了一个老红军，参加过抗美援朝的，巧的是跟他同屋的那个老人曾经是国民党，这两人住在一起天天掐，我们有的时候拉都拉不住，后来把他们两个分开住，可是还是经常掐架，有次其中一个老人还被打得缝了四针。(Case-5-Y)

我们有个老人是儿子送来的，老是打别的老人，骂别的老人，拿起那个拐棍就打人家，像同房的老人啊，我们的护理员啊。一般对于这种情况我们都直接劝退，这种我们管不下来。(Case-8-F)

有不适应机构生活的，像刚进来的不适应，就会发泄情绪，有打骂护理员的，或者参加活动跟别的老人间一不小心就打起来的。我们就拉啊，劝啊，最后再多做工作，多给予关心吧。(Case-1-C)

养老机构在对老人的攻击行为的管理中，往往采取的是比较消极的行为，大都是老人的攻击行为发生后，采取强制措施，或者对这样的老人直接劝退。

3. 对老人自我为中心行为的应对

自我为中心，即养老机构的老年人总是希望自己的需要能够排在第一位，不在乎别人的需要和想法，同时也有的老人会表现得不能集中注意力及撤退行为。

老人都跟小孩一样，喜欢争先，像我们这里一个护理员看顾六七个老人，可是有的老人就要什么事情都要第一个给他办，完全不管我们的护理员是否忙得过来，反正我们就是尽量满足这种老人的要求吧。(Case-7-Y)

像我们的很多活动，有的老人是很配合的，但有的老人来参加倒是来了，可是来了后完全不听从活动流程的安排，有的时候还会影响其他的老人。(Case-1-C)

管理老人跟管理小孩还是不一样的，老人是不会听你的，大多数老人在家就是一家之主，家人都是以他的需要为第一，到了这里过集体生活了，有的老人还是以自我为中心，你稍微顾不上，他就会以为自己老了，不中用了，大家都不管他了，就会憋气或者发脾气。(Case-9-F)

养老机构在对老人的常见行为问题的管理中，主要就是面对老人的这几方面的行为问题，针对老人的偏执性幻想和自我中心问题，养老机构更偏重于采取忍让老人、跟老人沟通甚至像哄小孩一样地哄劝老人；针对老人的攻击性行为，养老机构的管理往往是在攻击行为发生时给予制止，实在不行就拒绝接受这样的老人入住。总之，养老机构在进行管理时虽然采取了这些方法，但是效果往往并不尽如人意。

三、对养老机构日常服务管理问题的小结

(一)对共性问题的分析

调查结果表明，三家养老机构在对老年人的日常服务管理过程都面临如下问题。

首先，养老机构在给予老年人物质支持时，其面对的主要问题就是老年人的特殊需求与养老机构的服务不能满足其特殊需求之间的矛盾，在这种矛盾下，其问题表现的具体方式就是：一方面是老人不配合养老机构的日常服务工作，出现各种形式的不配合或者反抗行为；另一方面，就是养老机构的服务管理方法的欠缺，在面对不能满足老人需求而导致老人各种不配合行为时，其解决方式太过单一，难以取得好的效果。

其次，在给予老年人情感支持时，养老机构主要面对老人的各种情绪问题及享受亲情需要的问题。由于入住老人有各种情绪问题，因此养老机构在日常对老人的服务中，往往就要承受老人的各种情绪，而在对老年人的各种情绪问题进行疏解时，养老机构对老人的情绪照顾重视度不够，其采取的多是简单的沟通方法，缺乏专业的精神照顾和情绪安慰方法。另外，入住机构的老人还有着享受儿女亲情的需要，养老机构在日常服务中往往希望能够满足老人的这种需要，然而在实际工作中，养老机构往往会面对老人家人的不配合行为，在面对这种不配合行为时养老机构也没有更深入地与老人的家人进行沟通协商，在整个过程中，养老机构与老人的家人沟通是非常不够的。

再次，养老机构在对老年人的日常服务管理工作中，还要面对老人的交往冲突问题。机构老人有社交需要和尊重需要，因此他们在日常生活中不可避免地与其他人交往，在这个交往过程中会有冲突发生。养老机构在日常服务管理工作中，就要解决这些冲突。而在实践中，三家养老机构管理冲突的方法都比较单一，主要都是通过与老人沟通，劝说老人，这些方法并不能很好地化解老人之间的交往冲突。另外，当老人与员工发生冲突时，三家养老机构无一例外的只是对员工进行约束，这种解决方式又引出了机构管理中的一个问题，那就是工作人员流失严重，而工作人员流动过快，又导致了老人的不满，因此构成了一个恶性循环。

最后，养老机构日常服务管理中，还要面对一些常见的老年人行为问题。针对老人的偏执性幻想行为和自我中心行为，其采取的方式主要就是忍让劝

说老人；在对老人的攻击行为进行管理时，其都是在攻击行为发生后才予以制止，或者直接对这样的老人劝退，缺少专业有效的服务管理方法。

总之，养老机构在日常对老年人的服务管理中，一方面要面临来自老人及其家人带来的各种问题，另一方面其在面对这些问题时，对问题的认识和重视程度不够，其解决问题的方法也太过单一，效果不佳。

(二)需进一步讨论的问题

虽然一直以来，都有关于养老机构对老人究竟应该是服务还是管理这一问题的争论，但是至少在本次调查研究的三家机构中还是服务与管理共同存在的。与此同时，由于我国养老机构服务管理发展的相对滞后性，老年人需求的特殊性等因素，使得养老机构在对老年人的日常服务管理中总会面对一些问题，本文认为，养老机构应该正视这些问题的存在，在此基础上认真分析问题，同时积极联合各种力量，共同寻找解决这些问题的方法，最终提高机构的服务管理水平，让老年人能够有一个美好的机构生活。

由于时间和经费的限制，本文只调查了三家养老机构，样本数量较少，不足以用来推断整体，只能初步说明当前养老机构在对老人日常服务管理中共同面临的一些比较普遍的问题，而关于更深入的更全面的管理问题则有待于在以后的研究进行探讨。

最后，本文还想强调的是，一直以来，很多研究都对养老机构的服务管理提出各种质疑或者要求，这对于提高养老机构的服务管理水平并促进其发展，以及改善养老机构里老年人的生活质量都是非常重要的。但是，与此同时，社会各界也要对养老机构给予足够的理解与帮助，毕竟对老年人这一特殊群体的服务管理并不是一件简单的事情，养老服务事业的发展需要全社会共同的关注与努力！

四、解决养老机构对老人日常生活服务管理问题的建议

由前文可知，养老机构在面对日常服务管理老年人中出现的各种问题时，都是采用的比较简单消极的方法，针对老年人日常生活基本服务中的问题时，采用的方法主要是哄劝老人；针对交往中的冲突管理，则主要是劝解老人或约束员工；针对老年人行为问题的管理则是哄劝老人或者消极制止。总之，养老机构在处理这些问题时的效果都不是很好。为了提高养老机构服务管理水平，并增强其解决日常服务管理老人中出现的问题的能力，让老人能够有更好的机构生活，本文在这里针对以上养老机构在对老年人日常服务管理中遇到的各种问题，结合所学知识，总结出几点解决这些问题的建议，希望能够有所意义。

(一)改善管理理念，尊重老人需求

在对养老机构的工作人员的访谈中，各位访谈对象一致承认机构在对老

人的日常管理中是存在问题的，可是他们并不对这种问题产生多大的重视，很多工作人员都认为机构里面有这种管理问题的存在是比较正常的，在他们看来很多老年人就是不好管理，对待他们就应该像对待小孩一样，因此养老机构在应对这些问题的时候，往往采取的是比较消极的方法，例如单纯的忍让、简单的沟通或者像哄小孩般哄老人。也因此，最后达到的效果并不是那么理想。

本文认为，首先，养老机构应该重视这些问题的存在，要有积极的解决问题的态度。随着养老机构数量的逐渐增多及人们对养老机构服务需求的增加，养老机构也逐渐面临一个市场竞争问题，如何在这个竞争中保持优势，其中很重要的一点就是要不断完善自己的服务管理水平，因此，也就要重视在管理中出现的所有问题，并且在面对这些问题时要有积极的应对态度。其次，养老机构应该改善其管理理念，尊重老人需求。虽然有的时候老人的行为表现和小孩很像，但是养老机构不能就因此在对老人的管理中采取一些对待小孩子的方法。要知道老年人也有他自己特殊的需求，在此，养老机构应该引入社工“助人自助”理念，充分考虑老人的需要及其主体性，在平时的工作中结合老人表现出来的行为，更深入地去了解此时老人的需求，在处理管理问题时以老人的需求为主导条件，更好地解决问题。

（二）引进社工方法，注重人才培养

正如前文所说，老年人除了有低层次的生存需求，还有更高层次的情感需求、社交需求、尊重需求和自我发展与实现的需求，并且在实际工作中发现，机构里的老年人除了有其群体的共性之外，还有其个性的需求，而在满足老人的这些需求中，养老机构目前的服务管理方法是不够的，引入社会工作专业方法很有必要，尤其是对老年个案工作和老年小组工作方法的引入。

首先是引入老年个案工作方法。老年个案工作在老年群体中的具体运用，就是把社会工作的理论、方法、技巧应用到与老年人生存与发展有关的领域和机构内，协助老年人解决人生最后阶段所面临的各种问题，改善老人的生理、心理、卫生保健、社会、经济状况和生活环境，使老年人有尊严地、快乐地和有价值地度过晚年。养老机构在日常对老人的服务管理中也可以很好地运用老年个案工作方法，具体可以做到如下几点：第一，为每位入住老人建立一个较完整的档案，并进行入住评估，确定老人的独特需求，拟定照顾计划；第二，尊重并接纳每位老人，经常与老人沟通，并与老人建立良好的关系；第三，通过认知行为治疗、缅怀治疗、人生回顾治疗等方式，帮助解决老人的消极情绪和情感问题，以及入住机构的初期不适应问题；第四，老年个案工作还应该争取老人的家人的配合，对老人的家庭也进行个案辅导。

其次是引入老年小组工作方法。老人小组工作就是通过精心设计的主题小组，协助老人获得相关的知识、技能以及解决问题的方法，增强他们的自信，以更好地面对晚年生活。老人小组工作主要有几种形式，即社交小组、支持小组、治疗小组和缅怀小组。本文曾为养老机构提供过一份小组工作计划书，他们认为社交小组和康乐兴趣小组更易于在目前的养老院建立。第一，养老院可以成立社交小组，这主要针对刚入住机构的老人，让老人们在小组里面互相认识，共同学习社交技巧、冲突缓和方法等，为老人彼此交流、丰富生活、实现自我创造机会。第二，养老院可以组建各种兴趣小组，这也是在实践中养老院更乐于实施的方式。如成立电脑学习小组，一般以 2 个月为周期，让老人在学习电脑的过程中增加自信，满足其自我实现的需求；也可以成立歌唱小组，让老人在小组活动中得到认同和满足，以减少情绪问题。第三，可以针对老人的不同行为问题，成立治疗小组。例如，针对老人的沮丧行为，就可以让这种行为很明显的老人参加治疗小组，帮助老人明白沮丧的因素并帮助他们诉说自己的情绪，共同克服孤独感和沮丧感。

总之，不管是个案工作还是小组工作的引入，对于解决老人的生理心理等问题，帮助老人更好地适应机构生活，使其有一个更加充实美好的晚年都是非常有意义的，同时也能较好地解决养老机构在日常服务老人中面临的一些问题。

另外，机构还应该重视专业人才的培养。在调查的三家养老机构中，C 老年公寓有专业社工 3 名，主要从事人力资源方面的工作，Y 养老院没有专业的社会工作者，F 敬老院有专业社工 2 名，主要从事行政管理工作。由此可见，养老机构里面的专业社工人才是非常少的，社工在里面基本从事的是机构管理方面的工作，而没有将社会工作的专业方法如个案工作、小组工作等直接应用到对老人的日常管理工作中。因此，养老机构还需重视对专业人才的培养，这不仅局限于这三家养老机构时常对护理人员进行的专业培训，还应该对相关的其他管理人员进行培训。要培养服务管理人员尊老、爱老、为老服务的观念，培养管理者总结问题及解决问题的能力，在引进社工人才的同时也要给机会让他们利用专业方法参与老人的日常服务管理工作。

（三）总结成功案例，规范解决流程

虽然这三家养老机构都有相应的业务管理规章制度，但是这些规章制度并没有对养老机构在对老人的日常管理中出现的问题和解决方法有详细的总结归纳。养老机构在解决这些问题时大都是靠经验和约定俗成的条例，并没有文字依据，更没有一个相对规范的解决问题的流程。对于长期从事这项工作的员工来说这种问题也许比较好处理，可是这既不规范，也不利于经验的传承，因此，养老机构可以针对这些常见的管理问题，总结成功案例，制定书面的解决问题的流程，并在实际工作中不断改进和完善这个流程，做到一切有“法”可依。

（四）联合内外力量，共同参与管理

在对老人的日常服务管理时，不仅需要养老机构的工作人员进行服务管

理，也需要联合内外力量，共同参与到管理工作中。

首先，可以在养老院设立部分岗位，让能完全自理的老年人参与到日常服务管理工作中。一方面，活动理论认为，老年人应该通过新的参与、新的角色来解决因为原来角色和参与中断而引发的情绪和心理问题。而现实是在养老机构举办的各项活动中，都是由机构工作人员组织的，大部分老人对于机构提供的活动和服务等处于被动接受的地位，这不能帮助老人更好地适应机构生活，建立较好的机构归属感。另一方面，只有机构里面的老人才能更加深刻地认识到他们自己的需要，老人之间的沟通也相对要容易些。因此可以让部分完全自理的老人参与到日常管理工作中，以提高管理效率。

其次，可以成立养老院家庭顾问委员会，让老人的家人担任委员会成员。这样一方面可以让家人对养老院的工作进行监督，另一方面，也能让老人的家庭能够参与到机构的服务管理工作中，从而加强养老机构与老人家庭的联系。因为，虽然老年人住进了养老机构，但是对老人的服务管理不完全是养老机构单方面的责任，老年人的家庭成员也应该参与到管理工作中。尤其是在解决老年人日常生活中的某些问题，如老人的情绪照顾问题、不适应机构生活等问题的时候，更是需要老人家庭的合作。养老机构要经常与老人家人联系，相互反馈意见，共同合作，以便更好地解决这些管理问题。

再次，借助社会力量，共同参与管理。养老事业是一项社会事业，需要社会各界力量的关注支持。在对以上问题的管理中，养老机构主要可以借助社区的力量、主管部门的力量和高校的力量。加强与社区的联系，可以让养老机构不至于成为一个孤岛，也有助于老人获得更多的社会支持；加强与主管部门的交流沟通，可以获得主管部门的帮助与工作指导，能够解决很多实质性的管理问题；加强与高校的联系，一方面可以将高校相关的理论及研究成果，应用到机构的实际管理中，让彼此互相促进，另一方面也可以与高校的志愿团体建立良好的关系，完善机构里面的志愿服务系统，提供给老人更多的服务。

参考文献

[1] 仝利民：《老年社会工作》，上海：华东理工大学出版社，2006年。

[2] 邬沧萍：《老年社会学》，北京：中国人民大学出版社，1999年。

[3] 石永红、卫敏丽：《中国目前各类养老机构超过38000个》，http://www.chinanews.com/gn/2010/11-07/2639349.shtml.

[4] 卫敏丽：《未来5年我国将建设一大批养老机构和社会居家服务网络》，http://news.xinhuanet.com/2011－02/21/c_121105669.htm.

（作者：时立荣　北京科技大学教授
杨　琳　北京科技大学硕士研究生）

项目名称：北京乡镇卫生机构人力配置标准研究
项目编号：10BdSH089
项目负责人：吴妮娜
项目信誉保证单位：首都医科大学

新医改背景下北京乡镇卫生机构人力资源配置分析

卫生技术人员是农村卫生事业发展的生力军，其素质的提高是改善基层卫生服务的关键问题之一；但是，目前农村基层卫生机构的人力配置普遍面临总量不足、地域间不平衡和结构不合理等问题①。在医药卫生体制改革的背景下，新型农村合作医疗、公共卫生服务均等化等政策的实施促使农村居民对卫生服务需求的释放②，从而对农村卫生人力队伍提出了更高要求。北京农村地区卫生人力建设面对这些要求存在哪些不足，又要如何改善，是迫切需要研究和着手解决的问题。本研究通过对北京乡镇卫生机构卫生人力配置状况的分析，探讨人力建设面临的主要困难和问题，为农村卫生人力的发展提供实证依据和政策建议。

一、对象与方法

(一)调查对象

调查对象为北京市农村基层卫生机构，共 45 个乡镇卫生机构。

(二)调查方法

采用分层随机抽样的方法，根据北京市的地理特征将 10 个农村区县分为平原、山区和半山区 3 层；每层随机抽取 1 个区县，每区县随机抽取 15 个乡镇卫生机构，包括大兴、昌平和门头沟 3 个区县的 45 个乡镇卫生机构，调查收集卫生局常规监测信息中各机构工作人员的整体情况及卫技人员(包括执业医师、执业助理医师、注册护士、药师/士、检验及影像技师/士、卫生监督员、见习医师/士及乡村医生等卫生专业人员)的个案信息，其中 1 个机构的

① 胡鹏、王羽、卢建华：《我国农村卫生人力资源状况分析》，《中国卫生经济》，2010 年第 4 期，第 62—63 页。

② 蔡惠州：《新农合背景下的乡镇卫生院人力资源状况研究》，《中国社会医学杂志》，2010 年第 1 期，第 23—25 页。

2008 年人力数据缺省，共有 44 个机构的数据纳入分析。每区县选取 1 个乡镇卫生机构进行管理者和医务人员的个人深入访谈。

(三)统计方法

将原始数据整理后，运用 SPSS13.0 软件进行统计分析。

二、结　果

2009 年，3 个区县的 44 个乡镇卫生机构共有在岗人员 3377 人，其中卫技人员 2709 人，占在岗人员的 80%，卫技人员数及其占在岗人员比重与 2008 年持平。

(一)卫技人员配置数量

从卫技人员编制状况看，其中 2009 年正式人员有 2208 人，占卫技人员的 81.51%，比 2008 年的 79.28%略有增长。结合服务人口情况来看，2008 年，每千人口卫技人员数为 1.38 人；2009 年服务人口数有所增加，但卫技人员数却没有相应幅度的上升，每千人口卫技人员数降为 1.01 人，低于全国农村乡镇卫生机构的平均水平(1.28 人)[①](见表 1)。

表 1　2008—2009 年北京市乡镇卫生机构卫技人员编制与实际配置状况

项　目	2008 年	2009 年
正式人员	2151(79.26)	2208(81.51)
其他人员(含聘用)	563(20.74)	501(18.49)
合计	2714	2709

注：$\chi^2=4.3535$，$P=0.0369$，差异有统计学意义。

(二)卫技人员配置结构

1. 卫技人员专业职位结构

乡镇卫生机构卫技人员的岗位结构在近两年有显著性变化，执业(助理)医师和乡村医生的数量有所下降，同期护理人员的数量有所上升；虽然护理人员所占比例有上升的趋势，但 2009 年的医护比仍为 1∶0.5(见表 2)。

---

① 中华人民共和国卫生部：《2010 中国卫生统计年鉴》，北京：中国协和医科大学出版社，2010 年版。

表 2　乡镇卫生机构卫技人员的构成情况　n(%)

项目	2008 年	2009 年	χ^2值	*P* 值	全国(%)[a]
专业岗位构成					
执业(助理)医师	1192(43.92)	1096(40.46)	20.1162	0.0005	44.10
护理人员	583(21.48)	659(24.33)			21.33
见习医师/士[b]	151(5.56)	180(6.64)			2.53
乡村医生[c]	127(4.68)	85(3.14)			
其他卫技人员	661(24.36)	689(25.43)			32.04
年龄构成					
25 岁及以下	739(27.23)	900(33.22)	273.1947	<0.0001	5.91
26—55 岁	1439(53.02)	1674(61.79)			86.58
56 岁及以上	536(19.75)	135(4.98)			7.51
职称构成					
高级(副高级)	85(3.31)	204(7.60)	342.0403	<0.0001	0.90
中级	518(20.16)	494(18.40)			14.21
初级	1369(53.27)	1813(67.52)			74.82
未定级或不详	742(27.34)	198(7.31)			10.07
合计	2714(100.00)	2709(100.00)			100.00

注：a 指 2009 年全国乡镇卫生机构的人员构成状况；b 指毕业于高中等院校医学专业，但尚未取得医师执业证书的医师和医士；c 指按照《乡村医生从业管理条例》规定，获得乡村医生执业证书且在村级卫生机构从业的人员。

2. 卫技人员年龄结构

从年龄构成来看，两年间人员结构开始出现年轻化的趋势。卫技人员中 25 岁及以下比例从 27.23%上升到 33.22%；26—55 岁人员所占比例从 53.02%上升到 61.79%；56 岁及以上人员比例从 19.75%下降到 4.98%(见表 2)。

3. 卫技人员职称结构

从职称构成来看，乡镇卫生机构的卫技人员仍以初级人员为主，2009 年初级人员占到卫技人员的 67.52%。两年间相比，高、中、初级职称的比例由 2008 年的 1∶6∶16 转变为 2009 年的 1∶2∶9，高级和副高级职称所占比重有上升的趋势，明显高于 2009 年全国乡镇卫生机构的平均水平(见表 2)。

4. 卫技人员学历结构

2009 年，乡镇卫生机构卫技人员中具有本科及以上学历的占 20.73%，比 2008 年的 18.49%有所上升，也高于全国农村平均水平(5.34%)；2009 年中专及以下学历的人员占 36%，比 2008 年的 37.74%有所下降，也低于全国农村平均水平(61.26%)(见表 3)。

表 3　2008—2009 年北京市乡镇卫生机构卫技人员的学历结构

学历	2008 年	2009 年	全国
研究生	20(0.75)	46(1.71)	0.04%
本科	472(17.74)	512(19.02)	5.30%
大专	1164(43.76)	1165(43.28)	33.40%
中专及以下	1004(37.74)	969(36.00)	61.26%
合计	2660(100.00)	2692(100.00)	100.00%

注：$\chi^2=12.2989$，$P=0.0064$，差异有统计学意义；缺省值：2008 年缺省 54 条，2009 年缺省 17 条，共计缺省 71 条。

三、讨论与建议

(一)乡镇卫生机构需完善基层人员编制

自 2008 年以来，农村基层机构的人员配置量没有明显变化，但是北京常住人口的数量快速增加，乡镇卫生机构的服务对象扩大；而且，随着医改的进程，医改的全面覆盖和基本公共卫生服务均等化促使人群的健康需求大量释放，合格而且充足的卫生人力是实现人人享有基本医疗卫生服务这一目标的必要保障。因此，需要完善基层机构的人员编制，可通过定向招生、定向培养和定向分配等方式，为基层输送医疗卫生专业技术人员①，提高基层机构的服务能力，满足人群的基本卫生服务需求。

(二) 乡镇卫生机构需完善岗位结构

2009 年，北京乡镇卫生机构的医护比为 1∶0.5，与全国乡镇卫生机构的平均水平持平(1∶0.5)；虽然医护比并没有恒定标准，但经验认为护士应是医生的 2 倍②，我国《医药卫生中长期人才发展规划(2011—2020 年)》的要求，到 2020 年医护比应该达到 1∶1.5③。由此可见，北京农村卫生机构的医护比数量倒置的问题还突出，随着新医改背景下基层卫生机构基本医疗、预防保健和公共卫生服务功能的逐步落实，以及与上级医疗机构双向转诊制度的逐

① Vivian Lin、郭岩、David Legge 等主编：《中国卫生政策》，北京：北京大学医学出版社，2010 年版。

② 卫生部人事司、卫生部统计信息中心：《2006 中国卫生人力报告》，北京：中国协和医科大学出版社，2007 年版。

③ 中华人民共和国卫生部：《医药卫生中长期人才发展规划(2011—2020 年)》，2011 年。

渐形成，基层对护理人员的需求还将增大，因此，需要增加基层机构护理人员的配置，完善人员配置结构。要增加基层机构的护理人员，不仅需要加大医疗机构护理人员引进的力度，还需要注重对农村护理人员的培养。

(三)乡镇卫生机构要注重对新进人员的培养

在北京近年农村队伍的建设中，各乡镇逐步落实医务人员的退休和养老保险制度，随之也在加快招聘新进人员，使乡镇卫生机构补充进了新鲜血液，年龄结构呈现出年轻化的趋势，25岁及以下人员所占比重明显高于全国农村平均水平。随着新人的加入，需要注重对新进人员的专业培养，尤其是全科医学培养，使其尽快适应岗位的工作要求和环境，成为一名合格的健康守门人。

(四)乡镇卫生机构需继续探索人才引进途径和人员稳定机制

随着近年来新毕业大学生引进政策的实施，2009年，乡镇卫生机构卫技人员中具有本科及以上学历占到20.73%，高于北京市历年水平，也高于全国农村平均水平(5.34%)，基层人力队伍的学历水平有所提高。但现场调查发现，多数乡镇卫生机构反映新引进人才不稳定的问题，尤其是新引进的本科生流失问题不利于机构的人才队伍稳定发展。针对高学历人员流失和引进难问题，一方面需要继续贯彻以农村为重点的卫生工作方针，政策上在人员编制、福利待遇、培养发展等方面对农村地区，尤其是偏远山区给予倾斜；另一方面，完善多专业执业制度和多地点执业制度，通过政策支持，促进卫生人才在城乡间的合理流动和有效利用。

(五)乡镇卫生机构需形成稳定可持续的人才培养机制

虽然2009年乡镇卫生机构的高级和副高级职称人员所占比重有所上升，但卫技人员仍以初级职称为主，还有部分未定级的人员。乡镇卫生机构管理人员表示“缺乏专业进修机会”和“缺少专业骨干指导”是医务人员普遍反映的问题，难以实现整体素质的提高。在农村卫生改革中，仍需贯彻城乡医疗机构的对口支援政策，由城市优质资源带动农村服务能力的提高；同时，继续推进农村基层卫生人力的继续医学教育，探索在时间、形式和内容上适宜农村医生的培训模式，形成稳定可持续的人才培养机制。

（作者：吴妮娜　首都医科大学讲师
张　晓　北京发展战略研究所科员
俞金枝　北京市卫生局科员
常文虎　首都医科大学教授）

项目名称：戏剧文化在人文北京建设中的作用研究
项目编号：10BeSH095
项目负责人：陈秋淮
项目信誉保证单位：中共北京市委《前线》杂志社

戏剧文化在人文北京建设中的作用

北京是享誉世界的历史文化名城。丰富的历史资源，壮丽的古都景观，浓郁的京味文化，彰显着首都独特的风貌与文化魅力。作为当代中国的政治、文化中心，东方文明的标志，北京最大的优势是文化，而这座城市发展进步的灵魂是人文。北京历史文化丰厚的底蕴，滋养着北京戏剧。戏剧融合了文学、音乐、绘画、雕塑、建筑、舞蹈等多种艺术成分，通过演员的表演，将生动的人物形象和真挚的情感表现给观众，使观众获得戏剧美感与精神陶冶。古往今来，几乎京城的每一部戏剧都在用其独特的方式向观众传达着北京的人文情怀。戏剧文化在“人文北京”建设中的作用不容低估，其历史渊源、发展基础、现实作用、未来走向等，都值得认真探究与关注。

一、“人文北京”的建设理念

当 2008 年北京奥运会成功举办时，“人文奥运”的理念已深入人心，这充分说明“以人为本”的文化精神，契合了当今时代进步的潮流。同年北京市提出“人文北京”这一重要理念，并将其置于“人文北京、科技北京、绿色北京”三大理念之首，充分体现出人文北京在未来城市发展中的核心地位和关键意义。2010 年 4 月，北京颁布《“人文北京”行动计划》，明确了人文北京建设的指导思想和工作目标。这是深入贯彻落实科学发展观、巩固和发扬党的“执政为民”思想的重大决策，也是践行人文北京发展理念、增强北京文化软实力和国际竞争力的重要举措。

“人文”之义，在中国文化传统中包含了人和社会发展的意义。《易传》有言：“文明以止，人文也。观乎天文，以察时变。观乎人文，以化成天下。”在“人文北京”建设的理念中有四大支柱内容，即改善民生、弘扬文明、繁荣文化、构建和谐。其核心是要“以文化人”，不断提高北京市民的人文素质，提升北京城市的文明程度。而首都的戏剧文化，作为当代北京参与者众、覆盖面广、影响力大的现代舞台艺术形式，与这四项内容均有密切关系。优秀的戏剧所体现的核心价值和审美意识，会对观众产生积极的心理影响和文化陶冶，这无疑有利于提高市民的文明程度和幸福指数，促进社会和谐发展。

二、北京的戏剧文化生态

建都800年的北京城，在辽、金、元、明、清五个朝代积淀了深厚的精神传统和丰富的文化遗产，与戏剧结下了不解之缘。无论是古代戏曲，近代时事新剧，抑或现代话剧，都曾在此孕育生成、蓬勃兴盛。戏剧艺术不仅延续了浓厚而又鲜明的艺术传统，而且优化了首都的文化生态。

(一)北京作为戏剧文化中心的历史沿革

元代的文化标志是元杂剧。作为“一代之文学”演出时，“自缙绅及间阎歌咏者众”。当时的元大都成为文化之都，源于这里汇集了关汉卿、马致远等一大批戏剧家，他们创作的《窦娥冤》、《救风尘》、《单刀会》等大批元杂剧至今享誉世界。明清之际，昆曲艺术传入北京，受到了士大夫的欢迎和喜爱，出现了“京师所尚戏曲，一以昆腔为贵”的局面。在“四大徽班进京”之后，徽剧演员在当时京城浓厚的戏曲演出氛围中，经过与各个剧种交流切磋，最终博采众长，形成了“京剧”这一影响广泛的剧种。如今，昆曲成为联合国的非物质文化遗产保护项目，京剧艺术更被誉为“国粹”，在世界各地传颂着中华民族朴素的社会道德、伦理观念。

近代以来，在中西文化的交流与互动中，话剧被引入北京，同时带来了先进的民主科学思想。从1909年，以开启民智、提倡文明为号召的新剧团体春阳社，就在北京演出《徐锡麟》、《爱国手》、《血手印》等新剧。1917年，作为中国新思潮之主要阵地的《新青年》杂志从上海迁入北京，大力提倡富有现代精神的写实派的戏剧艺术，在“五四”新文化运动中发挥了思想引领作用。1925年，“国立北京艺术专门学校”建立，戏剧艺术进入我国高等教育之列。无论是抗战前夕熊佛西、白杨、张瑞芳等人参与的北京校园戏剧，还是抗战后期由共产党领导的“祖国剧团”，都以现代艺术的种子，传播文明的精神，充当思想的排头兵，目的是为建设一个光明、民主、科学的新中国。

1949年新中国的成立，为戏剧发展和衍生提供了一个崭新的社会环境。戏剧艺术家们满怀着对新中国成立的喜悦和当家做主的情怀，创作排演各个剧种的新剧目如雨后春笋般成长，如《青年民主进行曲》、《红旗歌》、《龙须沟》，等等。到国庆10周年之际，仅北京人民艺术剧院(简称“北京人艺”)一个院团，就推出《蔡文姬》、《骆驼祥子》、《雷雨》、《日出》等8台献礼大戏。郭沫若、老舍、曹禺、焦菊隐、欧阳山尊、梅阡、夏淳、刁光覃、朱琳、于是之等一代戏剧家们为首都观众奉献出一台台具有中国气派的经典剧目，出现了为买票挤倒墙头的景象。人们在被剧中人物对真善美的追求所感动时，其人生也因为戏剧的体验而变得格外充实和美好。

北京戏剧发展也曾经历了曲折过程。1978年，党的改革开放之举使我国发生了深刻变革，社会文化环境逐渐走向宽松和谐，戏剧生态发生了巨大变化。北京戏剧界率先创作演出了《枫叶红了的时候》、《丹心谱》、《小井胡同》、《报童》等一批优秀剧目，在改革开放之中，得到了社会各界的热烈回应。之后，《红白喜事》、《狗儿爷涅槃》、《桑树坪纪事》、《鸟人》等剧目，从观念到戏剧艺术形式不断创新发展。戏剧家们更冷峻地审视当代人的生存环境，剖析当代人的内心情感和文化情结。党的十七大以来，随着政府不断加大对文化的政策扶持和资金投入，推动了文化事业和文化产业的发展，北京戏剧艺术焕发出新的生机，优秀剧目不断涌现。现代科技与文化的融合，使得戏剧舞台更加绚丽多彩，北京戏剧显现出欣欣向荣的态势。

（二）北京作为国际戏剧大都会的发展趋势

每个现代都市的发展与繁荣，都必定伴随着它独有的艺术追求和文化生成。举目当今世界，无论是莫斯科、纽约、巴黎、伦敦、柏林，还是东京、首尔、新加坡，它们所拥有的国际知名度，不仅来自国家的政治和经济实力，也来自它们各自具有的文化品位和艺术风貌。戏剧艺术与城市文明及现代化程度的紧密关联，在许多国际大都市中都得到了鲜明地呈现。

在莫斯科，戏剧艺术是莫斯科文化的重要内容，近两百个剧院和演出团体，每晚近百场的各类演出，满足着观众观赏的需求；在纽约，百老汇、外百老汇、外外百老汇每晚数以百计的戏剧演出，将“戏剧之都”装点得魅力无穷，“百老汇”已成为美国戏剧艺术的代名词，戏剧演出业已成为纽约的支柱产业之一；在伦敦，有与纽约百老汇齐名的另一世界戏剧中心——伦敦西区，它不仅以丰富的戏剧活动闻名遐迩，更是表演艺术交流与汇聚的国际舞台；时尚之都巴黎，也是法国戏剧上演最集中的城市之一，在那里，有被尊崇为延续法国戏剧传统的圣殿——法兰西喜剧院和举世闻名的巴黎歌剧院，上演着国家一流艺术水准的经典剧目，除此之外，还有小工作室、咖啡馆、地下室不断上演的小众的各种消遣娱乐或先锋实验戏剧；在东京，那上百家掩映在街巷、楼宇中的小剧场里，上演着各式各样风格迥异的戏剧，使人们领略到日本的现代性社会特征，感受到日本人追赶世界文化新潮的跋涉足迹。

在中国首都北京，戏剧演出活动延续了几百年。如今更是剧团集聚、剧场林立。首都剧场、长安大戏院、国家大剧院等成为北京的文化地标。这里有国家级水准的剧团常年演出，有全国各地乃至世界各地来京演出的优秀剧目，还有遍布京城的小剧场演出，可谓精彩纷呈。

近年，北京市委市政府提出，要将北京建设成为中国特色社会主义先进文化之都和具有世界影响力的文化中心城市。这一战略目标，不仅符合首都北京的城市定位，也顺应了市民的新期待。“十二五”时期，北京重点建设“天坛演艺区”、“天桥演艺区”的近百个剧场等有力举措，必将推动着北京发展成为国际戏剧大都会。

(三)北京的戏剧发展现状

1. 国有剧团的示范引领

我国的国有剧团一直得到国家政策上的支持、财政上的补助和人才上的保障，在戏剧艺术发展上起着强大的引领作用，为北京戏剧文化的形成和发展，为人文北京的建设作出了重要贡献。如中国国家话剧院、解放军总政话剧团、中国儿童艺术剧院、北京人民艺术剧院、北京儿童艺术剧院等一大批国家级戏剧院团，它们丰富多彩、气势恢宏的戏剧演出，不仅弘扬了社会主义核心价值观，同时在戏剧艺术的追求上也起到了示范作用。

以北京人民艺术剧院为例，其建立与发展一直得到北京市委、市政府的大力扶持，同时凝聚了几代艺术家的心血。在建院60年的历程中，共上演了300多台剧目，创作并保留了《龙须沟》、《茶馆》、《雷雨》等一大批优秀剧目。北京人艺成功地实现了戏剧艺术现代化、民族化的转化，创立了中国人自己的戏剧艺术风格和表演学派。20世纪80年代，北京人艺小剧场剧目《绝对信号》在国内的首次出现，引领了我国小剧场戏剧新的时代，原创的小剧场戏剧，已成为文化传承创新的重要载体。

2. 民营剧团的蓬勃发展

伴随着我国社会经济的发展变化，国有戏剧院团独占鳌头的局面被逐渐打破，流行文化开始勃兴，商业戏剧逐渐兴起。2005年，民间资本开始介入北京小剧场戏剧，剧场资源出现短缺。蜂巢剧场、蓬蒿剧场、繁星戏剧村、木马剧场等近20个民营剧场先后开业，这一火热现象，主要得益于民间剧团的蓬勃发展。

21世纪以来，在北京的戏剧演出总量中，民营剧团所占的比重越来越大，出现了一批以小剧场戏为主的民营剧团，如戏逍堂、龙马社、开心麻花等。还有一些临时话剧演出团体和文化演出公司，也加入到戏剧演出阵营。据统计，截至2010年12月，经北京区县文化委员会备案的营业性文艺表演团体共有372家，其中民营团体330家，占88.7%。然而，民营剧团上演的剧目娱乐特征十分明显，如《恋爱的犀牛》、《翠花，上酸菜》等；也有描写青年人的婚恋生活或反映社会矛盾和人性的劣根性，如《有多少爱可以胡来》、《剩女郎》、《两只狗的生活意见》、《玩偶》等。民营剧团撬动了趋于保守的传统戏剧生态，在艺术话语权、市场分割等方面与传统戏剧资源互为补充，丰富了戏剧演出的总体格局。

3. 校园戏剧的活跃局面

中国话剧的历史，肇始于学生演剧。因此，校园戏剧是中国话剧发展历程中不可或缺的成分。在校学生是校园戏剧的创作主体，他们的艺术目的重在探索与实验，所需资金一般自筹或由学校部分赞助，重在展示自己的艺术才华和追求，满足自娱以及在学生间的交流。这种业余的、非职业的、非功利的、纯艺术的戏剧追求，是校园戏剧的重要特性。

20 世纪 80 年代，掀起了新时期北京校园戏剧的第一个高潮。1986 年 11 月，本着“普及话剧、宣传剧院、培养观众”的宗旨，北京人艺首先发起组织了“北京人民艺术剧院之友联谊会”，著名演员于是之先生担任理事长。成立之初，“人艺之友”便把开展校园戏剧作为培养观众的一项重要工作。北京师范大学的“北国剧社”和北方工业大学戏剧社，就是艺术家们经常去讲课和排戏的地方，并定期举办学生戏剧夏令营。这些剧社的学生们毕业后分布于各个行业，至今依然是戏剧爱好者。他们的体会是，学戏剧学到的首先是如何做人和做事，并获益终身。现在，北京的每所高校几乎都设立了话剧社，他们定期举行“大学生戏剧节”。戏剧在对大学生的德育、美育方面起到了重要的作用。

4. 丰富多彩的涉外演出

人类文化是不断发展的，21 世纪进入双文化时代，促使我们融入世界文化发展的大背景下去思考如何“自立于世界文化艺术之林”。北京的中外戏剧艺术的沟通交流，近年在开放和包容的社会背景下密切而又顺畅，民营的国际戏剧经济公司的出现便利了外国剧目的引入，政府举办的众多戏剧节和扶持优秀剧目走出国门都使得戏剧交流日益频繁。这些不仅能使艺术家和观众开阔眼界、开放胸襟，而且能够在这种直接的交流对话中取长补短，促使我国戏剧艺术不断发展和进步。

2011 年莫斯科艺术剧院在首都剧场演出了《樱桃园》、《白卫军》和《活下去，并且要记住》，受到来自戏剧界的专家和广大观众的普遍好评。国家大剧院每年举办的“歌剧演出季”，演出了一批闻名世界的经典歌剧。如《托斯卡》、《漂泊的荷兰人》、《艺术家的生涯》等，不仅吸引了歌剧爱好者，同时也在提高普通观众的审美水平。由北京市文联等单位主办的“北京青年戏剧节”，给青年戏剧人创建了一个属于自己的节日，为其创作才华提供了一个国际性的展示舞台。《钢琴家 PK 大提琴手》、《红菱秀》等 23 部外国戏剧轮番上演，展现了五彩斑斓的异域文化，集中显示了当代戏剧的多彩图景，丰富了北京人的文化生活。

三、戏剧文化在人文北京建设中的作用

发展戏剧文化是人文北京建设的重要内容。戏剧文化的兴盛能够带动北京的文化发展，而北京这座城市的领先地位也将会促使戏剧文化更加繁荣。

(一)思想引领

戏剧文化可以培养情操，涵养人文，发挥教育引领作用。陈独秀在“五四”时期曾经说过：“剧院者，普天下之大学堂也；优伶者，普天下之大教师也。”这充分说明了戏剧的教育引领作用。例如，1949 年老舍先生创作的话剧

《龙须沟》，描写了生活在同一地域的人民在新、旧社会的不同生活感受，歌颂了共产党和人民政府关心群众、为民谋利的伟大业绩。创作完成后有人认为太政治化，而周恩来总理却认为这恰恰是党所需要的：政权要在城市里巩固发展，光让人们学习社论不行，需要文艺作品为观众提供精神食粮。焦菊隐导演和北京人艺的艺术家们将其打造成一部现实主义的经典，非常生动感人。又如郭沫若先生创作的话剧《蔡文姬》，歌颂了民族团结与融合，让人荡气回肠。这些戏剧所发挥的思想引领作用，在潜移默化中完成了重要使命。

（二）精神提升

人文北京的建设需要强化市民的精神内涵，而戏剧特有的心理净化作用符合这一建设的需要。早在古希腊时期，哲学家亚里士多德提出了戏剧的"卡塔西斯效应"，即认为戏剧，尤其是悲剧，它所展现的情境，具有令人恐惧、悲悯、宣泄、净化的作用。在观剧时，观众自然而然产生对于悲剧英雄的认同感和敬仰之情，在心理上对于卑琐、庸俗、浅薄、自私等开始鄙弃，在潜移默化中自觉摒弃。在悲剧英雄的不幸遭遇中，观众认识了奉献、牺牲、崇高、坚定的意义。近现代戏剧大多表现普通人的生活，它同样让人们思索人的存在、处境、价值和意义等哲学命题，通过戏剧精神内涵的揭示，让人们思考严肃的人生命题，保持积极的人生姿态和高尚精神。

（三）交流互动

一个没有文化魅力的城市是没有亲近感的城市，也是一个没有生机与活力的城市。而戏剧艺术正可以让来自东西南北的人们济济一堂，为同一部剧目而感动，哭在一起，笑在一处。通过看戏，人们可以了解到这一地方的风俗习惯，这一城市的文化思想，自然而然地就会增进彼此了解，带动不同文化之间的对话、交流与合作。一个多世纪以前，美国人对中国并不了解，存在一定的偏见，因此对中国戏剧非常排斥。然而，当1930年梅兰芳访美演出成功后，美国人对中国戏剧的认识就有了很大的改观，尤其对中国戏剧那美轮美奂的艺术呈现大为赞叹。1980年北京人艺《茶馆》剧组应邀赴西德、法国、瑞士三国访问演出轰动了西欧，被称之为"东方舞台上的奇迹"。它不仅让西方人感受到剧中有深刻的人文关怀，还理解了中国人不得不革命的道理。由此可见，戏剧文化的影响力和传播力是巨大的，它潜入人心，深刻而持久。

（四）文化传承

一个城市戏剧演出总貌，不仅是社会经济和社会情绪的晴雨表，也是一座现代化大都市精神风貌的展现和文化传统的体现。传统像一条浩浩荡荡的大河，在历史的时空里延续，奔流不息。北京自古就是百戏汇聚与互动发展的中心，拥有深厚的戏剧文化传统，其传承首先要靠从事戏剧艺术的人，其次要靠艺术成就的发展和演进。一般民众对于历史和传统的认知，多半来自戏剧演出的形象魅力：通过《蔡文姬》，认识了西汉时期中原与匈奴的关系；

通过《妇女代表》了解解放初期女性走出家门、走向社会的前进步履；通过《龙须沟》理解了人们对旧社会的愤恨以及对新社会的欢心。北京文化的丰富、典雅、雍容、大度，在戏剧形象的链条中，接续了时代发展的路径，体现了贯穿在人们生命意绪里的精神轨迹。

(五)情绪调整

如今的北京，现代化的步伐越来越大，工作生活节奏越来越快，各种信息纷至沓来，种种心象、物象纷纭变换。这种快节奏的更替给人们的社会心理带来了无形的压力，令人焦虑、恐慌，以至于精神迷失。戏剧自古就是人生的一面镜子，正所谓“戏剧小天地，人生大舞台”，它提供了世间百态、盛衰荣辱、起伏跌宕的各样人生，作为观众，你再悲哀也比不上秦香莲，再坎坷也赶不上哈姆雷特，再愤怒也抵不过李尔王。根据观众心理学的观点，当人们无法接受现实中的自己时，却可用情绪投射的方式，接受在戏剧中被表现的与己相关的事物，通过认识和理解典型化、艺术化的人与事，在悲剧审美中释放自己的悲哀，在喜剧审美中实现情绪的愉快，达到对负面情绪的自我消解，心理平衡的自我调整。戏剧的审美作用，可以有益于社会成员之间的相互理解，缓解社会情绪的波动，促进全社会的和谐发展。

四、戏剧文化在人文北京建设中的主要问题及对策

(一)北京戏剧文化发展中的主要问题

1. 戏剧发展繁荣之下掩盖的不足

随着经济的快速发展，政府对于戏剧文化的投资逐年递增。同时，从国家到各省市为戏剧办节设奖的积极性逐年高涨，众多奖项的评比在很大程度上促进了戏剧创作。然而，在这种投资多、奖项多、剧目多、演出多的丰厚条件下，戏剧的物质化、市俗化倾向十分明显。获奖和票房成为众多戏剧作品的终极价值取向，而戏剧的精神一再地被忽视甚至被抛弃。但在戏剧繁荣的大背景下，以人文精神和批判精神为核心的、具有深刻思想内涵的当代优秀戏剧作品为数不多。同时，北京戏剧演出的总场次与国际上相比明显偏少，能够常年驻场演出的剧目更是屈指可数。

2. 发展戏剧文化的体制机制有待健全

市场经济给戏剧艺术的发展带来了机遇和活力，同时也存在着不利于戏剧艺术发展的问题。其中，演出票价普遍过高就是阻碍观众进入剧场的大问题。在于是之作为第一副院长主持北京人艺工作时，曾要求票价制定以“大学生能买得起”为标准。目前一些剧场的戏剧演出票价动辄几百上千，让普通观众望而却步。票价涉及剧场场租偏高的问题，剧场是政府投资、用纳税人的钱来建造，但剧场数量少，场租的定价没有监管，必然造成票价居高不下。政府对戏剧文化的补贴，难以落实到普通观众的手中。

3. 戏剧艺术在民众生活中普及得不够

在文化艺术多元发展的北京，戏剧依然是能够给人以最好的人文滋养的艺术形式之一。戏剧艺术的生命力有赖于观众来维持。据统计，北京人观看戏剧演出的人数比例偏低。戏剧缺少新的原创作品，加之一些剧目脱离实际、缺乏现代意识、缺乏艺术水准甚至媚俗，难以挽留观众。高雅艺术进校园、进乡村依然需要加大力度。社区戏剧近年来有所发展，但还较为薄弱，其易聚易散的组织特性使得社区戏剧缺乏长久发展的条件，不利于戏剧艺术在民众生活中的普及、提高。

(二)关于加强戏剧文化在人文北京建设中的对策与建议

1. 思想统领：以先进的思想观念引导戏剧文化的发展

中国现代戏剧从诞生之日起，就不是“为艺术而艺术”的奢侈品，也不是娱乐的消遣物，而是饱含着对国家和民族的忧患意识。中国共产党的伟大精神也在于关注人的利益、满足人的需求、促进人的发展，体现出强烈的人文关怀。戏剧艺术的生产作为一种创造性的精神劳动，需要以先进的思想观念引导。通过戏剧艺术，弘扬以爱国主义为核心的民族精神和以改革创新为核心的时代精神，把艺术创作融入改革开放和社会主义现代化建设的伟大实践中。

2. 政策支持：以更完善的政策制度推动戏剧活动的开展

戏剧院团在经历了体制机制变革的阵痛之后，新型戏剧运作模式正在形成，民间独立制作人等剧场经营手段的出现，激活了多元的戏剧文化，但仍需进一步完善市场化运营和监管机制。在增强国有演出单位的经营活力，切实发挥其主体和主导作用的同时，大力扶持民营剧团和个体演员的发展，鼓励和推动社区戏剧和乡村戏剧的发展。在政府补贴方案上，需要向观众倾斜。如借鉴英国的经验，政府以每张售出的戏票为依据予以演出补贴，吸引百姓走进剧场。

3. 环境优化：以更良好的市场环境保证戏剧氛围的营造

戏剧文化活动是首都人文精神建设的重要途径。和谐宽松的文化生态，有利于创造出一个良好的戏剧艺术氛围。这不仅需要建立一个活跃、公平、健康的市场环境，对观众反映强烈的低劣演出进行监督和管理，同时建立由专家、媒体、戏剧爱好者和行业协会共同组成的舆论体制，并发挥文艺批评的作用。对文化的尊重和文化的互相理解更多地以一种宽容、包容的方式去优化发展环境，通过戏剧文化活动，引领道德风尚，提高北京城市文化品位。

4. 人才扶植：以优秀的戏剧人才保障戏剧艺术的发展

在首都北京，戏剧前辈们留下了丰厚的文化遗产，郭沫若、老舍、曹禺等大批艺术家早已成为人文北京的艺术标识。业以才兴，戏剧人才的多少与戏剧事业的兴衰是成正比。根据戏剧人才的发展特点，营造宽松的人才成长环境，拓宽人才培训渠道，提供年轻人担纲的机会，将有利于戏剧人才的成长和观众培养。回顾历史，当大批的戏剧艺术人才为观众所喜爱之时，就是戏剧文化大繁荣之日。

5. 内容出新：以更丰富的戏剧精品带动人文北京的建设

戏剧是以创作为中心，艺术创作又有其自身的规律和特点，按艺术规律办事是创作精品的必要保证。加大对北京戏剧原创作品的扶持力度，努力打造出具有强烈的时代精神，具有一定的思想深度、文化品位和感染力的戏剧精品，奉献给观众，不断提升戏剧文化的影响力，充分发挥戏剧文化在人文北京建设中的重要作用。

（作者：陈秋淮　中共北京市委《前线》杂志社副总编辑
宋宝珍　中国艺术研究院研究员）

项目名称：老旧社区现状分析与和谐治理实证研究
项目编号：11SHB005
项目负责人：刘承水
项目信誉保证单位：北京城市学院

北京市老旧小区物业管理需求与实践

一、北京市老旧小区现状

我国近 50 亿平方米的城市住宅中老旧社区占 40%以上，特别是如北京、上海、广州等历史悠久的特大城市，老旧社区的比重更大。如北京有住宅社区 3000 多个，属于老旧社区的有 1582 个，占全市住宅面积的 53%；深圳 1992 年以前建成的社区共 133 个，占全市住宅面积的 43%。

随着北京城市化进程的加快，经济发展、城市建设以及人民生活水平的不断提高，老旧小区的更新改造问题日益受到人民瞩目。老旧住宅小区特指 20 世纪 90 年代以前(即 1990 年以前)建成并投入使用的住宅小区。由于建成年代早，建设标准和配套指标普遍偏低，房屋老化、配套不齐、绿化面积小、停车位不足等问题突出，不能满足居民的生活要求。并且由于缺乏完善的管理监督机制，小区内部存在着违章建筑、配套设施被占、市政设施无人修理等严重问题。1990 年以前建成投入使用的老旧住宅项目共 1582 个，总建筑面积约 5850 万平方米，由于老旧小区普遍人居环境较差，因此亟待更新改造的老旧小区将是一个庞大的数字。老旧小区中，1969 年以前建成的项目有 222 个，建筑面积达 975 万平方米，1970—1979 年建成的项目有 313 个，建筑面积 1060 万平方米，1980—1989 年建成的项目有 1047 个，建筑面积达 3814 万平方米，从中可以看出老旧小区主要以 20 世纪 80 年代(1980—1989)建成投入使用的小区为主[①]。

“老旧小区综合整治”这个词，离老百姓越来越近了。在近期公布的 2012 年北京市《政府工作报告》中，北京市宣布将启动全市现有 882 栋简易楼改造，实施 1500 万平方米老旧小区房屋改造工程，统筹解决好抗震节能、设施配套、停车管理等问题，力争到 2015 年全面完成 1582 个老旧小区综合改造任务。

---

① 李健：《北京亟待更新改造老旧小区的现状及评估》，《城市》，2007 年第 3 期，第 35—37 页。

二、受调查小区的基本情况

(一)数据来源

2012年，北京城市学院采用调查问卷形式对北京市旧居住区居民对小区实行物业管理的需求进行了抽样调查。共抽取小区样点25个，居民样点420个，收回有效问卷410份。

(二)老旧小区的特点

1. 硬件先天不足，后天缺乏修护和养护

老旧小区开发建设之初，规划一般比较简单，配套设施不齐全，基础设施比较薄弱。比如，房屋质量参差不齐，绿化面积小、车位不充足等。由于物业管理是近二十年发展起来的，早期的房屋管理主体多元化，责任不明确，失修失养问题突出。因此，目前老旧小区普遍出现的楼宇、管网老化等问题，还有一些房屋被市政府列入了危房行列。

2. 产权形式复杂多样

老旧小区规模一般不大，但是产权形式却是各式各样。几百户的老旧小区开始就是由两三个单位合作开发的，建成后分给单位的员工当做宿舍。现在有的产权仍属于单位，有的已经房改售房。更复杂的是有的单位属于大的企业集团，开发完毕后分给下属单位，产权界定不明晰，物业费等各种费用收取就很困难。有的小区既有居民住宅楼，也有办公场所，比如翠微路2号院是20世纪50年代建成的老旧社区，占地面积约8.6万平方米，常住人口1866户、5236人，出租房屋456户、常住外地来京人员1035人，院内有新华印刷二厂、北京锅炉厂、印刷研究所、铁路局职工、电工所、机械部规划院、静源居、工商银行、北大荒饭庄、商务印书馆等十二个产权单位。甚至有的老旧小区经过多年变迁，单位已经分离、合并或解散了，责任主体更无从谈起。

3. 业主缺乏物业管理消费意识

老旧小区居住者以老年人、低收入家庭居多。消费观念较为陈旧，消费能力也比较有限。聘请物业服务企业应由全体业主或业主大会共同做出决定，但大多数小区并没有成立业主组织。这些原因都使得物业服务企业不能或不愿进驻这些小区，即使已经进驻也遇到较为严重的收费难等问题。

4. 居民参与度低

居民的社区行动不积极，居民参与度低。如为了某小区住户的安全，同时为推进小区居民自治，该小区成立了安全自治领导小组，试图通过领导小组管理小区门卫等安全事务。他们在小区公告栏张贴了《告居民的一封信》，信中指出：由于撤居并居工程，居委会将撤出某小区，因此需要某小区的居民开展自治，进行自我管理。经居委会研究并报街道批准，决定成立安全自治领导小组，希望居民对此提出意见，并推荐出领导小组成员。小区居民对于社区参与和社区自治的行动并不积极，不到25%的明确回复预示着领导小组成立以及工作开展的艰难。

5. 人际信任缺失

社区人际信任是社区人际和谐的基础，也是社区管理和建设的社会资本，具有资源性、基础性、关键性意义。人际信任源于社会交往，虽然社会交往并不一定产生人际信任，但却是人际信任产生的前提。笔者曾对某小区居民的人际交往进行过抽样调查，在居民面对面的交往中，不打招呼的占66%，点点头的占26%，停下来交流的只有7%左右。小区内人际交往频率低、层面浅、信息流通不顺畅、感情交流不足、价值认同缺失，决定了小区的人际信任度低，不利于小区的和谐发展。社区本应是由具有共同价值取向的同质人口组成的关系密切、出入相友、守望相助、富有人情味的社会关系共同体，人际信任是其中很重要的一项指标。与这种理想的应然状态相比较，人际信任缺失是小区建设与发展的一大难题①。

三、引进物业管理的态度和意愿

(一)居民对引进物业管理的接受程度

对是否需要在旧住宅小区引进物业管理，有87.5%的人表示需要，9.1%的人表示不需要，3.4%的人表示无所谓。可以看出，物业管理作为一种能改善居住环境和生活质量的现代化管理模式已经为广大居民所接受。

(二)居民对物业管理需求具有全面性

虽然各个旧小区条件、居民收入、人文环境各不相同，但对物业的基本服务需求都有涉及，包括卫生保洁管理、秩序维护、车辆停放管理、房屋维修、绿化管理、治安管理和设备维护，可以说，就整体性而言，物业管理需求具有全面性。

(三)居民对物业管理需要具有差异性

老旧小区居民生活、居住状况的差异性决定了居民物业管理需求差异性的内在原因。首先，房屋维修需求的差异性，与房屋的产权结构和建筑结构不同。其次，不同的社会群体(出租户、租房户和低收入群体)基本需求不同。最后，个人生活体验的差异性也会带来物业服务需求的不同②。

---

① 孙其昂、毕娟：《城市老旧小区的和谐社区构建——以南京市X小区为例》，《南京工业大学学报》(社会科学版)，2010年第1期，第28—29页。

② 刘冰心、刘寅坤：《天津、南京和武汉老旧小区物业管理需求分析》，《中国物业管理》，2009年第3期，第30—31页。

四、"准物业"管理模式的引入

所谓"准物业"管理，是指政府先期投入一笔运作资金，居民每月分摊定期缴纳一笔费用，用于聘请治安、保洁、绿化等人员对社区进行维护。"与物业公司管理相比，社区居民是'准物业'主体，专业人员的聘请将由居民自己说了算。"对社区失业人员进行培训，培训后将为社区居民提供清扫保洁、园林绿化、治安等物业服务，不仅解决这部分人员的就业难题，也在一定程度上降低平摊到每位居民头上的"准物业"管理费用。

以某小区为试点，居民代表选举建立"居民议事委员会"，作为"准物业"管理执行机构选聘物业，居民"先尝后买"，最终集体付费、集体使用，实现"有治安防范、有绿化保洁、有维护维修、有停车管理"的"四有"标准。四种模式：一是"互助式准物业管理"。通过实施院落自治，由居民和居民议事委员会以互助的方式提供准物业服务。二是"自管＋外聘的准物业管理"。以居民自治为导向，采取居民自行管理和聘请专职人员相结合的方式。三是"互助＋外包的半专业化物业管理"。以居民互助式的"准物业"管理为基础，将物业管理中的专业服务部分外包给专业物业机构，实现居民互助与服务外包相结合的半专业化物业管理。四是成立非营利性物业服务机构，提供专业化物业服务。即以民办非企业形式成立非营利性物业服务管理机构，提供"准物业"管理。

根据该小区的实际情况，成立"居民议事委员会"，"居民议事委员会"成员兼任"自管委员会"成员，课题组建议该小区采用"互助＋外包的半专业化物业管理"模式。以居民互助式的"准物业"管理为基础，将物业管理中的专业服务部分外包给专业物业机构，实现居民互助与服务外包相结合的半专业化物业管理。议事会委员由居民选举产生，居民家中设备出了问题，议事会能解决的，就直接提供服务，而保洁、停车位管理等服务，则外包给物业公司。外包物业公司聘请该社区的下岗人员、离退休人员等，协助物业公司共同为社区的老百姓服务。"准物业管理"试行阶段的费用，主要来源于公共空间车位租金、按户收取的卫生费和政府补助。不足的部分，由产权单位按一定比例平摊费用。

互助式的"准物业"管理是通过实施院落自治，由居民和居民议事委员会以互助的方式提供"准物业"服务。其职责大致有两类，一类是管理经济，负责维修房屋，另一类是协调邻里之间的矛盾。议事委员会每年对小区的维修费，楼道、信箱、垃圾处理、照明、煤气管、自来水管、暖气管及门房的报酬等做出预算，同时召开户主会，将这些费用分摊下去。小区维修及其他物业开支，均由议事委员会召开户主会决定。议事委员会负责制定预算，召开户主会讨论通过，维修完毕以后，再做出决算。日常的小修小补或更换自来水龙头之类的小费用和小工程以及购物、配件等，均由议事委员会户主代表一起负责联系施工，年底根据凭证，向户主会及大家公布。议事委员会接受居民和居委会监督，全透明公示经费使用情况，并定期考核物业公司工作业绩。

在互助式的“准物业”管理基础上，把专业服务的部分外包给物业管理公司，物业管理公司具体就该小区的环境、卫生、治安、停车治理方面进行专业化管理，居民议事委员会有权监督物业管理公司和专门保洁公司的服务。

另外，在社区成立专业协管队，承担“保安”、“保秩序”的职能，社区党组织和居民议事委员会充分发挥党员志愿者、居民志愿者的作用，成立社区义务巡逻队，开展群防群治，弥补综合协管队的不足。政府在财力允许的情况下，可适当给予志愿者补贴，提高志愿者的积极性。

五、网格化管理思想的加强

（一）因地制宜，科学划分责任网络

该小区所在街道按“条块结合、属地管理、方便服务”为基本原则，以社区为单位，以100—200户居民及所辖区域为一个责任网格，构建街道、社区、责任网格三级网格体系。该小区是开放式社区、管理难，人口组成复杂、居住密集，因此以楼幢为单位划分若干个单元网格，同时将区域内的商贸店行等融入到各自网格中进行管理，进而形成以网格为基本单元的工作网络。

（二）多种途径，灵活采集网格信息

城市社区信息采集是众所周知的难题。由于城市社区居民的来源广泛、复杂，有的长期在外，有的又极其注重隐私，通过上门入户采集到的信息比较有限，街道通过“五种”渠道采集信息：一是部门合作。通过向公安、计生、民政等部门或信息资源平台共享收集。二是工作采集。通过户口迁入、医疗保险登记、卫生费收取、计划生育服务等工作开展，进行非专项性的信息采集。三是活动采集。在组织开展的如未成年人暑假到社区实践活动、社区文化活动等，有意识地融入该项工作的宣传，并以交流沟通的形式了解户情，还通过短信平台进行互动交流，提高手机注册率和信息的真实性。四是会议采集。通过党员学习会、居民小组长座谈会、楼道会议等间接地获取重要信息。五是重点采集。做到“三项”重点摸清：摸清网格内弱势困难群体的家庭情况和人员思想，建档立案，提高扶贫帮困和低保救济工作的有效性和针对性；摸清居民的家庭及个人特长，并根据不同的特点，引导居民积极参与社区建设，进一步增强居民的主人翁意识；摸清居民的共性需求，反映的热点、难点问题，优化提升社区服务。在获取一手资料的基础上，社区固定一名信息员来输入和完善数据库，做到认真细致，严格保密。

(三)广泛宣传，营造良好舆论氛围

启动“网格化管理”集中宣传月活动，通过媒体、宣传单、宣传栏、会议等形式，向广大居民大力宣传，提高信息服务平台知晓率、利用率；通过各种活动的融入、结合来潜移默化地进行宣传教育，如网格邻里粽粽传情、反映网格工作作品的创作等；依托辖区单位资源优势，开展“网格化管理”宣传进楼道，制作楼道宣传牌、制作印有网格信息平台特服号码宣传扇子、宣传伞等进楼道赠居民，让居民进一步了解网格化工作和服务渠道。其次街道开展“远教电影进街巷入网格”活动，专门制作网格DVD宣传片，在各社区巡回播放，向居民广泛宣传网格工作和信息平台短信服务，邀请他们用短信与社区网格服务站进行联系，告诉居民如何足不出户，实现服务需求。

总之通过划分网格来落实工作责任区域、通过信息采集来了解服务对象的基本情况、通过强化宣传来凝聚共识营造工作氛围，从而为“网格化管理”工作扎实推进奠定基础。

六、结　语

对老旧小区的物业管理是一项综合性的系统工程，需要时间、精力和资金的长期投入，其中涉及领导和群众的观念转变，管理体制和管理方法的改革和创新。需要注重共建共享，发挥政府的主导作用，完善社会管理格局和基层体系，注重探索创新、紧抓试点的机遇，推动全模式社会服务管理系统建设，探索有益的社会服务管理新模式。

（作者：刘承水　北京城市学院教授
刘玲玲　北京城市学院讲师
史　兵　北京城市学院助理研究员
冀文彦　北京城市学院讲师）

历史学学科

L I S H I X U E X U E K E

项目名称：北京市古籍藏书历史与现状研究
项目编号：10BaLS046
项目负责人：陈 坚
项目信誉保证单位：首都图书馆

北京市文物局图书资料中心古籍存藏与保护概况

北京市文物局图书资料中心前身是北京市文物工作队、首都博物馆筹备处、北京市古书文物清理小组，上述三者分别成立于1949年、1953年、1966年8月。1968年11月三者合并成立了北京市文物事业管理处，1978年发展为北京市文物事业管理局办公室的资料室、1995年在资料室的基础上成立了北京市文物局资料信息中心，2000年改称北京市文物局图书资料中心，办公地点在东城区府学胡同36号文物局机关院内。上述复杂的经历和背景使得中心收藏了一大批珍贵的古籍、拓本、民国版图书及建国后北京市历次文物普查档案。北京市文物局图书资料中心是北京地区文物、考古、博物馆及非物质文化遗产方面典藏资料较丰富、权威的档案图书资料中心单位。职能为收藏保护并为局领导机关业务处室研究及决策北京市文物保护、古建筑的修复、复原，提供文献档案依据及为局属各博物馆展陈提供相关资料及展品。

一、藏书溯源

北京市文物局图书资料中心现有藏品10余类约30万件(册)，其中古籍约16万册；拓片约9000件；民国版书刊约2万册；外文藏书2100余件，其中有版本较早的《圣经》40余种；有1951年北京市城区寺庙调查和1958年、1984年、1997年三次的北京地区文物普查档案4万余件；新版书刊购置约4万余种8万余册，还有书画、瓷杂等类。

古籍、拓片藏品来源主要有，原北京市文物工作队旧有古籍、拓片(这部分拓片为解放初期工作队接收周肇祥案及“实物库”等物品。“文革”后期图书资料中心、北京市文物工作队、首都博物馆筹备处三家单位将原有藏书、拓片藏品分为三处各自入藏)；有调拨“文革”中由北京市古书文物清理小组到北京造纸厂拣选的图书，包括古籍、民国版书刊、外文藏书；有“文革”后期学者刘盼遂等藏书家捐赠、出售等形式的古籍藏书；新中国成立后至改革开放前，这个时期接收市公安局没收社会上流传的和中国书店、文物商店经营中遇到的内容“黄色”不健康的图书、书画、瓷器、玉器等类物品，暂拟名“性文化类”；有“文革”结束初期，政府调拨康生案古籍藏书。其中原北京市文物工作队旧存藏书、刘盼遂等藏书家捐赠、出售等形式的藏书和多年来自行购进的古籍，这三部分来源的古籍采取按入藏时间先后按经、史、子、集、丛五部类建账、排架收藏，并在来源项内注明详细情况。“文革”中由北京市古书文物清理小组到北京造纸厂拣选的图书、性文化类藏书、康生案藏书三部分按来源标注“拣”、“性”、“康”字头单独各自建账排架收藏。拓本，包括石刻、金文、甲骨等类，石刻拓片按所在地区分为北京市、全国各地两类各自建账、排架收藏；金文、甲骨拓片按类各自建账、排架收藏。民国版书刊、外文藏书按类各自建账、排架收藏。

二、藏书特色

北京市文物局图书资料中心古籍藏品版本较多内容较全，有写本、刻本、抄本等，经、史、子、集、丛各部皆有，年代从唐人写经至当今中华再造善本。有古籍善本 1000 余种 8000 余册、明刻本 400 余种 4800 余册、清刻本 500 余种 3000 余册，其中唐人写本、宋元刻本 11 种 100 余册，均有很高的版本价值，《国家珍贵古籍名录》已收入五种。有：经部，不见著录的珍稀善本宋刻巾箱本《礼记二十卷》，存一至九卷，2 函 9 册，外配织锦六合书套，钤“嘉庆御览之宝”等玺；有十行本元刻明递修《十三经注疏》353 卷，著录只见我中心及国家博物馆两单位各存一部。传世多年来，人们曾以“宋刻元明递修”版本称之，后更为“元刻明递修”此说。中心存十行本《十三经注疏》因具有存卷多、印刷早和版面清晰等特点，2006 年被选入中华再造善本一期工程并完成出版；2008 年入选《第一批国家珍贵古籍名录图录》。近两年，随着国家古籍保护中心古籍普查工作的推进，中国军事科学院又有一部十行本《十三经注疏》公布于世。相比之下，我中心十行本因补板年代次数多，具有承上启下的特点，仍为世人所重视。子部，海内外孤本宋刻巾箱本《太学新增合璧联珠万卷菁华后集八十卷》存卷七十一、七十二，1 函 2 册，钤“乾隆御览之宝”等玺，外配红底云龙纹织锦四合函套，具有清宫装帧特点，与山东图书馆所藏应为同一部书。宋刊《古今合璧事类备要前集六十九卷后集八十一卷续集五十六卷》存 9 卷 3 册。史部，明刻《大明弘治十七年大统历》。写本有子部唐人写《大般涅槃经卷二十六》、《般若波罗蜜多心经》。明彩绘本《明中东宫冠服附图》，九行二十字，冠服为石青石绿重彩绘图。不见传世著录，应为孤本，故宫博物院存有该书复印本；明万历金银写本《金刚般若波罗蜜经》等四种；明永乐金银写本《金刚般若波罗蜜经》等用纸考究，抄写绘画精美，有年款、书写者、捐资者的署名等，使其尤为珍贵；明刊《三刻拍案惊奇六卷二十四回》，1 函 6 册。史部，清乾隆聚珍本《水经注四十卷》；清乾隆元年内府本《日知荟说四卷》，开花纸。子部儒家类，清道光刊《洛阳伽蓝记五卷 集证一卷》史部地理类，1 函 2 册，书内有李文田跋、李葆恂跋及过录袁绶阶、顾千里等跋文。为光绪说剑斋重刻《集证》本之底本。

除原有藏书以外，多年来我中心重视加强有关北京历史、地理、博物馆等方面实用专业文献的补充，采取中国书店购买、请老先生抄写、复印、拍卖等多种方式搜集史料文献。其中在原有康熙二十七年刊本《日下旧闻》、乾隆四十八年刊本《通州志》等史地文献的基础上配齐了北京市各县县志及有关北京地区各类文献资料。

康生藏书入藏我中心后作为专藏保管，有集部曲类《西厢记》、集部小说《聊斋志异》、《红楼梦》三部书系列收藏，有：刻本、抄本、石印本、铅印本、复印本多种版本特点。根据鉴定时专家建议，对于这三部书中新中国成立后所出版铅印平装书，有康生题跋定三级，没有康生题跋作为专题收藏可上调一个档次，作为三级（新版图书三级）文物专题收藏。有明万历刊玉茗堂插图本《牡丹亭二卷附图》，汤显祖、徐肃颖删润，陈继儒校阅，半叶九行，行二十四字，4 册；凌濛初朱墨套印本《西厢记五卷 附解证 附录 元人增对弈会真记一卷 附图》半叶八行，行十八字，2 册；明万历香雪居刊本《新校古本西厢记六卷附图》（抄配一册），半叶十行，行二十一字，1 函 7 册；清乾隆刻《满文西厢记》，1 函 4 册；明刊《重校元本大板释义全像音释北西厢记二卷附一卷》半叶十行，行二十五字，1 函 4 册；俞平伯抄本《北西厢送别词》等约 50 种。清乾隆刊青柯亭本《聊斋志异》十六卷，半叶九行，行二十一字，2 函 16 册；乾隆十四年郁文堂刊本《聊斋志异》十八卷，半叶九行，行二十字，2 函 16 册；乾隆介景堂刊本《志异摘抄》十八卷，半叶九行，行二十字，2 函 18 册；清道光但氏刊朱墨套印本《聊斋志异新评》十六卷，2 函 16 册等约 30 种。清嘉庆刻本《红楼梦三十回》，半叶九行，行二十字，1 函 12 册；清道光抄本《红楼梦赋》1 册；清抄《阅红楼梦随笔》海昌泰古居士周春著，1 册等约 30 种。

性文化类藏书和文物普查档案为我中心特有的收藏种类。性文化类藏书中古籍藏书近 100 种，有明中晚期刊本《弁而钗》1 函 6 册；明刻本《隋炀帝艳史》，16 册；明末精刻本《太真全史》，1 函 6 册；明刻《花阵绮言十二卷》，2 函 12 册。清初芥子园藏版《情史类略》24 卷，1 函 6 册；清木活字本《金瓶梅》、清刻《肉蒲团》等，这部分藏书到目前来讲，其中一部分基本成为封存不动的藏品。文物普查档案包括 1951 年北京市城区寺庙调查和 1958 年、1984 年、1997 年北京地区三次的文物普查档案，是对北京地区史志等传世文献的一种补充。基本分为石刻记录、石刻拓本、庙宇、古建筑、墓葬、考古遗址、树木等类别。新中国成立后，在城市发展建设中不断有新的发现，又由于多次政治运动、自然风化等诸多因素的影响，导致其所存形状、数量不断发生变化，尤其石刻、庙宇损毁变化为甚，而使得这部分档案资料及其中石刻拓本的价值更为珍贵，这部分是图书资料中心特色的典藏。

拓本数量较多类别广泛，包括石刻、金文、甲骨文、墨谱等类。各类拓片品相基本完整、装帧考究，有剪裱册页装、轴装、线装、整张托裱或原装保存折叠收藏。部分有题跋、题记、题签等流传信息。石刻有传世罕见的明拓本《东坡中吕满庭芳词》、《唐契苾明碑》、《大唐开元天宝圣文神武皇帝注孝经台》；清拓本《汉石门颂》、《汉石门铭》、《孔褒碑》、《洛神赋十三行》等传世原石、翻刻、初拓本、后拓本多种；有北京市普查时石刻拓本、施工建设中出土墓志拓本及青铜器全形《召彝拓本》、明清《墨谱》拓本等。

三、书库建设

北京市文物局图书资料中心原来库房使用院内古建筑房间，开间小，南北有窗户，库内藏书使用木制书架和部分铁制书柜。存有日晒、漏雨、尘土多、安全方面不好防范等不利条件。现在库房是在1994—1997年府学胡同36号院进行古建筑修复复建时完成的工程，两栋建筑，地上一、二层为局机关处室办公用房，地下一层为200m^{2}的书库。1996—1998年陆续将木制书架、铁制书柜更换为铁制密集书架。各配有一组除湿机，电子温湿度记录仪，采用夏季基本室内进行循环除湿，其余三季选在天气晴朗无风沙时进行换新风的方式，年基本温度12℃～22℃，湿度45％～65％。2007年配制樟木书柜14个和樟木隔板100块，古籍一级至三级藏品基本做到有书匣或函套配置再收藏在柜内，其他较好的善本有书匣或函套收藏在插有樟木隔板的密集架上。制定有严格的书库管理制度，管理人员双人出入库房，严禁无关人员入库，特殊情况需主任批准。做好入出库登记，遇不入库日检查门锁和封条填写巡视安全日志，节假日前后中心主任检查库房安全。2009年配制了防水、防火、防破坏三防门。执行入库时合闸开灯，出库时关灯拉闸断电的制度，将火灾隐患降到最低。此外，局机关统一配有监控设备和烟感防火报警系统，把库房地段作为监控重点，库房周围无盲区，做到人防、物防、技防相结合，全方位确保书库的安全。

四、古籍保护

自1994年国家文物局部署落实《博物馆藏品管理办法》以来，北京市文物局图书资料中心进行馆藏文物鉴定，至2008年，经国家鉴定委员会及北京市鉴定委员会先后对古籍、民国版图书陆续进行了10余次的鉴定定级。古籍一级至三级藏品有600余种，民国版图书700余种，部分建立了博物馆一、二级文物藏品档案。自2009年夏，按照国家文物局和市文物局的部署，我中心图书保管部开展了“文物调查及数据库管理系统建设项目”，对馆藏一级至三级品共计1500余种(其中古籍600余种)，进行了资料整理和数据录入。

北京市文物局图书资料中心在“文革”后期至20世纪80年代中期有原北京市古书文物清理小组成员和来自中国书店自幼学习古籍修复的专业人员从事古籍修复工作，使一部分珍贵古籍得到修复。现保管人员掌握了一定的古籍修复程序和方法，日常工作中遇到书衣书页折皱、断线的情况能随时完成将其展平，配近似的线，根据残损程度进行加固或更换。2004至2008年，北京市文物局图书资料中心申请并得到文物保护经费，一方面，对残损严重古籍善本进行抢救性修复，并进行了修复前后拍照存档，修复后配制了织锦或蓝布六合函套收藏保护。另一方面，将没有函套不需要修复的古籍和函套残破的古籍，和原函套有名人题签、题字等信息的善本古籍外面配制函套收藏将其一起保护。历时5年时间约修复二、三级及古籍善本约400种2000余册11万页，六合函套1000余个，共用经费70余万元。这些修复工作分别委托天津图书馆、北京中国书店肆雅堂等单位及在社会上享有古籍修书声誉的退休人员完成。

申报《2006—09至2008—08年度美国驻华大使文化保护基金资助古籍佛经保护项目》经费40余万元，修复残损严重的佛经136种181册，并配制函套及楠木书匣收藏保护。这些修复工作分别委托国家图书馆、南京图书馆等单位完成。

2011年我中心与北京市燕山出版社合作出版了《北京市文物局图书资料中心藏古籍善本丛编》一书，此书收入了65种古籍善本，使珍稀的孤本、善本古籍化身千百，分藏各地，流传于世，确保珍贵文献的传承安全。

2008—2011年保管部人员先后参加了北京市古籍保护中心举办的“第二期全国古籍编目培训班”、“第三期北京的古籍普查碑帖专题培训班”和“第四期古籍普查与保护工作培训班”，保管部人员在培训班中学到的知识，很快在日常工作中得到了应用。北京市文物局图书资料中心计划从2012年开始进行国家古籍普查平台数据工作，并将其作为今后近几年保管部的重点工作任务。

（作者：孔繁云　北京市文物局图书资料中心研究员）

项目名称：北京西部山区的水资源环境与社会变迁
项目编号：10BaLS047
项目负责人：王培华
项目信誉保证单位：北京师范大学

浑河河工莫备于是矣
——论陈琮纂《永定河志》为清代第一部永定河志

清代有三次纂修永定河志，分别是乾隆五十四年(1789)陈琮纂修《永定河志》、嘉庆二十年(1815)李逢亨纂修《永定河志》，以及光绪六年(1880)朱其诏、蒋廷皋二人续修《永定河续志》。其中，陈琮纂修《永定河志》为清代第一部永定河志，乾隆五十四年(1789)五月十八日，赐名《钦定永定河志》，全志共十九卷，卷首一卷。全志六体为纲，即纪、图、表、考、奏议、附录。每体又分门别类为目。嘉庆二十年(1815)李逢亨纂修《永定河志》共三十二卷，体例大致与前志相同。李逢亨在这部志书里根本没有提到陈琮纂修《永定河志》，是他完全不见陈琮《永定河志》？还是他有意识地回避陈琮《永定河志》？遂造成一个历史误会，致使今人误以为李逢亨纂修《永定河志》为清代第一部《永定河志》①，这种误会流传近200年。目前，学术界对陈琮《永定河志》所知甚少。作者将在以下两个方面进行一些基础性的工作：第一，是乾隆时代的永定河臣陈琮编纂了清代第一部《永定河志》；第二，嘉庆时李逢亨纂修《永定河志》是因袭陈琮《永定河志》。

一、河臣陈琮纂修《钦定永定河志》

陈琮是乾隆时熟悉永定河河工的著名河臣。他的治河能力，受到当时户部尚书裘曰修的重视，并向乾隆帝推荐了陈琮，乾隆任命陈琮总理永定河工程。乾隆倚重陈琮的治河能力，说：“永定河同知陈琮熟习河工，今安在?”果然，陈琮不负所望，他治理水患20多年，平生主要政绩都在永定河的治理上。他作为永定河官员，克勤克俭，鞠躬尽瘁，竭尽毕生心血纂修了《永定河志》，此书得到乾隆赏识，赐名《钦定永定河志》，这是清代第一部永定河志。

(一)河臣陈琮的治河生涯

陈琮(生于雍正九年，卒于乾隆五十四年，1731—1789)，字国华，号蕴

① 向燕南：《清代永定河管理制度的建立与志书编纂》，《北京社会科学》，2004年第2期。

山，四川南部人(今四川省南充市南部县玉镇乡人)。陈琮是清代有名的治水专家，官至永定河道台。陈琮先后任过清河县丞、固安县令、南岸同知、永定河道台，都以治理河流而闻名。

陈琮在乾隆二十八年(1763)，补永清县丞。县丞，是县官的副职。永清县(今河北省永清县)，处于永定河下游。他在任职期间“遇事敢为，于河工尤留心。胼手胝足，不辞劳瘁。每有建白，辄中肯綮，同官皆异之。”[①]说明他对于永清县一段河道是下了工夫的。乾隆三十三年(1768 年)陈琮重修南岸五工河神庙，这一事迹记载在《重修南岸五工河神庙记》里。

乾隆三十四年(1769)，陈琮升为固安县知县(今河北省固安县)。固安位于永定河下游。陈琮在固安任职三年，两次遭遇水灾，当地老百姓的田地受灾严重，他调查受灾详情，赈济灾民，亲自支放米钱，做到实惠均沾，致使贪官污吏无法从中渔利，得到上司的赏识。乾隆三十七年(1772)，陈琮升任永定河南岸同知，负责承修玉皇庙工程。陈琮的治河操守，早已受到了户部尚书裘曰修的器重，裘曰修曾对陈琮说：“吾当以治河显，吾有替人矣。”[②]乾隆三十八年(1773)乾隆巡幸天津便道，阅视永定河堤。在金门闸[③](其名沿用至今)接驾时，裘曰修密奏乾隆，说陈琮能奏对永定河大小事宜，于是乾隆就在天津召见了他。陈琮对答如流，乾隆很满意，让陈琮总理永定河工程。自此，陈琮便与永定河结下了不解之缘。陈琮在永定河任上期间先后承修了玉皇庙、戒坛寺工程，乾隆五十年(1785)十月十一日，直隶总督刘峨向乾隆上奏加培永定河南北两岸大堤事宜，据刘峨奏议记载，“据署永定河道陈琮详称永定河水性带沙，全赖下口通畅。庶沙随水去，不致阻滞。”[④]之后，乾隆令工部大臣复议刘峨加培永定河南北两岸是否属实。后经复查无异，刘峨便责成永定河道陈琮督，以及南北两岸同知等官员，加紧修筑南北两岸大堤。乾隆五十一年(1786)五月十六日，刘峨上奏乾隆，呈报永定河加培大堤完工日期。永定河道陈琮派固安、永清、东安、武清、霸州、文安等六州县及南北两岸同知共分为八段，于本年二月内，雇佣大量民夫赶筑完成。而南北二岸三四工一下加培大堤以及添筑直堤工程，在陈琮督办下，在本年四月二十八及五

---

① (清)王瑞庆、李澍修、徐畅达、李咸若纂：《南部县志·艺文志》卷二十九，页三十四；李调元撰：《中宪大夫永定河道蕴山陈公墓志铭》，清道光二十九年(1849)刻本。

② 李调元撰：《中宪大夫永定河道蕴山陈公墓志铭》，清道光二十九年(1849)刻本。

③ 金门闸位于河北省涿州市东北部义和庄乡北蔡村北 3.5 公里永定河右岸。此闸创建于康熙四十年(1701)，原为草闸，其作用为引莽牛河之水入永定河借清刷浑。后因河底淤滞，高于莽牛河，原闸作用遂废。后于乾隆三年(1738)移建减水石坝于今之位置，其名仍沿用旧称。此闸在古代为保卫永定河两岸人民的生命财产曾发挥过不可低估的作用，是古代水利工程技术人员聪明智慧的结晶。如今闸虽废但旧迹犹存，其宏伟之气势，建造之精良足以体现出它的科学价值和历史价值。2006 年 5 月 25 日，金门闸作为清代古建筑，被国务院批准列入第六批全国重点文物保护单位名单 。

④ 陈琮纂修：《永定河志·奏议九》卷十八，清乾隆五十四年(1789)钞本。

月十二日先后完成。

乾隆四十年(1775)，陈琮祖父去世，陈琮回祖籍奔丧。乾隆下旨给当时直隶总督周元理："河工不比军功，此人断不可少。准回家治丧，百日即赴直听用。[①]"由此可见，乾隆对陈琮的器重，同时也说明了乾隆对永定河治理的重视。同年九月，陈琮回祖籍料理丧事。乾隆四十一年(1776)春，回到直隶。次年，服丧期满，补永定河南岸同知。乾隆四十三年(1778)，其祖母和妻相继去世，陈琮再次回家奔丧；乾隆四十六年(1781)服丧期满后，仍回直隶候补。陈琮先后两次丁忧，两次都执著地回到直隶候补，表现出了他对永定河事务的满腔热忱。同年，乾隆帝巡幸热河，视察密云一带道路时，乾隆问随班的军机大臣："永定河同知陈琮熟习河工，今安在?"立即命令随班人员调查官员职名。这样，陈琮再次得到乾隆的重用。

"四十七年(1782)委署东安县事。十二月，即题补务关，同知务关，通永道属也。"[②]东安县(今河北省廊坊市安次区)处于永定河下游。陈琮任署理东安县事，并同知通永道知务，这对他了解永定河河工情况提供了便利。

此后，乾隆多次视察永定河，也多次召见陈琮。陈琮每次奏对都有条有理，所提治理永定河措施也都切实可行，得到了乾隆的赏识，升任他为永定河道台。道台在清朝属正四品的官职，比知府还高两级，陈琮从同知升为道台，是连升三级，可见乾隆对陈琮的重视。此后，陈琮一直为永定河道台并最终积劳成疾，卒于任上。

(二)陈琮纂修《永定河志》

永定河是海河支流，自古水患极多。因洪水一来，横冲直撞，经常改道，所以古称无定河；又因为其泥沙多，又名浑河。直到康熙三十七年(1698)，于成龙主持筑堤后，永定河由河北固安到永清朱家庄段，安澜无漾，才改称为"永定河"，但是仍经常发生水灾。康熙时，开始设立南北岸分司各一员，后又增加北岸监理一职。雍正四年(1726)设永定河道，驻固安县。设立永定河道官职，说明国家重视永定河道的日常治理维修工作。而永定河道日常治理维修工作，又促进了永定河道文献的搜集、整理与编纂。

陈琮从乾隆二十八年(1763)任永定河南岸五工汛员、永清县丞开始，到乾隆五十四年(1789)病逝在任上，陈琮从事永定河治理工作长达26年之久。在这26年当中，陈琮一直致力于永定河河工事务，对于永定河事宜了如指掌。在河工之余，他多方收集古今有关永定河的资料，包括历来的受灾情况、

---

① (清)王瑞庆、李澍修、徐畅达、李咸若纂:《南部县志·艺文志》卷二十九，页三十四；李调元撰:《中宪大夫永定河道蕴山陈公墓志铭》，清道光二十九年(1849)刻本。

② (清)王瑞庆、李澍修、徐畅达、李咸若纂:《南部县志·艺文志》卷二十九，页三十四；李调元撰:《中宪大夫永定河道蕴山陈公墓志铭》，清道光二十九年(1849)刻本。

河道变化情况、历代的治理情况及经验教训，等等，编纂了《永定河志》。这部志书，陈琮从乾隆五十一年(1786)开始编纂，历经三年的精心考证和校订收录，直至乾隆五十四年(1789)才完成，倾注了陈琮毕生的心血。

乾隆五十三年(1788)，陈琮向乾隆进奏永定河道图，包括《永定河简明图》、《永定河源流全图》、《永定河屡次迁移图》(有未建堤以前河图及六次下口改河图7幅)、《永定河沿河州县分界图》，得到乾隆的赞赏。[①] 这些图就收录在陈琮纂修的《永定河志》卷一。

陈琮《永定河志》编纂完成后，呈交当时直隶总督刘峨阅视，刘峨看到陈琮所辑《永定河志》后，赞叹不已："浑河工程莫备于是矣！"[②]《永定河志》十九卷，附录一卷。卷一为图。卷二为两个职官表。卷三为永定河古河考，记载了东汉《说文》至康熙帝改浑河为永定河名以前，有关永定河的文献记载。卷四为永定河今河考，记载了陈琮自己对永定河源流，包括干流和支流的研究。卷五至卷七为工程考，卷五记载石景山工程、成规、桥式。卷六记载南北两岸工程、疏浚中泓、成规、闸坝式。卷七记载三角淀工程、疏浚下口、成规、浚船式、修守事宜。卷八为经费考，记载了永定河道道库钱粮出入及动用银两。卷九为建置考，记载了沿河碑亭、祠庙，以及各级廨署公馆。卷十至卷十八为奏议，起自康熙三十七年(1698)总河于成龙口奏，止于乾隆五十三年(1788)直隶总督刘峨奏章夹片。卷十九为附录，收录了永定河沿河古迹及历代碑记。这些篇目，记载了永定河源流、工程、经费、帝王喜忧、河臣奏议，古迹碑记等，无怪乎刘峨看到陈琮《永定河志》后，惊叹"浑河工程莫备于是矣！"

乾隆五十四年(1789)五月初四，乾隆出行经过汤山，直隶总督刘峨呈递陈琮纂修《永定河志》。乾隆帝御览后，称赞道："他去年所进图就好！"[③]陈琮去年进呈的图即为永定河全图，乾隆帝立即让随同的军机大臣阅览，给予了陈琮很大奖励。十八日，军机处上奏陈琮所辑《永定河志》，认为这部志书分门别类，有条有理，按照时间顺序，记录了永定河事宜。"皇上亲临指示谕旨，亦皆详备。奉旨交懋勤殿藏贮。"[④]但是，非常遗憾的是，陈琮没有等到《永定河志》刻版，就因积劳成疾，于当年五月初八病逝了。

---

① (清)王瑞庆、李澍修、徐畅达、李咸若纂：《南部县志·艺文志》卷二十九，页三十四；李调元撰：《中宪大夫永定河道蕴山陈公墓志铭》，清道光二十九年(1849)刻本。

② (清)王瑞庆、李澍修、徐畅达、李咸若纂：《南部县志·艺文志》卷二十九，页三十四；李调元撰：《中宪大夫永定河道蕴山陈公墓志铭》，清道光二十九年(1849)刻本。

③ (清)王瑞庆、李澍修、徐畅达、李咸若纂：《南部县志·艺文志》卷二十九，页三十四；李调元撰：《中宪大夫永定河道蕴山陈公墓志铭》，清道光二十九年(1849)刻本。

④ (清)王瑞庆、李澍修、徐畅达、李咸若纂：《南部县志·艺文志》卷二十九，页三十四；李调元撰：《中宪大夫永定河道蕴山陈公墓志铭》，清道光二十九年(1849)刻本。

当军机大臣遵行乾隆旨意，把《永定河志》交懋勤殿藏贮时，由于乾隆对此部志书的肯定，藏贮在懋勤殿的《永定河志》，被命名为《钦定永定河志》。[①]乾隆五十四年(1789)，乾隆和军机大臣见证了陈琮纂修《永定河志》进呈钞本。陈琮编纂《永定河志》进呈钞本被保存在了懋勤殿，有《懋勤殿书目》可查。

陈琮在其纂修《永定河志·例略》里说："河渠本史志之一门，今勒为专书，原以备掌故，而资考镜也……顾永定河旧无成书。九十余年来，卷牒不无残缺。据现存者搜录，参稽史志诸书，用资考证。"陈琮《永定河志》前为《例略》说，自康熙年间设置永定河管河职官及机构以来，已过90余年，其间皇帝谕旨、宸章及臣工奏议很多。纪年为乾隆五十四年(1789)岁次己酉，署名为"署直隶永定河道臣陈琮谨拟"。这说明，清朝立国以来，九十多年，并无永定河志，而陈琮是清代历史上第一次开始纂修《永定河志》的河臣。

陈琮纂修《永定河志》是清代第一部永定河专志，有著录书目可以佐证。上文曾提到陈琮在把纂修《永定河志》呈现给乾隆御览后，乾隆让军机大臣把这部书交给紫禁城懋勤殿收藏。据《懋勤殿书目》记录，陈琮纂修《永定河志》被定名为《钦定永定河志》，收藏在了懋勤殿南间格子后二格二层，一部二套。[②]《北京大学图书馆馆藏古籍善本书目》录有："《永定河志》十九卷，卷首一卷，清陈琮编，清乾隆五十四年(1789)抄本"，"《永定河志》四卷，抄本，四册"。[③]虽然，这四卷残缺抄本，未写明撰者，但据我们查核，其内容与陈琮纂修《永定河志》完全一致，并且有陈琮本人所作的序，落款为"陈琮谨识"。可以证明，这四卷残缺抄本，确实为陈琮所纂修。

国家图书馆中国古籍善本书目载有陈琮编纂或辑录图书三种，即历代帝王图不分卷，永定河志和烟草谱。其中，永定河志有三种版本，即：《永定河志》十九卷首一卷，清乾隆进呈抄本，原书版框高221mm，宽300mm；永定河志十九卷首一卷，清乾隆抄本；《永定河志》十二卷，清抄本，费定炯跋语；费定炯所作的"跋"，"兹编乃吾乡陈前辈讳琮署永定河道时所拟呈，高宗纯皇帝御削后，复命执事重缮。而是册乃为副本……"[④]削，即修改。这不仅证明了陈琮纂修《永定河志》的事实，而且说明乾隆阅览陈琮《永定河志》，有所修改，朝廷仍有副本。

---

① 《懋勤殿书目》与武英殿通行书籍目录合一册，分北里间一卷，南间格子后一卷。《懋勤殿书目》(缩微)二卷，东武刘氏味经书屋，清(1644—1911)，北京：全国图书馆文献缩微复制中心，1985年。

② 《懋勤殿书目》与武英殿通行书籍目录合一册，分北里间一卷，南间格子后一卷。《懋勤殿书目》(缩微)二卷，东武刘氏味经书屋，清(1644—1911)，北京全国图书馆文献缩微复制中心，1985年。

③ 北京大学图书馆编：《北京大学图书馆藏古籍善本书目》，北京：北京大学出版社，1999年版。

④ 陈琮纂修：《永定河志》，十二卷，残缺，钞本。

陈琮纂修《永定河志》有四个钞本，即陈琮当年进呈的钞本；内府钞本；有费定炯跋语的十二卷钞本，这是陈琮进呈钞本的副本；四卷残缺本。现在，陈琮纂修《永定河志》仍流传于世，藏在不同的图书馆内。比如，乾隆五十四年(1789)内府钞本，现收藏在北京大学图书馆古籍善本库内；四卷抄本，亦收藏在北京大学图书馆古籍善本库内；清乾隆间钞本，珍藏在国家图书馆善本库内；四卷残缺本，钞本，具体年代不详，现收藏在北京大学古籍善本库内。

李调元是乾隆时代著名文学家、诗人、藏书家，他与陈琮是同乡，两人私交很好。陈琮去世后，李调元写了《中宪大夫永定河道蕴山陈公墓志铭》，来悼念这位昔日好友。从中，我们可以了解到陈琮纂修《永定河志》的蛛丝马迹："公在永定河既久，以永定河源流分合，险夷迁徙，即在河年久者，亦难深析。若骤易生手，必茫然失错。及沿岸履勘，准今酌古，多方采集，汇为《永定河志》。俾后之观斯土者，瞭如指掌，殚心考究，三年乃成。"[①]这说明，陈琮纂修《永定河志》开始于乾隆五十一年(1786)，完成于乾隆五十四年(1789)。李调元成为了陈琮纂修《永定河志》的一个有力的见证人之一。

正是由于陈琮在任永定河多年，并且谙熟永定河大小事务，也就为他纂修一部永定河专志奠定了基础。

二、李逢亨袭用陈琮《永定河志》

李逢亨(生于乾隆九年，卒于道光二年，即1744—1822)，字垣斋，又号平湖，陕西平利县人，后移居湖北竹溪县，贡生。他能诗善文，精通《禹贡》。嘉庆四年(1799)，他由霸州州判、永定河南岸九工汛员升任三角淀厅员。六年(1801)至十四年(1809)，任永定河南岸厅同知。嘉庆十五年(1810)末至二十一年(1816)十二月为永定河道员；二十一年(1816)末至二十四年(1819)夏，再任永定河道。李逢亨任职永定河臣多年，于嘉庆十二年(1807)、十八年(1813)因治河巡河有功，受到奖赏。[②] 县志说他"慎重堤防，筹措周密，每于大汛前驻工防守，无虚糜之项，无旷役之工，所至化险为平，叠奏安澜。"[③]这些经历，为他撰述《永定河志》提供了必要条件和基础。

嘉庆二十年(1815)，李逢亨纂修《永定河志》。他在《永定河志·例略》中说，考虑到历代"治水之书，自《史记·河渠书》后，多专言黄河，至永定河，见于《水经注》、《北河纪》、《水道提纲》、《直隶河渠志》诸书，只列为众水之

---

① (清)王瑞庆、李澍修、徐畅达、李咸若纂：《南部县志·艺文志》卷二十九，页三十四；李调元撰：《中宪大夫永定河道蕴山陈公墓志铭》，清道光二十九年(1849)刻本。

② (清)陶寿嵩修、杨兆熊等纂：《竹溪县志》，十六卷，卷首一卷，清光绪二十三年(1897)刻本。

③ (清)陶寿嵩修、杨兆熊等纂：《竹溪县志》，十六卷，卷首一卷，清光绪二十三年(1897)刻本。

一，未有勒为专书者”。而他“备员永定河工，十有五年。仰蒙圣恩，由通判间荐受道员，夙夜谨凛，未由答鸿施于万一，因思在官言官之义，谨辑旧章及现在情形，拟为一书，以备稽考”。字里行间，可以看出他自视《永定河志》才是第一部永定河专志。

令人不解的是，李逢亨纂修《永定河志》，距陈琮纂修《永定河志》仅仅间隔了 26 年，他为什么对陈琮纂修《钦定永定河志》一字不提呢？李逢亨纂修《永定河志》与陈琮纂修《永定河志》是什么关系？

第一，从门目看，嘉庆二十年(1815)李逢亨纂修《永定河志》与乾隆五十四年(1789)陈琮纂修《永定河志》大体相同，相同之处有九成。这两部书的体例都分为八门，即绘图、集考、工程考、经费、建置、职官、奏议、附录。些微不同者，就是陈琮纂修《永定河志》“例略”置于卷首之前，李逢亨纂修《永定河志》“例略”置于卷首之后(见表 1)。

第二，从分类看，每门之下的大类目，李《志》与陈《志》同样惊人的一致。比如绘图、工程考、经费考、建置考、奏议、附录六门，几乎每一门的类目都一样(见表 1)。

表 1　两部《永定河志》门类体例的关系

书目 分类	陈琮纂修《永定河志》	李逢亨纂修《永定河志》
总卷	十九卷，卷首一卷： 谕旨纪、宸章纪、巡幸纪	三十二卷，卷首不分卷： 谕旨、宸章、御制诗文
绘图	卷一： 永定河简明图、永定河源流全图、永定河屡次迁移图、永定河沿河州县分界图	卷一： 永定河源流全图、六次改河图、沿河州县分界图
职官	卷二： 职官表一，总河、副总河、巡抚、南北岸分司、南北岸同知、笔帖式、千总、把总 职官表二，总督、河道、同知、通判、南北岸十三汛、南北堤六汛、河营守备、千总、把总、三角淀经制外委、凤河东堤经制外委、附听差经制外委、兵额、道厅书吏、道厅汛备千把俸工养廉、经制外委养廉、马干钱粮、道厅汛衙役民壮工食役支给	卷十三： 总督、河道、厅员、汛员、河营员弁 职官表一、职官表二 卷十四： 职官表三 俸薪养廉(附各衙门吏役工食)

续表

书目 分类	陈琮纂修《永定河志》	李逢亨纂修《永定河志》
集考	卷三：古河考 卷四：今河考(附两岸减河、会流河淀)	卷二：永定河源流、两岸减河、汇流河淀 卷三：河源分野、河源河道考证 卷四：历代河防
工程考	卷五：石景山工程、成规、桥式 卷六：南北两岸工程、疏浚中泓、成规、闸坝式 卷七：三角淀工程、疏浚下口、成规、浚船式、修守事宜	卷五：石景山工程、则例、桥式 卷六：南北两岸工程 卷七：疏浚中泓、则例、闸坝式 卷八：三角淀工程、疏浚下口、则例 卷九：修守事宜
经费考	卷八：岁修、抢修、疏浚、历年销案、河淤地亩、防险夫地、柳隙地亩、苇场地亩、香火地亩、祀神公费、香灯银、河院书吏饭银、河营兵饷	卷十：岁修、抢修、疏浚、累年销案、兵饷 卷十一：河淤地亩、防险夫地、柳隙地租、苇场地亩、香火地亩、祀神公费、香灯银(附书吏饭银)
建置考	卷九：碑亭、祠庙、廨署公馆	卷十二：碑亭、行宫、祠庙、衙署
臣工奏议	卷十至卷十八：奏议	卷十五至卷三十：奏议
附录	卷十九：古迹、碑记	卷三十一：古迹；卷三十二：碑记、治河摘要

第三，详略不同。职官门，陈琮纂修《永定河志》划分类目比较详细。两部志书把“职官表”这一门，都分为了职官表一、职官表二、职官表三。但是，陈琮纂修《永定河志》在职官划分上，更为详尽。集考一门，两部志书在总体上的类目不同。陈琮纂修《永定河志》分为“古河考”、“今河考”，每一考为一卷。李逢亨纂修《永定河志》分为三卷，卷二为永定河源流、两岸减河、汇流河淀；卷三为为河源分野、河源河道考证；卷四为历代河防。

第四，内容相同者多。首先，例略部分相同，没有大的出入。如陈琮《永定河志·例略》云：“工程考：按现今石景山同知、南岸同知、北岸同知、三角淀通判四厅所辖，分为四段。每段前叙堤工起止、总数，并所辖汛属；后按各汛，挨号编次。每号内如有月堤、旧堤、废堤、闸坝、旧闸，俱从附列，其十里村庄既归汛管，原为防堤，亦附隶焉。”[①]李《志》完全相同，一字不差。

① 陈琮纂修：《永定河志·例略》，乾隆五十四年(1789)，钞本。

其次，陈琮《永定河志》收录自康熙八年(1669)至乾隆五十三年(1788)康、雍、乾三帝关于永定河的谕旨制作 52 篇。李《志》分别收录自康熙三十一年(1693)至嘉庆十九年(1815)康、雍、乾、嘉四帝有关永定河谕旨制作共计 111 篇。陈《志》收而李《志》未收者 3 篇，反之亦然。再次，两志都收录大量河臣奏议，陈《志》所收奏议，李《志》几乎都收录。

李《志》与陈《志》体例和内容如此相同，结论只能是：李逢亨《永定河志》因袭陈琮《永定河志》。因为，第一，陈琮是乾隆时人，是乾隆时著名的永定河河臣，他以熟悉永定河工受到当时户部尚书裘曰修和乾隆的赏识、信用。而李逢亨是嘉庆时人，他是嘉庆时的永定河臣。两志相似之处颇多，只能是后志因袭前志，而不可能相反。第二，体例看，李逢亨纂修《永定河志》沿袭陈琮《永定河志》体例。这两部志书分为六体：纪、图、表、考、奏议、附录，以此为全志总纲。每体下又按内容分门别类，以此为全志类目。从内容看，也是李《志》因袭陈《志》多多。

那么，我们要继续追问的是，李逢亨根本不提陈琮，是李逢亨根本不可能见到钞本《永定河志》？还是他有意回避陈琮《永定河志》？陈琮纂修《永定河志》流传到嘉庆年间的版本有：乾隆五十四年(1789)内府钞本；四卷抄本；清乾隆间钞本。李逢亨，身为永定河臣十五年，不可能毫不知悉陈琮的生平事迹；他要编纂《永定河志》，不可能对陈琮《永定河志》毫不知情。虽然陈志，只有抄本，没有刻本。即使李逢亨看不到内府钞本，仍有费定炯作跋的《永定河志》十二卷清抄本。也就是说，李逢亨是有很大可能见到陈《志》。他不提陈《志》，究竟是为什么呢？

答案只有一种可能：李逢亨有意识地回避陈琮纂修《永定河志》，目的无非是以此抬高自己编纂《永定河志》的地位和价值。陈琮作为永定河官员长达 26 年，且治理永定河卓有成效，受到乾隆的器重。同为永定河臣的李逢亨，也两度因治河有功而受到嘉庆的奖赏，对前代河臣陈琮及政绩，及其纂修《永定河志》，佯装不知，只字不提，令人难以相信，有违不掠人之美的道德规范。

综上所述，乾隆五十一年(1786)，陈琮开始纂修的《永定河志》是清代第一部永定河志，这是不争的事实。陈《志》不仅受到了乾隆帝的赏识，而且有进呈钞本等传世。嘉庆二十年(1815)李逢亨开始纂修的《永定河志》实际因袭了陈琮的《永定河志》，但是李逢亨，或许出于抬高自纂《永定河志》的地位和价值，有意识地回避陈琮纂修《永定河志》，造成一个历史误会。光绪六年(1880)朱其诏、蒋廷皋续修《永定河续志》，在《详定续修河志章程》中继续沿袭李逢亨的错误："查《永定河志》成于嘉庆二十年，迄今六十余载，尚未续辑。"二人同样无视陈琮纂修乾隆御览《钦定永定河志》的存在。今人亦不察，继续人云亦云，以讹传讹，使陈琮纂修《永定河志》这一事实被埋没近 200 年。

参考文献

[1]（清）陈琮纂修：《永定河志》，凡十九卷，卷首一卷，乾隆五十四年(1789)内府钞本，藏北京大学图书馆古籍善本库。

[2]（清）陈琮纂修：《永定河志》，十二卷，有费定炯跋，清(1644—1911)钞本，藏国家图书馆古籍馆善本阅览室。

[3]（清）陈琮纂修：《永定河志》，残缺，四卷，无谕旨、宸章、御制诗文，钞本，藏北京大学图书馆古籍善本库。

[4]（清）李逢亨纂修：《永定河志》，凡三十二卷，清刻本。

[5]（清）李逢亨纂修：《永定河志》，凡三十二卷，附录一卷，清嘉庆(1796—1820)、(1814—1820)刻本，藏国家图书馆古籍馆地方志家谱阅览室。

[6]（清）朱其诏、蒋廷皋纂修：《永定河续志》，清光绪八年(1882)刻本，藏国家图书馆古籍馆地方志家谱阅览室。

[7]（清）王瑞庆、李澍修、徐畅达、李咸若纂：《南部县志》，凡三十卷，清道光二十九年(1849)刻本，藏国家图书馆方志馆地方文献阅览室。

[8]（清）陶寿嵩修，杨兆熊等纂：《竹溪县志》，十六卷，卷首一卷，清光绪二十三年(1897)刻本，藏国家图书馆方志馆地方文献阅览室。

（作者：赵卫平　内蒙古大学满洲里学院教师助教）

项目名称：第一批美国留学生在北京：1929—1949
项目编号：10BaLS048
项目负责人：顾　钧
项目信誉保证单位：北京外国语大学

费正清留学北京时期的第一篇论文

费正清(John King Fairbank，1907—1991)是20世纪美国最著名的中国研究专家，被誉为美国汉学之父。他一生出版各类学术著作60多种，其中《美国与中国》《剑桥晚清史》早已成为西方汉学界的名著，但很多人可能不知道，这位学术大师的第一篇正式发表的论文是在北京完成，并发表在北京的学术刊物上。

这篇题为《1858年条约前鸦片贸易的合法化》(*The Legalization of the Opium Trade before the Treaties of* 1858)的论文是费正清在北京留学期间(1932—1935)撰写的。论文围绕这样一个中心问题展开：为什么鸦片输入中国为合法这一条款会被写入1858年11月8日中英签订的《通商章程善后条约》？是由于英国的武力逼迫(这是普遍流传的看法)，还是有其他原因。

中国人对鸦片并不陌生，制造鸦片的罂粟早在唐代的文献中就提到过，但只是用来入药。吸食鸦片的方法则是17世纪以来从传入中国的吸食烟草的方法发展来的。一般说来，服用鸦片的其他国家人民都是把鸦片从口吞食到胃里去，唯有中国人是吸食的。外国鸦片流入中国始于18世纪初期葡萄牙人的贩运，开始时每年只有几百箱，但随着中外贸易特别是中英贸易的扩大，鸦片的进口量越来越大，到1836年已经达到一年两万箱之巨。[①] 鸦片不仅毒害中国人的身体和精神，而且导致大量白银外流，国内银价上涨，所以清朝皇帝自雍正起就屡申禁令，但只是收效于一时，而无法彻底杜绝，直到1907年12月，中英两国终于达成《禁烟协定》六条。1911年5月中英两国又达成《禁烟条约》十条，同意在中国禁烟确有成效时停止对华鸦片输入。中国由此开始了近代历史上第一次成功的禁烟运动。

费正清的论文共分五个小节：一、19世纪50年代的间歇期；二、英国政府的鸦片政策；三、中国实施禁烟；四、中国对鸦片贸易课税的建议；五、

① [美]马士著，张汇文等译：《中华帝国对外关系史》第1卷，上海：上海书店出版社，2006年版，第192—208页。

中国地方当局征收烟税的情况；六、一点阐释。在文章的开篇，费正清明确指出，“鸦片贸易是19世纪的一件大事，历史学家迟早都应该分析其原因、活动和影响。它同中外关系的各个方面——商业、政治和文化关系息息相关，因此它的具体情节迟早也应该通这个时期所有其他方面一样考订出来，并把两者之间的关系阐述清楚。”[①]他写这篇文章正在于利用掌握的资料，揭示事实，引起更多学者对这一问题的关注。在文章的第一小节，费正清指出，19世纪50年代随着英美商人想在条约口岸买到更多的丝绸和茶叶，他们也就必须在口岸外销售更多的鸦片，以便筹集必要的资金。“由于中国人不买外国制成品，外国商人购买中国产品最方便的方法，要么像17和18世纪所做的那样，大多使用带来的成船的白银，要么像19世纪初以来日益普遍的做法那样，使用成箱的鸦片。”[②]这样丝、茶贸易和鸦片贸易就像一个连体婴儿那样不可分离，但问题是前者是合法的，而后者是非法的，1842年的《南京条约》没有给予鸦片贸易以法律根据。在接下来的两个小节中，费正清考察了1842—1858年中英双方的政策，中国是厉行禁烟，而英方则采取不予支持和保护，实际是放任自流和纵容的政策。但中方的禁止也不是各地都一样，“禁烟在北方较为得力，特别是京城地区，一直坚持到较后的日子；在南方各省，鸦片输入与日俱增，种植鸦片也已经开始，而镇压措施却越来越少。”[③]在鸦片泛滥，难以禁止的情况下，中国官员开始陆续建议将鸦片作为合法贸易进行征税。费正清在文章的第四小节对此进行了考察，他指出，头一个建议征收烟税的官员是湖广监察御史汤云松，时间是1851年1月16日，但这位御史的奏疏未见下文。两年后张炜、吴廷溥两位御史上了同样内容的奏折，这次得到了皇帝和军机处的重视，但他们的意见未被采纳，军机大臣们在答复中强调补救的办法不是使鸦片合法化，而是更严厉的镇压。但不久之后太平军占领了南京(1853年3月)并席卷东南几个最富庶的省份，造成了清政府的财政危机，于是征收烟税的问题再次提出并在一些地区得到了部分实施。在文章的第五节，费正清以上海、宁波、福州、厦门四个口岸为例，具体说明了1855—1858年征收鸦片烟税的情况。1853年以来尽管北京政府还在强调禁烟，但地方政府为了解决为军队发饷等财政问题已经开始悄悄地向鸦片征税，而福州、厦门则更把征税公开化(1857年)，这些都成为在全国范围内将鸦片贸易合法化的前奏。通过以上的分析，费正清在结论部分指出，那种认为

---

① John King. Fairbank, The Legalization of the Opium Trade before the Treaties of 1858, Chinese Social and Political Science Review 17(1933—1934): 215.

② John King. Fairbank, The Legalization of the Opium Trade before the Treaties of 1858, Chinese Social and Political Science Review 17(1933—1934): 216.

③ John King. Fairbank, The Legalization of the Opium Trade before the Treaties of 1858, Chinese Social and Political Science Review 17(1933—1934): 225—226.

1858 年英国强迫中国皇帝使鸦片贸易合法化的流行说法是不完全正确的，只说出了一半事实。另一半事实是"中国人希望通过对鸦片贸易全面征税，增加收入"，所以"承认鸦片贸易也是中国内政问题产生的结果"。①

费正清这篇文章的重大突破在于使用了中文资料。在费正清之前，马士(Hosea B. Morse)在具有权威性的《中华帝国对外关系》(The International Relations of the Chinese Empire)一书中也讨论过鸦片贸易问题(第一卷第八章《鸦片问题》，二十三章《鸦片，1842—1858》)，但马士完全依靠外文材料，没有直接使用中文资料，他所使用的一点中文材料来自《北华捷报》(North China Herald)、《中国丛报》(Chinese Repository)上英译的清朝文献的片段，所以在讨论中国政府政策时就显得比较薄弱。费正清论文的一半是讨论 1853—1858 年中国地方官员如何不执行中央政府的禁烟令而自行征收烟税的，这部分内容在马士的书中是完全没有的。利用原始的中文档案进行近代史研究是费正清的一大特色。

这一特色的形成除了费正清自己的努力之外，更大大得益于蒋廷黻的指导与帮助。蒋廷黻于 1895 年出生于湖南，早年在美国基督教长老会所办的益智学堂学习，1912 年赴美留学，先后就读于派克学堂、奥柏林学院、哥伦比亚大学，1923 年获博士学位后回国任教，先后任南开大学、清华大学历史系教授。1935 年后从政，效力于国民党政府，1965 年在纽约病逝。蒋廷黻作为学者是中国近代外交史研究的开创者，所著《中国近代史》和所编《中国近代外交史资料辑要》影响深远。

费正清早在哈佛读本科的时候就从一位访问学者那里听说过蒋廷黻的名字，这位访问学者名叫韦伯斯特(Charles Webster)，当时是英国威尔士大学国际政治学教授。他在来哈佛之前曾对中国和其他东亚国家进行了访问，会见了包括蒋介石在内的中国政要以及蒋廷黻等一批学者。在 1929 年初哈佛大学学生俱乐部的一次午餐会上，韦伯斯特介绍了自己的中国之行，特别提到了《筹办夷务始末》的出版，对它的使用前景感到异常兴奋。他认为"这一文献能更清楚地说明东亚的疑难问题，所以，它可能对改写中西关系史有着决定性的意义。"②参加宴会的费正清当时正上四年级，对近代史领域有浓厚的兴趣，但对于具体研究哪个国家的近代史，则还在犹豫。韦伯斯特的讲演使他茅塞顿开，几天后他去拜访韦伯斯特，并与他进一步讨论了这个十分吸引人的课题，韦伯斯特建议费正清要用外国人了解甚少的中国原始资料来研究中

① John King. Fairbank, The Legalization of the Opium Trade before the Treaties of 1858, Chinese Social and Political Science Review 17(1933—1934): 263.

② Paul M. Evans, John Fairbank and the American Understanding of Modern China (New York: Basil Blackwell, 1988), pp. 15—16.

国近代史。1929年秋天费正清前往牛津大学攻读博士学位，并把中国近代外交史确定为自己的研究方向。

韦伯斯特在讲演中提到的《筹办夷务始末》和蒋廷黻有着很大的关系。蒋廷黻在美国读书时，就对中国近代外交史很感兴趣，当时有关中国外交的标准书籍是马士的三卷《中华帝国对外关系》，蒋廷黻认为该书的英文资料无懈可击，但同时觉得马士的著作观点是片面的，因为他忽视了中文资料。蒋廷黻在哥伦比亚大学学习时就开始收集中文资料，回国后继续收集，在这一过程中发生了一件有趣的事情："当外界获悉我对清代历史文献有兴趣时，各方鉴定家和收藏家都来和我接头。透过一位朋友的介绍，某君带来大批资料。这批资料原标题为《筹办夷务始末》，实则可称之为《中国外交文献史》。就我所见，这份资料几乎包括了清朝皇帝所发的每项命令，大臣们所有的奏折以及各地大臣向皇帝奏请有关中国外交事务的材料。我发现这其中简直是一座宝库，因而急于要为南开图书馆弄到这份资料。但物主开价三千银元，南开实在买不起。……我从南开转到清华后，我可以自由支配经费购买书籍和资料。我立志要完成我的愿望，首先要买上述那份资料。但事实竟有出人意料者，我到北平清华任教不久，常赴故宫博物院。有一天，和某保管人闲谈，他拿出一份上述资料故宫本给我看。经我鉴定，证明故宫本才是原本。而前述的私人本乃是抄本。我立刻建议故宫博物院当局将它影印。后来故宫博物院采纳了我的建议，发行影印本，每套一百银元。那份抄本，经此一来，竟抵不上影印本的价值。"[①]韦伯斯特向费正清介绍的应该就是这套影印版。

1931年底费正清向牛津大学提出前往中国进修的申请，并于1932年初到达北京。到北京后，费正清立刻和蒋廷黻取得了联系，并就如何使用《筹办夷务始末》和其他中文资料向蒋廷黻请教。费正清的第一篇论文正是在蒋廷黻的指导下完成的。

在这篇文章中，费正清并没有怎么使用《筹办夷务始末》，因为该文献"1842年以后很少提到鸦片的问题"，他所依据的材料"主要来自藏于北平大高殿未出版的军机处档案"。[②]对此费正清在注释6中做了这样进一步的说明："这项资料是从编纂《筹办夷务始末》的同一档案中搜集来的，其中有的文件没有收入《筹办夷务始末》中。得以使用该项资料，我要十分感谢清华大学的蒋廷黻教授。"[③]军机处是清政府的重要机构，对于和它有关的资料蒋廷黻自然不会放过，蒋廷黻在回忆录中有这样的记叙："清华五年是我一生中最快乐的岁

---

① 蒋廷黻：《蒋廷黻回忆录》，长沙：岳麓书社，2003年版，第100—101页。

② John King. Fairbank, The Legalization of the Opium Trade before the Treaties of 1858, Chinese Social and Political Science Review 17(1933—1934): 172.

③ John King. Fairbank, The Legalization of the Opium Trade before the Treaties of 1858, Chinese Social and Political Science Review 17(1933—1934): 205.

月。我乘便可以接触故宫博物院的档案。有一段时间，我们有好些人在故宫博物院抄录档案，把未公布的重要文件抄录下来。故宫中收藏的最重要档案是清代军机处的。自十八世纪三十年代起到清代终止为止，军机处是大清皇帝的真正秘书处。该处人员管理档案非常制度化，每天来文均有收发登记，这些来文主要的是中央各部及地方首长的奏折。此外，对皇帝批复的奏折也有专人登记。每件档案都详细登录日期及摘要。这种简单小心处理档案的制度，对清政府说实在是一种光荣。由于革命和武装政变在北平接二连三地发生，有些老衙门的档案均被弃置，无人管理。有些档案在北平当废纸卖。我为清华成吨购买。清华图书馆所存的资料大部分都是清朝军机处和海军方面的资料。"[①]蒋廷黻本人利用这些资料写了不少文章，是最早使用这批材料的中国学者。而在他的指导下费正清则成为利用这一资料最早的外国学者。

费正清的这篇论文完成后，发表在《中国社会及政治学报》17 卷 2 期(1934 年 7 月)上。中国社会及政治学会(Chinese Social and Political Science Association)是 1915 年由一批中外人士共同发起建立的。1916 年该会创办了会刊《中国社会及政治学报》，第一期于同年 4 月出版，以后每个季度出版一期，4 期为 1 卷。1941 年终刊。蒋廷黻在北京期间一直是该刊的编辑。在蒋廷黻的帮助下，费正清的处女作得以在这个英文刊物上发表。此后，费正清又陆续在这个刊物上发表了其他几篇文章，同样得到了蒋廷黻的关照。

(作者：顾　钧　北京外国语大学海外汉学研究中心教授)

① 蒋廷黻：《蒋廷黻回忆录》，长沙：岳麓书社，2003 年版，第 132—133 页。

项目名称：明清时期北京书院研究
项目编号：10AbLS050
项目负责人：赵连稳
项目信誉保证单位：北京联合大学

北京清代书院经费支出考察

在今天的北京行政区划内，清代建立了多所书院，主要有金台书院、潞河书院、云峰书院、燕平书院、缙山书院和卓秀书院等，其中的金台书院在全国都是很有影响的。迄今为止，学术界对北京书院给予了一定的关注，如，方彪在《北京的茶馆会馆 书院学堂》[①]一书中就有"北京地区的书院"一章，但过于简略。笔者的《北京古代的书院》[②]和《北京古代书院考》[③]及崔金生的《北京名校金台书院》[④]等文章，让读者对北京地区的古代书院概况有了了解，为深入研究北京古代书院奠定了基础，但还有许多问题没有涉及，特别是对北京清代书院经费问题缺乏探讨，2009年，笔者在《清代北京书院经费筹措途径及演变》[⑤]一文中，首次对清代的北京书院经费来源问题进行了比较系统深入的探索，认为北京清代书院经费筹措主要有官府拨付、民间捐输和书院自主经营三种途径，其演变趋势是经费筹措途径的多元化、官方和官方色彩的捐赠比例较大，而后者尤为突出，彰显出政治中心北京的书院经费筹措特征。然而，文中尚没有论述北京书院的经费支出问题。

北京地区清代时期的书院经费支出大致包括基本建设经费和日常经费两大类。本文主要运用北京地方志资料，对北京清代书院的经费支出状况进行考察。

一、基本建设费用

在北京地区清代书院经费支出中，相当一部分作为基本建设费用被用于书院的土地与教学器具的购置和房舍的建造、租用、修缮以及书籍购买、刻

① 方彪：《北京的茶馆会馆　书院学堂》，北京：光明日报出版社，2004年版。

② 赵连稳：《北京古代的书院》，《文史知识》，2007年第9期。

③ 赵连稳：《北京古代书院考》，朱耀廷主编：《北京文化史论集》，北京：光明日报出版社，2008年版。

④ 崔金生：《北京名校金台书院》，《北京档案》，2003年第9期。

⑤ 赵连稳：《清代北京书院经费筹措途径及演变》，《中国经济史研究》，2009年第2期。

印等方面，使用特点是费用数量大，数额不定，这是它和日常支出费用的区别。

(一)书院房舍的建造和修缮

清朝时期，政府对书院教育相当重视，各级官员也都给予很大关注，因此，清代书院房舍的建造和修缮费用问题往往由地方官员利用手中的权力和自身号召力加以解决。下面列举几例。

著名的通州潞河书院创建于康熙五十九年(1720)，由总督仓场[①]张仪朝、知州朱英主持创办。潞河书院开始位于旧城西门内，乾隆二年(1737)迁到旧城东南角楼文昌阁处。乾隆二十三年(1758)，监司王检把顺天府东路厅[②]和遵化直隶州所辖共10个州县捐献的900余金，用来租用通州城东南的文昌阁，作为潞河书院的新址，以为生徒学习的地方。乾隆四十六年(1781)，道台李调元见潞河书院破败不堪，决定购置土地，重建潞河书院。史载："余下帷时，爰与通州牧高君筹且缓延师，先谋购地。于是，酌算本年束脩，支去三百金外，尚余二百金，并请下年暂停开馆，便可积五百金预行支出，共得七百金，于通永道署西偏十余步买得陈氏绝房一所，以为基址，而规模未就，因自捐清俸一百金，再约诸君各捐清俸共三百金，交通州牧董其事，鸠集工匠，高其闬闳，加以丹雘，筑大门三楹，讲堂三楹，学舍十间，内宅八间，庖湢悉加修葺，以本年六月初十日起工，至十月初十日落成，乃额之曰：潞河书院。"[③]这次重建潞河书院从六月初十日开工，到十月初十日竣工，前后持续了四个月的时间，李调元动用每年的"束脩"700金，购买民房1所，自己捐献俸禄100金，又约同僚捐献了300金，共筹措了1100金，即1100两银子，这些资金全部用于潞河书院的院舍修建上。重新修建的潞河书院"大门三楹，讲堂三楹，学舍十间，内宅八间。"潞河书院面貌一新。

密云县的白檀书院创办于明朝万历二十二年(1594)，至清朝道光年间已有200多年了，校舍坍塌，没有生员，就连仅存的一块碑记也被抛弃到田间去了。史载道光时期的白檀书院，"堂宇倾圮，夷为平地，弦歌诵读之声不可复闻，欲求其遗制，仅有一碑屹立于菜畦麦陇之间。"[④]道光十三年(1833)十二

---

① 总督仓场：明清两朝负责管理京城和通州等地方的仓场粮储事宜的官员，明朝以户部尚书或侍郎充任，清在户部设置总督仓场侍郎，满、汉各一人。

② 顺天府是明清两朝北京地区的称呼，清朝时期的顺天府，其辖区在初期多有变化，乾隆八年(1743)始固定了下来，共领5州19县。即通、蓟、涿、霸、昌平5个州和大兴、宛平、良乡、房山、东安、固安、永清、保定、大城、文安、武清、香河、宝坻、宁河、三河、平谷、顺义、密云、怀柔19个县，又混称为顺天府二十四州县，分为东路、西路、南路和北路4个厅，其中，东路厅辖有通州、蓟州、三河、武清、宝坻、宁河、香河等2州5县。

③ 李调元：《童山集》卷七《新修通州潞河书院碑记》，清乾隆刻函海道光五年增修本。

④ 李宣范：《重建白檀书院记》，周家楣、缪荃孙编纂：《顺天府志》卷六十二《书院》，光绪十二年刻，光绪十五年重印本。

月至十四年二月，密云县令李宣范发动当地绅士捐廉几千两白银，从中拿出1000多两对白檀书院进行了重建，正如史料所载："是举也，自营基址，缮垣宇，备器用，费白金一千余两，余金六千五百两。"①其中1000多两用在书院地基、房舍、围墙、教学器具方面。

北京城内的金台书院，由于规模比较大，用于建造与修缮的费用更是庞大。金台书院于道光二十二年(1842)和光绪五年(1879)进行两次大规模修缮。

光绪初年，时任顺天府尹的周家楣对金台书院进行重修，这次修缮规模宏大，耗费银子近万两。当时，一些名宦大员纷纷慷慨解囊，其中李鸿章、周家楣和天津关道郑藻如、常镇道沈敦兰、宁绍台道瑞璋、奉锦道续昌各自捐银1000两，东海关道方汝翼捐银2000两。历任顺天府尹和顺天府各厅州县教佐等官员以及顺天府绅士等也相继捐款。周家楣又动用顺天府衙公银1000两。共筹措到了14631两银子。修缮工程自光绪五年(1879)四月二十八日开工，于光绪七年春季完工。此次修缮，工料费、置办桌子和凳子及油饰费，使用了9862两银子，购置土地用了365两银子，立碑用了330余两银子。总共使用银子10557两②。

(二)图书馆建设

书院既然是一种教育机构，平时从事的是教书育人的工作，当然就离不开图书馆建设，书院自然要从经费中拿出一部分用来支付藏书楼建设费用、购书费用、刻书费用和图书管理费用等。

为了放置图书，书院建有藏书楼。如金台书院建有藏书楼，以收藏皇帝赐予的《淳化阁法帖》等书籍。平谷的近光书院也曾经建有"藏经阁三楹"。延庆的冠山书院"东西置书室、讲堂"。密云的白檀书院"建尊经阁五楹，以贮书。"③这部分费用包括在书院建造和修缮资金中，这里不再赘述。

古代书院中的图书大都是购置而来的，尤其是北京地区清代的书院，一般而言规模较小，经费有限，无力大量刻书，便使用一部分经费购买书籍。根据雷致亨《燕平书院章程》记载，昌平的燕平书院"买置书籍器具，除造册报销外，另缮清册一本，盖用州印……"④这条史料说明该书院购买了相当多的图书，以至于要登记造册。房山的云峰书院也经常购书，例如，光绪十年(1884)，云峰书院就"添购经史"，光绪二十一年(1895)，又"购新书"。⑤但

① 李宣范：《重建白檀书院记》，周家楣、缪荃孙编纂：《顺天府志》卷六十二《书院》，光绪十二年刻，光绪十五年重印本。

② 周家楣、缪荃孙编纂：《顺天府志》卷六十二《书院》，光绪十二年刻，光绪十五年重印本。

③ 臧理臣等：《密云县志》卷四《书院》，北京：京华印书局，1914年版。

④ 邓洪波：《中国书院章程》之《北京市·燕平书院》，长沙：湖南大学出版社，2000年版，第8页。

⑤ 廖飞鹏、高书官：《房山县志》卷三《古迹·云峰书院》，1928年铅印本。

是，购置图书使用的费用具体数字由于史料的局限，我们无法知悉。

清代北京书院有的也刻印一些书籍，自然也要花费书院的经费。如潞河书院于乾隆四年(1739)刊刻了清人张叙撰写的《孝经精义》，该书正文一卷，后录一卷，二册，白口，四周双边，版心下镌"潞河书院"。潞河书院在光绪九年(1883)还刻印出版了《〈通州〉州治图》。该书先后多次修撰，参与该书编修的有：嘉靖二十五年(1546)汪有执、杨行中等，康熙三十六年(1697)吴存礼、陆茂腾等，乾隆四十八年(1783)高天凤、李卉仙等，光绪九年王维珍等人。

二、日常支出费用

书院日常支出经费是指用来保障书院日常工作正常运转的资金，包括书院教师、行政人员的薪金、工食钱、劳务费和生徒的膏火银，以及办公经费，等等，是书院从社会各界的捐赠和自身经营所得中列支的，其特点是资金额度相对固定，每年变化不大。

(一)院长的薪金

书院院长又叫山长、山主、洞主、洞正、堂长、主讲、讲席和掌教等。北京地区清代时期的书院规模一般较小，院长兼教师的情况比较普遍，因此，这里主要叙述院长的薪金。

书院老师的酬金被称为"束脩"或者"脩脯"。书院院长的酬金在清代书院日常经费支出中占有很大比例，一般情况下，院长每年的薪金会有三四百两银子。

北京地区清朝时期的书院院长的薪金也比较高，一般而言，每年约有200—400两银子，即使是在书院日常办学经费相当困难的情况下，也是如此。例如，康熙五十九年(1720)，总督仓场张仪朝、知州朱英创办潞河书院后，"延请主讲，每年修金肆佰两，膳金贰佰肆拾两。"[①]。乾隆四十六年(1781)，道台李调元重新修复潞河书院，酌定在每年500金的日常经费中，"束脩支去300金"。待书院修复完毕后，李调元又制定经费支出章程，规定：每年潞河书院日常经费的580两白银中，"讲席每岁束脩膳资等项共三百五十金，三节每节金六两。"[②]也就是说，每年至少支给院长"束脩膳资"350两银子，过节费18两银子，这样，每年需要支给院长的薪金达到368两白银，比之从前略有增加，占了书院经费的大部分。后来由于经费紧张，薪金数目稍微减少了一些，但是每年也有300两银子，根据(光绪)《通州志》记载院长的薪金情况，

① 英良、高建勋、王维珍：《通州志》卷五《学校·书院》。

② 李调元：《童山集》卷七《新修通州潞河书院碑记》，清乾隆刻函海道光五年增修本。

"院长脩金膳费共三百二十两，三节节礼银共十八两。"[①]即院长的"脩金膳费"为320两银子，外加18两过节费。到了光绪五年(1879)，潞河书院的院长脩金减少到140两，过节费数目不定，由官府酌送。估计，当时每年支给院长的薪金约有150余两白银。

道光十四年(1834)，延庆人胡先达等捐资创办了缙山书院，院长的"脩金"，"原议每年纹银二百两，按时价合钱开支，嗣因租入缺额，致将山长脩金议减，今仍循旧章以二百两为定额，无缺无滥。"[②]即其院长的脩脯原来是每年200两纹银，一段时间因租税收入不足额度，而把山长的薪金减少，后来又恢复到200两纹银。

道光年间，昌平州的燕平书院院长每年的束脩是大钱200千文(当时大约相当于200两银子)，伙食费是大钱60千文，按月发放。遇到闰年，伙食费增加。每年的三个节日，共送大钱12千文。到院路费，路程近者送大钱2千文，远者送大钱6千文，年终回家的路费仿照此办法执行。总之，约有300两银。[③]

延庆的冠山书院院长每年的脩金原来有720吊钱，光绪初年(1875)以后，增加为800吊钱。

(二)杂役人员的薪金

书院中的杂役人员有厨役、门役、斋夫、看碑、更夫、学书等，这些人每年都有一定的报酬。如清代乾隆年间的潞河书院，设门役一名，每年工食银12两；茶夫1名，每年工食银12两；水火夫2名，每人每年工食银12两。到了光绪年间，书院的杂役每月还有工食银1两。学书和道书每月分别从潞河书院领取纸饭银5钱和1两2钱。[④]

道光年间，昌平州的燕平书院设斋夫2名，一个负责管理书院器具和庭院洒扫；一个侍候院长。斋夫每人每月由书院支给公食钱2千文。另外，斋夫还负责房地租息的催缴，酬金是一年大钱5千文。

延庆的冠山书院，斋夫每月工食银"延钱三吊"。缙山书院的斋夫，每年工食银"永钱五十四千。"[⑤]

杂役人员的年薪金和书院院长不可同日而语，只相当于后者的几十分

---

① 英良等：《通州志》卷五《学校》，光绪五年刻本。

② 屠秉懿、胡振书：《延庆州志》卷五《学校·书院》，引《缙山书院章程》，1928年补印清光绪六年刻本。

③ 邓洪波：《中国书院章程》之《北京市·燕平书院》，长沙：湖南大学出版社，2000年版，第6—8页。

④ 李调元：《童山集》卷七《新修通州潞河书院碑记》，清乾隆刻函海道光五年增修本。

⑤ 屠秉懿、胡振书：《延庆州志》卷四《书院》，引《缙山书院章程》，1928年补印清光绪六年刻本。

之一。

(三)生徒的膏火银

“膏火银”指书院、官学等供给生徒学习用的灯油费和伙食费的生活津贴及奖学金。“膏火银”往往用钱、谷两部分表示，既有只给谷而不支钱者，也有只给钱而无谷者，各个书院皆有区别，均视实际情况而定，并无定例。清代朝时期，在书院中学习的生徒，均由书院付给生活津贴。另外，书院每月对生徒都进行考试。生员考试成绩分超等、特等、一等；童生成绩分优取、上取、次取。成绩优秀者可以获得一定数量的奖金，奖金于每次考试之后兑现。北京清代书院生徒也同样能够从书院获得一定数目的“膏火银”。

潞河书院于乾隆四十六年(1782)重修以后，道台李调元规定：“额定十名膏火，计一名每一月一两五钱，共一百八十金。”[①]即书院中招收 10 名生徒，每人每月都能够享受 1 两 5 钱的膏火银，这是定额的津贴，相当于每月的生活费。有的书院中除去膏火银外，对生徒还有一些生活补助。如燕平书院，当一些正副生童要求住在书院学习时，便由监院报告本州，禀明本道，酌留肄业。对这部分生童，每人每月除去固定数量的膏火银外，由书院再发大钱 1800 文。[②]

北京的清代书院对生徒实行奖学金制度，对考试成绩好的学生进行鼓励，地方志中这方面的资料相对丰富。潞河书院在乾隆年间每年就拿出 14 两银子作为花红费[③]，赏给生徒做纸笔银。光绪初年，潞河书院每月从生息银中提取 5 两，“作师课奖励之资。”生员在官课时成绩超等，可获得膏火银 1 两；成绩特等可获得膏火银 6 钱。童生考试成绩为上取时，可获得膏火银 6 钱；成绩次取者，可获得膏火银 3 钱。

昌平的燕平书院有生员四五十人，童生十余人，每月初三官课，由道州按月轮流扃试；每月十八斋课，由书院院长扃试。试卷皆有知州评阅，分超等、特等、一等三个等次榜示，成绩优秀的给以“膏火银”作为奖学金。道光二十四年(1844)，昌平知州雷致亨制定的《燕平书院章程》中规定：每年初次开课，由本道甄别，此为官课。生员分超等、特等、一等，童生分优取、上取、次取。超等给予正课，每名奖励膏火银大钱 1200 文；特等给予副课，每名奖励膏火银 600 文；一等为外课，没有奖励。优取给予正课，奖励膏火银大钱 600 文；上取给予副课，奖膏火银大钱 300 文；次取为外课，没有奖励。每月举行一次斋课，获得超等的生员优奖，第一名大钱 600 文，第二名以下，全部奖励大钱 400 文；获得优取的童生，第一名大钱 400 文，第二名以下，

---

① 李调元：《童山集》卷七《新修通州潞河书院碑记》，清乾隆刻函海道光五年增修本。

② 邓洪波：《中国书院章程》之《北京市・燕平书院》，长沙：湖南大学出版社，2000 年版，第 6—8 页。

③ 花红费：清代书院考课奖赏的名目，根据主考官的身份不同，有“官课花红”、“师课花红”之分。

均奖励大钱300文。每月膏火银的发放，均归于次月官课点名时随卷发给。光绪二十年(1894)，知州荣恒把昌平州果税拨给燕平书院，用于奖励优秀学生。另外，燕平书院对在参加官学组织的考试中成绩优秀的给予额外奖励，规定在校生童遇到岁课考试，第一名者，赏给花红大钱4000文；乡试中试者，给旗扁[①]大钱20千文；拨贡给旗扁大钱12千文。

延庆的冠山书院规定，生徒官课时成绩“超等第一，奖赏三吊，膏火九吊；第二、三名，每名奖赏二吊，膏火八吊；特等五名，每名奖赏一吊，其膏火与一等前八名均各六吊。以上奖赏膏火数目，系住院肄业之资，如在外赴课者，谨按三分之一给领，以示区别。文童第一，二吊；第二，一吊五百文；第三，一吊；第四以次，各五百文。”[②]这里需要注意的是，冠山书院对生员的奖励除去“膏火银”以外，尚有别的奖赏，数目从1吊到3吊不等；对生童的奖励从第1名的2吊开始，名次递减1名，奖励则递减500文。

下面提到的几所书院，同样对生徒进行奖励，只是限于史料，书院膏火银发放的具体情况不太清楚而已。

金台书院每年四月份，由顺天府丞对生徒进行考课，“各随其优劣而分其膏火之等差”，每月还有院长主持的考课，曾经做过顺天府丞的彭蕴章说：“每月院长课亦如之，一切供给之费，奖赏之资，秩然就理。”[③]考试时，遇有宗室子弟应试，则予以适当照顾，“必酌予奖勵，拔置一二等，俾得稍分膏火。”[④]可见，金台书院膏火银的发放也是按照生徒考试成绩的优劣等次而定，对宗室子弟另有优待。

房山县云峰书院，有童生20人，日有功，月有课，成绩优秀者奖励膏火银，“诸生肄业其间，院外生亦可附课，月两试，前列者奖赏，以资膏火。”[⑤]

良乡县的卓秀书院，在道光年间，每月两课，一次在初二日，为堂课；一次在十六日，为斋课。膏火银由没收的隆峰寺地租中开支。[⑥]

缙山书院每年给生童的膏火费则是“永钱六百千。”

三、其他支出费用

书院费用支出项目除去上述以外，还有一些杂项支出，包括祭祀费、纸张费、茶水费等部分，如延庆的缙山书院每年春秋祭品，“约用永钱十二千。”

---

① 清制：发给新中试举人、进士树旗立匾于宅门的银两。《清会典事例·礼部·贡举》：“乡、会试中试人员，应得旗扁银两及表里缎疋，应照举人、进士例给予。”

② 屠秉懿、胡振书：《延庆州志》卷四《学校志·书院》，引《冠山书院章程》，1928年补印清光绪六年刻本。

③ 彭蕴章：《归朴龛丛稿》卷五《重整金台书院规条记》，同治刻彭文敬公全集本。

④ 刘锦藻：《清续文献通考》卷九十四《学校考一》，民国影印十通本。

⑤ 廖飞鹏、高书官：《房山县志》卷三《古迹·云峰书院》，1928年铅印本。

⑥ 周志中修，吕植纂：《良乡县志》卷二《学校》，1924年本。

昌平的燕平书院每年仲夏祭祀和修缮糊窗，支出大钱 10 千。燕平书院课期，茶水由斋夫负责办理，每次考课发大钱 200 文，课期生童的饭食费，每人给大钱 100 文。每月的两次考课，昌平州的礼房都要来人值班，等诸生交卷完毕，便回衙门，书院给他们每人每课饭钱 100 文。诸生考试使用的卷子由礼房置办，每本工价钱 20 文。潞河书院月课也支付汤饭银 12 两。

四、结 论

根据北京地区清代书院经费使用的考察过程，结合各地书院经费使用情况，我们可以得出以下几点结论：

第一，官吏对书院教育比较重视。封建社会官吏热衷于书院教育的信念支持是“立德”“立功”“立言”，即所谓“三不朽”的人生观。官吏大都出身士人阶层，他们经过长期的儒家思想熏陶，“立德”“立功”“立言”的价值观已经深入到他们的内心世界。“立德”要求士大夫必须具备高尚的道德修养，做社会道德楷模；“立功”要求士大夫应该对社会做出应有的贡献，做行动的典范；“立言”则要求士大夫著书立说，流传后世，做舆论的榜样。封建社会中后期，官学已经不能满足社会的需求，一些官吏便兴办书院，借此实现“三不朽”的人生价值。加上清代政府的倡导，使各级官员对书院教育倾注了大量财力、精力。从北京清代书院经费支出中，我们感受到封建官吏对书院教室房舍的关注、对教师的关怀和对学生的关心。

第二，清代社会对教师比较尊重，集中体现在教师的薪金待遇方面。书院院长的年薪一般有几百两银子，高的甚至上千两，低的也有百两左右，在书院日常支出的经费中占有很大的份额。北京地区清代书院院长每年的薪金和全国各地相比大致相当，除去“束脩”“膳资”以外，还有一定数额的过节费。教师每年的薪金大致在白银 200 到 400 两，多数在 300 两左右，低的时候也有 150 两。即使和朝廷大员相比较，书院教师的年薪也是很高的。清朝一品官的俸银，每年不过 180 两银子，禄米 180 斛，雍正时支双份俸银，也不过 360 两。也就是说，书院院长的年薪大致与一品官的俸银相当。

第三，书院对生徒能够给予应有的关怀，使他们生活无忧，学习安心。清代对在书院学习的生徒每月都给以固定的生活津贴和灯油费，另外，还有奖学金，加起来的数额虽然不能和教师的薪金相比，但是，维持生活是没有问题的，稍微节约的生徒，还可以补贴家用，所以，在清代，有的生徒虽然屡次不能考取举人、进士，但是，仍然愿意长期在书院就读，其原因就在于此。北京地区的清代书院，对生徒的生活均不同程度地给以补贴，对考试成绩好的生徒，同样有奖励。上述做法，对提高生徒学习积极性，尤其是帮助家境比较困难的生徒顺利完成学业起到了重要作用。

（作者：赵连稳 《北京联合大学学报》编审，副总编）

项目名称：续修国子监志
项目编号：10BaLS052
项目负责人：高　彦
项目信誉保证单位：北京市文物局

元明清北京孔庙释菜礼研究

在古代，除了有每年仲春、仲秋祭孔的释奠仪之外，还有释菜礼(仪)和释褐仪两种。下面，我们主要来看一下释菜礼的起源，及其在元明清三代北京孔庙的历史沿革与内容比较。

一、释菜礼探源

一般而言，释菜礼是指古代每月朔旦用兔醢、果酒、香烛、芹、枣、栗等祭祀先师孔子的一种礼仪。根据《礼记·月令》：

是月(仲春之月)也，毋竭川泽，毋漉陂池，毋焚山林。天子乃鲜羔开冰，先荐寝、庙。上丁，命乐正习舞，释菜。天子乃帅三公、九卿、诸侯、大夫亲往视之。仲丁，又命乐正入学、习乐。是月也，祀不用牺牲，用圭璧，更皮币。

根据孙希旦《礼记集解》：《吕氏春秋》"习"作"入"，"释"作"舍"，"菜"作"采"，"帅"作"率"，无"大夫"字。郑氏曰：将舞，必释菜于先师以礼之。《夏小正》曰："丁亥，《万》舞入学。"孔氏曰：此仲春习舞，则《大胥》"春入学，舍菜，合舞"，一也。据人所学，谓之习舞；节奏齐同，谓之合舞。仲春习舞，季春大合乐，天子亲往，余则否。愚谓上丁者，上旬之丁日也。孟春既命国子习舞，至此又命习之，以观其学舞之成也。菜，芹藻之属。释菜于先师，而以国子学业之成告之也。乐正所教者，王大子，王子，公、卿、大夫、元士之适子也，故仲春习舞，季春合乐，天子与公、卿、大夫皆亲往视之。盖乐观其学业之成就，而因以考察其材否，以鼓舞激励之也。此事在上丁，乃言于"日夜分"之后者，欲其与下文"仲丁""习乐"以类相从也。①

《礼记·文王世子》：

始立学者，既兴器用币，然后释菜，不舞不授器。乃退，傧于东序，一献，无介、语可也。教世子。

---

① (清)孙希旦：《礼记集解》(上)，北京：中华书局，1989年版，第428—429页。

根据孙希旦《礼记集解》：兴，举也。与后“兴秩节”之兴同。兴器用币，即前云“释奠于先圣、先师，及行事必以币”也。君既亲行释奠之礼，然后学官行释菜之礼，《学记》“大学始教，皮弁祭菜”，是也。舞则授器，《司干》：“舞者既陈，则授舞器。”不舞不授器，释菜礼轻也。以礼礼宾谓之傧，此释菜之礼，盖以大乐正主之，而其为宾者则大司成与？盖大司成主国学之教，既释菜于先师，而继之以傧大司成，亦礼之宜也。傧宾之礼行一献，盖先师但行释菜礼，傧宾之礼宜与之相称也。凡饮酒，有介以辅宾，又至旅酬而合语。一献之礼既轻，故无介、语亦可也。盖此二事，或有或无，随人之所行也。释菜在瞽宗，傧宾在东序，则诸侯亦不惟一学矣。熊氏安生曰：释奠有六：始立学，一也；四时有四，五也；《王制》师还释奠，六也。释菜有三：春入学释菜，合舞，一也；兴器释菜，二也；《学记》“皮弁祭菜”，三也。秋颁学，合声，无“释菜”之文，则不释菜也。释币惟一，此兴器用币是也。愚谓夏不释奠，则释奠惟五。《学记》“大学始教，皮弁祭菜”，即始立学者兴器用币，然后释菜之事，则释菜惟二也。此言“兴器用币”，即上所言“释奠于先圣、先师，及行事必以币”，非二事也。盖始立学释奠，已见上文，此又重述之，以起下释菜傧宾之事耳。其曰“既”者，乃遥继前文之辞也。郑氏读兴为衅，谓“礼乐之器成，衅之，又用币告先圣、先师”，以始立学释奠与兴器用币为二事，故熊氏亦分释奠、释币为二，皆误也。衅器事小，何必告及先圣哉？[1]

《礼记·学记》：

大学始教：皮弁祭菜，示敬道也。

《周礼·春官·大胥》：

春，入学，舍采合舞。

郑玄注：“舍即释也。采读为菜。始入学必释菜，礼先师也。菜，蘋蘩之属。”

《周礼·春官·占梦》：

乃舍萌于四方，以赠恶梦。

郑玄注：“萌，犹释菜，萌菜始生。”

《礼记·丧大记》：

大夫之丧，将大敛，既铺绞、纷、衾、衣，君至，主人迎，先入门右，巫止于门外。君释菜，祝先入，升堂。君即位于序端；卿大夫即位于堂廉，楹西，北面，东上；主人房外南面；主妇尸西，东面……

大夫士既殡而君往焉，使人戒之。主人具殷奠之礼，俟于门外，见马首，先入门右。巫止于门外，祝代之先。君释菜于门内……

郑玄注：“释菜，礼门神也。”一说，进门前脱去华美的外衣。

① (清)孙希旦：《礼记集解》(中)，北京：中华书局，1989年版，第562—563页。

《礼记·内则》：

十有五年而笄，二十而嫁……

《礼记·昏义》：

古者妇人先嫁三月，祖庙未毁，教于公宫，祖庙既毁，教于宗室，教以妇德、妇言、妇容、妇功。教成，祭之，牲用鱼，芼之以蘋藻，所以成妇顺也。

郑玄注："鱼为俎实，蘋藻为羹菜。"这里叙述的是妇女的婚前教育过程。在经过三个月教育，达到预期目的后，妇女要在祖庙或宗室祭祀祖先，祭品有鱼和用蘋藻等野菜做的羹。

《仪礼·士昏礼》：

若舅姑既没，则妇入三月，乃奠菜。

郑玄注：没，终也。奠菜者，以篚祭菜也，盖用堇。

孔颖达《礼记正义》：释曰：自此至"飨礼"，论舅姑没三月庙见之事。必三月者，三月一时天气变，妇道可以成之故也。此言"舅姑既没"者，若舅没姑存，则当时见姑，三月亦庙见舅。若舅存姑没，妇人无庙可见，或更有继姑，自然如常礼也。案《曾子问》云："三月而庙见，称来妇也。择日而祭於祢，成妇之义也。"郑云："谓舅姑没者也，必祭，成妇义者。妇有供养之礼，犹舅姑存时盥馈特豚於室。"此言奠菜，即彼祭於祢一也。奠菜亦得称祭者，若《学记》云"皮弁祭菜"之类也。

《仪礼·士丧礼》：

君视敛，释菜入门。

郑玄注："释采者，祝为君礼门神也。必礼门神者，明君无故不来也。

《左传·襄公二十八年》：

穆叔曰："伯有无戾於郑，郑必有大咎。敬，民之主也，而弃之，何以承守？郑人不讨，必受其辜。济泽之阿，行潦之苹藻，寘诸宗室，季兰尸之，敬也。敬可弃乎？"

《诗经·召南·采蘋》：

于以采苹？南涧之滨。于以采藻？于彼行潦。于以盛之？维筐及筥。于以湘之？维錡及釜。于以奠之？宗室牖下。谁其尸之，有齐季女。

即在河边采择蘋草，在积水中搜罗藻菜，把它们放置在宗庙窗前的祭坛上，由庄敬的少女主持祭祀。这是以野菜作为祭品，把它奉献给祖先神。

《诗经·召南·采蘩》：

于以采蘩，于沼于沚；于以用之，公侯之事。于以采蘩，于涧之中；于以用之，公侯之宫。被之僮僮，夙夜在公；被之祁祁，薄言还归。

它表明人们在池塘水边择取蔡菜是为贵族准备蔡祀宗庙的用品。

《新唐书·儒学传上·孔颖达》：

帝幸太学，观释菜；命颖达讲经。

明归有光《顾夫人八十寿序》：

公予告家居，率乡人子弟释菜於学宫。

总结上述内容，我们可以知晓，释又作舍，菜，一曰采；释菜，一曰释采，或曰奠菜，在古代至少有六种含义：

第一，古代入学时祭祀先圣先师的一种典礼。如《礼记·月令》："（仲春之月）上丁，命乐正习舞，释菜。"《礼记·文王世子》："始立学者，既兴器用币，然后释菜。"《礼记·学记》："大学始教，皮弁祭菜，示敬道也。"《周礼·春官·大胥》："春，入学，舍采合舞。"《新唐书·儒学传上·孔颖达》："帝幸太学，观释菜；命颖达讲经。"明归有光《顾夫人八十寿序》："公予告家居，率乡人子弟释菜於学宫。"

第二，君临臣丧时入门前向门神致礼的仪式。《仪礼·士丧礼》："君释采，入门。"《礼记·丧服大记》："君至，主人迎，先入门右，巫止于门外，君释菜。……见马首，先入门右，巫止于门外，祝代之先，君释菜于门内。"

第三，妇女婚前经过三个月教育，达到预期目的后，在祖庙或宗室祭祀祖先的仪式。如《礼记·昏义》："古者妇人先嫁三月，祖庙未毁，教于公宫，祖庙既毁，教于宗室，教以妇德、妇言、妇容、妇功。教成，祭之，牲用鱼，芼之以蘋藻，所以成妇顺也。"

第四，公婆去世之后，儿媳于三月为其举行祭祀的仪式。《仪礼·士昏礼》："若舅姑既没，则妇入三月，乃奠菜。"其具体的礼仪如下："妇执笲菜，祝帅妇以入。祝告称妇之姓曰：'某氏来妇，敢奠嘉菜于皇舅某子。'妇拜报地，奠菜于几东席上。还，又拜如初。"（《仪礼·士昏礼》）

第五，以野菜作为祭品，把它奉献给祖先神的仪式。例如《左传·襄公二十八年》"济泽之阿，行潦之苹藻，寘诸宗室，季兰尸之，敬也"，还有《诗经·召南·采蘋》和《诗经·召南·采蘩》所描述的相关内容。

第六，《周礼·春官·占梦》："乃舍萌于四方，以赠恶梦。"郑玄注："萌，犹释菜，萌菜始生。"由此可知，此处的释菜还是来驱逐恶梦的一种仪式。

总之，古代释菜礼的适用范围应该是非常宽泛的，它既是古代入学时祭祀先圣先师的一种典礼，也是君临臣丧时入门前向门神致礼的仪式；是妇女婚前经过三个月教育，达到预期目的后，在祖庙或宗室祭祀祖先的仪式，还是公婆去世之后，儿媳于三月为其举行祭祀的仪式；是以野菜作为祭品，把它奉献给祖先神的一种仪式，还是古人用来驱逐恶梦的一种仪式。后来，为了表达对先师孔子的尊敬，释菜礼便发展成为祭祀先师孔子的一种特定典礼。

透过后代学者对释菜礼的注疏，我们可以看到，开始立学之时，先衅器用币，然后释菜，因释菜礼轻，所以不舞不授器，然后退下。大概因为大司成主国学之教，继释菜于先师之后，接着要傧大司成于东序，即乐正以宾客之礼待大司成于东序。古代天子有五学，东曰东学，又名东序；西曰西学，又名瞽宗；南曰南学，又名成均；北曰北学，又名上庠；中曰太学，又名辟雍。因释菜礼轻，所以没有介、语等赞礼之人。

北朝经学家熊安生曰：释奠有六：始立学，一也；四时有四，五也；《王制》师还释奠，六也。释菜有三：春入学释菜，合舞，一也；兴器释菜，二也。《学记》"皮弁祭菜"，三也。秋颁学，合声，无"释菜"之文，则不释菜也。释币惟一，此兴器用币是也。熊安生认为释奠有六次，刚立学之时，四时各一，加上军队班师还朝之时。而释菜他认为有三次，即春天入学释菜，合舞，二是立学之时兴器释菜，三是《学记》所言"皮弁祭菜"。只有一次释币，即刚立学之时兴器用币。

但是，清人孙希旦认为，夏不释奠，则释奠惟五。《学记》"大学始教，皮弁祭菜"，即始立学者兴器用币，然后释菜之事，则释菜惟二也。此言"兴器用币"，即上所言"释奠于先圣、先师，及行事必以币"，非二事也。盖始立学释奠，已见上文，此又重述之，以起下释菜傧宾之事耳。

皮弁，《周礼·夏官·弁师》："王之皮弁，会五采玉璂，象邸，玉笄。"郑玄注："会，缝中也。璂，读如薄借綦之綦。綦，结也。皮弁之缝中，每贯结五采玉十二以为饰，谓之綦。《诗》云'会弁如星'，又曰'其弁伊綦'，是也。邸，下柢也，以象骨为之。"《周礼·春官·司服》："凡兵事，韦弁服；眂朝，则皮弁服。"孙诒让《周礼正义》："皮弁为天子之朝服，《论语·乡党篇》'吉月必朝服而朝'，《集解》孔安国云：'吉月，月朔也。朝服，皮弁服。'《曾子问》孔疏引郑《论语注》同。盖以彼月吉诸侯视朔，当服皮弁，而皮弁为天子之朝服，故亦通称朝服。"皮弁为天子视朝、诸侯告朔之服，而非兵事之服。告朔之礼，古者天子常以季冬颁来岁十二月之朔於诸侯，诸侯受而藏之祖庙。月朔，则以特羊告庙，请而行之。到春秋时期，这一制度已经开始废弛，《论语·八佾》："子贡欲去告朔之饩羊。子曰：'赐也！尔爱其羊，我爱其礼。'"但后来祭孔释菜礼之日期恰恰是每月月朔之日(包括月望上香)。

二、元明清三代北京孔庙释菜礼之历史沿革

根据《钦定国子监志》记载：

元中统二年，诏宣圣庙月朔释奠。(《元史·世祖纪》)

[谨案：月朔释奠，即释菜也。考今国子监先师庙成于成宗大德十年，则此事应在南城国子学。有元详于释奠，而释菜无闻，故录此以备一代之制。又案《元史·选举志》：侍仪舍人，于上、中斋举礼仪习熟、曾掌春、秋释奠，每月告朔明赞，众与其能者充之。盖今所为月朔释菜者，元时又谓之"告朔"也。]

明成化二十二年二月朔，当释菜，值上丁，令以次日释菜。(《明会典》)

嘉靖九年，厘正祀典，罢内臣降香。(《明会典》)

[谨案：明初每月朔、望，遣内臣于先师庙降香，至是始罢。]

万历十三年，定每月朔行释菜礼。(《明史·礼志》)

又，公侯驸马伯及戚畹子弟初入监之月，谒先师庙，行释菜礼。用兔醢、果酒、香烛，陈设如常仪。各爵列班于庙墀，礼生赞行四拜礼，班首上殿献爵如常仪。复位，又行四拜礼。监生初入监，赴先师庙报名，庙中礼生赞谒先师，行四拜。(《明太学志》)

[谨案：以上二条，别于朔日释菜，即故始入学释菜之意也。附识以备参考。]

顺治元年，定月朔行释菜礼。设酒、芹、枣、栗。祭酒于先师位及四配位前三献。东、西哲庑位前以监丞、博士等官分献。次诣启圣祠(崇圣祠)行礼。分献官亦随行礼。十五日司业上香，与朔日同。

[谨案：旧制：每月朔、望，堂上官率属赴后殿及土地祠行礼，今惟正月行之。余俱派监丞、博士、助教等员余崇圣祠行礼，助教一员于土地祠行礼。又、东、西哲向以监丞、博士分献，今博士、助教等官轮派，监丞不与焉。]①

元统一全国，当时各地孔庙遭到很大破坏，庙学祭祀也受到很大影响。但元初皇帝为笼络汉族士人，依然采纳他们的建议，举行释奠仪和释菜仪。各地庙学也随之纷纷建立，释奠仪和释菜仪得到很大程度上的恢复。

元中统二年(1261)，诏宣圣庙月朔释奠(释菜)。(《元史·世祖纪》)

对“释奠服色”，元朝也有具体规定，至元十年(1273)，中书省鉴于当时“外路官员、提学(官)、教授每遇春秋二丁，不便常服以供执事，于礼未宜”的情况，经过讨论，规定：“自今以往，拟合令执事官员各依品序穿着公服，各处陪位诸儒，亦合衣襕带，冠唐巾，以行释菜之礼。”②

中统二年元政府颁布了文庙“告朔礼”③，从此北方就有了固定的朔望祭祀制度，元朝统一以后，各地儒学对朔望祭祀制度进行了修订。根据“告朔礼”和至元二十九(1292)年绍兴路学的“学式”，朔望祭祀于每月的朔、望日在各级儒学进行。

据《明志》，洪武十七年(1384)，“敕每月朔望，祭酒以下行释菜礼，郡县长以下诣学行香”。

明成化二十二年(1486)二月朔，当释菜，值上丁，令以次日释菜。(《明会典》)

---

① (清)文庆、李宗昉纂修，郭亚南等点校：《钦定国子监志》(上册)，北京：北京古籍出版社，2000年版，第425—428页。

② 《元典章·礼部二·服色》，《秀才祭丁当备唐巾襕带》。

③ 《元典章》三十一《礼部四·儒学》。

嘉靖九年(1530)，厘正祀典，罢内臣降香。(《明会典》)

万历十三年(1585)，定每月朔行释菜礼。(《明史·礼志》)

据《明志》，万历二十三年(1595)定制：仲春秋上丁日遣大臣祭先师孔子及其配位之外，“每月朔，及每科进士行释菜礼，司府州县卫各提调官行礼，牲用少牢，乐如太学”，“京府及府县学止行释菜礼”。

又，公侯驸马伯及戚畹子弟初入监之月，谒先师庙，行释菜礼。用兔醢、果酒、香烛，陈设如常仪。各爵列班于庙墀，礼生赞行四拜礼，班首上殿献爵如常仪。复位，又行四拜礼。监生初入监，赴先师庙报名，庙中礼生赞谒先师，行四拜。(《明太学志》)

顺治元年，定月朔行释菜礼。设酒、芹、枣、栗。祭酒于先师位及四配位前三献。东、西哲庑位前以监丞、博士等官分献。次诣启圣祠(今崇圣祠)行礼。分献官亦随行礼。十五日司业上香，与朔日同。

三、元明清三代北京孔庙释菜礼之内容比较

通过仔细比较，我们可以看到，元明清三代之释菜礼之间既有一定的继承关系，同时亦有所区别。[①]

首先，释菜之时间。

元代是每月朔释菜，即“每朔旦，日未出，设立献位阶下，诸生列位于后”，望日是否行上香仪，史料未作详细交代，但根据后面明清之释菜仪，亦应与之相似；明代是朔日行释菜仪，望日行上香仪；清代亦是朔日行释菜仪，望日行上香仪。

其次，释菜之前的准备。

元代是先放圣寿辇于宣圣右边(曾孟位上)香案，具下祝案，置祝板于上。然后设立献位于阶下，诸生列位于后。明清无放圣寿辇和设祝案、置祝板之举。

明代是前期一日，遣属官一员，率庙户赴太常寺领祭品。其日清晨，执事者各司其事，分献官各官分列于棂星门内，监生排班于庙门内。

清代是朔日释菜，应用香、烛、酒、果，望日上香，应用香、烛等项，均前期行文太常寺给发关领，至期陈设。届期清晨，由神库点取应用献爵等器，敬谨洗涤备用。朔、望日均于大成殿阶墀下甬道中铺设棕毯。分三班：前祭酒、司业，次分献官，次随行礼官。其八旗教习及六堂肄业生，分东、西二班。有琉球官生时，亦随该学教习，附于肄业生之次行礼。崇圣祠亦铺设阶墀之下，不分班。(以上点簿承办)其执事各生，由六堂先期拣选开送，

① 北京孔庙释菜礼之内容，参见(清)文庆、李宗昉纂修，郭亚楠等点校：《钦定国子监志》(上册)卷二十八《礼志四·释菜》，北京：北京古籍出版社，2000年版，第425—429页。

照例分派。立执事名册一本，拜庙名册一本，令诸生各赴持敬门画到，不到者查明记过。(以上监丞承办)

是日清晨，主献祭酒及随班行礼之祭酒、司业，俱诣致斋所，更朝服。赞引道由东角门入。监丞、博士、八旗官学助教、六堂助教、学正、学录等官，八旗官学教习，既肄业贡、监生，皆从诣阶下。

清代释菜执事员数：

朔、望行礼，大成殿、崇圣祠纠仪官二员，博士助教等官充。朔日释菜，大成殿侍班二名，通赞四名，正引、哲引、庑引各四名，正位司尊一名，东、西哲司尊二名，东、西庑司尊二名，正位司爵三名，四配司爵八名，东、西庑司爵六名，两庑司爵四名。崇圣祠侍班二名，通赞、正引、配引、庑引各二名，正位司尊一名，东、西庑司尊各一名，正位司爵五名，配位司爵二名，东、西庑司爵各一名。望日上香无司爵，改司尊为司香。

第三，释菜之过程。

元代：赞者在前先二拜，自东阶升殿，喝‘摆班，’又喝‘班齐。’次喝‘初献官以下皆拜、再拜，两拜毕，平立’。执事者引三献官升殿自东阶。分献官、诸从祀位如殿上仪，初献立宣圣位前，亚、终献立颜孟、十哲位前。赞者喝‘再拜’，俱再拜，拜毕，就跪，三祭酒，再拜具；亚、终献亦如之。礼毕，三献官诣圣寿位前，先再拜，跪上香，就跪，祝香读祝讫，三奠酒毕，就拜，具再拜，礼毕，降至西阶复位。赞者喝‘初献官以下皆再拜、两拜！’礼毕，诸生与献官员[圆]揖，诣讲堂讲经。”

明代：竢献官至，通赞唱：“排班!”献官以下各就位。通赞唱：“班齐！闢户！鞠躬！拜，兴。平身!”引赞诣献官前，唱：“诣盥洗所。”献官盥手、帨手讫，引赞唱：“诣酒尊所。”司尊者举幂酌酒讫，引赞唱：“诣至圣先师孔子前。跪！献爵！俯伏！兴。平身。”(执事者并同)引赞唱：“诣复圣颜子、宗圣曾子、述圣子思子、亚圣孟子前。”仪并同。十哲、两庑分献官一同行礼毕，引赞同唱：“复位!”导献官、分献官至原拜位立。通赞唱：“鞠躬！拜，兴。平身！阖户！礼毕!”

明望日行香仪：是日清晨，监丞既阖属官分列于棂星门内，监生排班于庙门内，候祭酒、司业至，通赞唱：“排班！班齐！闢户!”唱：“鞠躬！拜，兴。拜，兴。拜，兴。拜，兴。平身！阖户!”

清代：通赞赞：“排班。”班齐，赞：“跪，叩，兴。”行三跪九叩礼毕，赞引道诣盥洗所，盥手，帨手。再诣酒尊所，司尊者举幂、酌酒，执爵者由中道上。赞引道祭酒由东阶升，从殿左门入。赞引赞：“诣至圣先师神位前。”一跪一叩，兴。献三爵，一跪三叩，兴。(阶下俱随班行礼)赞引赞：“诣复圣颜子、宗圣曾子、述圣子思子、亚圣孟子位前，”各行三献礼，如正位仪。十二哲、两庑分献官，俱竢祭酒诣亚圣位前时，各赞引引诣神位前行礼，如四配仪。毕，赞引道各官由殿右门出，下西阶复位。通赞赞："跪，叩，兴。"祭酒及各官行三跪九叩礼，兴。赞："礼毕。"道由西掖门出。崇圣祠主献、分献与前殿仪同。望日上香，司业诣致斋所更朝服，仪如月朔，不献爵。

由元明清三代释菜之过程来看，三者在行释菜仪时俱有赞者或通赞，但元代赞者在前要先二拜，而明清之通赞无此礼。

在排班班齐之后，元代初献官以下皆行二拜礼；明代则行一鞠躬一拜礼，清代则行三跪九叩礼。

此后，元代是执事者引三献官升殿自东阶。分献官、诸从祀位如殿上仪，初献立宣圣位前，亚、终献立颜孟、十哲位前。明清则是先由赞引道诣盥洗所，盥手，帨手，再诣酒尊所，司尊者举幂、酌酒，清代赞引此时道祭酒由东阶升，从殿左门入。

此后，元代三献官诣宣圣位及颜孟、十哲位前元代要行再拜礼，然后跪，三祭酒，一起再拜。明代诣至圣先师孔子前，行一跪礼，献爵。执事者并同。然后诣复圣颜子、宗圣曾子、述圣子思子、亚圣孟子位前，仪并同。十哲、两庑分献官一同行礼。明代望日行上香仪要行四拜礼。清代诣至圣先师位前，行一跪一叩礼。献三爵，行一跪三叩礼，其余阶下人等俱随班行礼。然后诣复圣颜子、宗圣曾子、述圣子思子、亚圣孟子位前，"各行三献礼，如正位仪。十二哲、两庑分献官，俱竢祭酒诣亚圣位前时，各赞引引诣神位前行礼，如四配仪。

礼毕之后，元代三献官诣圣寿位前，先再拜，跪上香，就跪，祝香读祝讫，三奠酒毕，就拜，具再拜，礼毕，降至西阶复位。赞者喝'初献官以下皆再拜、两拜！'礼毕，诸生与献官员[圆]揖，诣讲堂讲经。"

明代十哲、两庑分献官一同行礼毕，复位。导献官、分献官至原拜位立。排班班齐，最后行一拜礼。

清代礼毕，各复位。祭酒及各官行三跪九叩礼。崇圣祠主献、分献与前殿仪同。望日上香，司业诣致斋所更朝服，仪如月朔，不献爵。

（作者：常会营　孔庙和国子监博物馆馆员）

项目名称：元大都文化——北京世界城市建设的一个历史参照
项目编号：10BaLS053
项目负责人：傅秋爽
项目信誉保证单位：北京市社会科学院

元大都文学在北京文化发展史上的价值和意义

一、大都文坛体现出元代文学最基本的时代特征

元代是中国文学史“古典”与“近世”的分水岭，是其历史发展走向由“雅”而“俗”革命性的转折点。在元代之前，传统的代言体的诗歌、散文统治着文坛。元代开始，叙事体的小说、戏曲占据文坛更重要的位置，成为文学主力军。同时，元代文学又表现出“古典”与“近世”相互交汇融合的鲜明特征，诗、文等传统文体，叙事成分大为增加，承前启后，孕育出新的发展格局；而小说、戏曲等新兴文体，又随处融入了诗词文赋等传统元素，使之渊源深厚，广泛传播。胡适评价这一时期文学发展的历史性成就：“文学革命至元代而登峰造极。其时，词也，曲也，剧本也，皆第一流之文学，而皆以俚语出之。其时吾国真可谓有一种活文学出世。”①“活文学”成为元代文学最突出也是最基本的特征。

元代文学，在北京文化发展历史上同样有着里程碑的意义。大都，作为元朝强大统一国家的首都，不仅是当时政治、经济的中心，同时也首次取得了全国文化中心的地位。这其中，文学对这一中心地位的取得功不可没。因为，文学新时代在元大都(今北京)文坛得到了极其鲜明、典型、集中、完美的体现。诗、词、文、赋、小说、戏曲各种文学体式齐备，风格多样，异彩纷呈。诗词文赋等传统文学体式方面，活跃于大都文坛的既有耶律楚材、刘秉忠等地域特色鲜明、成就斐然的北方雄奇浑厚一派，也有杂糅了南北之长，影响巨大的“元诗四大家”的虞集、范梈、杨载、揭傒斯等；既有在城市文化中独树一帜的本籍诗文作家鲜于枢、何失、张进中，也有深受汉民族传统文化滋养，影响巨大成一代标立的“华化”群体。少数民族诗人群体的崛起是元代文坛一个突出的文学现象。陈垣先生引清人王士祯语谓：“元代文章极盛，

① 胡适：《胡适古典文学研究论集》，上海：上海古籍出版社，1988年版，第12页。

色目人著名者尤多。"[①]元代有作品流传至今的蒙古诗人有二十余人，色目诗人约一百人。[②] 而他们中相当一部分人活跃在大都文坛，耶律楚材、贯云石、马祖常、廼贤、萨都剌、赵世延、李公敏、伯颜、不忽木、阿鲁威等都是。他们或以诗文著称，或以散曲称雄，或长于辞赋，或精于小令。清代诗论家顾嗣立在《元诗选》中评论元代少数民族诗人，认为他们的成就堪与最杰出的文学家媲美："有元之兴，西北子弟，尽为横经。涵养既深，异才并出。云石海崖、马伯庸以绮丽清新之派振起于前，而天锡继之，清而不佻，丽而不缛，真能于袁、赵、虞、杨之外，别开生面者也。于是雅正卿、达兼善、廼易之、余廷心诸人，各逞才华，标奇竞秀。亦可谓极一时之盛者欤!"

在创作风格上，大都文学也成为集南北之长创新变革的典范。由于元之前是长达数百年的南北对峙，其间虽然文化交流并没有完全隔绝停止，但毕竟相对封闭，基本格局还是各自独立发展。文学上，都形成了比较鲜明的地域特色。随着"大一统"的到来，南北交流成为潮流，范围广而有时尚化趋势。江南的典雅清秀，精美婉丽，北方的雄浑壮伟，豪放率真，通过交流融汇，相互影响，使得各自文风发生了极其微妙的变化，南方文士消除了纤弱靡丽，北方文士增加了清雅周密，共同将文学推向了新的高度。元人欧阳玄在《圭斋文集》卷七《潜溪集》序中曾对当时的文坛给予描述："中统、至元之文，庞以蔚；元贞、大德之文，畅以腴；至大、延祐之文，丽而贞；泰定、天历之文，赡以雄。"而这样的时代特征，透过大都文坛的诗文创作体现出来。

当然，对北京文化发展贡献最大、影响最深远的当属元曲，尤其是元杂剧。因为它奠定了北京全国文化中心不可撼动的地位。

二、大都文坛代表着元代文学的最高成就

王国维说："凡一代有一代之文学：楚之骚，汉之赋，六代之骈语，唐之诗，宋之词，元之曲，皆所谓一代之文学，而后世莫继焉者也。"[③]元代，立国不过百年，文学上却取得了和唐诗、宋词并驾齐驱的成就，不能不说是由于艺术辉煌发展的杂剧的贡献。元曲是元代文学的典型，代表着元代文学最高成就，是元代文学对中国文学最独特的贡献。元代杂剧的兴盛，肇源于大都，正像元末明初贾仲明在赵子祥吊曲[凌波仙]中所赞美的那样："一时人物出元贞，击壤讴歌贺太平。传奇乐府时新令，锦排场，起玉京。"[④]特殊的历史文化环境，使得北京幸运地成为杂剧、散曲为代表的新兴俗文学的发源地、核心

---

① 陈垣：《元西域人华化考》，上海：上海古籍出版社，2008 年版，第 132 页。

② 查洪德、刘嘉伟：《元代葛逻禄诗人廼贤研究百年回顾》，《民族文学研究》，2007 年第 4 期。

③ 王国维：《宋元戏曲史》，北京：中华书局，2010 年版，第 1 页。

④ (元)贾仲明《录鬼簿续编》，见《中国古典戏曲论著集成》(一)，北京：中国戏剧出版社，1959 年版。

聚集区和全国辐射源。北京，作为新兴文学全盛时期的中心，见证了这场历史性转变的全过程，并当之无愧地成为了影响中国文学未来整体走势的轴心，并在世界文学史上都产生了巨大而深远的影响。在此期间，北京文学完成了从中国文学发展的部分剪影转而成为完整缩影的历史性的转变，实现了从被影响到全面、强力、大范围释放影响，从被辐射到发挥全国性辐射作用的实质性飞跃，从较为单向的被他化逐渐完善、强化了化他的诸项功能。

元代北京文学，在北京文化发展历史中是最重要的一个环节。元人周德清《中原音韵·自序》则从“盛”“备”“难”三个方面衡量，表述了元曲的繁荣兴盛：“乐府之盛、之备、之难，莫如今时。其盛，则自缙绅及闾阎歌咏者众。其备，则自关、郑、白、马一新制作，韵共守自然之音，字能通天下之语，字畅语俊，韵促音调，观其所述，曰忠曰孝，有补于世。其难，则有六字三韵，‘忽听、一声、猛惊’是也。”[①]这段话对杂剧的成就与作用概括得较为全面。第一，杂剧成为全社会最重要的文化生活，上至宫廷宴饮、官府庆典、外交接待，下至黎民百姓、客旅游商，从城市到乡村，观看杂剧演出成为人们最主要的娱乐方式；第二，关汉卿等领军人物的创作，在将杂剧推向繁荣鼎盛过程中起到了至关重要的作用；第三，杂剧产生了广泛深远的影响，在语言方面，它使得以燕京(今北京)语为基础和标准的语音通过念白、唱韵广为传播，成为“能通天下之语”，促进了全国通行语音的形成，这对国家统一、民族团结和文化交流融合都具有深远意义；第四，在思想内容上，杂剧以“有补于世”为标准，奠定了此后中国文学创作关注现实、关注民生的优良传统。

大都本籍作家蓬勃成长，形成了一个以“元曲四大家”为旗帜的庞大杂剧创作阵营，将杂剧艺术迅速推向鼎盛。这一时期的杂剧作家绝大多数是北方人，其中尤以京城大都最为集中。大师级作家的出现，历来都是文化繁荣的重要标志和衡量标准之一。代表杂剧创作最高成就的元曲四大家，有3个在大都，他们是关汉卿、王实甫、马致远等。而伴随大师出现的是一批优秀作家，据《录鬼簿》统计，元代著名的杂剧作者达150人左右，《太和正音谱》统计为200人左右，其中，属于鼎盛时期的作家主要集中于北方，如河北真定、山西平阳、山东东平等地，而尤以大都人数众多，创作活跃。而据王国维对《录鬼簿》所录元杂剧前期57名作者的分析，近半数生活创作在大都。活跃于大都的剧坛作家最著名的有庾天锡、王仲文、杨显之、纪君祥、费君祥、费唐臣、张国宾、石子章、李宽甫、梁进之、孙仲章、赵明道、李子中、李时中等，这些《录鬼簿》中著录的最优秀的杂剧作家以丰硕的创作数量，个性鲜明的艺术风格，以及在民众中所产生广泛深刻的影响，实现了文学从内容到

---

① (元)周德清：《中原音韵》，见《中国古典戏曲论著集成》(一)，北京：中国戏剧出版社，1959年版，第175页。

形式的全面解放和创新。《青楼集》等文献记载了元代百年最优秀的杂剧散曲表演艺术家，而其中生活并活跃于大都的就高达44人之多，他们以搬演杂剧和吟唱散曲闻名于世。杂剧作家与表演艺术家共同创造了元曲的辉煌，成为中国文学史上继唐诗、宋词之后又一个新的文学艺术巅峰。从钟嗣成的《录鬼簿》中可以发现很多杂剧作家、表演艺术家相互之间不仅是生活挚友，也是艺术知音，事业同道，关系非常密切，合作也很多。如关汉卿与杨显之、梁进之、费君祥等为好友，马致远和李时中、花李郎、红字李二等同为“元贞书会”中人，关汉卿与珠帘秀之间时有唱和，杨显之号称“杨补丁”，亲力亲为地为他人修改润色剧本。胡祗遹等人与珠帘秀等表演艺术家们保持着广泛而亲密的关系，并时常对表演艺术发表精辟见解和评论。创作、表演、评论相互启迪，彼此影响；作家、演员、理论家相互交流、切磋，共同合作；同行之间相互学习、竞争，不断创新，整个大都剧坛显得异常活跃，充满生机活力。

杂剧作家勤奋创作，佳作不断。产生了一大批在中国文学史上堪称经典的伟大作品。关汉卿的社会剧《窦娥冤》、爱情婚姻剧《救风尘》《望江亭》、历史剧《单刀会》，王实甫的爱情婚姻剧《西厢记》《破窑记》，马致远的历史剧《汉宫秋》，纪君祥的历史剧《赵氏孤儿》等，都是在中国文学史乃至世界戏剧史上难得的优秀之作。

在思想内容上，大都杂剧反映了广阔的社会生活，元人胡祗遹说：“上则朝廷君臣政治之得失，下则闾里市井父子兄弟夫妇朋友之厚薄，以至医药卜筮释道商贾之人情物性，殊方异域风俗语言之不同，无一物不得其情，不穷其态。”朱权在其《太和正音谱》中将杂剧分为十二科：“一曰神仙道化，二曰林泉丘壑，三曰披袍秉笏，四曰忠臣烈士，五曰孝义廉节，六曰叱奸骂谗，七曰逐臣孤子，八曰拔刀赶棒，九曰风花雪月，十曰悲欢离合，十一曰烟花粉黛，十二曰神头鬼面。”大都剧作家们思想活跃，元代杂剧的所有题材，大都作家的创作中都有涉猎。作品取材广泛，有的直接取材当时社会现实，也有相当一部分源自历史记载或者民间传说，作家善于运用一切题材为现实服务，能够出于古而不拘泥于古，源自传说却不为传说所局限，表现出鲜明的现实性和时代特征。作者通过对旧有题材进行重新剪裁和改造，使之歌颂人民、主张正义、抨击黑暗的主题更加鲜明突出。在杂剧中，社会地位低下的普通民众成为主角并被大力颂扬，贪腐昏庸的统治集团人物成为被抨击、被讽刺的对象。作品揭露黑暗，反抗强权，颂扬英雄，伸张正义，肯定对爱情的忠贞和幸福生活的追求，体现了时代性、人民性，反映出普通民众的心声和要求。即使在数百年之后，人们在杂剧中，依然可以感受到作家思想跳动的脉搏和蓬勃的时代精神。

大都作家的作品风格多样，异彩纷呈，有的慷慨悲壮，有的清丽婉转，正如著名戏剧理论家、评论家吴梅在其《中国戏曲概论》中《元人杂剧》一节所指出的："尝谓元人剧词，约分三类：喜豪放者学关卿，工锻炼者宗实甫，尚轻俊者号东篱。"[①]大都杂剧种类齐全，无论是悲剧、喜剧、正剧，均有上乘佳作传世。大都杂剧在艺术上达到了很高的水平，刻画出许多在中国文学长廊中不朽的艺术形象，有的行侠仗义、机智勇敢；有的逆来顺受、委曲求全；有的深明大义、浩气凛然。红娘、崔莺莺、窦娥、赵盼儿、关云长、李逵一个个人物呼之欲出，栩栩如生，个性鲜明。元代剧作家在书写人物命运，赋予他们鲜活的生命方面，达到了前所未有的艺术水准。

三、大都文学强化北京文化实力，对世界产生深远影响

辽金之前，北京不过是北方一个军事重镇而已，其文学，虽然已经形成了独特鲜明的地域特色，如其多以追慕古代圣贤，歌颂军旅，描绘雄奇山川景色，记录多姿多彩民风、民俗以及社会政治生活为内容，风格上以直率、质朴、真诚、雄放为主调，常带有慷慨悲凉的英雄主义色彩[②]。但它仅是全国众多个性鲜明的地域文学中的一个，其影响也仅仅依靠作家自身影响力的大小而决定，整个地域文学并未形成鲜明、独特的文学个性，也未取得突出、卓著的成就。能够成为一代之文学代表的秦文、汉赋、唐诗、宋词的耀眼光芒从来都未曾在此地辉煌过，只能或多或少投射进来几缕阳光，作家少，影响小。本地在文坛具有全国影响和号召力的除了郦道元、卢思道、张说、贾岛等数量有限的几个优秀作家外，出现的并不多，声势浩大的本籍作家群体更是从来都没有能够形成。辽金时期，尽管北京已登上国家首都舞台，但是其各项功能并不完备、成熟。北京成为全国文化中心，成为国家首善之区，承担起引领国家文化的历史重任是从元代开始。

元曲开启了北京文学的全新时代。开创出真正属于自己的文学辉煌自元代始，自杂剧、散曲始。同时，诗文的创作也呈现出有别于前朝后世和其他区域的独立个性。这些，既是北京已然成为全国文化中心的标志，也是这个中心建立的雄厚根基。其意义不仅在于文学本身，更在于其对北京文化实力的整体提升。

北京文学的个性是在元曲发展繁荣的辉煌中逐渐成熟、完善并凸显出来的。元曲是个坚实的基础，奠定了北京文坛俗文学的千年根基。杂剧的观众、作者、表演者共同决定了杂剧表演的内容和艺术的追求，这是叙事化倾向形成的原因。杂剧是叙事化文学的典型，而杂剧的内容，都是当时社会生活和民众愿望的真实体现和反映。这决定了从此之后京味文学的鲜明个性和基本走向。因此，北京通俗文学的个性就是元曲的个性。最突出的表现就是：作

---

① 吴梅：《吴梅戏曲论文集》，北京：中国戏剧出版社，1983年版，第137页。

② 傅秋爽主编：《北京文学史》(第一章)，北京：人民出版社，2010年版。

家秉承多元文化的滋养，具有开放的胸怀，通过描写人物和事件，将目光和笔墨聚焦在普通人关注的问题，表现出对政治的关心，对民生的关怀，对社会现实生活的关切。语言风格鲜活、形象、生动，富有意趣，并带有北京口语特点。表现手法多样，但无论是悲剧基调还是喜剧色彩，都能以略带冷幽默的笔触出之。所描绘的无论是宏大事件，还是卑微人物，都具有鲜明人民性和时代特征。元代之后，无论是曹雪芹的章回小说《红楼梦》，还是现代伟大作家老舍的小说、戏剧，凡是典型的京味文学，都具备以上的特点。而这一切的源头，正是从元代，从大都，从元曲，尤其是从杂剧开始的。这是个非常优秀的文学历史传统。

元曲之于大都，意义在于，这是第一次确立了北京在中国文坛的特殊地位。之前的北京文学，不过是众多地域文学之一种，并不具有完整、充分的个性和广泛影响力。杂剧，使北京成为全国文学的一面旗帜，最优秀的作家集中在这里，最优秀的作品出现在这里，许多的风格流派会聚到这里。从此开启了北京文学可以代表中国文学的历史。

这是北京第一次担负起引领全国文学的重担。以当时的大都为中心，形成了元代前期北方杂剧的兴盛。灭宋统一之后，大批的元曲作家和艺术家南下，更将杂剧艺术的火种传遍江南，使戏剧在其引领之下，呈现出全国燎原之势。

这是北京第一次作为先锋和主导，彻底改变了整个中国文学史的既有轨道，完成了从诗词等雅文学为正宗到俗文学确立了在文坛地位的转变，使得真正反映民众心声呼唤的俗文学，第一次完全压过雅文学而登上了雄踞文坛的霸主地位，从此开拓了俗文学在中国文学艺术史上的广阔发展道路的。

这是北京第一次凭借自身的文学实力，而非政治和军事的强势，突破地域局限，将大都文化广播四方。在大都所具有的众多魅力中，杂剧带给人们的，是一份不可或缺的精神食粮，无疑大大增加了城市的美誉度和吸引力。

以杂剧为开端，北京文学开始了一个全新的历程，是这个城市成为全国文化首善之区的重要组成部分。

能够使得北京文化借助文学的载体，远播国内外的，首先是杂剧在思想内容上的重大突破。关汉卿的代表作《窦娥冤》等抨击黑暗，歌颂英雄，肯定人性，无不彰显出人文关怀的光彩。王实甫《西厢记》歌颂爱情，直率大胆，为人喜爱，影响巨大，甚至受到明代思想家李贽充分肯定。[①] 元代杂剧中每一部优秀的作品都一定是当时社会生活的真实再现，表现了广大人民的理想与追求。它从形式到内容表现出来的人民性、现实性，使之不仅在当时受到民众热烈欢迎和持久拥护，而且具有恒久的生命活力。在中国，元代杂剧的许

---

① （明）李贽：《焚书》卷三《杂说》。

多剧目保留了下来，并不断被其他剧种或者艺术形式移植、改编，如被称为元杂剧“四大悲剧”的《窦娥冤》、《汉宫秋》、《梧桐雨》、《赵氏孤儿》，如喜剧《望江亭》、《救风尘》、《墙头马上》、《西厢记》、《李逵负荆》、《看钱奴》，如悲喜剧《谢天香》、《燕青博鱼》、《曲江池》、《秋胡戏妻》、《两世姻缘》、《渔樵记》等，不仅在当时脍炙人口，屡演不衰，而且，几百年后依然活跃在戏剧舞台，继续感动千千万万的观众。

更值得骄傲的是，杂剧不仅感动华夏子民，而且远涉重洋，为异国观众所倾倒。《窦娥冤》早就有了法、日、英、德、俄等译本，《汉宫秋》有英、日、法等译本，《赵氏孤儿》有法、英、德、日等译本，《墙头马上》有日、俄等译本，《西厢记》有法、英、德、俄、意、日、拉丁文等译本，《看钱奴》有英、法、日译本，《货郎旦》有法、德、日等译本，《忍字记》有法、德、日等译本，《破家子弟》有法译本，《黄粱梦》有法、德等译本，《老生儿》有英、法、日等译本，《合汗衫》有法、德、日等译本，《灰阑记》有法、德、日、英等译本，《倩女离魂》有日、英、德、法等译本，《㑇梅香》有法、日等译本，《金钱记》有日、德、法等译本，《来生债》有法、德、拉丁文等译本。[①] 这说明元杂剧不仅是中国戏剧文化的瑰宝，而且亦被世界人民视作珍品，从而对世界戏剧文化的发展产生了重大的积极影响。

元杂剧之所以能够走向世界，与其作品内容的民主性、时代性、先进性是密不可分的。除了其情节曲折、故事动人、人物形象丰满等因素使之更易于流传之外，其思想性和价值观念和审美需求上更符合世界标准也有着非常大的关系。因为它产生、昌盛在一个历史上从未有过的开放时代，一个国际化的都市，一个文化多元交融并存的环境，它本来就是为那些来自世界四方，有着不同宗教信仰，不同风俗习惯，不同语言和交流方式，共同会聚在舞台前的观众写的，所以产生时思想文化根基、价值取向、人文观念、审美意趣就已经打上“世界文化”的烙印，它所颂扬的自由、平等、法治、民生以及对国家的爱，对父母的爱，对朋友的爱，男女爱情等，都具有永久的普世价值，而且多层次、多角度反映多姿多彩的社会生活，其思想、情感、审美的丰富性、深厚性，注定它重返世界舞台的脚步异常轻快。

有关杂剧艺术在语言发展方面做出的贡献，钱玄同的《儒林外史新叙》在论述关汉卿为代表的元曲的地位、作用与影响时，将之视为文学发展史上一场伟大革命加以评价。指出古人偶然尝试用白话写作，“不过站在补缀顾问的地位”而已，至到“元曲出世，关汉卿、马致远、白仁甫(白朴)、郑德辉这班大文学家才把以前的文体打破，自由使用当时的北方语言来做新体文学”并得

---

① 奚海：《元杂剧论》(绪论)，石家庄：河北教育出版社，2001年版。

出结论"元曲可以说是方言文学"。[①] 这个方言文学无疑是以燕地语音为标准音、以北方话为基础、活着的大都语言。它意味着北京文化借助杂剧能够传播得更远，影响更大，标志着中国文学进入了一个崭新的历史阶段，树立起了以白话语言进行文学艺术创作的里程碑。它开后世京味文学之先河并成为内容丰富、层次多样、堪供学习摹写的典范。周德清的《中国音韵》云："欲作乐府，必正言语；欲正言语，必宗中原之音"[②]。周德清所言虽然是当时称为"乐府"的散曲，但是对于杂剧同样适用。因为杂剧的唱词曲调都是与散曲相通的。杂剧"中原之音"为宗，是个不争的事实。当时的中原之音是以北方汉语的语法和北京话语音为基础的官方标准语，相当于现在的"普通话"。由于杂剧的繁荣发展，这种中原之音也随着杂剧所到之处广泛普及。中国幅员辽阔、方言繁富，从大都走向全国的杂剧将"中原之音"传播到华夏各地，这对民族语言的规范化、标准化，有着特别重要而深刻的现实意义和历史意义。

没有元代北京文学的辉煌成就，元大都就无法赢得全国文化中心和古代世界城市的桂冠。文学，不仅是文化的承载和体现，更是文化传播的方式和手段。当下，北京建设世界城市，文学依然承担着重要使命。发展繁荣文化，使之具有时代高度和世界影响，历史值得代鉴。

参考文献

[1] (明)宋濂等：《元史》，北京：中华书局，1976 年。

[2] (元)熊梦祥：《析津志辑佚》，北图善本部辑佚本，北京：北京古籍出版社，1983 年。

[3] (元)苏天爵：《元朝名臣事略》，北京：中华书局，1985 年。

[4] (明)臧懋循编，隋树森校：《元曲选》，北京：中华书局，1979 年。

[5] 徐征、张月中、张圣洁、奚梅主编：《全元曲》，石家庄：河北教育出版社，1998 年。

[6] 中国戏曲研究院编：《中国古典戏曲论著集成》，北京：中国戏剧出版社，1959 年。

（作者：傅秋爽　北京市社会科学院研究员）

① 朱一玄、刘毓忱编：《儒林外史资料汇编》，天津：南开大学出版社，1998 年版，第 459 页。

② (元)周德清：《中原音韵》，《中国古典戏曲论著集成》，北京：中国戏剧出版社，1959 年版，第 175 页。

文学·艺术学科

W E N X U E Y I S H U X U E K E

项目名称："网络文学"与"90后"大学生审美研究
项目编号：10BeWY067
项目负责人：雷丽平
项目信誉保证单位：北京青年政治学院

试论网络文学通俗化的审美特征

在国内，网络文学的兴起是伴随着国际互联网的发展而来的，对于网络文学这一新生的现象，众说纷纭，到现阶段，主要仍停留在对网络文学外部特征的研究上，像发表途径、传播方式及与传统文学比较的不同点等方面，而涉及网络文学本体审美艺术特点的研究还很少，那么，针对这种情况，本文主要通过分析网络文学作品，从网络文学内部艺术特色来分析网络文学的审美特征。

那么，网络文学究竟具有什么样的审美特征呢？

就网络文学发表的平台来看，网络文学主要是在网络上发表的，具有迅捷化、浏览式阅读的特点，这就决定了网络文学在语言文字、内容深度、表现手法方面会朝着通俗、平易的美的方向发展的趋势。

一、网络文学的通俗化、大众化特征

美的现象形态丰富多样，英国美学家鲍桑葵将美分为平易的美与艰难的美。通俗应属于平易的美。

何谓"通俗"？茅盾解释说："'通俗'云者，应当是形式则'妇孺能解'，内容则为大众的情绪与思想"[①]。这里，茅盾从形式、内容两方面解释了通俗文学的特点。

郑振铎认为通俗文学的"第一个特质是大众的。她是出生于民间，为民众所写作，且为民众而生存的。她是民众所嗜好，所喜悦的；她是投合了最大多数的民众之口味的。故亦称为平民文学。其内容，不歌颂皇室，不抒写文人学士们的谈穷诉苦的心绪，不讲论国制朝章，她所讲的是民间的英雄，是民间少男少女的恋情，是民众所喜听的故事，是民间的大多数人的心情所寄托的。"[②]这里，郑振铎主要从内容的大众化方面揭示了通俗文学的特征。

---

① 茅盾：《茅盾文艺杂论集》(下)，上海：上海文艺出版社，1981年版，第697页。
② 郑振铎：《中国俗文学史》，北京：作家出版社，1954年版，第4页。

笔者认为，网络文学的内容、形式是符合通俗文学的大众化审美特征的。

首先，网络文学大众化的美学特征表现为作品内容是通俗易懂，大众喜闻乐见的，反映了人民的思想感情和愿望。

就目前网络文学涉及的题材：架空/穿越(历史)、武侠/仙侠、玄幻/科幻、神秘/灵异 、惊悚/悬疑、游戏/竞技、军事/谍战、官场/职场、都市情爱、青春成长等，涵盖了当代中国大众喜闻乐见的各种文学题材等。像比较出名的痞子蔡的网络小说《第一次亲密接触》写的是青年恋爱题材，受到大众的喜欢，尤其是青年人的追捧，可以说这部小说道出了当代青年在爱情生活中理想与现实、真情与欲望的情感矛盾与追求。

其次，大众化表现为作品形式上的通俗易懂，清楚明白。

茅盾在论及通俗文学在表现形式和语言特点上具有通俗性时是这样说的：大众所能懂的形式，我以为是包含下列的原则的：

(1)从头到底说下去，故事的转弯抹角处都交代得清清楚楚。

(2)抓住一个主人翁，使故事以主人翁为中心顺序发展下去。

(3)多对话，多动作；故事的发展在对话中叙出，人物的性格，则用叙述的说明。①

纵观网络文学，作品中很少有佶屈聱牙、晦涩的文字。网络文学的作者在用词、句法、结构方面基本上做到了通俗化、大众化。像慕容雪村的网络小说《成都，今夜请将我遗忘》通俗易懂，以“我”与妻子、朋友们的对话推进故事的发展，围绕“我”的人物，像妻子、主要的三个朋友、同事的性格是作者叙述的说明，而且，“我”的故事有头有尾，故事的转弯抹角处都交代得很清楚，这些表现形式都是符合通俗文学的特点的。

二、网络文学的传奇性的特征

剧作家胡可在讲到戏剧创作的时候曾经这样说：“观众喜欢的是百岁挂帅而不是百岁养老，是十二寡妇征西而不是十二寡妇上坟，是武松打虎而不是武松打狗，是木兰从军而不是木兰出嫁……”②。这表明大众在平凡、庸常的生活之余，喜欢的是脱离日常生活，带有传奇、理想主义色彩的奇异故事。

“传奇”这个概念是复杂的，它既是一个历史的，又是一个发展的、变化的概念。王国维在《宋元戏曲考》中说：“传奇之名，实始于唐。唐裴铏所作《传奇》六卷，本小说家言，此传奇之第一义也。至宋则以诸宫调为传奇……元人则以元杂剧为传奇……至明人则以戏曲之长者为传奇，以与北杂剧相别。乾隆间，黄文旸编《曲海目》，遂分戏曲为杂剧、传奇二种，余曩作《曲录》从

① 茅盾：《茅盾文艺杂论集》(下)，上海：上海文艺出版社，1981年版，第697页。

② 胡可：《胡可论剧》，北京：中国戏剧出版社，1985年版，第52页。

之。盖传奇之名，至明凡四变矣。”①为什么历代人们把不同体裁的唐之小说、宋之诸宫调、元之杂剧、明之戏曲等都称为“传奇”呢？这说明这些文学体裁有着某些共同的美学特点，可以看出，着意好奇，有奇就传，无奇不传，是这类文学的主要美学特征。“传奇”这一术语正好概括了有关叙事文学作品的这种特征和美学属性。我们现在所说的网络文学的传奇性正是和这一点一脉相承的。

网络文学的传奇色彩在选材与情节安排上都是比较突出的。

首先，在选材上，通俗文学和高雅文学的一个很大的不同就是，它较少选材于普通的现实生活，较少描写生活中的普通人，它往往选取生活中特殊的领域、特殊的行业，选取人们特别感兴趣的新奇的生活，如皇宫内苑、党派纷争、战争、黑社会、科幻等，往往描写那些富有传奇色彩或特异的人物，如帝王将相、江湖大盗、骗子、侦探高手、黑客、黑社会分子等，这些事件和人物比较容易出传奇效果。在网络文学中这类传奇故事、小说非常的多，如武侠、玄幻、科幻、悬疑、谍战、官场等题材，从类型划分上，我们就可以看到其中充满了悬念、惊奇的色彩，这类小说像今何在的《悟空传》假借古典小说《西游记》的故事模本，进行了新的创造，再造了奇异人物悟空新的传奇，受到大家的好评。还有天下霸唱的《鬼吹灯》是一部探险小说，根源于易学的风水，是贯穿其中的经脉。虽然书中包含着众多元素，但只有“探险”二字能概括其精髓，书中所讲述的，是一系列冒险旅程。还有南派三叔的《盗墓笔记》是一本惊悚和恐怖的小说，讲述了一系列离奇曲折的盗墓故事。

其次，网络文学在故事情节的安排上，常常通过偶然性来揭示必然性，通过传奇性来显示真实性。优秀的网络文学作品往往利用日常生活中的偶然性，利用偶然的误会、巧合以增强故事情节的传奇性。如入围第五届鲁迅文学奖的文雨的网络小说《网逝》就较为充分地利用了偶然的误会、巧合。小说讲述了一个媒体暴力的故事，用作者自己的话来说就是：刚刚拿到死亡通知的美女叶蓝秋在公车上不让座的时候，恰巧碰到了记者陈若兮，为了自己职位的提升，陈若兮对叶蓝秋进行了铺天盖地的揭露性报道。而陈若兮的男友又在不知情的情况下去帮助叶蓝秋，小说的故事充满了一个又一个巧合和偶然性。小说中这种误会、巧合、偶然性中充满着必然性。这是因为在当今，传媒无所不在，人们之间物质利益的较量往往扼杀着人性的善良。

三、网络文学的娱乐性特征

追求愉悦、快乐是人的本性之一，通俗文学能满足人们的娱乐的需要。

① 王国维：《王国维戏曲论文集》，北京：中国戏剧出版社，1957年版，第137页。

鲁迅指出："俗文之兴，当兴二端，一为娱心，一为劝善"①。所谓"娱心"主要指的是愉悦心灵，在感情上得到抒发和共鸣，文学作品常常是作者有感而发，是感情的宣泄，就像厨川白村所说："文学是苦闷的象征"。在网络文学中，像安妮宝贝的《告别薇安》讲述了一个叫林的男人，在现实生活中寻求理想爱情生活，却不能得以实现，表现了现代人的孤独寂寞，也表现了现代人追求爱情生活的忧伤情绪，富有浓郁的感染力，抒发了心灵的声音。

除了在情感上得到共鸣的愉悦之外，娱心的第二个作用是让人可以摆脱日常生活的烦恼，恩格斯曾经这样论述民间故事书的使命："民间故事书的使命是使农民在繁重的劳动之余，傍晚疲惫地回到家里时消遣解闷，振奋精神，得到慰藉，使他忘却劳累，把那块贫瘠的田地变成芳香馥郁的花园；它的使命是把工匠的作坊和可怜的徒工的简陋阁楼变幻成诗的世界和金碧辉煌的宫殿，把他那粗壮身体的情人变成体态优美的公主。"②能够使劳动者消除疲劳，得到快乐、欢娱，暂时脱离现实生活，使之获得片刻的慰藉，沉醉于艺术创造的世界里，是民间故事书在娱心方面的一个重要作用，具有通俗化特征的网络文学，同民间故事书一样，在给人以理想的憧憬方面，也是很突出的，像喻彬的《黄花殇》主人公琼琼爱上的是一个杀人不眨眼的日本军官，并有了孩子阿毛，60年多的时间让琼琼变成了琼婆，却并没让她忘掉对井田龟次郎的爱，而这份爱不仅仅跨越了时间和空间的阻隔，更跨越了战争、种族甚至仇恨的阴霾，在真爱面前，一切都变得那么苍白无力。因而这篇小说具有浪漫、理想主义的光辉，对爱情给与了充满温情的阐释，让读者沉醉于艺术创作的世界里。

强调网络文学的娱乐性，同样不能忽略网络文学的思想性、教育性。网络文学的兴起除了"娱心"之外，另一个重要的作用也在"劝善"，这"劝善"就是指网络文学具有思想教育作用。李渔在《闲情偶寄》卷一《词曲部·审虚实》中说："传奇所用之事，或古或今，有虚有实，随人拈取……传奇无实，大半皆寓言耳。欲劝人为孝，则举一孝子出名，但有一行可纪，则不必尽有其事，凡属孝亲所应有者，悉取而加之，亦犹纣之不善，不如是之甚也，一居下流，天下之恶皆归恶。"③清人黄越在《第九才子书平鬼传序》中提出："传奇者，传其有乎，抑传其无乎？余曰：有可传，传其有可也；无可传，传其无亦可也……无者造之而使有，有者化之而使无，不惟不必有其事，亦竟不必有其人。"④恩格斯在论述民间故事书的娱乐性的同时也指出了它的另一个使命：

① 鲁迅：《鲁迅全集》第9卷，北京：人民文学出版社，1982年版，第302、110页。

② [苏]里夫希茨主编：《马克思恩格斯论艺术》(第4卷)，北京：中国社会科学出版社，1985年版，第339页。

③ (清)李渔著，单锦珩校点：《闲情偶寄》，杭州：浙江古籍出版社，1985年版，第14页。

④ 曾祖荫等选注：《中国历代小说序跋选注》，武汉：长江文艺出版社，1982年版，第124页。

"民间故事书还有一个使命，这就是同圣经一样使农民有明确的道德感，使他意识到自己的力量、自己的权利和自己的自由，激发他的勇气并唤起他对祖国的爱。"①

在优秀的网络文学作品里，娱乐性和思想性、教育性是统一的，并且是将思想性和教育性寓于娱乐性之中的。如网友 Buna 对于《成都，今夜请将我遗忘》的评价："我身边至少有好几打的朋友和《成都，今夜请将我遗忘》里的生活相似甚至是酷似，我不知道自己有多少比例和小说一样，但至少在感受上，小说里的每一段几乎都能引起共鸣。看《成都，今夜请将我遗忘》的时候，我开始是笑，因为过瘾和激爽而笑，然后是倒吸一口冷气，一大团说不清的东西梗到心里，难受得不行，然后是几颗泪水盈在眼睛里偏偏滚不出来……"，从这里我们可以看到，这部更像"反爱情"生活的小说，虽然写了男人的欲望，女人的孤独，但是，读者读出了其中的寓意，在描写丑恶的现象的背后，深藏着作者的隐忧。通过题目"成都，今夜请将我遗忘"我们也可以看出这样的生活并不是作者的理想生活，因而这类小说是有教育意义的。

综上所述，笔者主要论述了网络文学通俗化的三个方面的审美特征，当然，网络文学通俗化特征不仅仅限于这三个方面，限于篇幅这里我们只论述这些，同时，上面论述的三个方面的美学特征在网络文学里不是互相排斥的，而是互相联系、互相影响的，共同组成了一个生动的审美世界。

参考文献

[1] 杨新敏：《网络文学刍议》，《文学评论》，2000 年第 5 期。
[2] 赵抗卫：《文学作品与现代传媒》，《文艺理论研究》，2000 年第 5 期。
[3] 欧阳友权：《网络文学的昨天、今天和明天》，《文学界》(专辑版)，2009 年第 2 期。
[4] 于佩学、黄凡中：《谈网络文学的几个基本特征》，《长春理工大学学报》(社会科学版)，2009 年第 1 期。

（作者：雷丽平　北京青年政治学院讲师）

---

① [苏]里夫希茨主编：《马克思恩格斯论艺术》(第 4 卷)，北京：中国社会科学出版社，1985 年版，第 339 页。

项目名称：北京话与普通话语音差异的调查研究
项目编号：10BdWY069
项目负责人：江海燕
项目信誉保证单位：首都师范大学

香港人说普通话的元音偏误

随着香港回归以及香港与大陆间交流越来越频繁，香港人学习普通话已经不仅仅是政府的要求，而成了普通民众生活、学习、工作的一种需要。母语为粤语的香港本地人在学习普通话的过程中语音上会出现各种偏误现象，我们用实验语音学的方法，探究这些偏误的细节，从而对香港人学习普通话提供一些具体的参考。

在语音实验中，元音的音质主要决定于第一共振峰(F1)和第二共振峰(F2)。利用语音实验测得元音的共振峰频率，可以绘制声学元音图。以元音的第一共振峰(F1)的频率为 y 轴坐标，第二共振峰(F2)的频率为 x 轴坐标，把坐标的零点设在右上角，为了接近实际的听感距离，x 轴用对数标度，y 轴用线性标度。每发一个单元音就可以在图上得出一个代表点。声学元音图虽然不能完全和生理舌位图相同，在相对位置上却可以大致对应。舌位高低跟 F1 密切相关。舌位高，F1 就低；舌位低，F1 就高。其次，舌位前后跟 F2 密切相关。舌位靠前，F2 就高，舌位靠后，F2 就低。(见图 1)

单韵母中出现的元音是一级元音。[①] 普通话一级元音有 7 个：/a/、/i/、/u/、/y/、/ɣ/、/ɿ/、/ʅ/。从音系学观点来看，汉语的语音形式可以分为单字音、派生音、边际音三种。[②] 其中单字音是分析语音系统的基础。只在派生音和边际音中出现的元音不能列入。普通话元音 ê[ɛ]在做单韵母的时候只在象声词、语气词和叹词中出现，属于边际音，所以不应列入一级元音。元音 o [o]独立成音节时也只在象声词、语气词和叹词中出现，应为边际音。卷舌元音 er[ə]带有卷舌动程，实际发音是[ər]，带卷舌韵尾，也不予考虑。剩下的这 7 个单元音是汉语普通话语音系统的基础，也是本文中所涉及的语音实验研究的对象。下面我们先列出普通话的 7 个单元音的声学元音图：

---

① 石锋：《普通话元音的再分析》，《世界汉语教学》，2002 年第 4 期。

② 王洪君：《汉语非线性音系学——汉语的音系格局与单字音》，北京：北京大学出版社，1999 年版。

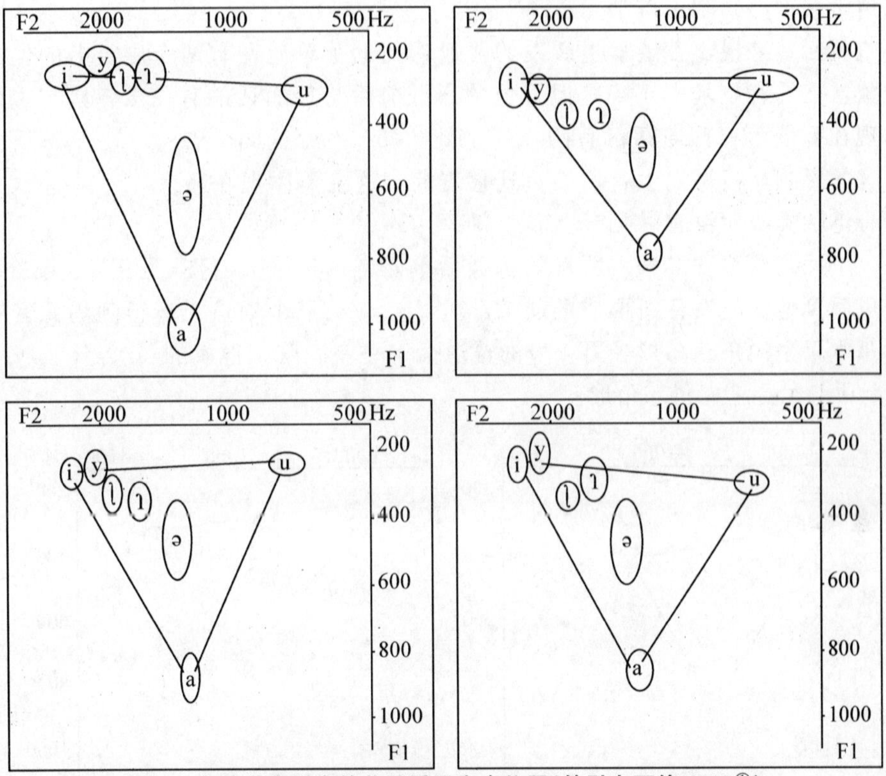

图 1 大陆学生所发的普通话元音声位图(转引自石锋 2009①)

一、香港人所发普通话的元音偏误实验

香港话的一级元音也有 7 个：/a/、/i/、/u/、/y/、/œ/、/ɔ/、/ɛ/，其中/i/、/u/、/y/为 3 个高元音，/œ/、/ɔ/、/ɛ/为 3 个中元音，1 个低元音是/a/。

本文的录音语料来自年龄相当的 8 位发音人(4 男 4 女)，他们都是出生于 20 世纪 80 年代后期的香港某大学在读大学生，他们的第一母语以及平时使用语言都是香港话，从中学起开始接触普通话，录音时他们能说带有香港口音的普通话，但相比较而言，女 4 号，男 2 号的普通话水平略好，听起来香港口音略淡。此处的"香港话"即香港粤语，因有别于广东粤语而称，具体可参见张洪年以及石锋等的研究。②

本文使用语音分析软件"桌上语音工作室"(Minispeechlab)进行实验测算和统计作图。录音采样频率 11025Hz。测算出香港人所发的普通话各个元音

① 石锋：《中介语元音的初步分析》，首都师范大学对外汉语学科发展高级论坛，2009 年。

② 张洪年：《21 世纪的香港粤语：一个新语音系统的形成》，《暨南学报》(哲学社会科学版)，2002 年第 2 期；石锋、刘艺：《广州话元音的再分析》，《方言》，2005 年第 1 期。

的声学数据并绘制出声学元音图。

就元音来说，香港学生所发的普通话的七个单元音有两个层级上的偏误现象，一是音位基本正确，但舌位的高低前后与普通话的有一点差别，主要体现在香港话和普通话都有的/a/、/i/ 、/u/、/y/这四个音；二是受母语中元音的影响，极易发生音位的负迁移现象，这主要体现在/γ/、/1/、/ʅ/这三个香港话本身所没有的元音上。

下面是八位香港学生所发的普通话单元音的声学元音图(见图 2、图 3)。可以看到他们的发音所形成的连接/a/、/i/、/u/三个顶点元音得到的元音三角基本上呈锐角三角形，男 4 号的普通话水平差一些，他发的/a/、/i/ 、/u/ 3 个顶点元音呈直角三角形。

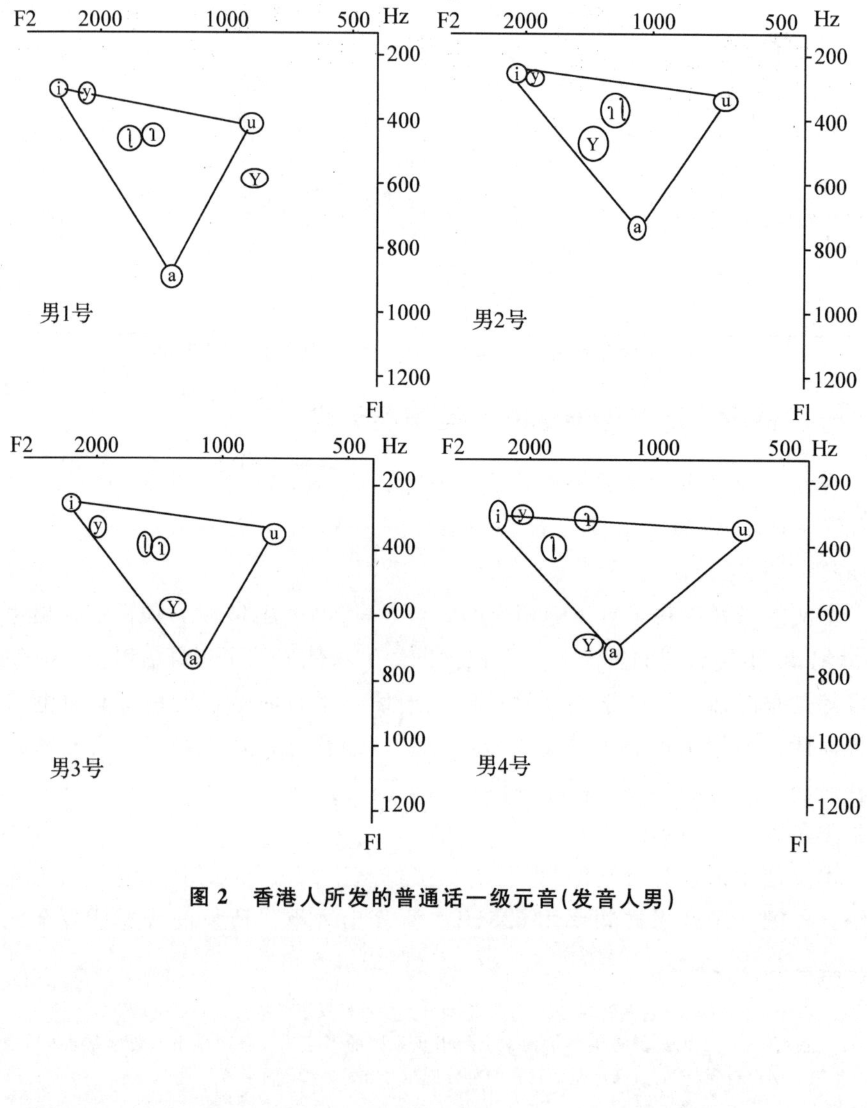

图 2　香港人所发的普通话一级元音(发音人男)

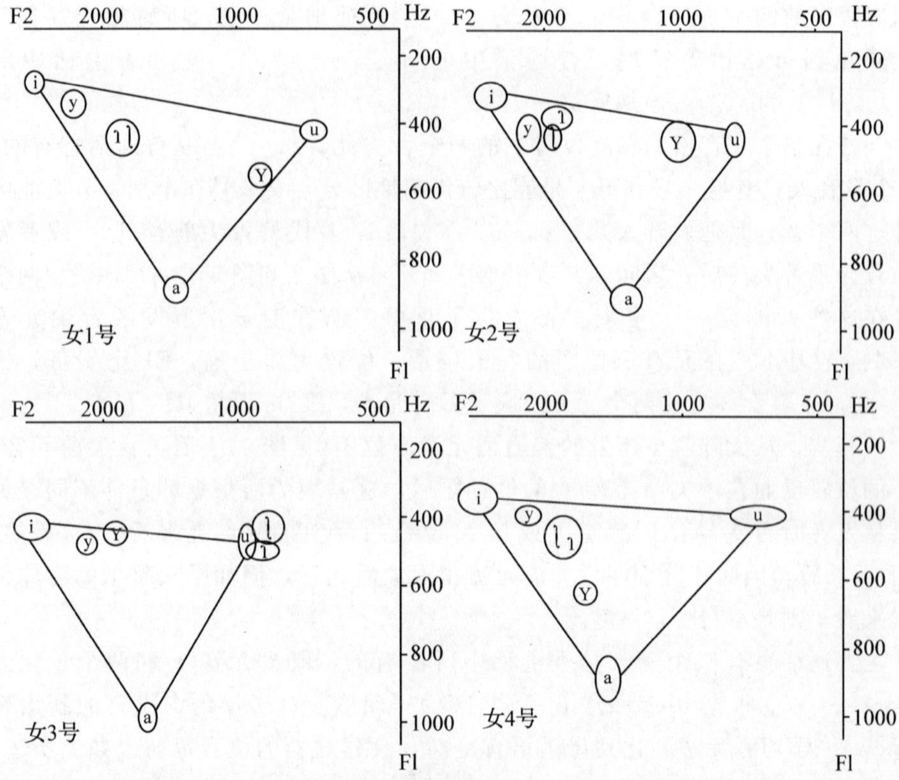

图 3　香港人所发的普通话一级元音(发音人女)

二、香港人所发普通话元音的偏误分析

我们来看/a/、/i/ 、/u/三个顶点元音，把图 2 和图 3 香港人所发的普通话元音与图 1 大陆人所发的普通话元音相比较就会发现，/i/ 所在位置与大陆学生所发的/i/吻合得最好，不论是 F1 还是 F2 的值都基本相同。但/a/和/u/就有差别了，/a/在高低上一致性较差，男 1 号和 4 位女发音人与大陆学生所发的比较接近，但男 2 号、男 3 号和男 4 号/a/的发音舌位明显偏高，F1 值较小。/u/的发音在舌位高低上与/a/相反，舌位偏低，F1 值较大，这 8 位发音人基本都有这个倾向，这造成大陆学生发音形成的三角形基本上是锐角等腰三角形，而香港学生发音所形成的元音三角则很难呈等腰三角形，也就是说香港学生说的普通话形成的元音三角规则性比大陆学生所发的音要差一些。

/y/因为香港话中也有这个音位，香港人发/y/基本上没有困难，从后面的对比图上可以看出香港人所发的普通话中的/y/跟香港话中的/y/几乎就是完全重合的。除了女四号所发的普通话元音三角有所扩大外，可以说，基本上他们是用自己母语中的/a/、/i/ 、/u/、/y/直接代替了普通话中的/a/、/i/、/u/、/y/。这也很正常，根据 Flege 的研究，第二语言语音与母语语音相似程度的四个等级，其中一级就是“声学特征细微差别，听感很难察觉”，会同化到母语语音范畴。普通话中的/a/、/i/ 、/u/、/y/和香港话中的/a/、/i/ 、/u/、/y/就属于这一类。

处在整个元音格局较高位置上的两个舌尖元音/1/、/ʅ/是普通话特有的，8个发音人只有男1号和男4号能比较正确地区分，女2号在个别音节上能区分这两个音。其他发音人几乎都是以舌尖后音/ʅ/代替舌尖前音/1/，或者发的音介乎舌尖前后音之间，两者很难区分开，从图2和图3看，/1/、/ʅ/两个音在这些人的元音舌位图上都发生了重叠。但香港学生所发的舌尖元音/1/、/ʅ/基本上在元音声位图的左上位置，位置大体正确，F1比/i/低，比/ɛ/高，只有女3号这两个元音发成了后高元音，跟/u/混淆了。

其实，从大陆学生所发的普通话元音声位图(见图1)上看，舌尖前元音/1/的位置反而在舌尖后元音/ʅ/的位置之后，这是因为所根据的条件不同，如果从发音时舌头动作的感觉上或从X光图的舌尖接触点上来看，/1/靠前，而/ʅ/靠后，因此才分别叫舌尖前元音和舌尖后元音，但如果从整个的舌体位置来看，则是/1/比/ʅ/靠前。①

普通话里有三个元音是香港话中所没有的，既央元音/r/和两个舌尖元音/1/、/ʅ/。根据Flege的“语音学习模型”理论，对于母语中没有的新语音(new)，学习者无法同化到母语语音范畴，会建立新的语音范畴。如上所述，虽然大多数人不能区分/ʅ/与/1/这两个舌尖音，但一般还能建立比较正确的语音范畴。但根据实验分析，8个发音人中只有男2号，男3号，女4号三个发音人的/r/出现在了与普通话接近的声学位置上，其他人的/r/都发生了音位性错误，具体地说，他们不能很好地为这个新语音建立新的语音范畴，或者说他们为新的语音所建立的新的语音范畴是受母语负迁移影响的，与母语中的某个元音相近，却与目标语相去甚远。

香港话里也有三个普通话没有的元音，即三个中元音/œ/、/ɔ/、/ɛ/，我们的发音人所发/r/的调位性错误或者向后靠近/ɔ/，比如女1号、男1号的发音；或者向上靠近/u/的，比如女3号的发音，也有向下靠近/a/的，比如男4号(见图4、图5)，显然，这是受母语负迁移的影响。

对比图1、图4和图5可知，香港学生所发的/r/跟大陆学生相比有一个很大的区别，即使是那些能为/r/建立正确音位范畴的发音人也不能把/r/发成一个舌位从高到低有动程的音。/r/跟其他音一样只是占据位置相对集中的一个音位范畴，而不是像大陆学生所发的音那样在整个元音三角的中部纵向占据一个相对长的范围。这也是造成香港学生所说的普通话从听感上比较生硬的原因。

---

① 吴宗济主编：《现代汉语语音概要》，北京：华语教学出版社，1992年版。

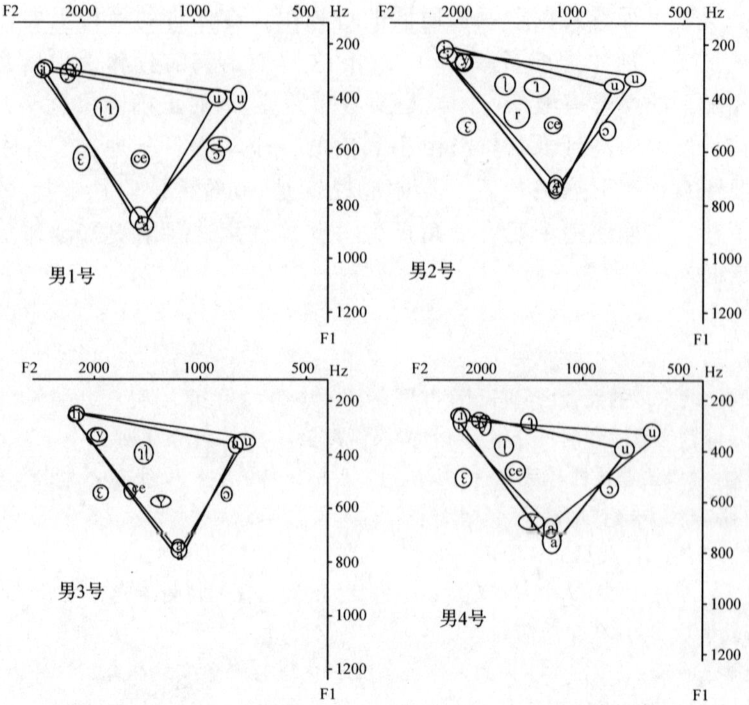

图 4　香港人所发的香港话及普通话单元音重叠对比图(发音人男)

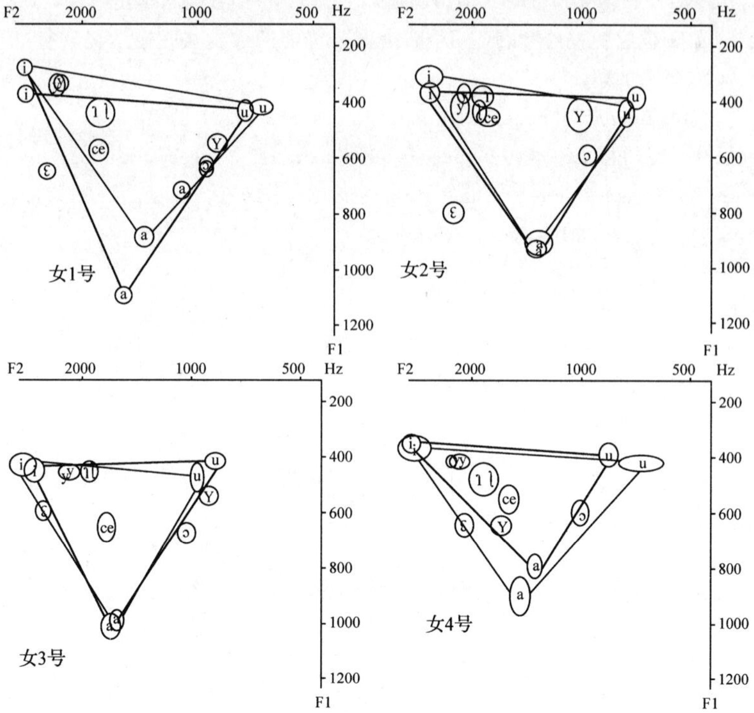

图 5　香港人所说的香港话与普通话单元音重叠对比图(发音人女)

综上所述，香港人在学习普通话的过程中，在元音的习得上要注意以下几点：一是要特别注意练习区分/1/、/ʅ/这两个舌尖前音和舌尖后音，可以跟各自相配套的声母搭配练习；二是要着重建立/r/的正确音位范畴，并在发音时保持舌位的由高到低，口型由小到大的一个动程；三是在发好个别元音的同时要注意顶点元音的位置，具体地说就是/u/的舌位略往上抬，/a/的舌位略往下移，这样使整个元音三角更大一些。注意这些能更好地避免香港人说普通话时所带的“港台腔”。

参考文献

[1] 石锋：《北京话的元音格局》，《南开语言学刊》，2002年第1期。

[2] 石锋：《普通话元音的再分析》，《世界汉语教学》，2002年第4期。

[3] 王洪君：《汉语非线性音系学——汉语的音系格局与单字音》，北京：北京大学出版社，1999年。

[4] 石锋、刘艺：《广州话元音的再分析》，《方言》，2005年第1期。

[5] 王韫佳、邓丹：《日本学习者对汉语普通话“相似元音”和“陌生元音”的习得》，《世界汉语教学》，2009年第2期。

[6] 夏全胜、石锋：《中国学生西班牙语元音发音中迁移现象实验研究》，《外语教学与研究》，2007年第5期。

[7] 吴宗济主编：《现代汉语语音概要》，北京：华语教学出版社，1992年。

[8] 吴宗济主编：《汉语普通话单音节语图册》，北京：中国社会科学出版社，1986年。

[9] 张洪年：《21世纪的香港粤语：一个新语音系统的形成》，《暨南学报》(哲学社会科学版)，2002年第2期。

[10] Joos, Matin Acoustic Phonetics, Languague 24, Suppl. 2, 1948.

[11] Flege, J. E. 1995. Second language speech learning: Theory, findings and problems W. Strange Speech Perception and Linguistic Experience: Issuesin Cross-language Research. Timonium, MD: York Press.

（作者：江海燕　首都师范大学副教授

李晓东　北京联合大学讲师）

项目名称：传统女德教育与当代女大学生素质教育——以首都高校为考察中心
项目编号：10AbWY070
项目负责人：段江丽
项目信誉保证单位：北京语言大学

母性之爱颂歌的边界

母性之爱，首先是指女性对子女的关爱庇护情怀，同时也指女性将母爱推广而对世间其他人、物所产生的关爱庇护情怀。它根源于女性的生命本能，而由社会文化对女性的规约、塑造得以催生、发扬，因而是生物本能与社会文化相互触发、交融的结果。母性之爱具有无私奉献、不求回报的特质，女性在奉献母性之爱之时常常要以牺牲自己的某些权益为代价，因而，文学对母性之爱的歌颂往往面临这样的质问：这种颂歌到底是不是男权文化的同谋？具体展开来说，需要追问的是，女作家在赞美女性母性情怀的时候，是否把男权规则内化为自己的道德操守，从而陷入女奴的精神境地中而不自知？男作家在赞美女性母性情怀的时候，是否仅仅以男性自我渴望被庇护的意愿来规训女性生命、压制女性生命？

东西方文化均有赞美女性母性之爱的深厚传统。中国传统文化以母职为核心界定女性生命价值，西方文化赞美具有圣母情怀的女性。性别文化批评早已敏锐地指出了男权文化对女性母性之爱的歌颂存在着以单一的母职压抑女性生命的丰富性多样性、以提倡牺牲奉献来损害女性权益的价值缺失。[①] 这种犀利的批评无疑是敏锐的、正确的。然而，特别要注意的是，性别文化批评对母性之爱颂歌的批评应当是有条件的，即只有当无限扩张的母性之爱对女性其他生命需求造成压抑的时候，性别批评才否定其异化女性人性丰富性的价值缺失，性别文化批评并不笼统地把母性之爱从女性的人性建构蓝图中驱逐出去。那么，这就产生了这样一个问题：文学中母性之爱颂歌的边界是什么？

辨析这一问题的关键要看男女作家所赞美的女性母性之爱是否压抑了女

---

① 参看如下文章：杨莉馨：《父权文化对女性的期待——试论西方文学中的“家庭天使”》，《南京师范大学学报》（社科版），1996年第2期；陈顺馨：《“夏娃”与“圣母”的祭献》，《中国当代文学的叙事与性别》，北京：北京大学出版社，1995年版；李玲：《天使型女性：男性自我拯救的道具》，《福建论坛》，2003年第2期。

性主体性，而且对女性主体性的理解，应该充分吸收当代哲学提供的思想资源。

首先，女性主体性不仅应该包含女性权益的维度，还应该包含女性精神境界追求的维度。把道德追求从女性主体性建构中剔除出去，实际上也是对女性生命的一种压制。固然传统伦理道德倡导女性庇护他者的女性情怀，然而现代伦理道德也并非就弃绝女性的利他精神。利他，无论在传统伦理道德还是在现代伦理道德中均可能导向崇高的精神境界，而这种崇高精神境界的生成有时还有赖于女性自觉让渡自己的某些权益。性别批评维护女性合理权益，也同样维护女性精神境界中的崇高性追求，只是在倡导崇高性精神追求时比传统伦理道德更加警惕虚假崇高对人的奴役。那么，何种情境下女性的利他行为和利他思想，并不损害女性主体性，反能生成崇高的精神境界而为女性主体性的建构添砖加瓦呢？

其次，女性主体性与男性主体性有两种关系模式：一种是主体间共在的合理的关系模式，一种是霸权压制的不合理的关系模式。性别批评反对男性主体霸权，亦不建构女性主体霸权。性别批评侧重于维护女性主体性，而其价值追求是构建男女两性主体间共在的诗意存在方式。构建两性主体间共在的诗意存在方式，既要警惕任何一种霸权模式，同时，男女两性又要具有接纳异性合理生命需求的襟怀，那么，在何种情境下，男女作家歌颂女性利他的母性之爱，倡导的正是女性对男性合理生命需求的接纳，而非女性对男性霸权的屈从呢？

辨析文学中母性之爱颂歌的边界问题，既需哲学的思辨，也需重返现象世界。下面就借助中国现代文学创作所提供的资源来分析以上问题。

当女性利他的母性之爱不损女性权益时，作品对这一种母性之爱的赞美是合理的。

每一个文本都是一个相对自足的系统。尽管有“一千个读者就有一千个哈姆雷特”的说法，不同读者面对同一个文本会有完全不同的意义阐释和价值评价，但这些阐释和评价仍需以文本所呈现的内容(省略亦是一种特殊的呈现方式)为依据。对人物的评价、对隐含作者文化态度的分析，均须扣紧具体文本所构设的语境展开，不能离开文本语境进行过度阐释。当文本中确实呈现出男性人物、男权文化以主体霸权压制女性主体性的特质时，男女作家都应该通过批判男性霸权、批判女奴意识来构建主体间共在的两性关系模式；当作品中并无男性人物或男权文化以主体霸权压抑女性存在时，男女作家则可以更多地正面思考如何构建男女两性的主体间性关系。女性权益维护与女性生命境界追求这女性主体性的两个不同的层次，既可能相冲突，也可能并无矛盾。每个人的生命需求都是多重的，女性的道德境界追求与女性的其他生命需求，可能是冲突的，也可能并无矛盾。利他并不必然都导向损己。当文学作品赞美女性的利他精神时而并没有建构损害女性权益的情境时，那么，此种赞美便是合理的。

冰心在小说《超人》中，从男青年何彬的视角书写了女性母性之爱对于男性的精神拯救功能。这说明年轻的女作家冰心此时思考女性人生定位问题的立足点不是张扬女性个性或争取女性权益，而是追问女性如何服务于社会，而且，她并不是从女性自我价值实现的角度来思考女性利他的价值问题，而是换位从男性角度回望女性世界，理解社会对女性的人生期待。显然，在这个文本中，女性隐含作者自觉地将男性对女性的期待演绎为女性对自我的期待。然而，在《超人》文本相对自足的系统内，男性对女性母性之爱的期待并未对女性的其他生命需求、女性的权益形成压抑，因而此种男性期待便属于男性合理的生命需求，女性隐含作者对这一男性期待的接纳，便是从女性角度积极建构男女主体间共在的关系，而不是对男权压迫力量的屈从。在剔除男权力量压抑的前提下，想象男性因女性的母性情怀获得拯救，女性隐含作者冰心正是在女性的利他精神中确立女性的生命价值、充实女性的主体内涵。

如果女性的母性之爱损害到女性权益，也仍不能一概否定之，而应该对之进行一分为二的分析，需辨析此种损害到底是来自于存在无可避免的不完满性还是来自于男权力量的侵害。如果损害来自于存在无可避免的不完满性，而不是来自于男权这一人为力量，那么女性牺牲自我权益、以母性之爱庇护他者，成就的就是女性崇高的道德境界。文学作品在这一情境中赞美女性的母性情怀，便是合理的。反之，如果对女性权益的损害，来自于男性人物之主观责任或来自于男权文化规则，那么女性牺牲自我利益、以母性情怀庇护他者，便包含着屈从男权的性质，隐含作者就应该对之进行审视、批判。

茅盾在小说《霜叶红似二月花》中，以赞赏的态度塑造了一个自觉与丈夫一起承担人生悲凉的女性张婉卿。丈夫黄和光有严重的生理缺陷，又因治病心切而陷入鸦片烟瘾不能自拔。这给张婉卿的婚姻生活带来两个重大缺憾，一是其婚姻有爱无性，二是弥漫着关于未来的无望感。然而，黄和光肉体和精神上的委顿显然不属于个体伦理道德上的自我放弃，亦非脾气性格上的自我放纵，而是人为先天因素或环境外力所困的难以摆脱的生命无奈。黄和光这种非由自己后天不努力、而因人不可把握的偶然性所牵扯出的生命颓丧，正昭示了存在难以避免的不完满性。这种存在的不完满性作为一种境遇向亲人展开，由于其非主观故意性质，黄和光本人对张婉卿因与之共同承担存在而浸染上的生命悲凉，就没有应遭谴责的责任，因此，张婉卿对黄和光的呵护，就不是女性对男性的不合理纵容，而是生存强者对生存弱者的人道关爱，造就的就不是男权对女性的奴役，而是女性在牺牲自我时所产生的崇高的精神之美。《霜叶红似二月花》不仅通过充分抒写黄和光的生存无奈，排除了男性人物压迫女性主体性的主观可能性；而且，在张婉卿婚姻体验的正面抒写中，也未曾建构任何男尊女卑、三从四德的男权话语，从而堵住了女性虽未屈从于具体男性人物却屈从于男权文化教条的可能。显然，茅盾在张婉卿的人物形象塑造中未曾走向《虹》、《寒夜》中的个性主义思想路径，但却也并没有非此即彼地回归到压抑女性的男权伦理道德。男性隐含作者在这一作品中赞美女性庇护男性的母性情怀，肯定赞美女性自我献身的崇高情怀，固然不能排除其动机中包含着对男性生命软弱一面的领会，包含着男性渴望被拯救的需求，但仍因其维护了人类的崇高精神追求而值得肯定。

与之形成对照的是，曹禺戏剧《北京人》对愫芳庇护曾文清情怀的赞美中却包含着维护男权中心意识的因素。曾文清无力承担自己的生存、无力承担与表妹愫芳的婚外爱情。虽然他们俩之间"同气相通"的爱情从来没有语言上的承诺，但曾文清对愫芳的生存困境显然负有主观上不作为的责任。愫芳长时间内不去审视曾文清的这一责任缺失，那么其爱情执著中就难免包含着蒙昧、愚忠的色彩。[①] 隐含作者既借康泰、瑞贞之口批评了曾文清的不负责任，质疑愫芳为之牺牲的价值，又通过愫芳自己的诗意表述来赞美女性忘我地奉献自我的母性情怀，愫芳的最终出走只是否定了曾文清的自我毁灭，而不包含要求男性对自己的爱情负责的平等诉求，使得作品呈现出面对男性人物时批评其自我中心意识、面对女性人物时又赞美其愚忠的价值矛盾。这个作品赞美女性纵容男性弱点的母性情怀，便存在着赞赏女性维护男性中心意识的价值缺憾，在一定程度上违背了文学维护女性主体性、维护男女两性之间主体共在关系的人文价值理想。

综上所述，人们不能一味否定文学作品中的母性之爱颂歌，否则便限制了女性追求崇高精神境界的一条路径；而且，女性母性之爱颂歌的边界并不在于是否伤害到女性权益，因为即使伤害到女性权益，也并非一定就是男权力量之责，还有可能源于人的存在自身所包含的无法克服的不完满性，而在自觉承担人的存在的不完满性中让渡自己的某些权益，恰是成就女性崇高道德境界的一个重要机缘。文学作品中母性之爱颂歌的边界在于，在一个具体文本相对自足的系统内，不可以在母性之爱颂歌中纵容男性人物对女性权益的故意伤害、不可以赞赏女性对男权文化教条的有意识或无意识的屈从，总之，不可以建构男权力量伤害女性主体性的霸权话语。

（作者：李　玲　北京语言大学人文学院教授）

① 陈顺馨指出，曹禺在《北京人》、《家》和《王昭君》中"追求的是只能在传统女性身上找到的服从和牺牲"。陈顺馨：《中国当代文学的叙事与性别》，北京：北京大学出版社，1995年版，第130页。

项目名称：北京市汉英口译人才的培养策略研究
项目编号：11WYC023
项目负责人：蒋凤霞
项目信誉保证单位：北京外国语大学

汉译英与英语写作中负迁移现象的实证研究

学习迁移是指以前的学习经验对以后学习的影响。迁移一般分为积极迁移（正迁移）和消极迁移（负迁移）两类。已有知识、技能在学习新知识和解决新问题中，往往能产生触类旁通、举一反三的效果，起到积极的促进作用，这就是正迁移；反之，起消极阻碍作用，就是负迁移。

在外语学习过程中作为来源语的母语对作为目标语的外语产生影响叫做"语言迁移"。Lado 认为，学习者在二语（第二语言）习得中广泛地依赖已经掌握的母语，经常把其母语的语言形式、意义及文化中的形式迁移到所学的二语及二语的文化里。母语迁移现象不仅体现在对二语输入的理解过程，而且体现在二语输出的产生过程，即学习者的口语表达和写作。Lado 的对比分析论认为，母语中的原有习惯有时会帮助学习者习得二语（正迁移），有时会干扰和阻碍二语的学习（负迁移）。语言迁移包括语言上的影响，如语音、语汇、语法、语义等方面的影响；语言迁移还包括语言之外因素的影响如思维模式、文化传统、社会历史等方面的影响。[①]

汉语和英语是世界上两大语言，各代表着东西方的两种文化。研究者们普遍认为，语言的表达方式不仅与文化有着密切的关系，而且与思维及逻辑方式有着密切的关系。[②] 英汉思维方式的差异导致了英汉语句法结构上的差异。中国学生在用英语写作文时，由于对地道的英语表达法掌握得不够，往往出现中国式英语。[③] 中国式英语是典型的语言负迁移现象。

一篇地道的英语作文需要中国作者非常熟悉英语语言的表达方式，所以英文写作首先应打好汉语和英语转换的基本功，还要学习和研究中外文化的不同。

---

① Lado, Robert. Linguistics Across Cultures. Ann Arbor: University of Michigan Press, 1957.

② 王竹：《英汉表达方式差异及对中国学生翻译与写作的影响》，《中国翻译》，1997 年第 3 期。

③ 刘红、邓鹏鸣：《英汉思维模式差异对大学英语写作的影响》，《西安外国语学院学报》，2005 年第 3 期。

一、研究背景

翻译与写作有共同之处。翻译，说到底，是语篇的翻译，如同创作一样，选词、炼句、构段、谋篇四个环节环环相扣。① 实际上，翻译就是写作，只是参照物不同。② 翻译能力和写作能力都是产出能力，翻译是为了帮助不懂某种语言的人进行交际，而写作也是作者和读者之间的交际活动，因此，翻译和写作的本质都是交际，具有一定的共通性。③ 同为二语输出方式，汉译英是"捆绑式"输出；英语写作是"自由式"输出。由此可以推断，翻译能力和写作能力之间可能存在某种相关关系。

国内关于汉译英练习和英语写作中负迁移现象研究有很多。④ 但是结合实证，探讨这两种语言输出方式负迁移相关性分析的研究很少。因此，本文设计了三个研究问题：

(1)中国英语学习者的汉译英练习和英语写作中负迁移现象是否相关?

(2)如果相关，中国英语学习者在这两种语言输出中出现的典型的负迁移问题有哪些?

(3)如何在教学中帮助学生有效地克服母语负迁移的影响，从而提高其汉译英翻译能力和英语写作能力?

二、实证研究

(一)实验对象

被试是北京外国语大学出国人员培训部 2010 年 9 月至 12 月的学员 60 名，是国家留学基金管理委员会公派出国人员。被试平均年龄 36.5 岁，男 27 名，女 33 名，全部硕士以上学历，具有博士学位的占 78.33%。所有被试所学专业和现研究领域均为非英语专业，在校学习英语年限人均 11.2 年。

---

① 龚光明：《翻译思维学》，上海：上海社会科学院出版社，2004 年版。

② 李长栓：《原文错误的误别与翻译方法》，《上海科技翻译》，2004 年第 1 期。

③ 袁洪：《大学生翻译能力与写作能力相关性研究》，《中国校外教育》，2007 年第 5 期。

④ 参见以下文献：王红、周秀霞：《中国学生翻译与写作的影响》，《中国翻译》，1997 年第 3 期；吴燕、贾玉娟：《摆脱母语干扰，提高英语写作水平》，《淮北职业技术学院学报》，2004 年第 2 期；李中：《汉语对英语写作的负迁移分析》，《邵阳学院学报》(社会科学版)，2005 年第 4 期；胡小慧、陈于全：《高职英语写作句法层面的母语干扰》，《时代教育》(教育教学版)，2009 年第 3 期；贾贵军：《英语写作常见错误分析——母语干扰》，《写作》，2006 年第 4 期；孔苏婧：《英语写作中的母语干扰因素分析及矫治对策》，《南京广播电视大学学报》，2003 年第 3 期；张英：《中国学生英语写作中的母语负迁移》，《太原科技》，2005 年第 6 期；黄龄：《英语写作中的连贯性以及实现连续的手段》，《湖北成人教育学院学报》，2002 年第 4 期；徐峰、陆正荣：《母语在初中英语写作中的负迁移现象及其对策》，《西藏教育》，2010 年第 1 期；李秀芳、吴恒贤：《母语负迁移对大学英语四六级写作的影响》，《湖北广播电视大学学报》，2010 年第 11 期。

(二)实验材料

被试在进入北京外国语大学学习英语前经过一次测试，试题中包括汉译英和写作题目。

汉译英是10个句子，原题每句2分，总分20分；写作试题满分25分，是一篇议论文。考试后，由北京外国语大学英语教师评分。为了使分数更加具有可比性本研究对汉译英部分进行了重新评分，按照每句10分计算，总分100分，并对评分标准进行调整，忽略语法错误，比如单复数的变化；突出中式英语错误，并把错误进行分类。在错误分类过程中，请两名美籍教师对句子的地道性、错误类别进行甄别。

(三)数据处理

将被试的汉译英平均成绩和写作平均成绩输入SPSS 18.0进行统计，并进行了Pearson相关性分析。

(四)实验结果

表1　描述性统计量

	均值	标准差	N
汉译英成绩	61.8667	19.20846	60
写作成绩	13.9333	5.10522	60

从表1中可以看出，汉译英的成绩均值略高于及格线(60分)，而写作的成绩均值略低于及格线(15分)。这说明同样是语言输出活动，在有依据(汉译英)情况下，英语输出的地道情况略好于无依据(二语写作)情况。此外，汉译英、汉译英翻译题目句与句之间没有逻辑联系，被试有可能更充分地思考输出语的结构；而写作语句之间是有逻辑关系的，被试可能在精力分配上更多地注重情节的连贯，而相对弱视了语言表达的地道。

表2　相关性

		汉译英成绩	写作成绩
汉译英成绩	Pearson相关性	1	0.962**
	显著性(双侧)		0.000
	N	60	60
写作成绩	Pearson相关性	0.962**	1
	显著性(双侧)	0.000	
	N	60	60

注：** 在0.01水平(双侧)上显著相关。

从表 2 中可以看出，被试的汉译英成绩和英文写作成绩显著相关，这和国内学者的研究结果相符。[①]

观察汉译英和英语写作中出现的不地道的问题，可以归纳负迁移问题的类型，再把每个类型的问题和问题总和相除，得出各类问题所占比例：

表 3 负迁移现象类别

	典型的负迁移问题		
	汉英一一对应	结构差异负迁移	文化差异负迁移
汉译英	57.42％	21.33％	21.25％
英语写作	37.68％	22.51％	39.81％

实证研究证明，写作能力与翻译能力紧密相关。在汉译英题目中出现的语言负迁移现象在英语写作中也同样出现。

三、分析和讨论

(一)汉英一一对应造成负迁移

1. 中文和英文的对应词有时意思并不相同或者不完全相同，不能照字面翻译

“interpret”这个词最原始的意思是“解释”；而“translate”这个词最原始的意思是“转换”。也就是说，翻译工作本身不能做到一一对应，因为没有任何两种语言是完全对应的，不是在语句结构或语序上有差异，就是在词汇含义或所指范围上有不同。由于汉语和英语分属于不同语系，差异就更多了，不可能一一对应。因此逐字翻译只能导致输出不地道的目标语。

例如汉译英题目中出现的“外国人”一词。被试中超过半数把汉语中的“外国人”和英语中“foreigner”对应起来(共 32 人，占被试总数 53.33％)，造成了不地道的翻译。典型的翻译如下：

(1) 他的英语说得真好，就像外国人一样。

He speaks English so well that he sounds like a foreigner.

这里的修饰语 like a foreigner 是指说得不好，听起来很别扭。这种看上去非常准确的翻译其效果却适得其反。正确的翻译方法应该是：

(2) He speaks English so well that he sounds like a native speaker.

---

① 参见以下文献：田甜、王世庆：《英语专业学生英语写作与汉英翻译成绩的相关性研究》，《吉林广播电视大学学报》，2010 年第 4 期；袁洪：《大学生翻译能力与写作能力相关性研究》，《中国校外教育》，2007 年第 5 期。

在英语写作中出现了同样的问题，如5%的被试的作文里出现了 pull economic growth 这个短语，显然是汉语短语“拉动经济增长”在写作中造成了语言负迁移现象。在英语作文里出现这样的表达，是不符合英语的表达习惯的。因为“pull”和“growth”两个词在英语里不是地道搭配，就像汉语中说“吃饭”而不说“喝饭”一样。英语学习的困难往往不在于有规律的语法，而在于无规律的约定俗成的固定搭配。能和 economic growth 搭配的动词有很多，如 push / lift /increase /boost /stimulate /spur /drive /fuel /speed up /accelerate /generate /fire up /facilitate /reinforce /aid/assist /support/promote /encourage / foster /sustain /maintain. 又如被试习作中出现的 quality education，根据上下文，被试要表达“素质教育”的意思，但是表达成“高质量的教育”。恰当的写法应该是 caliber-focused education 或 trait-centered education.

为什么中国学生想到“拉动”这一含义时，英语表达第一反应只有“pull”；想到“素质教育”就写“质量教育”呢？这种语言负迁移产生的原因，可以归纳为以下几种：学生的英语基础薄弱，因此求助于母语思维方式和英文中同样字面意思的单词；学生一味依赖词典、在线翻译等，机械直译；学生不了解西方文化；学生的专业非英语，花在英语上的时间太少；教师在教学中忽略词汇在具体语境中的应用，采取应试教育等。[①]

2. 中文字面的意思表达不充分，部分信息被省略了或被隐藏起来了

汉语本身是一种较含蓄的语言，词句里隐藏的意思很丰富。如果不能把隐藏的意思在翻译时挖掘出来，那么翻译出来或平淡无力，或产生歧义。实验材料中出现的汉译英题目：

(1)特区是个窗口，是技术的窗口，管理的窗口，知识的窗口，也是对外政策的窗口。

被试的典型翻译如下：

The special zone is a window. It is a window for introducing technology, management and knowledge. It is also a window for foreign policy.

(1)句的翻译外国人是无法理解的，我们必须把那些被省略了或被隐藏起来的信息都翻译出来，如(2)句：

(2) The special economic zones are a window opening onto the outside world. They are a window through which to bring in from abroad sophisticated technology, advanced managerial expertise and up-to-date know-how. It is also a window through which to disseminate China's external policies.

被试英语作文中也出现了类似的例子，如 spring transportation ，根据上下文可以推断作者要表达“春运”的概念，但是简单地写成“春季的运输”是不

---

① 戴华：《中式英语在写作上的表现》，《无锡南洋职业技术学院论丛》，2010年第6期。

地道的，如能表达成 the rush / peak season of passenger transportation during the Spring Festival(春节期间的客运高峰)会好得多。

3. 中文词语本身没有什么特殊含义，而与之相对应的英文词语却有着特殊含义

在英文写作中，有被试写出这样的句子：

(1)I learned some French in the past. Now I have forgotten it. I've returned it to the teacher.

根据语境可以推断作者想表达的意思是：我过去学过一些法语，但现在都忘了，都还给老师了。不过，"I've returned it to the teacher."在英语表达上是有歧义的，不如写成：

(2)I used to know some French，but I've forgotten it. It has found its way back to my teacher.

因此，在翻译中，中文词语本身可能没有什么特殊含义，而与之相对应的英文词语却有着特殊的含义。在汉译英转换时，要注意所谓的"对应词"是否真的对应，词的内涵和外延方面是否存在差异。

(二)汉英结构差异造成负迁移

由于汉语和英语在语法语序和句子结构上都有很大的不同，在进行汉译英的时候必须要考虑到这些方面的变化。被试在汉译英(1)句中有两种结构比较普遍：

(1)中国目前存在很多问题，比如贫穷和腐败。

(2)China now exist many problems，such as poverty and corruption.

(3)Many problems exist in China currently，such as poverty and corruption.

在对(1)句的翻译时我们不能亦步亦趋地翻译，而是应该先转换为中介语"许多问题存在于中国，比如贫穷和腐败。"如(3)句。检验汉译英翻译的有效方法是把译好的句子划分句子成分，把主语和谓语动词提取出来，观察主谓结构是否达意(make sense)，如果意思和原句不相符，那么就要重新调整语序。如(2)句中的主语和谓语提取后，组成了"China exist"(中国存在)的主谓结构，决定了整句的意思围绕在：中国是否存在；中国存在何地；中国存在多久等范围内，显然和原句的意思风马牛不相及。

(三)文化差异造成负迁移

1. 汉英语域不同

在汉译英练习中，应考虑到源语的语域，而在英语写作中，应该避免使用非正式的口语表达式，而是选用正式的笔头语言表达方式。同时还要注意各行各业的不同术语的选择。例如在汉译英试题中出现的"安居工程"概念，很多被试把它翻译成"housing project for low-income urban residents"，其实

地道的翻译应该按照社会经济用语的习惯翻译为“The Affordable Housing Program”.

其他的例子还有：“信息化”的英译不是 informatization 或 informationization，而应该按照高科技行业习惯翻译为 the spreading / sweeping information explosion / the information explosion process / trend；“外资企业”的英译不是 overseas-funded enterprises，而应该按照外贸行业习惯翻译为 enterprises with foreign investment / enterprises with foreign elements. 根据不同场合，英语的表达有正式与非正式之分。比如“禁止吸烟”(No Smoking)、“请勿吸烟”(Thank you for not smoking)，以及更加婉转的说法，如：“为了您和他人的健康，请勿在此吸烟”可译为“For hygiene's sake, please refrain yourself from smoking in this room”.

2. 汉英文化不同

长期以来，不少人以为只要学会英语语法，讲或写出来的东西符合语法规则，就等于学好了英语，然而事实并非如此。[①] 汉语和英语之间存在很大的文化差异。由于对目的语的社会文化因素缺少了解，学生经常在汉译英或英语习作中写出令人不解的句子。比如在本实验中被试作文中出现了这样的句子：

(1)If you don't get into the hole of the tiger, how can you get the son of the tiger?（不入虎穴，焉得虎子。）

由于文化背景的不同，(1)句会令人费解。所以翻译不能只是翻译其形式，还要翻译其文化内涵。如把“相声”译成 cross talk，会使外国人不明白，不如翻译为 comic dialogue 更好懂。再如，假设把“以外贸为龙头”翻译成 with foreign trade as the dragonhead，这样外国人是很难明白的，因为“以……为龙头”这个说法是源自要龙灯的习俗，而多数外国人不一定熟悉中国人的这一习俗。

为了取得好的翻译效果，最好是用能够跨越文化障碍的表达方法，如“火车头”或“旗舰”：with foreign trade as the locomotive/ flagship。但是应注意的是不能机械地对待一切类似的翻译问题，而是应该有一点辩证法。比如汉语中“一箭双雕”和英语中“A stone, two birds(一石双鸟)”就可以达到对应；再如汉语的“鱼米之乡”(land of fish and rice)，在英语里有一个类似的说法 land of milk and honey。但由于 land of fish and rice 外国人也能理解，不会造成跨化交流的障碍，所以我们可以采用 land of fish and rice 的说法，以保留一点中国的特色。

---

① 戴华：《中式英语在写作上的表现》，《无锡南洋职业技术学院论丛》，2010 年第 6 期。

3. 汉英转换歧义

在翻译教学和写作实践中，对语言转换的重要性要有深刻的、充分的认识。翻译的对与错、好与坏有时会产生截然不同的效果。例如，海南岛的“天涯海角”，正确的译法应为 Land's End / End of the Earth，而不是 the End of the World（世界末日）。比如本实验中汉译英句子：.

（1）一小时内免费送机票上门

这是某航空公司的广告中的承诺，正确的译法应该是把源语转换成符合英语习惯的中介语：在你订票后一个小时之内，我们提供免费送票服务。在转换成英文时，可以更加符合英文习惯，把状语置后，如（2）句。如果译成（3）句（一小时内送免费机票上门），那就只能等着和顾客来打官司了。

（2）We offer free delivery of your air tickets within one hour after your booking confirmation.

（3）We give you tickets free of charge within one hour.

四、汉英翻译和英语写作教学中应注意的问题

既然汉英翻译是英语写作的基础，又是如此艰巨复杂的任务，那么怎样才能有效地对学生进行训练，以提高他们的汉英翻译能力，继而提高英文写作水平呢？

汉英翻译能力的培养涉及诸多方面，比如，要培养对英语的语感和悟性，要培养判断能力和鉴赏能力、洞察能力和剖析能力以及对英语细微特征的反应能力，要培养对社会文化和跨文化交流的敏感性，要培养英汉语言的差别意识和英汉语言辩证关系的认识，要培养对英语“洋为中用”和对英语“学以致用”的意识以及对翻译的多层次、多角度的立体思维方式。这些能力和意识的培养，可以通过不同的具体途径来实现。

1. 全方位思考汉英差异，避免逐词翻译

无论是翻译教学还是英语写作教学都必须要善于仔细、深入、准确地理解想要表达的中文的意思。这是因为准确的理解是做好翻译题的前提，也是写作斟词酌句的依据。例如在本文汉译英实验材料中，出现了“摸着石头过河”这句俗语。我们常用“摸着石头过河”来形容没有先例的事物。以此为例可以分析一下汉英转换的过程。

按字面翻译可以翻译为 crossing the river by feeling the stones. 可是不了解中国文化或这句俗语来历的人很难从字面上理解“摸着石头过河”的内涵。此句的思维导图可以表示为：

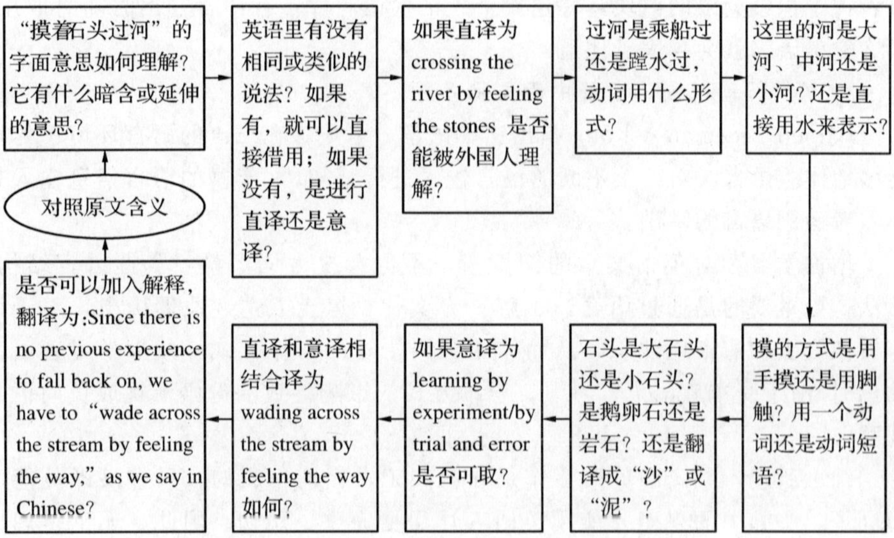

句子"摸着石头过河"的思维导图

从思维导图中可以看出，汉译英活动并不是语言字面的简单转换，而是思维深层的复杂思考过程。这个过程既要考虑到文字的内涵，又要考虑到文字的外延。最终比较恰当的翻译往往与原文字相比已经面貌全非，但是意思表达是最贴切的。这也是翻译中所强调的要脱离语言的外壳，讲究信息的传递而弱化语言的形式对应。

2. 注意语块的积累，建立个人语料库

语块是指词的搭配组合。Crues 将它定义为"习惯性一起使用的词系列。"[①]Lewis 把它看做"自然文本中词的共用达到统计学意义数量的方式"。[②] Cowie 提到，接近母语水平的语言很大程度上依赖于对预制词块的掌握程度。[③] Becker 也认为：预制词块的使用可以加速语言理解和产出的过程，进而达到近似母语的流利程度。[④]

英语学习者要想输出地道的英语，就必须积累一定数量的英语语块。语言学家 Nattinger & DeCarrico 从结构和功能角度把词汇短语分为 4 类：(1)聚合词；(2)惯常的表达形式；(3)短语限制结构；(4)句子构造成分。[⑤] 如果学

---

① Crues, D. A. Lexical Semantics. Cambridge: Cambridge University Press, 1986, p. 40.

② Lewis, M. Implementing the Lexical Approach. Language Teaching Publications, 1997.

③ Cowie, A. P. Multiword lexical units and communicative language teaching. London: Macmillan, 1988.

④ Becker, J. The phrase lexicon. In R. Shank & B. L. Nash-Webber(eds.) Theoretical issues in natural Language Processing, Cambridge, MA: Bolt, Beranek and Newman, pp. 60—63, 1975.

⑤ Nattinger, J. R & DeCarrico, J. S. Lexical Phrases And Language. Teaching Oxford: Oxford University Press, 1992.

习者善于积累英语的语块，并建立个人语块语料库，在语言输出时随时取用，那么输出语言就会越来越地道。

3. 扩大阅读范围，了解中西文化差异

Larsen-Freeman &Long 指出，二语学习者应该在二语的语言环境里尽可能多地体验语言，对持续不断的语言输入进行感知。① 丰富的语言信息输入是学习者运用语言的基础。②

增加学习者对英语文章的阅读量，不但会扩大词汇量，掌握语言结构，语法；更重要的是通过语言，了解一方文化，风土人情，地理历史，对于语言转换有更加清晰地认识，从而体验英语语言的写作方式，减少学习者语言输出时"由于受本族语语言习惯、思维方式的影响导致的母语干扰或负向语际迁移"。③

综上所述，翻译和英语写作是异曲同工，相辅相成的。只有汉译英能力提高了，头脑中的思想才能用英语表述得更完整、贴切。因此，无论是想成为一个好的翻译，还是一篇地道的英文作文的作者，都必须具有高屋建瓴的视角，要懂得汉英语言转换的真谛是什么。要想提高汉英翻译水平，彻底告别中国式英语，就必须加强对上述各种意识的培养。必须养成多层次、多角度的思维习惯，并多读英文原著，逐渐形成英语思维方式。

参考文献

[1] Cowie, A. P. Multiword lexical units and communicative language teaching. London: Macmillan, 1988.

[2] Crues, D. A. Lexical Semantics. Cambridge: Cambridge University Press, 1986.

[3] Ellis, R. Understanding Second Language Acquisition. Oxford; Oxford University Press, 1985.

[4] Lado, Robert. Linguistics Across Cultures. Ann Arbor: University of Michigan Press, 1957.

[5] Larsen-Freeman, D& Long M · H · An Introduction to Second Language Acquisition Research. London and New York; Longman, 1991.

[6] Lewis, M. Implementing the Lexical Approach. Language Teaching Publications, 1997.

[7] Nattinger, J. R. & DeCarrico, J. S. Lexical Phrases And Language Teaching. Oxford: Oxford University Press, 1992.

[8] 戴华：《中式英语在写作上的表现》，《无锡南洋职业技术学院论丛》，2010 年第 6 期。

[9] 龚光明：《翻译思维学》，上海：上海社会科学院出版社，2004 年。

---

① Larsen-Freeman, D & Long M. H. An Introduction to Second Language. Acquisition Research. London and New York; Longman, 1991.

② 王慧颖：《英语写作中母语负迁移现象的实证探析》，《安顺学院学报》，2010 年第 8 期。

③ Ellis, R. Understanding Second Language Acquisition. Oxford: Oxford University Press, 1985.

[10] 胡小慧、陈于全:《高职英语写作句法层面的母语干扰》,《时代教育》(教育教学版),2009 年第 3 期。
[11] 贾贵军:《英语写作常见错误分析——母语干扰》,《写作》,2006 年第 4 期。
[12] 孔苏婧:《英语写作中的母语干扰因素分析及矫治对策》,《南京广播电视大学学报》,2003 年第 3 期。
[13] 李长栓:《原文错误的识别与翻译方法》,《上海科技翻译》,2004 年第 1 期。
[14] 李秀芳、吴恒贤:《母语负迁移对大学英语四六级写作的影响》,《湖北广播电视大学学报》,2010 年第 11 期。
[15] 李中:《汉语对英语写作的负迁移分析》,《邵阳学院学报》(社会科学版),2005 年第 4 期。
[16] 刘红、邓鹏鸣:《英汉思维模式差异对大学英语写作的影响》,《西安外国语学院学报》,2005 年第 3 期。
[17] 田甜、王世庆:《英语专业学生英语写作与汉英翻译成绩的相关性研究》,《吉林广播电视大学学报》,2010 年第 4 期。
[18] 童龄:《英语写作中的连贯性以及实现连贯的手段》,《湖北成人教育学院学报》,2002 年第 4 期。
[19] 王红、周秀霞:《中国学生英语写作中句法方面的母语干扰》,《成都教育学院学报》,2004 年第 6 期。
[20] 王慧颖:《英语写作中母语负迁移现象的实证探析》,《安顺学院学报》,2010 年第 8 期。
[21] 王竹:《英汉表达方式差异及对中国学生翻译与写作的影响》,《中国翻译》,1997 年第 3 期。
[22] 吴燕、贾玉娟:《摆脱母语干扰,提高英语写作水平》,《淮北职业技术学院学报》,2004 年第 2 期。
[23] 徐峰、陆正荣:《母语在初中英语写作中的负迁移现象及其对策》,《西藏教育》,2010 年第 1 期。
[24] 袁洪:《大学生翻译能力与写作能力相关性研究》,《中国校外教育》,2007 年第 5 期。
[25] 张英:《中国学生英语写作中的母语负迁移》,《太原科技》,2005 年第 6 期。

(作者:蒋凤霞　北京外国语大学高级翻译学院讲师)

项目名称：文学中的城市文化：巴黎与北京
项目编号：11WYC024
项目负责人：张迎旋
项目信誉保证单位：北京外国语大学

文学中的城市文化：巴黎与北京

20世纪80年代以来，中国现当代(特别是现代)城市文学的研究渐成热点。对于城市文学的研究，还造成了现代文学史叙述总体格局的变化。各种权威的文学史著作都将城市文学作为重要的文学史形态纳入文学史脉络。在《中国现代文学三十年》中，将"文学的现代化"作为现代文学的主流，其中，"现代化进程中的城与乡、沿海与内地的不平衡，所出现的'现代都市与乡土中国'的对峙与互渗"已成为文学史考察的基本标尺。

在国外学界，对于"文学中的城市"研究已有一些论述。Richard Lehan 出版于1998年的 *The city in the Literature* 一书明确提出"文学中的城市"这一概念，而这一概念在书中主要被认为是对城市不同的叙述模式。它着重考察了欧美城市不同发展阶段文学的表现方式，除了现实主义与自然主义之外，"对高度发展和机构复杂的城市的逃避和拒斥，构成了现代主义(印象主义、唯美主义、象征主义)的源泉。现代主义转而表现城市压力的主观印象和内心现实"。

文学艺术是最为精致的文化形态，它与欣赏人的关系超越了感官层面而直达抽象的精神呼应，文学语言艺术与其他艺术一样，是现代城市精神建设中的一个组成部分，而且是更高层次的精神审美现象。传统的文学研究的终端成果大都只是纸面文章和书籍，具体到地域文学研究，一般只是研究作家作品、社团流派，研究成果基本也还是文章和书籍。这样的研究自有其价值，但就服务于当下的城市文化建设而言，这种形态又必须进行调整或转型。本文以巴黎和北京的城市文学研究为例，通过具体的个案剖析，提出应当从历史社会学的视野来调整我们的文学研究，以便使它更好地服务于当下的城市文化建设。

"当你随便走进左岸的一家咖啡馆，也许一不留神就会坐在海明威坐过的椅子上、萨特写作过的灯下、毕加索发过呆的窗口边。"这句经典的旅游广告词所宣扬的就是巴黎塞纳河左岸浓郁的文化气息。"左岸"在如今的中国，已成为小资的符号；而在遥远的巴黎，一直是文学和艺术的标签。在左岸拉丁区的大街小巷，散落着咖啡馆、饭馆、酒馆、电影院、小剧场和书店，文人往来穿梭，艺术家云集荟萃，连空气都像是饱蘸了墨汁，渲染出浓烈的城市文化氛围。

和显赫的左岸相比，藏龙卧虎的蒙马特高地毫不逊色。纯净的风光和廉价的房租吸引了许多为追求自由而流浪的文学艺术大家，其中就有法国诗人阿波利奈尔和西班牙画家毕加索。那里最热闹的聚会场所是一家名叫“狡兔之窟”(Lapin Agile)的咖啡馆，直至今日仍然是“不羁文人的文化中心”，每个晚上人们都可以去那里聆听古老的法文歌曲，追忆那段逝去的流金岁月……

当年的艺术家们一旦成名，就会迁出蒙马特，集中转移到了左岸的蒙巴纳斯，野兽派和立体派就在此地诞生。艺术家们在蒙马特播种，却在蒙巴纳斯丰收。这里地处拉丁区边缘，被文艺复兴时期的学者们戏称为希腊神话中太阳神阿波罗与文艺女神缪斯居住的阆苑仙境。蒙巴纳斯最高雅的咖啡馆是丁香园，画家莫奈和雷诺阿，诗人魏尔伦，作家纪德经常光顾那里丁香盛开、芬芳四溢的花园。而另有三家消费便宜的咖啡馆“圆顶”咖啡馆(La Dome)、“穹顶”咖啡馆(La Coupole)和“圆亭”咖啡馆(La Rotonde)则成为达达主义和超现实主义流派的文人们的活动据点。海明威、萨特、波伏娃和乔伊斯等新一代墨客雅士也时常出入这三家咖啡馆。

然而，随着名人的仙逝，巴黎的这些“文艺阵地”也面临着商业和旅游“兵临城下”的危机。难道巴黎的城市文化就此“沦陷”？人们大可不必如此悲观。因为一座城市的文化有多种载体，一位名人、一座建筑物、一条河流、一段逸闻逸事、一首歌、一幅画、一部电影等，都能够展示出城市文化的多个侧面。而在众多的载体中，文学作品，无论是诗歌、戏剧，还是小说和散文等体裁，都是城市文化的“史诗”和“史记”。一个城市的文化和文学，是生生不息，息息相关的。因此，本文试图在不同时代的多部文学作品中，探寻巴黎城市文化的印记，将这座“世界文艺之都”的魅力和活力，气韵和风度，铺陈舒展在读者的眼前。

踏上左岸，从圣日耳曼教堂和“花神”(Café de Flore)、“双叟”(Les Deux Magots)两家咖啡馆门前经过，然后拐进一条古老而不起眼的小街，那里的房屋全是“古董”，其中一栋写着“第六区圣伯努瓦街五号”，地板一踩就嘎吱作响，老式的吊筐电梯一启动就嘶哑地呻吟，而这里就是杜拉斯在巴黎的居所，这样一位与昆德拉、村上春树和张爱玲齐名的小资时尚女作家，一个经历传奇、性情叛逆、爱情凄迷的女人在巴黎的情感归宿。秋日的午后，她走在巴黎细碎的石板路上，来到“花神”咖啡馆，临窗而坐，摊开手中的本子，一边抽烟一边写作：“写作是走向死亡，身处死亡之中。”在她的眼里，巴黎是忧郁的蓝色迷宫：“当我越写，我就越不存在。我不能走出来，我迷失在文字里。”巴黎是荒芜的白色沙漠：“我生活的故事是不存在的。它是不存在的。它没有中心，没有路，没有线。有大片地方，大家都以为那里有个什么人，其实什么人也没有。"巴黎是分泌欲望毒液的红色魔沼，而她却要饮鸩止渴，选择"自杀式"的写作，因为倘若不写作的话，她会屠杀全世界。或许，巴黎之美，好似罂粟花，是波德莱尔笔下的"恶之花"。

在波德莱尔那里，巴黎第一次成为抒情诗的题材。读他的《巴黎的忧郁》或《恶之花》，可以读出这个城市的孤寂以及这个城市诗人的绝望。他穿行在巴黎的大街小巷，是这座放荡不羁的城市的浪荡子。他笔下的巴黎荒诞怪异、纸醉金迷，是一个肮脏、病态、畸形的社会，但同时，又活色生香、激情荡漾，难怪雨果说他创造了一种新的"战栗"。对波德莱尔来说，巴黎像油画颜料般浓郁而不真实，如梦似幻。他不像巴尔扎克那样把巴黎尽收眼底，也不像福楼拜那样将巴黎捧在手心。他在人群中隐居，不断搬迁，每一个他见过的巴黎人都是他心湖中的一片涟漪。虽然人与城市并没有直接显现在他的散文诗中，但却无时无刻不存在于背景之中。波德莱尔的巴黎不像雨果笔下的巴黎，不是在深邃思想框架里的宏大戏剧；不像欧仁·苏小说中的巴黎，不是精巧情节串联的瑰丽珠宝。他的巴黎是许多破碎的意象和断想，还夹杂着大麻和鸦片的氤氲芬芳，是他刻意击碎的一面镜子：矛盾、反讽、古典与阴暗。他热爱十四行诗，是尊崇古典，受到工业文明压抑的诗人，但他又兼具现代审美的自觉性。他不描写巴黎但又时刻谈论巴黎，他讽刺城市却又根植于城市，他是巴黎之子又居无定所，于是人们送给他一个雅号：巴黎泥淖中的酒神，因为，在他看来，"艺术的沉醉比什么都适于掩盖深渊的恐怖，天才可以在坟墓旁边带着一种阻止他看到坟墓的快乐表演喜剧，仿佛他沉浸在一个天堂里，排除了一切坟墓和毁灭的观念。"

雨果曾经说过："上帝只是创造了水，而人类却酿造了酒。"上帝创造了城市外在的地域，而人类却铸就了城市内在的文化。巴黎这座城市总在不断地膨胀，犹如巨型漏斗，会聚了一个国家的地理、政治、道德、文化的涓涓细流，展示了一个民族的流向。用雨果的话说："这类城市也可以比作文明之井，又好似沟渠，世世代代以来，商业、工业、才智和居民、一个民族的全副精力、整个生命和灵魂，都一滴一滴过滤，在这里沉积。"①换句话说，巴黎是一部用石头撰写的编年史：中世纪的巴黎在圣母院、亨利二世的巴黎在市政厅、亨利四世的巴黎在王宫广场、路易十三的巴黎在圣恩谷教堂、路易十四的巴黎在荣军院、路易十五的巴黎在圣绪尔皮斯修道院、路易十六的巴黎在先贤祠、共和的巴黎在医学院、拿破仑的巴黎在旺多姆广场、复辟王朝的巴黎在交易所广场……上述典型建筑的每一座，都有不少格调和构造相似的民宅，分散在各个区里，行家一眼就能分辨出风格和时代来。只要懂得鉴赏，

---

① [法]雨果著，柳鸣九等译：《雨果美文集》，北京：中央编译出版社，2003 年版，第 311 页。

从一个小小的敲门槌中就可以洞晓一个时代的精神，一位帝王的样貌。现代的巴黎也许更美，但在感官上没有那么和谐了。那些建筑艺术的历史标志，在一天天泯灭，名胜古迹仿佛要沉入房屋的汪洋之中。“我们的祖先拥有一个石头的巴黎，到了我们的子孙，将是一个灰泥的巴黎了。”[①]正是这样的忧虑，促使雨果在小说《巴黎圣母院》中复制了一个十五世纪的巴黎的鸟瞰图：他要透过由尖塔和钟楼编成的这道奇幻的篱笆观望天光，让黄绿两色的塞纳河穿过一望无际的城市，让蔚蓝的天际映衬出巴黎老城的哥特式剪影，让这座建筑物的迷宫飘浮在无数烟囱炊烟缭绕的冬日雾霭中，再把它浸入幽深的夜里，投射上一束月光，凸显其搔首弄姿的尖顶和房脊，让人们领略当年巴黎的宏伟和柔媚。

当我读到小说中的这一段文字时，不禁佩服雨果的“穿越”功夫。痴男怨女的爱情故事并不是《巴黎圣母院》的主旨，真正震撼人心的是史诗般的历史画卷。这让我联想到了我们不朽的《清明上河图》，难怪雨果会谦逊地把欧洲基督教的建筑艺术看成是“东方伟大营造艺术的小妹妹”。

到了元明清时期，东方伟大营造艺术的集大成之地要算是北京了，这里是北方游牧文化和内地农耕文化的交汇地，是南北漕运的重要枢纽，是天下帝王都，是东方大都会。元大都建成之后，旧城居民迁入新城，住在整齐划一的主干道两旁，干道两侧又等距离排列着许多街巷和胡同，而胡同里的四合院逐渐成为北京最具代表性的民宅。四合院里的人伦，胡同里的风情，成为北京城的世俗基因和文化标签。

元大都作为元朝的统治中心，当之无愧地承载了元代的文化精粹——元曲。继汉赋、唐诗和宋词后，元曲成为中国文学史上又一瑰宝，而早期的元杂剧主要是在大都的文化土壤里滋生出来的。关汉卿的创作生活都是在大都度过的。大都还生活着优秀的杂剧表演者，珠秀帘（艺名）就是其中一位，她与关汉卿有着很深的交情。据说关汉卿曾将在市井街头听到的朱小兰冤案始末，气愤地讲给珠秀帘听，两人感同身受，决定合作，由关汉卿将此事写成杂剧，由珠秀帘出演，这就是著名的《感天动地窦娥冤》。剧中所表现出来的语言风格已经显示了北京话的多儿话音、生脆活泼的特点。意大利威尼斯人马可·波罗所撰的《马可·波罗行纪》还见证了大都与其他国家的广泛交流，这种兼容并蓄的文化精神一直传承并影响到今日北京城的文化风貌。

继元朝之后，北京成为明朝帝都，人才荟萃，商贾云集，各地风物会聚京城。商业的发展培育了具有文娱消费需求的京城市民，街头艺术空前繁荣：说书、弹词、杂技、相声和口技，等等，成为北京文化中长期活跃的生命因子。清代对北京城最大的影响是八旗制度和皇家园林艺术。八旗制度影响了

① [法]雨果著，柳鸣九等译：《雨果美文集》，北京：中央编译出版社，2003年版，第327页。

普通市民的文化心理，强化了民众的等级观念。听戏、喝茶、赏花、逗鸟、遛弯儿的消闲方式也流入平常百姓家。以至于当时的学者文士，或受聘，或游学，大都也云集在京城，以会馆为联络点，与各地士绅和商贾广泛联系，加强了北京的政治和文化辐射力。在满族人和汉族人、本地人和外地人共同居住的京城里，各种习俗和文化相互碰撞和渗透，北京城具有包容力的文化品格正逐步走向成熟。

到了民国时期，北平虽然不再是首都，不再是政治中心，但其教育和文化依然独领风骚。一些新文化健将，一方面继承了古都丰厚的文化积淀，另一方面又受到欧美文化的启蒙，创造出现代文学和艺术史上的经典作品。京派作家们如沈从文、萧乾、废名和林徽因等的作品都浸染着古都的风韵，又带有浓厚的学者气息。老舍的京味小说，用饱含深情的笔墨来抒写北平的魅力。说起“京味”，这是值得玩味的一个语汇。“京味”是文学与北京发生神奇反应的标志，只有将北京城的内蕴以妥帖、鲜活的形式传达出来，并采用耐人品味的文学语言，才有可能称其为京味文学。不是所有在北京书写的文学都是京味文学，也并非以北京风貌为描写视野的文学就是京味文学，京味是一种品格、一种气度、一种人与城市多重关系的文学概括。

京味文学上溯到清朝的远祖是《红楼梦》，这是中国文学史上第一部以北京方言为文学语言的长篇小说，是北京地域文学发展中的一座里程碑。而京味文学的开山之人则是老舍，他的作品将京味文学的传统资源、北京地域浓厚的品格用充满情致的京话和京白表现出来，确立了京味文学的审美范式。尤为重要的是，他将写作视野确定在位于城市生态群落底层的市民阶层，集中刻画了民国时期北京市民生活的全景图，细腻逼真地描绘出北京城的人情和人性，具有厚重的文化内涵和历史质感。“我是北平人，那里的人、事、风景、味道和卖酸梅汤、杏儿茶的声音，我全部都熟悉。一闭眼我的北平就完整的像一张彩色鲜明的图画浮立在我的心中。我敢放胆描写它。它是一条清溪，我每一探手，就摸上条活泼泼的鱼儿来。”①

通过老舍的自述可以看出，北京不仅是他的地域意义上的故乡，更是精神层面上的家园。而且，将描写的视野投诸市民社会并没有使其文学呈现俗文学的特质，相反，这种独特的文化视角赋予了北京市民生活一种俗中带雅的风格。这种“取之俗事，还以雅致”的笔法为京味文学奠定了格调。

新时期最先掀起京味文学写作热潮的作品是邓友梅的《话说陶然亭》。小说以“文革”中纪委北京市民辗转的命运为主线，兼具历史和文化的视角，吸取了老舍等老派作家对北京文化的思考，富于深沉的历史感。陈建功的小说

---

① 老舍：《三年写作自述》，《老舍研究资料》(上)，北京：北京十月文艺出版社，1985 年版，第 579 页。

具有很强的过渡意义，开始触碰在现代文化和传统文化对撞中新北京市民的精神和行为状态。而王朔的出现又是京味文学发展中的一个重要现象。他的作品改编成的影视剧将京味文学的影响力散播开来，超越了地域文学而成为具有时代文化表征的文学现象。无论是《渴望》的“深情款款”，还是《编辑部的故事》的“无理取闹”，他敏感地把握了社会的浮躁心态，运用夹杂时代用语的京白对种种社会现象进行嘲弄，以虚无主义作为戏谑的手法，成为商业大潮中调侃传统秩序和社会形态的“痞子”。这在形式和内容上都打破了原来京味文学的审美范式，是京味文学在当代美学风格上的一种拓展。

然而，无论如何拓展，京味文学的特质没有改变，那就是用具象化的文学符号让人们感受北京这座城市中的日常生活美，这是一种原生态的美感，是一种以俗入雅的美学诉求，俗只是表象，雅方是内涵，在作家的打磨之下，俗的表象升华为一种具有高度文化意蕴的意象。

随着城市现代化进程的加快，要想从城市的外在面貌区分城市的优劣越来越难。只有城市文化这种深层次的底蕴，才是识别城市特征的首要标识，只有从市民的生活风俗、审美情趣、生活理想、精神崇尚、行为方式、处世态度等方面才能把握城市的内在脉动。文学艺术是人文北京建设的重要组成部分。回顾和总结北京文学的历史、特别是近代以来的发展历程，对于在新的历史语境中文艺发展、文化建设，乃至首都的文化实力和影响力的提升，至关重要。

本课题研究的主要内容是城市文学与城市文化是如何相互关联和影响的。城市文学是指以城市生活和城市居民为主要表现对象的文学，其内容围绕凸现城市特点这一中心向不同层面展开，具体包括勾勒城市风貌，书写城市印象，表现异于乡村的都市生活形态，彰显物质欲望，描写个体都市体验以及刻画各类市民形象等。城市文学的本质与特色归根结底决定于城市的本质与特色。传统的城市文学研究，强调的是城市之于作家的经验性，而忽视了文学的“文本性”。城市文学之于城市，绝非只有“反映”、“再现”一种单纯的关系，而可能是一种超出经验与“写实”的复杂互动关联。何况，城市经验之于作家，也是千差万别。因此，城市的历史与形态和城市文学文本之间构成了极其复杂的非对应关系，这一切，可能会以对城市的不同表述体现出来。而城市叙述也绝不以城市题材为限，它可以存在于各种题材之中。所以，鉴于城市文学研究自身逐渐以“城市性表述”涵盖了“文学再现城市”，从概念上来说，“文学中的城市”要比“城市文学”能够揭示更多城市对文学的作用与两者的复杂关联。后者立足于城市题材与形态自身，揭示城市文学的发生、发展、流变过程以及其内在构成规律，基本上属于传统的文学研究或文学史研究；而前者并不局限于城市题材与城市文学形态，它更关心城市所造成于人的城市知识，带来的对城市的不同叙述，以印证于某一阶段、某一地域的精神诉求。从方法论的角度来说，它更接近文化研究。

随着中国城市化进程的加速，大量新的生活内容，作为文学素材的生活已经呈现出来了，但城市文学的发展和城市化的进程还存在着一定的差距。究其根源，很重要的一个原因就在于我们对城市文化缺乏敏感、深入的了解和体验。而文化从来就是文学的基础，城市文化也是城市文学的基础。只有把握城市文化最细微的脉动，才能有城市文学的长足发展。总之，对文学中的城市文化的研究的基本思路是把种种不断流动着、并逐渐消失的文化现象以文学的形式凝固住，全方位、立体化地展现在都市人面前，像一面镜子一样可以让人们反观自身的精神状态。

我由此想到了法国二十世纪的著名诗人雅克·普雷维尔的一首描写巴黎的诗，觉得这首诗最能展现上述的对文学中的城市文化的研究思路："深夜三根火柴相继点亮/第一根为看清你的面庞/第二根为看清你的目光/第三根为看清你的双唇/随后漆黑一片让我回想思恋/把你拥抱在胸前。"①

参考文献

[1] 钱理群、温儒敏、吴福辉：《中国现代文学三十年》，北京：北京大学出版社，1998 年。

[2] Richard Lehan，The City in Literature—An Intellectual and Cultural History，Berkeley：University of California Press，1998.

[3] 陈平原：《北京记忆与记忆北京》，北京：生活·读书·新知三联书店，2008 年。

[4] 陈平原、王德威编：《北京：都市想象与文化记忆》，北京：北京大学出版社，2006 年。

[5] 冯骥才：《巴黎，艺术至上》，北京：作家出版社，2002 年。

[6] 韩经太等：《老舍与京味文学》，北京：北京大学出版社，2011 年。

[7] 老舍：《三年写作自述》，《老舍研究资料》(上)，北京：北京十月文艺出版社，1985 年。

[8] 刘勇等：《北京历史文化十五讲》，北京：北京大学出版社，2009 年。

[9] 卢岚：《巴黎读书记》，北京：中央编译出版社，2009 年。

[10] 王勇：《京味文化》，北京：时事出版社，2008 年。

[11] [法]雅克·普雷维尔著，陈玮译：《话语集》，上海：上海人民出版社，2010 年。

[12] [法]雨果著，柳鸣九等译：《雨果美文集》，北京：中央编译出版社，2003 年。

[13] 郑枫：《天使爱巴黎》，北京：华文出版社，2010 年。

（作者：张迎旋　北京外国语大学法语系讲师）

① [法] 雅克·普雷维尔著，陈玮译：《话语集》，上海：上海人民出版社，2010 年，第 263 页。

综合学科

Z O N G H E X U E K E

项目名称：北京市新农村建设中的传统空间文化延续研究
项目编号：09BaZH122
项目负责人：韩林飞
项目信誉保证单位：北京交通大学

中小城市的城市特色与城市风貌初探

人类作为有感情的动物，需要在环境中体味历史，寻找记忆，而城市作为文化、历史的载体，是一种物化的感情(图 1、图 2)。我国中小城市缺乏特色已经成为了一个不争的事实。迅猛发展的经济是大多数城市追求的，大量新兴的中小城市盲目跟风，抛却本身的地域特色和乡土文化于不顾，以追求楼层的高度、新奇为目标。城市空间形态所传达的人文意向和精神文明变得模糊。其实那些遵循自然规律而建的民居，如藏族的碉房、西北的窑洞等，生态性的建筑材料赋予了它们更深远的意义——可持续发展的生态居住方式。就小城镇特色的自然因素而言，在经济发展的压力下，牺牲环境以求发展的现象非常普遍。在城市特色与传统风貌丧失的今天，人们面对的不仅仅是城市被破坏的问题，而是一场史无前例的文化危机。探索塑造城市特色与风貌的道路，阻止城市特色和风貌衰亡已经迫在眉睫。

图 1　城市特色景观

图 2　珠海周边城市特色景观

一、城市特色与城市风貌概念的解读

(一)城市特色与城市风貌的内涵

“城市特色”是指一座城市在组成、形态、空间上区别于其他城市的个性及特征。它表现在物质和精神的个性及独特之上，并在人们对城市的建造及认识过程中得以体现。城市特色具有两方面的含义：一方面，表现在城市的精神个性上，即城市的性质、产业结构、经济特点、传统文化、民俗风情等，主要针对于人们对城市的感知层面；另一方面，体现在城市的物质环境上，如景观、空间、建筑、设施等，针对人们对城市的直观视觉方面，它们是城市精神的载体与组成。两者相互作用，共同构成了城市的特色。城市风貌即城市的风采和面貌，是关于城市自然环境、历史传统、现代风情、精神文化、经济发展等综合表征，既反映了城市空间的景观，又蕴含着地域精神(图 3)。“风”即社会风俗、地域文化、生活习俗等，“貌”则是城市的样子，包括有形和无形的元素。城市风貌不仅仅是城市的景观，还包括了不可见的人文要素。包括建筑特色、自然景观特色、产业特色、人文历史特色，等等。

图 3　城市特色景观

(二)城市特色与城市风貌塑造的意义及目的

城市特色与风貌最重要的价值是情感作用，它包括文化认同、历史延续、精神象征，等等。第一，随着社会经济的发展，人们不再仅仅满足于一般的物质需求，而更多地关注文化、心理上的需求，对城市的要求不仅仅停留在满足温饱问题上，对城市的要求还包括了居住品位和情感回归。第二，有利于增强居住者对城市的自豪感和认同感，增加城市的凝聚力。同时，传承了历史文化的特色城市也有利于对传统文化的弘扬，对人们的审美情趣、思维方式等产生影响。第三，城市特色在城市的经济活动中发挥着越来越重要的作用，将城市特色本身作为旅游业的内容，可以吸引更多的投资，获得更大的利益，从而促进城市经济的快速发展。由

图 4　丽江大研镇城市特色

历史遗产、自然景观等资源形成的旅游产业，能为城市带来最直接的经济价值，这也使得城市更多地关注其自身价值的塑造。城市特色和城市风貌的塑造不应该是一纸空谈，它实现对于中小城市的发展不管是从经济上，还是文化上，都具有重要意义。特色即意味着优势，它是城市的生命本源，是城市发展的根基(图4)。

二、城市特色与城市风貌的塑造

(一)城市特色与城市风貌的物质要素提取

自然地理环境为城市的发展提供了最基本的条件，不同的地貌类型影响了城市的布局和形态。如平原城市的平铺直叙，滨水城市的自由灵活，山地城市的立体布局，还有沙漠城市、高原城市的苍茫等，都为城市特色的塑造提供了天然的物质要素，也是在塑造城市特色和风貌中的制约条件和前提。不同的民族因居住的地域不同，地理环境、气候不同，会产生明显的地域差异，从人的居住方式、生活习惯开始，影响到人的服饰、房屋和城镇的格局。这种差异也是中小城市特色的根源，而不是单纯“设计出来的”。优美的自然环境是中小城市区别于大都市的重要特色。从空间布局来看，中小城市更加贴近自然。人口规模和密度相对较小，人们的生活生产活动对自然环境的影响也较小。中小城市有着开敞的绿色空间，合理开发利用，可以营造出适合于生存的生态化的中小城市城市特色和风貌。

1. 有形的物质因素

有形的物质因素，即自然地形地貌特征，如山、河、海等，在塑造城市特色及风貌方面，一方面体现在自然直接构成城市景观的一部分，另一方面则间接地表现为地表对人文因素的影响，即城市怎样利用现有的地貌条件，与自然环境进行有机结合(图5)。

图5 有形的物质要素

2. 无形的物质要素

无形的物质要素，即不以自身形象特征出现在城市中的自然因素，如风、降水等，它们为人们间接感知的要素而存在。气候实际上也是一个区域的自然特征，从而通过城市的传统建筑和文化风俗等表达。不同城市所处的地理位置、地形条件、气候条件的不同，形成了一个城市区别于其他城市的空间特征，纯粹的自然背景是影响城市特色和风貌的主要环境因素，也是后期人为塑造城市特色和风貌的源头和基础。

(二)城市特色与城市风貌的精神要素

城市文化等精神要素包括历史文化、民族文化、传统习俗、市民生活等。不同地域的饮食、居住、服饰文化、哲学思想、宗教信仰等文化，也会有很大差异。不同的文化产生了不同的审美观，不同的哲学体系又产生了不同的建设规则，每一个时代的审美文化与精神追求都为一个时代的城市烙上了不可磨灭的烙印。今天的城市就是明天的历史，城市特色的塑造也总是离不开围绕过去、现在和未来三者进行的协调和处理。历史和传统造就了城市的特色和个性，鲜明的文化特色与强烈的地域色彩，来自于这座城市的历史、居住者的价值观和蕴含于其中的记忆与隐喻。取自于城市风俗、节日、重大历史事件、重要历史人物的元素，可以构成城市独特的风貌。

图 6　凤凰古城的城市意境

城市的特色与风貌不可能在短时间内构成，而必然会通过一个较长的历史阶段逐渐累积而成。在城市记忆中，城市的历史事件、生活模式会被继承下来，并通过特殊的景观加以体现，属于一个城市的特殊记忆代表了这个城市不同于其他的唯一性。建筑学家认为，城市与建筑的记忆可以分为两个层次：第一，记忆来自于物质层次，将城市看做是一个物体来看；第二，事件层次的记忆。在中国古典文化中，“意境”作为审美的基本范畴，强调情景交融，而承载了“意境”的城市历史遗迹，则是第二层次的记忆来源。这些事件、场景与人们的生活经历、情感遭遇相关，从而产生了特定的意境和所谓的场所精神，并成为了记忆的象征。在这些基于“意境”之上的城市记忆中，人们会得到情感上的认同和亲近的感觉，而加诸之上的一些传说、诗句等则能激发观看者的联想。这样能赋予建筑、场所、空间以情感和意境的因素，便是塑造城市特色和风貌的重要来源，如耶路撒冷的老城区、丽江古城等(图 6—图 8)。

图 7　耶路撒冷的老城区

图 8　丽江古城的意境

(三)城市特色与城市风貌中要素的提取与利用

1. 自然景观的塑造

图 9　余姚市的城市自然景观

城市所处地区的自然景观、自然资源和农业资源等，都是城市赖以生存和发展的基础。丰富的自然资源，决定了城市所具有不同的特性。历史上的城市，多与山、水相邻，布局形态也深受山形水势的影响，如伦敦与泰晤士河，巴黎与塞纳河，维也纳与多瑙河等。它们是城市得以发展的重要自然资源，因地制宜地利用这些山水资源才能更好地塑造城市的特色和风貌(图 9)。

图 10　贵阳镇远古城滨水特色景观

对于滨水城市，应该充分利用水资源，塑造独特的滨水景观，构建现代人工环境与自然景观交融的现代山水环境的城市空间(图 10)。塑造体现区域特色的功能分布，可以在城市绿地的组团之间保留的陡坡、冲沟、农田、林地、湿地等绿色自然隔离地带和生态廊道，作为生物流和能量流的重要通道，有利于形成完善的生态绿地系统，形成与自然和谐的生态文化城市，突出表现新城整体形象和独特的山水景观格局。水系是城市生态格局的天然骨架，也是廊道建立的最好的依托(图 11)。

图11　贵阳镇远古城滨水特色景观

对于山地城市特色景观的塑造，应该包括地貌要素、土地利用要素、生态系统要素和山地气候要素四点。地形是山地城市自然生态系统的基本特征，也是城市布局特征的基础和根源，与其他三方面的特征密切相关。山地城市往往受地形、气候等条件的制约，建设用地十分稀少，导致城市建筑密集，公共开放空间较少，容易发生自然灾害。在山地城市中，山脊线是天然的城市天际轮廓线。应注意结合建筑的轮廓线与周边的环境，与高低起伏的山体轮廓结合。我国的传统山地建筑具有“小、散、隐”的布局特点，构成了亲切宜人的尺度，在现代的城市建筑建设中，应该保持发扬这样的建筑优势，控制建筑体量、规模、层数。在城市内部的景观塑造中，以小空间为主，随地形灵活布局，突出宜人的尺度。

2. 人文景观的塑造

城市建筑：建筑是城市历史记忆的基因，它们构成了城市总体印象（图12、图13）。设计师一般通过两种手法来重现传统文化：即设计具有明显传统外观的建筑，偏重形似；对传统古典建筑形式用现代语言进行淡化变形，使之兼备现代形态和传统符号，偏重神似。对于传统风格的发扬，应该选取优秀的传统进行发展、保护，转化其根本内涵，提取传统元素，可以用新的技术、材料对传统元素进行重构，实现对建筑文化精神、理念的承袭，而不是单纯从形式上进行复制和抄袭，更不是要重现历史。

图12　凤凰古城人文景观

图13　城市传统活动

图 14　大理古城街道

城市街道：城市街道与城市的日常生活紧密相连，街道空间不仅仅包括道路本身，还应包括街道绿化、设施、景观、街道两侧的建筑立面等，通过其形态、色彩和细部组成了人们可进行直观体验的元素。在城市环境下的街道立面起着重要作用，这些立面的形成都是在多年的城市生活中逐渐完成的，由不同形式或流派的建筑风格，建设于不同历史时期的街道及街道立面从不同方面反映了民族社会生活的各个方面，表达了来自于历史的美感。对于重要历史区域的街道，其两侧建筑立面应延续历史风格，从整体上与城市景观相协调；对于城市街道应慎重改造，控制街道两侧的建筑立面，完善街道的基础设施和景观绿化，对沿街广告的色彩、形式进行控制，塑造与城市整体风格特色匹配的街道空间，给行走在其间的人们以愉悦的感受(图 14)。

特殊建筑及空间节点：城市节点指人们借此进入城市的要点，或是日常生活的必经点，它可以是城市广场、公园绿地，也可以是重要的建筑群，甚至是一座雕塑。它们既是城市道路的间隔、延续和转折，也是城市空间的结合点和控制点。它们是城市的公共空间，也是开放的空间，是人与人、人与城市进行交流、体验、信息交换的重要场所。如城市广场承担了多方面的市民活动，具有综合性，其本身开敞的空间形态可以构成城市特色的一部分，引导人们的视线，延伸城市景观，凸显重要建筑，甚至可以成为城市标志的一部分，起到纪念作用，延续城市历史文化(图 15)。自由、开放的公共文化活动是人们互相交流、进行情感信息交换的最好方式，而产生这些活动的场所也是城市中必不可少的一部分。作为城市整体文明的一部分，人也不是作

图 15　丽江古城城市节点

图 16　大连城市节点

为个体而存在，也正是这种共享性的生存体验的互相交流，居住者可以将自我与城市的精神相连，从而制造城市丰富的人文特色，并进一步传达给观看者。城市的特色与风貌得以自然印记在每一个参与这些活动的人的意识中，产生强烈的认同感和不同于其他城市文化的辨识感(图 16)。

(四)城市特色与城市风貌中重点区域的控制

1. 特殊历史区域的保护与改造

城市就像是一个具有遗传性的有机体，具有特定的遗传信息，而历史建筑、历史区域就是承担了遗传功能的细胞。传统历史区域保存了生活的整体，它所延续与表达的城市特色是最为生动的，根据热力学第二定律，孤立系统必将走向衰亡。这种保护应该立足于注入活力的方式，将旧的历史区域作为一个整体的有机系统，融入到城市生活中。对于城市的重要历史遗迹，应规划出重点保护地段，对老城区的环境进行治理和控制，并严格地把握使用者，对城市道路系统根据交通性质和功能规划出互不干扰的道路系统，在保留原有格局特点的基础上，寻求合理发展，使老城区成为城市的有机组成部分，而不是独立于新城区的落后区域(图 17)。

图 17　山西平遥古城历史区域

2. 特色自然景观的保护与利用

中国的“山水文化”强调了山水等自然景观作为城市布局的重要因素，讲究山水与城市浑然一体。因此，对于一个城市特色与风貌的塑造，特色自然景观是一个重要的因素(图 18)。在一定地域内，应对城市的人文景观和自然景观资源进行统一的规划，借助城市周围地区的自然山水等景观要素，将城市与景观资源之间连成一体，通过景观带或景观廊道进行联系。人们对城市特色和风貌的感知往往离不开对地理、环境、气候的感受，而这些印象的形成与源于这些自然地理特色而成的城市形态紧密相关，不可分割。比如湿热地区的竹楼，水边的吊脚楼，寒冷地区的窑洞等。使城市道路系统充分结合地形、地貌的要求，在保持功能的前提下，迎合自然景观的走向，借用自然山水景观中的元素，使用借景、对景的手法，使城市与山体、水体建立对应关系，建筑布局留出景观视觉通道，强化山水形态的特征(图 19)。

图 18　张家界市澧水两岸风貌

图 19　贵州城市山水景观

3. 城市整体特色的塑造与形成

城市是一个有机整体，在一定的空间区域中，需要统一的形象特征。若建筑全部是雷同的，必然引发单调的问题，然而一味追求变异，没有一个整体性的原则，也会使城市变得支离破碎，缺乏整体的特色与美感(图 20)。对城市色彩的控制，要在研究城市地域文化和自然景观特色的基础之上，结合城市性质和发展需求，确定整体基调，并对不同功能区域的色彩进行规划。对于建筑而言，建筑材料即能很好地反映色彩，因此可以从城市所处地就地取材，并从中提取色彩主题反映在城市之中。色彩控制应该充分考虑到城市自然地理地貌对建筑的影响和要求，如在山区城市，建筑参差错落，可营造出色彩感丰富的效果；在滨水地区，以山水主题为特色的城市，城市建筑色彩应该充分配合自然景观。城市整体色彩应是和谐统一的，并在局部地区有色彩的对比和变化，街道设施色彩，如广告等，开放空间的铺地和绿化色彩都应该采用相同或相近的色调(图 21)。

图 20　月河历史街区风貌

图 21　同里城市整体风貌

4. 城市地域特色的凸显与提炼

城市早期的历史环境是文化差异较大时期的产物，因此城市风貌各不相同。在自然地理环境和人文环境方面，继承了城市历史特点和景观的特殊历史区域，可以是一个地区、一条街道甚至是一个古城墙。而城市中如此的历史性区域常常由于城市功能的变化等原因，由原来的繁荣衰败，变得与城市生活格格不入。对于这样的历史区域，应对其进行有机的更新，使它能在保留原有功能的基础上，进一步凸显城市的地域特色。对于历史区域的保护，目的是使它们重新恢复活力，重现传统生活，保留历史记忆，进一步激发其城市精神，从而回归归属感，也可为城市带来新的经济效益。繁荣与衰败的过程是存在的客观规律，城市也存在这样的规律，处于新陈代谢的更新过程中。对历史区域的保护不应仅仅停留在静态的保留中，更重要的是延续这一地区的地域特征，在新建筑中进行叠加，使其独特的文化特征得到利用。对于那些已经形成的具有乡土地域特征的城市传统空间，最重要的问题是使它们更好地融入现代城市空间，适应现代化的城市生活，重新注入活力(图 22)。

图 22　浙江南浔地域特色

三、结　语

建设美好的城市形象，是人类从古至今孜孜不倦追求的目标，很多时候，并不是只有丰富的历史建筑遗迹才能表达城市的性格，反而是源于传统风俗的生活本身，就是城市特色与风貌的构成部分。城市是一片文化的景观，由不同生活方式组成了可以感受的文化源泉，这种蕴含在长久历史沉淀中的“文化情境”正是城市历史的容器(图 23)。中小城市的特色缺失，是一个文化融合时代下的普遍现象。文化的融合并不能毁灭一种文化，多元化也并不是消灭传统文化的凶手，民族情感、文化情感应回归城市与建筑的主题。这种回归并不是复古，重点应在于处理外来文明与传统文化之间的关系。城市特色的塑造是全球一体化以及文化趋同化时代的要求，更是城市获得新鲜发展动力的基础需要。基于城市设计的城市特色及风貌塑造是有效解决这一问题的方法之一，明确中小城市在城市结构中的地位及性质是更好研究、实施对城市特色及风貌塑造的前提和基础。建立在人与人、人与自然之间的城市特色及风貌，是未来城市可持续发展的动力；是延续城市历史文化、建筑遗产、地域特色的载体；更是我们需要不断探索、研究的方向。

图 23　雅安城市特色中的文化情境

参考文献

[1] 马武定：《论城市特色》，《城市规划》，1990 年第 1 期。
[2] 赵士修：《城市特色与城市设计》，1998 年第 22 卷第 4 期。
[3] 张继刚、蔡辉：《城市特色的剖析与维育》，《规划师》，2000 年第 16 卷第 6 期。
[4] 世界华人建筑师协会城市特色学术委员会：《城市特色——历史风貌与滨水景观》，上海：同济大学出版社，2009 年。
[5] 方睿：《城市化进程中城市特色与风貌的塑造》，《安徽建筑工业学院学报》，2006 年第 14 卷第 3 期。
[6] [美] E. N. 培根著，黄富厢、朱琪编译：《城市设计》，北京：中国建筑工业出版社，1989 年。
[7] [美]C. 亚历山大著，陈治业、童丽萍译：《城市设计新理论》，北京：知识产权出版社，2002 年。
[8] [俄罗斯]O. И. 普鲁金著，韩林飞译：《建筑与历史环境》，北京：社会科学文献出版社，1997 年。

（作者：韩林飞　北京交通大学建筑与艺术学院教授
江　畔　北京交通大学建筑与艺术学院研究生）

项目名称：首都虚拟社会安全防控体系建设研究
项目编号：09BeZH132
项目负责人：黄淑华
项目信誉保证单位：中国人民公安大学

首都虚拟社会安全防控的技术框架与建设思路

北京是我国的政治、经济和文化中心，为将其建设成为“世界城市”，市委和市政府相继推出了《北京信息化基础设施提升计划(2009—2012年)》、《2006—2020年首都信息社会发展战略》等一系列政策和措施，力争在全国率先建成城乡一体化的数字城市、移动互联的网络城市、信息新技术与新应用试用推广的先进城市、信息安全水平一流的可信城市。

一、首都虚拟社会的构成与发展现状

现实社会信息化的高速发展极大地促进了网络空间中虚拟社会的繁荣，虚拟与现实密不可分。比照现实社会赖以生存和发展的三要素：自然环境、人口、文化，互联网(网络接入实体)、网络应用、网民(虚拟身份)、网络文化构成了互联网虚拟社会(见图1)。其中，网络实体及应用是虚拟社会存在、发展的前提和物质基础，构建出虚拟社会存在的空间环境；网民在这个虚拟的网络空间中，隐匿真实面孔，使用虚拟身份发布和获取信息，进行学习、工作、聊天、娱乐、消费等各种网络活动，所有的虚拟身份就构成了虚拟社会中的人口环境；政府、企业、精英和普通民众借助虚拟网络这个自由、平等、交互的话语平台，表达观念、评价和意见，形成了多元的网络文化。

互联网是一个巨大的联机系统，通信线路、路由器、交换机及协议软件是网络的重要组成部分。近年来，北京信息化基础设施建设水平大幅度提升，处于国内领先地位。目前，北京市光缆网络和移动网络覆盖了市区、近郊区、郊区县城、乡镇、行政村，数字鸿沟缩小，实现了城乡一体化的网络建设，互联网家庭入户带宽超过20兆，进入企业用户互联网带宽达到100兆，中关村国家自主创新示范区等地的企业入户带宽最高达到10千兆。截至2011年底，北京网民规模和互联网普及率已经达到70.3%，在全国省级行政区中排名第一。家庭、单位、学校、网吧和公共场所是网民使用计算机上网的主要场所，北京提供互联网接入服务的服务商(Internet Service Provider，简称“ISP”)超过150家。

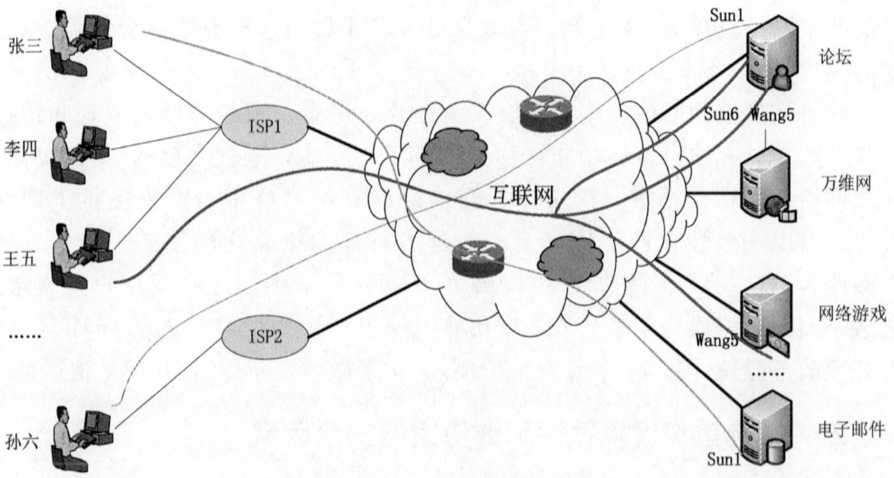

图 1　由网络实体和网络应用构建出的虚拟空间示意图①

网络应用是由域名、空间服务器、程序以及服务器中存储和处理的数据构建出的网络活动平台。搜索引擎、网络新闻、电子商务、游戏娱乐、网络社交、博客、微博……，多种多样的网络应用吸引着网民的眼球，促进了虚拟社会的繁荣与发展。第 29 次《中国互联网络发展状况统计报告》数据显示，截至 2011 年底，北京 IPv4 地址数超过全国总数的四分之一以上；北京的域名数为 1 061 328 个，网站数达到 384 881 个，占全国网站总数的 16.8%；网页总数 29 930 424 880，网页字节总数 1 229 281 887 117KB，超过全国网页总数和页面大小比例的三分之一。新浪、网易、搜狐、美团、凡客诚品、优酷、人人网、开心网、国内程序员社区 CSDN 等，都是在北京市公安机关网络安全部门登记备案，网民熟知的网站。

在网络应用中，网民往往以一个代号（数字或字符串）出现，如 QQ 号、电子邮件账号、博客名、网游账号、论坛账号、淘宝账号……，这些都是网民在虚拟社会的身份标识，也是现实社会网民进入虚拟社会的接口。网络身份具有虚拟性，目前尚未落实实名制管控措施，虚拟账号与现实社会的网民不存在一一映射关系。如图 1 所示，网民“王五”在同一个论坛注册了 Sun6 和 Wang5 两个账号，同时还使用 Wang5 注册了某网游服务。而，Sun1 账号出现在论坛和邮件服务中，虽然账号相同，但注册用户缺并非同一人。可以说，一个网民在虚拟网络中因使用不同的网络应用，可能对应多个相同或不同的虚拟身份；不同网络应用中同一虚拟身份也可能对应现实社会中多个网民。

① 图中序号为用户的虚拟身份标识号，表示一个网民可以在多个论坛申请相同标识的账号，也可以在同一个论坛注册多个不同的账号，借以说明网民上网时隐匿了真实身份。

目前北京网民总数为1379万，虚拟身份难以计数，这给虚拟社会管控造成一定的挑战。

网络信息借助网络应用中的文字、图片、声音、视频等形式展现和传播。互联网因其具有信息传播功能被称为继报纸、广播、电视之后的“第四媒体”，社交网络、微博、博客、聊天室、网络论坛等网络应用为网民提供了即时、平等、自由、个性化的话语平台，促进了首都网络文化的繁荣、和谐发展。以微博为例，2011年微博以208.9％的增幅，创下中国互联网用户规模增速之最，因此微博成为信息公开、城市热点速递的主要渠道，北京16个区县全部开通政务微博，近70个政府单位加入“北京微博发布厅”，开通新浪微博。

二、影响首都虚拟社会和谐稳定的安全因素

虚拟社会和谐稳定发展依赖于网络关键基础设施和网络应用服务器的安全、虚拟身份的安全和网络文化安全，影响首都虚拟社会安全稳定的因素在过去的一年里呈现以下特点：

(1)针对城市网络关键基础设施和应用服务器的安全攻击愈演愈烈。交换机、路由器、操作系统、数据库软件、服务器系统、应用软件普遍存在安全漏洞，其中涉及基础电信运营企业的信息安全漏洞数量较多。国家计算机网络应急技术处理协调中心(CNCERT)监测，2011年每天发生的分布式拒绝服务攻击(DDoS)事件中平均约有7％的事件涉及基础电信运营企业的域名系统或服务。2011年2月21日下午16：40到17：25左右，由于中国电信运营商出现DNS服务故障，这起突如其来的全国网络故障令网民无法正常使用互联网，首都虚拟社会陷于瘫痪。此外，针对应用服务器网络拒绝服务、网站被篡改、网页挂马攻击也会造成类似现实社会中的商场、超市、媒体中断服务的效果，网民因此无法使用虚拟身份进行网络活动，从而引发网络恐慌。互联网接入服务单位、内容服务单位、数据中心和联网单位需要进一步加强网络安全防护意识，不断提高网络安全防御能力、网络异常发现能力和系统容灾与恢复能力。

(2)网站用户信息泄露、网络钓鱼和木马盗号等用户账户诈骗、盗窃是虚拟身份安全的主要隐患。2011年底，CSDN、开心网、多玩网、百合网、新浪微博等十几家网站先后被曝出网上用户信息泄露，被公开的疑似泄露数据库26个，涉及账号、密码信息2.78亿条。这一安全事件的发生主要是由于国内部分网站仍采用明文的方式存储用户信息，安全漏洞修补不及时，安全防护水平较低。另外，网络钓鱼和木马盗号等用户账户诈骗、盗窃违法犯罪案件高发的主要原因是用户安全防范意识薄弱，用户计算机防范恶意代码的能力有待提高。

(3)网络文化良莠不齐，一方面互联网低俗、庸俗和媚俗产品污染网络环

境，还可能侵犯公民个人隐私等合法权益；另一方面，网上虚假新闻以及针对网上的热点事件恶意炒作也影响现实社会的正常秩序。建立网民道德机制，加强网站行业自律，加强互联网信息安全三级巡控和舆情监控系统，才能营造积极健康的网络文化氛围。

三、虚拟社会安全防控的技术体系框架

虚拟社会安全、稳定、和谐发展的前提是现实社会的网络基础设施安全稳定可靠运行，虚拟空间中的网络应用安全、虚拟身份安全、网络文化安全。为此需要科学地构建一个由政府部门、社会组织、互联网服务单位和网民为治理主体，综合采取技术、管理、法律等多种措施手段，集预防、打击、控制能力为一体的虚拟社会安全防控体系，积极应对涉网的违法犯罪、网络事故事件。[①] 其中，健全网络管理与运营的法律机制，明确网络的管理机构和网民的权利、义务与责任，可以确保虚拟社会有章可循、有法可依；信息技术的综合运用为互联网治理主体管控虚拟社会提供有力工具。不同的防控主体各自运用信息安全技术构建点、块、面相结合的内保防御网、安全巡控网、应急处置网；努力提高互联网安全事件的防御能力、发现能力、应急能力和对抗能力，做到事前积极防御、事中监测与监控、事后应急与处置(见图 2)。

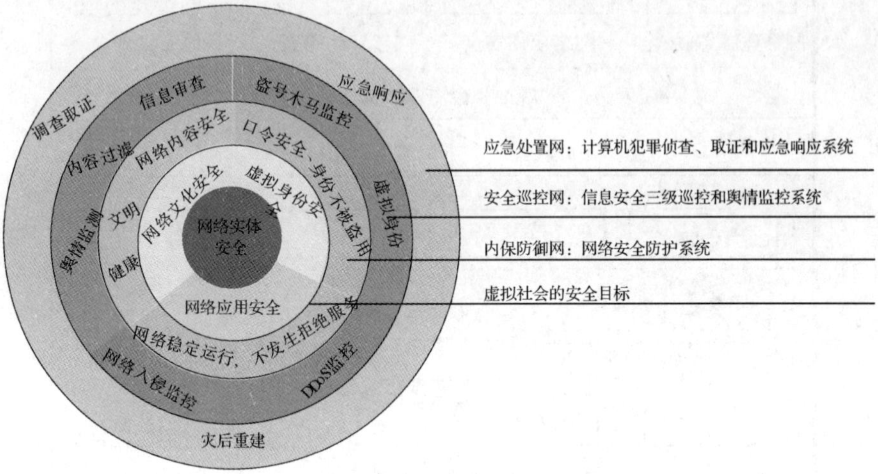

图 2　虚拟社会安全防控技术体系框架图

(一)内保防御网的构建方法

“防患于未然”是安全保卫的一贯宗旨，在整个虚拟社会安全防控体系建设过程中，预防为主一直是其指导思想。内保防御网是一个复杂的系统工程，

① 作者在《首都虚拟社会安全防控体系建设研究》一文对此进行详细论述。

虚拟社会构成的每一个要素都需要参与其中。具体来讲，就是在网民个体层面实现"点"的技术防控，确保虚拟社会的"虚拟人口"安全，身份不被盗用、个人数据不丢失、隐私不被侵犯；在联网单位和互联网服务单位层面实现"块"的技术防御，确保网络实体安全、各种互联网接入服务、内容服务安全；在政府层面实现"面"的技术防控和监管，确保基础信息网络稳定运行，网络环境健康。

在事前预防策略中，联网单位、互联网接入服务单位要自己组建网络安全保障体系，确保网络基础设施的物理安全、通信网络安全和区域边界安全。网络内容服务单位采取安全措施确保网络服务器安全、应用安全和数据安全，确保网络应用不中断，营造安全的文化氛围，同时要保障虚拟身份的安全。网民要自身做好主机系统安全和网络安全保障措施防病毒、防攻击，确保虚拟身份不丢失、个人数据不泄露。内保防御网的建设方法如图3所示。

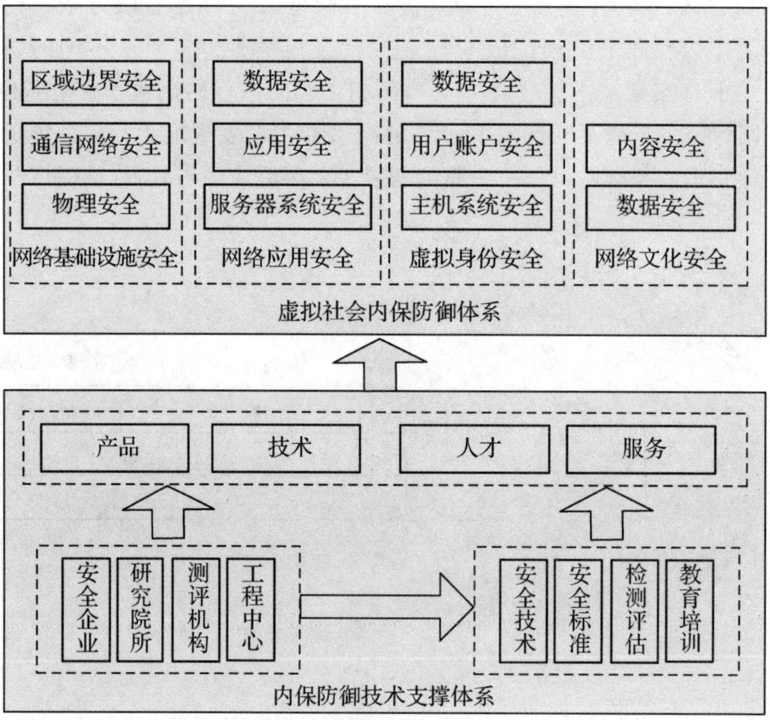

图3 内保防御网示意图

网络的安全：针对通信干扰、网络中断等各种网络不安全表现，主要的防控措施有数据和系统备份、电磁屏蔽、抗干扰、容错、入侵检测、防火墙、防病毒等来保障其安全。

服务的安全：即网络应用的安全，针对虚拟社会中的网络攻击、网络病毒、网络阻塞、系统安全漏洞利用等，主要的防控措施有访问控制、病毒防治、应急响应、风险分析、漏洞扫描等、入侵检测、系统加固、安全审计等。

虚拟身份的安全：即虚拟人口的安全，为防止数据(信息)的被窃取、篡改、冒充、抵赖、破译、越权访问等，主要的防控措施有加密、认证、访问控制、鉴别、签名等。

网络文化的安全：在虚拟社会中，经常会出现各种传播有害信息、制造恶意舆论，这影响了网络文化的安全，带来了不良文化的传播，主要采用的有内容安全技术、信息内容的监测、过滤等。

(二)安全巡控网的构建方法

网络事故、事件一旦发生，意味着针对网络的攻击、违法犯罪活动突破了内保防御系统，这时就需要安全巡控网能够在第一时间监测到恶意破坏性行为，并及时进行控制(见图 4)。常态的安全技术巡控涉及针对网络和应用的安全、针对网络内容的安全两个方面，需要建设不同的巡控网络。

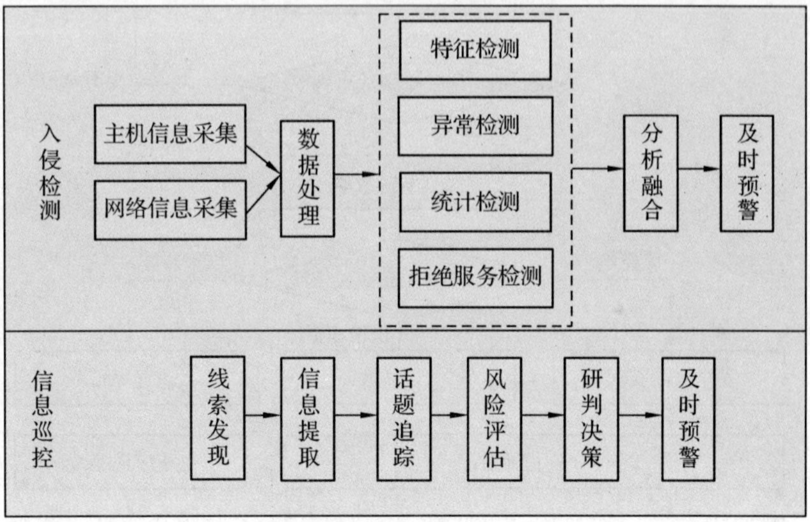

图 4　安全巡控网示意图

(1)建立点、块、面结合的立体、动态的网络入侵监测系统，在网民主机、联网单位的网络、互联网服务单位的网络、城市互联网信息基础设施位置进行部署，进行病毒、木马、拒绝服务攻击、网络入侵等安全隐患及网络异常情况进行日常监测，及时发现非法侵入和破坏计算机信息系统、非法控制计算机信息系统违法犯罪、事故及事件，确保网络和应用安全。

(2)建立横向覆盖全市各网络内容服务商，纵向贯通市、县、区的网络内容安全巡控网。各互联网内容服务商负责在信息发布平台、交互信息平台部署有害信息过滤系统，封堵利用互联网传播格调低俗、色情、赌博、暴力等违法犯罪内容的信息。北京市公安局、市级互联网治理职能主体，建立分局、派出所网络社区三级巡控网络，利用监管平台有力的技术手段，对话题内容进行检测、跟踪、分析、挖掘，形成网上信息巡查、处置、情报、落地一体化的网络社区管控工作体系。

(三)应急处置网的构建方法

虚拟社会安全事件一旦发生，首先应当记录事件的原始表现、结果或其他易于识别的元素以备日后调查取证使用；其次是判断事件原因，然后根据事件原因采取相应的技术措施进行应急处置，将其损害降到最低。

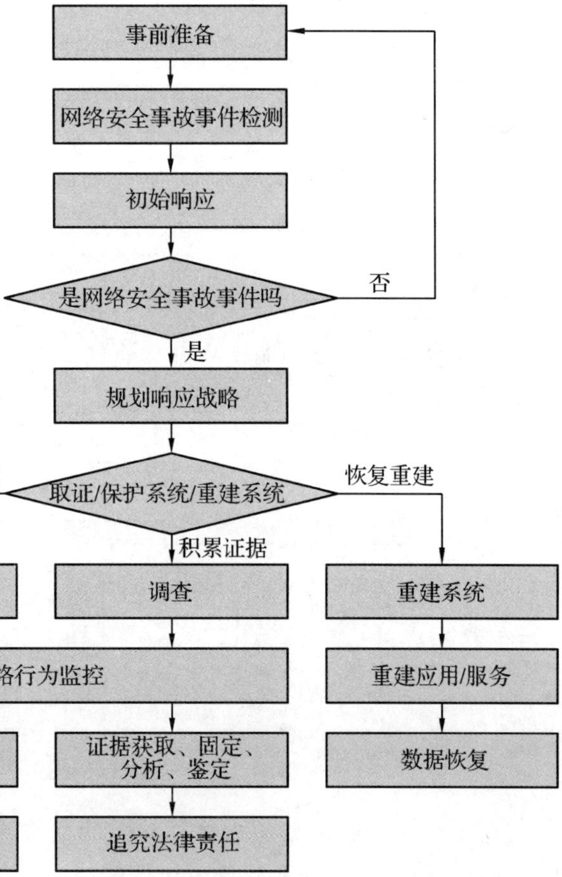

图 5　应急处置网示意图

虚拟社会安全事件主要来自安全巡控工作中发现、受害人或单位报案、他人举报。根据事件危害程度和人的行为两个方面，可以将虚拟社会安全事件分为四类：涉网犯罪、涉网违法行为、无责任或责任不清、网络事故事件。按危害的对象不同，涉网违法犯罪又可以细分为，针对网络、应用安全的非法侵入或破坏计算机信息系统的违法犯罪；针对虚拟身份安全的利用网络侵犯人身权利、财产权利的违法犯罪，如利用网络公然侮辱他人、捏造事实诽谤他人，盗窃虚拟身份；针对网络信息内容安全的利用信息网络妨害社会管理的违法犯罪，如利用网络进行恐怖行动、传播淫秽色情信息等违法犯罪活动。

事后应急处置网络主要由调查取证、应急响应和恢复重建三个系统组成：公安机关依法开展违法犯罪的调查取证工作，对涉案网络、应用系统、内保安全防御系统(如防火墙、防病毒系统)、入侵检测系统进行证据获取、固定、分析、检验以及鉴定；网民、网络责任单位和各级信息安全应急处置中心对网络及应用类事故事件进行应急响应、数据恢复和系统重建，通过调查事件原因(如管理问题、配置问题、软件缺陷、物理安全等)和事件实施的渠道或方法(如拒绝服务攻击、口令破解、漏洞攻击等)，采取不同的应对措施(如系统加固、增强口令复杂性和用户锁定策略、针对漏洞进行补丁加固等)。

四、结　论

北京信息化基础设施的快速提升使首都成为信息通信枢纽和互联网中心城市，市民能够更方便、快捷地接入和访问互联网，获取各种信息，改善了市民生活品质的同时，也提高了城市运行效率。在加强现实社会治安防控建设的同时，虚拟社会安全防控也不容忽视，需要调动政府部门、社会组织、互联网服务单位和网民的积极性和主动性，综合采取技术、管理、法律等多种手段，应对涉网的违法犯罪、网络事故事件，构建集预防、打击、控制能力为一体的虚拟社会安全防控体系。本文从技术防控角度，结合北京市市情，分析影响虚拟社会和谐稳定的安全因素，构建虚拟社会安全防控技术体系，分析不同的防控主体各自运用信息安全技术构建点、块、面相结合的内保防御网、安全巡控网、应急处置网；根据客体事件发生发展的时序，做到事前积极防御、事中监测与监控、事后应急与处置。最终实现首都互联网安全稳定运行、首都虚拟社会和谐有序发展的战略目标。

参考文献

[1] 钱秀槟：《政府网络与信息安全事件应急工作指南》，北京：中国标准出版社，2012 年。

[2] 钱秀槟等：《网络与信息安全事件应急处置中的分类方法》，《网络信息安全》，2010 年第 8 期。

[3] 魏志强：《互联网信息三级巡控体系的构建》，《信息网络安全》，2011 年第 11 期。

[4] 黄淑华：《首都虚拟社会安全防控技术体系建设研究》，《2011 北京市哲学社会科学规划项目阶段成果选编(下)》，北京：首都师范大学出版社，2011 年。

[5] 朱厚德：《首都虚拟社会安全防控体系建设研究》，北京：中国人民公安大学出版社，2011 年。

[6] 朱峰：《互联网安全管理研究》，南昌：南昌大学出版社，2007 年。

[7] 谢希仁：《计算机网络》，北京：电子工业出版社，2010年。
[8] 钟忠：《中国互联网治理问题研究》，北京：金城出版社，2010年。
[9] 王永兵：《虚拟社会管控机制的创意与构想》，《贵州警官职业学院学报》，2007年第3期。
[10] 中国互联网信息中心：《第29次中国互联网络发展状况统计报告》，北京：中国互联网络信息中心(CNNIC)，2012年第1期。
[11] 北京市经济和信息化委员会编：《北京信息化年鉴2010》，北京：北京工艺美术出版社，2011年。
[12] 金其高：《中国社会治安防控》，北京：中国方正出版社，2004年。
[13] 北京信息安全服务平台 . http：//www. bjtec. org. cn

（作者：黄淑华　中国人民公安大学信息安全工程系副教授
朱厚德　中国人民公安大学硕士研究生）

项目名称：医护人员情商测评及培训效果的研究
项目编号：09AbZH144
项目负责人：孙　红
项目信誉保证单位：首都医科大学

情绪智力干预对改善医务人员工作、生活状况效果的研究

众所周知，医务人员是特殊的职业群体，其工作具有高风险、高技术和高付出的特点，极易诱发工作倦怠，并对其心理健康、工作满意度和生存质量等方面造成显著的负面影响。

本课题前期研究发现，被调查的医务人员中，超过50%的人工作倦怠处于中、重度水平；工作满意度和生存质量所包含的13个因子中，医务人员有7个因子低于常模分数。同时，研究结果也显示，特质情绪智力与工作倦怠、工作满意度和生存质量的关系显著。

本研究旨在探讨通过情绪智力培训改善医务人员工作倦怠、工作满意度和生存质量的可行性和有效性。

一、研究对象与方法

(一)研究对象

我们采用方便取样的方法，选取北京市某二甲和三甲医院各一所，在样本单位通过招募志愿者的形式，选取部分医务人员并根据性别和年龄配对组成干预组和对照组。对干预组以结构式团体心理辅导的形式进行情绪智力干预；对照组不给予任何干预。考虑到培训过程中干预对象的脱落情况，最终纳入统计分析的干预组人员以接受7次及以上培训活动为标准进行筛选，共计32人。对照组34人。

(二)研究工具

(1)自编一般状况调查表：包括性别、年龄、学历、职称、岗位、婚姻状况、医院级别等。

(2)特质情绪智力问卷(TEIQue)：本问卷由153道题目构成，包括特质性乐观、情绪管理、自我激励等15个剖面以及幸福体验、自我控制、情绪性和社会性4个维度。该量表采用Likert7级评分，丁璐等将该量表用于国内医务人员情绪智力的施测。结果显示，全量表内部一致性信度为0.94，分半信

度为 0.89，具有较好的信度和效度。

(3)马氏工作倦怠量表—服务行业版(MBI-HSS)：本研究采用的是任霞修订的中文版量表，包括情感衰竭、去人性化和低成就感三个维度，共 20 道题目；采用 Likert7 级评分。各维度和总分的得分越高，表示倦怠水平越高。修订后量表的内部一致性信度为 0.845；因素分析的结果显示具有较好的结构效度。

(4)工作满意度调查(JSS)：本量表通过 36 道题描述了工作的 9 个方面，包括报酬、晋升、管理者等；采用 Likert6 级评分，各维度和总分的得分越高，表示满意度水平越高。本量表的内部一致性信度为 0.89。

(5)世界卫生组织生存质量测定量表简表(WHOQOL-BREF)：该量表包括生理领域、心理领域、社会关系领域和环境领域共 24 个条目，以及健康状况自评和生存质量自评两个独立分析的问题条目；采用 Likert5 级评分。各领域得分越高，表示相应的质量越好。该量表具有较好的内部一致性信度，良好的区分效度和结构效度。

(三)干预方法与过程

1. 问卷前测

在对干预组人员进行团体干预前，分别对干预组和对照组施以上述问卷调查，以此形成基线数据。

2. 团体干预

按照团体干预方案(见表 1)对干预组进行每周一次的情绪智力团体心理辅导，共 10 次，每次活动约 150 分钟。团体干预分为两种形式，包括：(1)讲座，共 3 次，培训讲师由心理学教授担任；(2)团体活动，共 7 次，将所有干预组人员分为 3 个小组，将同一科室的医生、护士以及相互间很熟悉的同事分到不同的小组；每个小组设正、副两名组长，由心理学专业的研究生担任。

表 1　情绪智力团体干预方案

次序	形式	主要内容	主要目的
1	讲座	介绍情商的概念以及开展情商培训的重要意义	使医务人员了解情商在生活和事业中的重要性，激发参加培训活动的兴趣
2	团体活动	建组；制定活动规则；收集组员的问题与期望	增进组员之间以及组员与组长之间的了解，建立初步信任
3	讲座	对自我及他人情绪的认识	从理论上了解识别情绪的途径和方法
4	团体活动	自我及他人情绪的觉察以及行为选择	增强对自我及他人情绪、态度、行为选择的觉察能力，促进对接纳当下选择的领悟

续表

次序	形式	主要内容	主要目的
5	讲座	自我控制与自我激励	从理论上了解自我情绪控制和自我激励的方法
6	团体活动	户外拓展训练，在活动中体会情绪智力各方面的作用	培养团队合作意识，促进人际间的相互信任和理解，提升自信心和意志力，提高情绪控制能力和自我激励的水平
7	团体活动	了解他人情绪，理解他人行为，表达自身体验	通过角色扮演，进行共情练习，提高识别他人情绪，理解他人行为，表达共情的能力
8	团体活动	通过心理情景剧练习人际互动的技巧和方法	促进对原有行为模式的反思，学习有效的人际交往方法，提高人际沟通和交往的能力
9	团体活动	体验放松，处理情绪	体验音乐想象放松，掌握放松的技术和方法；通过"放下"练习促进对亲密关系的反思以及情绪的处理，感悟接纳
10	团体活动	感悟人生历程；互赠祝福	处理分离与结束，提高自我效能感和主观幸福感

3. 问卷后测

团体干预完全结束后，分别对干预组和对照组施以相同问卷的后测，与前测基线数据形成对比。

(四)质量控制

调查员接受统一培训，采用统一的指导语进行团体施测。对参与团体干预的工作人员进行统一的培训和指导，确保干预方案的顺利实施。每次干预活动结束后，工作人员及时总结本次干预的经验教训以及此后的注意事项。

(五)调查数据的处理

利用 SPSS16.0 统计分析软件，采用 χ^2 检验、t 检验与秩和检验对问卷调查数据进行统计分析。

二、研究结果

(一)干预组和对照组一般人口学资料比较

采用 χ^2 检验对干预组和对照组的一般人口学资料进行比较。结果显示，两组人员同质，在组成上的差异没有统计学意义。

(二)干预组和对照组前测基线数据比较

t 检验的结果显示，两组人员各量表前测数据的差异没有统计学意义，两组基本同质。

(三)对照组前后测比较

t 检验的结果显示，对照组各量表前测和后测得分的差异均没有统计学意义，前后两次测量没有显著变化。

(四)干预组前后测比较

1. 干预组特质情绪智力干预前后比较

结果所示(见表 2)，自尊、情绪表达等 9 个剖面、3 个维度和总分的差异具有统计学意义；自我情绪管理、特质性幸福等 6 个剖面以及幸福体验维度的差异没有统计学意义。总体上，干预组的情绪智力水平干预后比干预前有所提高。

表 2 干预组特质情绪智力干预前后比较($\bar{x}\pm s$)

	干预前	干预后	t	p
自尊	4.91 ±0.635	5.12 ±0.618	−2.220*	0.034
情绪表达	4.68 ±0.898	4.99 ±0.806	−2.397*	0.023
自我激励	4.44 ±0.534	4.68 ±0.494	−2.168*	0.038
自我情绪管理	4.26 ±0.759	4.47 ±0.671	−1.733	0.093
特质性幸福	5.76 ±0.749	5.96 ±0.864	−1.426	0.164
特质性共情	5.15 ±0.618	5.37 ±0.802	−1.822	0.078
社会知觉	4.27 ±0.944	4.81 ±0.776	−3.153**	0.004
低冲动性	4.65 ±0.745	5.04 ±0.741	−3.082**	0.004
情绪觉知	4.76 ±0.724	5.03 ±0.649	−2.115*	0.043
压力管理	4.48 ±0.603	4.81 ±0.624	−2.875**	0.007
他人情绪管理	4.10 ±0.882	4.43 ±0.816	−2.204*	0.035
特质性乐观	5.00 ±0.629	5.25 ±0.751	−1.816	0.079
人际关系	5.23 ±0.641	5.36 ±0.693	−1.020	0.315
适应性	4.24 ±0.600	4.50 ±0.568	−1.879	0.070
坚定性	3.96 ±0.736	4.30 ±0.599	−2.842**	0.008
幸福体验维度	5.23 ±0.547	5.42 ±0.632	−2.037	0.050
自我控制维度	4.41 ±0.478	4.70 ±0.447	−3.329**	0.002
情绪性维度	4.96 ±0.627	5.20 ±0.657	−2.330*	0.026
社会性维度	4.25 ±0.714	4.63 ±0.635	−3.684**	0.001
总分	4.66 ±0.482	4.94 ±0.502	−3.664**	0.001

注：* 表示 $p<0.05$，** 表示 $p<0.01$

2. 干预组工作倦怠干预前后比较

结果所示(见表3)，情感衰竭维度、低成就感维度和总分的差异具有统计学意义，去人性化维度的差异无统计学意义。总体上，干预组的工作倦怠水平干预后比干预前有所改善。

表3　干预组工作倦怠干预前后比较($\bar{x}\pm s$)

	干预前	干预后	t	p
情感衰竭	18.97 ±9.937	15.28 ±9.633	3.008**	0.005
去人性化	4.50 ±5.112	3.25 ±3.080	2.009	0.053
低成就感	14.25 ±10.006	11.13 ±8.362	2.392*	0.023
总分	37.72 ±14.243	29.66 ±13.633	4.394**	0.000

注:* 表示 $p<0.05$,** 表示 $p<0.01$

3. 干预组工作满意度干预前后比较

结果所示(见表4)，管理者、奖励、同事和交际四个维度的满意度得分以及总分的差异具有统计学意义，其余维度得分的差异无统计学意义。干预组的工作满意度水平干预后比干预前部分提高。

表4　干预组工作满意度干预前后比较($\bar{x}\pm s$)

	干预前	干预后	t	p
报酬	12.91 ±2.944	12.88 ±3.405	0.059	0.954
晋升	12.41 ±2.804	12.69 ±3.187	−0.469	0.642
管理者	15.75 ±3.445	17.41 ±4.347	−3.026**	0.005
利益	13.31 ±2.070	13.69 ±2.468	−0.897	0.377
奖励	14.16 ±2.772	15.38 ±3.617	−2.383*	0.023
操作程序	13.09 ±2.570	13.41 ±2.674	−0.653	0.518
同事	17.72 ±2.289	19.31 ±2.596	−2.991**	0.005
工作本身	16.72 ±2.854	17.59 ±2.746	−1.843	0.075
交际	14.16 ±2.273	16.09 ±2.944	−3.609**	0.001
总分	130.22 ±14.497	138.44 ±19.009	−2.959**	0.006

注:* 表示 $p<0.05$,** 表示 $p<0.01$

4. 干预组生存质量干预前后比较

结果所示(见表5)，生理、心理和社会关系3个领域得分的差异具有统计学意义，环境领域得分的差异无统计学意义。总体上，干预组的生存质量水平干预后比干预前有所提高。

表5　干预组生存质量干预前后比较($\bar{x}\pm s$)

	干预前	干预后	t	p
生理	14.45 ±1.927	15.14 ±1.947	−2.986**	0.005
心理	14.42 ±1.648	15.37 ±1.862	−2.910**	0.007
社会关系	14.33 ±2.142	15.13 ±2.049	−2.767**	0.009
环境	13.13 ±1.823	13.70 ±2.051	−1.690	0.101

注：**表示 $p<0.01$

(五)干预前后干预组和对照组差值比较

对干预组和对照组的特质情绪智力、工作倦怠、工作满意度和生存质量前后测得分的差值进行秩和检验。结果如表6至表9所示，在特质情绪智力方面，自尊、特质性共情、社会知觉、情绪觉知、特质性乐观和坚定性6个剖面，自我控制、情绪性和社会性3个维度以及情绪智力总分的差异具有统计学意义；工作倦怠总分、工作满意度的管理者、交际两个维度和总分，以及生存质量的生理领域得分的差异具有统计学意义；其余各量表维度得分的差异均无统计学意义。就总体趋势而言，经过团体干预后，干预组各量表的得分均要好于对照组。

表6　特质情绪智力两组前后测得分差值的比较

	秩和		秩和之差	Mann-Whitney U	Z	p
	干预组(i)	对照组(j)	(i−j)			
自尊	1257.5	953.5	304.0	358.5*	−2.383	0.017
情绪表达	1219.0	992.0	227.0	397.0	−1.889	0.059
自我激励	1142.0	1069.0	73.0	474.0	−0.900	0.368
自我情绪管理	1167.5	1043.5	124.0	448.5	−1.226	0.220
特质性幸福	1085.0	1126.0	−41.0	531.0	−0.167	0.867
特质性共情	1272.0	939.0	333.0	344.0*	−2.570	0.010
社会知觉	1277.0	934.0	343.0	339.0**	−2.633	0.008
低冲动性	1202.5	1008.5	194.0	413.5	−1.676	0.094
情绪觉知	1230.0	981.0	249.0	386.0*	−2.031	0.042
压力管理	1197.5	1013.5	184.0	418.5	−1.616	0.106
他人情绪管理	1200.5	1010.5	190.0	415.5	−1.651	0.099

续表

	秩和		秩和之差	Mann-Whitney U	Z	p
	干预组(i)	对照组(j)	(i−j)			
特质性乐观	1250.0	961.0	289.0	366.0*	−2.289	0.022
人际关系	1106.0	1105.0	1.0	510.0	−0.437	0.662
适应性	1118.5	1092.5	26.0	497.5	−0.598	0.550
坚定性	1227.5	983.5	244.0	388.5*	−1.997	0.046
幸福体验维度	1198.0	1013.0	185.0	418.0	−1.617	0.106
自我控制维度	1239.5	971.5	268.0	376.5*	−2.149	0.032
情绪性维度	1294.5	916.5	378.0	321.5**	−2.855	0.004
社会性维度	1296.0	915.0	381.0	320.0**	−2.874	0.004
总分	1303.0	908.0	395.0	313.0**	−2.964	0.003

注：* 表示 $p<0.05$，** 表示 $p<0.01$

表 7　工作倦怠两组前后测得分差值的比较

	秩和		秩和之差	Mann-Whitney U	Z	p
	干预组(i)	对照组(j)	(i−j)			
情感衰竭	924.0	1287.0	−363.0	396.0	−1.903	0.057
去人性化	994.0	1217.0	−223.0	466.0	−1.009	0.313
低成就感	938.0	1273.0	−335.0	410.0	−1.724	0.085
总分	859.0	1352.0	−493.0	331.0**	−2.735	0.006

注：** 表示 $p<0.01$

表 8　工作满意度两组前后测得分差值的比较

	秩和		秩和之差	Mann-Whitney U	Z	p
	干预组(i)	对照组(j)	(i−j)			
报酬	1127.0	1084.0	43.0	489.0	−0.710	0.477
晋升	1071.5	1139.5	−68.0	543.5	−0.006	0.995
管理者	1277.0	934.0	343.0	339.0**	−2.643	0.008
利益	1094.5	1116.5	−22.0	521.5	−0.291	0.771
奖励	1217.5	993.5	224.0	398.5	−1.878	0.060
操作程序	1162.0	1049.0	113.0	454.0	−1.162	0.245

续表

	秩和		秩和之差(i—j)	Mann-Whitney U	Z	p
	干预组(i)	对照组(j)				
同事	1218.0	993.0	225.0	398.0	—1.887	0.059
工作本身	1072.5	1138.5	—66.0	543.5	—0.006	0.995
交际	1275.0	936.0	339.0	341.0**	—2.623	0.009
总分	1277.0	934.0	343.0	339.0**	—2.631	0.009

注：** 表示 $p<0.01$

表 9　生存质量两组前后测得分差值的比较

	秩和		秩和之差(i—j)	Mann-Whitney U	Z	p
	干预组(i)	对照组(j)				
生理	1261.0	950.0	311	355.0*	—2.440	0.015
心理	1215.5	995.5	220	400.5	—1.849	0.064
社会关系	1148.5	1062.5	86	467.5	—1.029	0.304
环境	1155.5	1055.5	100	460.5	—1.081	0.280

注：* 表示 $p<0.05$

三、讨　论

(一)团体干预可以有效提高医务人员的情绪智力水平

研究结果显示，经过 10 次的团体心理辅导，干预组医务人员大部分情绪智力剖面、维度和总分都有了明显提升；后测得分的总体趋势好于对照组。

国内外的研究显示，情绪智力水平可以通过有针对性的培训得到提高。本研究结果亦证实了这一点。我们采取知识讲座和团体活动相结合的方式对医务人员进行情绪智力干预。在讲座中，我们将情绪智力的理论知识通俗易懂地讲授给医务人员，引导他们在认知层面对自我进行反思，增强自我认识和觉察。在团体活动中，我们有针对性地设计培训活动，对干预组人员的自我情绪控制、压力管理、自我效能感以及人际交往能力等进行培训。参训者通过协作完成游戏和练习、彼此分享感受和相关经验，增加了社交技能、情绪表达、情绪管理的能力，由此产生了态度和行为的改变，最终促使参训者情绪智力的整体水平得到了提升。

(二)团体干预可以有效改善医务人员的工作、生活状况

通过团体心理干预，干预组医务人员情绪智力整体水平有所提升，因此在工作倦怠感、工作满意度和生存质量方面也出现了不同程度的改善，尤其

在工作倦怠的情感衰竭和低成就感方面，管理者、同事和交际等人际层面的满意度以及生存质量的生理、心理和社会关系方面表现明显。

经过情绪智力培训，干预组成员对自我以及与他人、周围环境的关系的认识和体验会发生积极的转变。他们能够更积极地看待自己和他人。这就非常有利于他们以新的、更有建设性的态度和方式去面对各种压力和解决遇到的问题，必然会使其工作和生活的状态产生良性的变化。另外，在团体活动中，参训者有很多机会分享彼此的活动体验和工作、生活中的遇到的困难以及相关的经验。这种分享，使他们疏解了压力、扩展了视野、获得了经验，改善了工作生活状况。

(三)在医院开展心理服务活动的启示

1. 情绪智力团体干预的局限性

前述工作满意度和生存质量团体干预前后调查结果的比较显示，干预组医务人员在报酬、晋升、利益、操作程序和工作本身五个方面的满意度，以及生存质量的环境领域的得分没有明显改善。显然，医疗工作的性质、收入、环境等问题是困扰医务人员的长期存在的应激源，很难通过几次团体心理辅导就把这些压力消除。因此，情绪智力团体干预在减轻医务人员心理压力方面的作用有效但有限。团体心理干预可以教给参训者一些有效应对压力的技巧和方法，并帮助他们获得对自我以及与他人、周围环境的关系的新体验和新认识；对某些压力源的消除是无能为力的。

2. 在医院开展心理服务活动的建议

(1)要重视团体活动地点和时间的安排。通过我们的观察和了解发现，穿着“白大衣”在医院内参加团体心理辅导，对医务人员全身心投入活动难免会有一些影响。参训者难以保持一种放松和开放的心态。因此，如果条件具备，团体活动地点的安排应尽量脱离工作环境，选择自然环境优美的度假村或郊外为宜。在时间安排上，应尽量选择医务人员的业余时间，或者临近下班的时间，避免工作与培训活动冲突，引发他们的焦虑。

(2)发挥医院里相关组织的力量协同开展心理辅导活动。医务人员工作量大、工作时间长，很难抽出整块的时间参加培训，因此长时间定期在医院里开展心理辅导活动难度很大。我们建议可以全面调动医院里的相关部门，如工会、人力资源管理部门、继续教育科室、党团组织等，共同来承担此项工作。把心理辅导工作融入其他部门的工作当中，这样既可以节省时间、精力、经费，也可以使其他部门的工作做得更有趣味性和灵活性，可以起到事半功倍的效果。心理学专业工作者可以对医院相关科室的工作人员进行心理辅导的相关培训，再由他们根据本院情况开展具体工作。也可以在心理专家的参与指导下，和他们一起完成这项工作。

（四）结论

情绪智力团体干预在提高医务人员情绪智力水平、改善工作状况和生存质量方面有一定效果，可以作为医务人员心理素质培训和员工帮助计划(EAP)的有效手段，在医院长期开展并加以推广。

参考文献

[1] 孙红、封国生、白杨等：《医疗卫生领域中员工援助计划服务的应用研究》，《中国全科医学》，2008年第11卷第5A期。

[2] 孙红主编，李荐中副主编：《职业倦怠》，北京：人民卫生出版社，2009年。

[3] 张自伟、刘小玉、王岚等：《医护人员心理健康状况及应对方式的调查分析》，《中国健康心理学杂志》，2010年第18卷第2期。

[4] 于荣焕、刘辉、谢洁等：《综合医院医护人员心理健康状况调查分析》，《中国健康心理学杂志》，2010年第18卷第2期。

[5] 白杨、张辉、孙红：《女医护人员压力应对方式对心理健康及职业状况的影响》，《中国妇幼卫生杂志》，2010年第1卷第1期。

[6] 丁璐、孙红、张辉、刘琦、肖远：《特质情绪智力问卷在医务人员中的试用》，《中国临床心理学杂志》，2011年第19卷第4期。

[7] [美]Dail L. Fields著，阳志平、王薇、王东升、宋珉译：《工作评价——组织诊断与研究实用量表》，北京：中国轻工业出版社，2004年。

[8] 张作记：《行为医学量表手册》，北京：中华医学电子音像出版社，2005年。

[9] S. M. Skevington, M. Lotfy, K. A. O'Connel. The World Health Organization's WHOQOL－BREF quality of life assessment: Psychometric properties and results of the international field trial A Report from the WHOQOL Group . Quality of Life Research, 2004.

[10] 丁璐、刘琦、肖远等：《医学生情绪智力团体培训效果研究》，《中国健康心理学杂志》，2011年第19卷第1期。

[11] D. Nelis, J. Quoidbach, M. Mikolajczak, et al. Increasing emotional intelligence: (How) is it possible? . Personality and Individual Differences, 2009.

（作者：孙　红　首都医科大学卫生管理与教育学院教授）

项目名称：政府主导与村民自治
项目编号：09AbZH147
项目负责人：魏永忠
项目信誉保证单位：中国人民公安大学

多元化主体参与
——完善首都农村社会安全应急管理协同机制的思考

党的十六大报告明确指出："面对很不安宁的世界，面对艰巨繁重的任务，全党同志一定要增强忧患意识，居安思危，清醒地看到日趋激烈的国际竞争带来的严峻挑战，清醒地看到前进道路上的困难和风险，倍加顾全大局，倍加珍视团结，倍加维护稳定。"党的十七大报告强调，要加快推进以改善民生为重点的社会建设，完善社会管理，努力形成社会和谐人人有责、和谐社会人人共享的生动局面。党的十七届三中全会审议通过了《中共中央关于推进农村改革发展若干重大问题的决定》(以下简称《决定》)，对农村改革发展做出了部署，提出了逐步改变城乡二元经济结构，统筹城乡经济社会发展，推进城乡一体化建设要求，同时做出健全农村民主管理制度的重要决策。《北京市国民经济和社会发展第十二个五年规划纲要》提出"坚持以人为本、依法治理，致力于社会管理创新，有效动员和引导社会参与，推动社会共建共享、和谐发展"的要求。同时《纲要》还指出要努力实现社会管理全覆盖。完善党委领导、政府负责、社会协同、公众参与的社会管理格局。加快构建源头治理、动态协调和应急管理相互联系、相互支持的社会管理机制。在我国全面建设小康社会，进一步加快推进城乡一体化建设的新形势下，北京城市化进程的加快，首都农村社会安全风险也出现了新的动态和新的问题，面对转型期首都农村出现的社会安全危机，首都农村社会安全应急机制建设应树立更加科学、务实的观念，探索基于社会安全风险管理科学理论框架下的机制体系，逐步健全以政府机关为主导，社会多方力量积极参与的多元化主体参与协同治理机制。以科学理论、理念为指导，充分认识"稳定压倒一切"这个治国安邦的大道理，客观理性评价社会安全面临的新形势、新问题、新挑战，时刻保持清醒的头脑，扎实推进社会管理工作，进一步维护和确保首都农村社会安全稳定，其理论实践意义重大。

一、若干范畴的理性解读

首都农村社会安全应急管理机制是涵盖多个相对独立又相互关联的机制体系，它是被用来应对发生在北京农村的社会安全突发事件所制订的一些应急措施安排和制度。通常包括预防机制、预警机制、反应机制、处置机制、恢复机制、保障机制等，我们将其统称为应急管理机制体系。

(一)危机与应急管理机制

《现代汉语词典》对危机做出如下定义：1. 危险的祸根，如危机四伏；2. 严重困难的关头，如经济危机。这里解释的危机有双重含义，一是潜在的危险因素，二是潜在的危险因素已成为现实。中文的“危机”与英文“crisis”是相对应的。据此，我们将危机定义为：危机是指潜伏的祸害或危险。在社会组织中出现潜在的或已经形成的危险因素亦指危机。危机表现出一定时间内一种解体的状态，危机可能会引起潜在负面影响的具有不确定性的大事件，这种事件及其后果可能对组织及其成员的行为、服务、形象和声誉造成巨大的损害。在危机状态中，人们不仅会遭受生活目标上的严重挫折，而且其生活周期和应对刺激的方法也会受到严重的破坏，使用常规的解决方法已经不能解决问题，所以出现危机必须采取应急管理措施，转移或缩减危机的来源、范围和影响，提高危机初始管理的地位，改进对危机冲击的反应管理，完善修复管理以能迅速有效地减轻危机造成的损害。学术界认为，面对危机，组织或个人可以通过监测、预控、决策和处理等活动，达到避免、减少危机产生的危害，甚至将危机转化为机会的目的。理论界将这些活动称之为“应急管理”。

所谓应急管理，是指政府及其他公共机构在突发事件的事前预防、事发应对、事中处置和善后恢复过程中，通过建立必要的应急机制，采取一系列必要措施，应用科学、技术、规划与管理等手段，保障公众生命、健康和财产安全，促进社会和谐健康发展的行为活动过程。在我国，关于应急管理机制的界定观点不一，有学者从动态视角分析，指出应急管理机制是指国家建立专门的常设行政机构，通过有效利用社会资源进行预防和控制突发事件而形成的一整套机制总和；应急管理机制是社会经济系统本能的紧急应对突发事件的机制，是必须具备的一种功能。应急机制的存在一是潜态，二是实态，平时处于潜态，突发事件发生后，迅速转变为实态，事件平息后，又转变为潜态。潜态的机制包括：物质储备制度、应急教育制度、预警监测制度、应急预案制度、日常管理制度等。实态的机制包括：紧急状态制度、启动应急预案等。关于应急管理机制的理解，我们可以定义为：法规范规制的有关管理部门为应对各种突发事件而建立起来的肌体内各构成要素之间相互联系和作用的关系。它依据一套行之有效的处置办法、制度规范，运行规则维系运行，它是处理突发事件的应急行动中共同遵循的规制总和。应急管理机制具有鲜明的特色，主要表现为规范、理性、效率、程序。

这里所说的应急管理机制包含三层含义：1. 突发事件应急机制是应急机构、应急计划、应急体系、应急措施、应急制度等的集合；2. 突发事件应急机制是非常机制，只能运用于非常时期，平时体现为静态，只有当突发事件发生时，虚拟资源被激活，根据需求快速凝聚和运转，形成实际应对的动态运行，并且当突发事件平息后，又迅速转变为静态；3. 突发事件应急机制必须得到法律授权，在法律限制范围内予以运行。基于此，完备的应急管理机制体系，需要具备三个基本要素：一是完备的法律制度规范；二是完善的应急管理机构；三是完整的应急管理机制系统。从理论上讲，应急管理的通用模型由风险管理、危机管理、灾害管理、应急服务、民防和公共安全等理论体系的整合、综合与概括构成，一个完整的应急管理过程周期包括危机预防、应急准备、应急响应和应急恢复等环节。我们研究并完善首都农村社会安全应急管理机制，应当遵循这个理性的构架体系。

(二)多元化与多元化主体

多元化(diversification)的简要定义是“任何在某种程度上相似但有所不同的人员的组合”。在工作环境里，人们通常倾向于将多元化联想到容易识别的特性，如性别或种族等。如果是在一个专业环境里保持多元化意味着有更多方面的要素，可以包括教育背景、思维方式、人才规格、心理特征状况等诸多领域，多元化对于某个工作环境的运行和发展具有积极的意义。关注多元化问题的目的是强调多元共存、和而不同、融合创新、长期稳定等共同体的结构特点；任意一个组织环境的多元化其实质上是价值观和思维方式的多元化；文化背景和实践经验的多元化；重视多元化有利于增强组织的生命力、保持组织内部的“生态”平衡，防止“单一因素”导致的固化思维和独断专行等。

多元化主体是指在一定范围内，因需求和利益的差异性原因，构成组织的主体系统人员并非单一指向，它是由诸多主体共同构成并谋求同一目标。在人类社会生活中，以“公共权力”为核心的传统行政管理中，比较强调单方性、强制性的“权力关系”，即“支配关系”或称“行政管理关系”。伴随着人类社会的发展，行政职能开始超越“公共权力”的行使，人们更加强调积极的公共服务理念，现代行政的实践凸显公共服务职能，社会组织、公民参与社会管理成为一种必然，公共管理主体的构成往往更加广泛，以非权力的方式来履行公共管理职能日益重要，由此而产生的行政目的以及手段的多样化，完全打破了以“权力关系”为主导的公共管理关系模式，进而促使“非权力关系”构成社会管理“多元化主体协同模式”的形成。一般说来，社会安全应急管理主体要在应急管理活动中享有权利、承担义务，具有一定职权，并可设置管理部门借此实现应急管理任务的组织体系。因此，社会安全应急管理主体应当是由实施特定公务的组织系统构成的，既包括公权组织又包括私权组织；既包括以公权力方式实施社会安全管理的行政的组织，又包括以经营、服务等非权力方式实施社会安全应急管理的组织，同时还包括非营利性组织、群众自治性组织、民间机构等。

(三)参与机制与协同机制

参与机制的核心内涵是使公民有目的地参与政府管理相关活动的制度和规范。它包括两个层面的含义：首先是表面性、功能性和制度性层面的，也就是非主权组织和人员参与一项具体行动并对行政决策、公共管理发挥影响作用；其次是本质性、价值性和宪政层面的，也就是对公共权力的约束、控制及对整个公共权力运行起到再分配的作用。因此，完善参与机制具有四个方面的意义：(1)建立参与机制有利于加强政府主管部门的自身建设。如公众参与就意味着需要建立政府与公众交流互动平台，要对推动政府的自身改革和管理方式的变革发挥积极作用，要基于公民与公众双向互动，要利于进一步转变政府职能，对政府的社会管理方式进行创新。(2)推行参与机制是推进社会主义民主政治发展的需要。社会主义民主的核心是人民当家做主，只有让更多的民众参与到与自己利益息息相关的公共管理中，才能真正使个体的人民的民主权利得到充分发挥。(3)健全参与机制是实现社会安全由社会各方齐抓共管目标的必要条件。尤其是首都农村社会安全应急管理本身就是以公众利益或社会公共利益为唯一目标，在这样的前提下，只有广泛吸纳社会公众参与，才能使政府主导、村民自治的管理模式发挥出真正的功效。(4)完善参与机制可以有效解决政府在社会安全应急管理中存在的人力、物力、财力之不足。

协同意指两个或两个以上的组织为了实现某种目的，通过协议或联合组织等方式而结成的一种相互协作联合体。协同的外在动因是为了应对环境动态性变化所引发的困难局面；其内在动因是谋求组织效应，追求价值优势，形成优势群和保持核心竞争力。协同机制是指：在社会安全应急管理中，危机爆发的不确定性等因素决定了不能仅靠某一协作机制单独完成工作，而必须维持与多个协作伙伴之间的沟通渠道畅通。有了多维的协作伙伴，突发危机事件一旦出现才能有效作出资源整合，使危机迅速化解并得到妥善处置。协同机制的目的在于有效地利用和管理有限资源。协同机制的效应价值主要体现在四个方面：一是对资源或管理职能行为的共享，实现规模效益。二是扩散管理职权效益的最大化，使得协同机制中的任意一方可以从中借力获得间接的利益。三是尽可能发挥协同机制的知识和技能力量，即协同机制中的所有成员彼此处于相似知识领域和技能共享。四是组织形象共享，即协同组织所有成员均被看做是一个声誉卓著的群体，这样可以提高个别组织的形象并使之获利。分析国内外社会安全应急管理创新实践中的成功范例，不难发现，只有打破行业、地域、部门的界限，切实提高资源整合能力和管理活动组织能力，通过不同主体间充分合作以及创新要素有效聚合，才有可能构建起完整统一、科学高效的创新体系和创新机制，从而实现地区性的协同创新，有效提高创新管理能力、创新管理效率、创新管理效果，实现社会安全应急管理的高效性。

（四）多元化主体参与协同治理机制

多元化主体参与协同治理是当代公共管理理论的新发展和新趋势，多元化主体参与协同机制是社会管理一种全新的决策和治理机制，即政府、公众、社会组织、人民团体、专家、新闻媒体、企事业单位等社会各主体共同研究讨论、共同协商、共同决策社会公共事务的管理活动运行机制。多元化主体参与协同机制体现出政府权力回归民众的理念，敞开民众表达的大门，建设开放的管理系统，积极吸纳社会力量，广聚社会资源，营造民众畅所欲言环境，倡导参与式民主制度，其核心价值就在于使政府与民众关系得到持续良性发展，实现政府与民众的良性互动，达到政府与民众友善和谐状态，以实现政府对社会的良好治理，最终实现善治。

二、首都农村社会安全应急管理多元化主体参与协同机制构建

在北京市委和市政府领导下的首都农村社会安全管理体制中，公安机关代表政府职能部门承担着社会安全危机管理主导和核心任务，但随着首都城乡一体化进程的加快，发生在北京农村地区的社会安全危机事件涉及的领域具有更加多元化、高发性、规模大、有组织、暴力性、危害大等特征，尤其是随着首都北京作为国际化大都市地位的提升和国际化的程度加大，诸多新问题和新挑战凸显，首都农村社会安全危机源日益复杂、领域日益广泛、危害程度日益加剧，这种情境下，公安机关面临巨大挑战，警力不足、非警务活动困扰、多警种联动障碍等问题已经严重制约了社会安全管理的实际成效，在应对社会安全危机事件中，警务处置的效果不尽理想，严重时甚至导致首都农村社会安全危机事件警务处置的失败，引发严重的社会问题。以北京市一中院成立的专门调研课题组公布的材料为据，目前北京涉农土地纠纷呈现出五类特点，第一类为纠纷数量与类型逐年增多，以北京市一中院民三庭、民四庭结案数为例：2007 年、2008 年、2009 年审结涉农土地纠纷案件数分别是 120 件、126 件、152 件，年均增长率在 12.3%。这些案件有不少都是群体性纠纷案件，因此如何平稳地解决涉农土地纠纷等问题，如何建立党委领导、政府负责、社会多元化主体参与的协同机制是彻底解决涉农社会安全危机的关键，切实解决涉农矛盾，建立更加科学有效的管理机制是当前社会管理创新的重要内容之一。风险社会中的危机管理不能只依靠党委政府和公安机关，在党和政府及公安机关的领导下，充分重视社会多元化主体参与协同的力量，

积极引导和规范社会多元化主体的行为，通过多种途径激励参与者及组织发挥应有作用，实现社会多元化主体共同参与与协同共治，是从根本上从容应对首都农村社会安全危机事件，实现社会管理创新构建和谐首善之区的可行性对策。从首都农村社会安全应急管理的现实状况分析，目前首都农村社会安全危机管理可以调动的协同治理主体主要包括以下范畴：

(一)社会公众(广大村民)

现代民主制度和"服务型"公共管理发展的重要前提是普通公民在公民社会中充满活力，这种活力表现为公民在公共生活中能充当更积极的角色并广泛地参与其中。在首都农村，以社区警务站为基础的警民互动模式为农村公众(广大村民)参与进社会安全危机管理提供了契机。由于村民具有社会阶层、区域分布、行业领域等广泛性的特点，其在农村社会安全危机预警中具有高度敏感性和灵活性，可以在第一时间提供预警信息，发现危机事件的苗头，因此在对农村社会安全危机处理中，与危机源相关的村民则有着天然的辅助沟通优势，有助于实现发现在苗头，及时有效化解在源头的目的。在农村社会安全危机消解后，村民可以通过自我救助、邻里互助等形式，最大限度地缓解和消除危机对社会体系的损伤和对社会心理的不良影响。政府主管部门(如公安机关)选择时机动员有责任感和公益精神的村民，适当组织和引导其在农村社会安全危机管理的各阶段中发挥积极有效的协同作用。

(二)社会组织(农村自治组织)

全球范围内非政府组织(non-governmental organization，以下简称"NGO")呈现蓬勃发展之势，以志愿者组织、社会公益组织、基层自治组织等为代表的公民社会组织是弥补市场失灵和政府失灵的有效力量。这类组织以其贴近公众、行动灵活、敢于创新、专业性强的特征，在公共管理中的重要协同作用日益凸显。社会组织在农村主要是村民自治组织，它是农村管理和服务的重要平台和依托。随着农村社会组织地不断发展，农村社会组织在参与社会管理、开展公益活动、满足群众需求、活跃农村文化、疏导群众情绪、促进农村和谐等方面必将发挥日益重要的作用。随着经济社会的发展和社会文明进步，农村民主选举得到群众的广泛认可并带动村民积极参与到农村社会组织，其不仅使得民主政治稳步推进，公民的民主意识进一步增强，而且为农村社会组织的良性发展提供了内在动力。发挥农村社会组织作用，可以更好实现政府职能转移，让更多的社会组织参与到公共管理和公共服务中来，为充分发挥农村社会组织功能作用创造了有利条件。农村社会组织贴近生活、贴近群众，最了解农村群众的需求，更能得到群众的信任，为农村社会安全应急管理提供了重要人力资源和社会资源支撑。如经济合作组织、公益性组织和互助组织等，像各类专业经济协会、教育基金会、行会组织、老年协会、庙会、灯会以及环境保护协会等，它们是农村社会中的重要力量。一些具有较强专业知识和技术背景的学术研究和决策咨询机构，可为首都农村社会安全应急管理提供重要信息研判、资源共享和技术支持；再如社会公益组织可帮助首都农村社会安全应急管理进行及时而有效的政策宣传、信息沟通；而基层自治和群防群治组织可在首都农村社会安全风险预警和危机消解后的互助自救中发挥重要作用等。北京市大兴区在推行村庄社区化管理模式中形成了“三站一室”，即将社区警务站、流动人口管理服务站、巡防工作站、民调室整合为村综治中心，由社区民警与村干部协同，发挥“实有人口管理、安全防范、治安管理、信息搜集和服务群众”五大职能，为农村社会安全应急管理探索出多元化主体参与协同机制典型范式。

(三)辅警力量(辅助警察)

“辅助警察”(以下简称“辅警”)，是警察的辅助力量。辅警队伍是一支由公安机关直接指挥和管理的队伍，主要用于社会联防巡逻，功能与配备介于现在的保安与正规警察之间，被赋予基本的执法权，辅警会配备基本的警械如警棍等，辅警主要来源于当地公民。辅警包括两种：一是义务辅警，即公民利用业余时间参与社会治安防控工作；二是半专业的辅警，即采用合同制的形式，其正逐渐成为一种新的职业。我国拥有庞大的辅助警察队伍，主要分布在文员、道路协管、路面(社区)巡防、技防、流动人口管理、治安联防等领域，其主要职责是辅助警察实现在刑事、治安、行政、应急管理等多项基本职能。辅警队伍是一支在警务实战中发挥巨大作用的警察辅助力量，他们为打击违法犯罪、维护社会稳定、保障经济社会协调发展、促进社会全面和谐奠定了坚实的基础。在警务危机频发和警力不足状态下，辅警力量是重要的警力后援力量和社会沟通力量，是公安机关可以直接指挥和使用的辅助力量，其作用的发挥直接影响警务危机处置的力度和效果。然而目前我国法治化和规范化缺失是我国辅警队伍管理的核心问题，主要表现在：辅警“执法权”的缺失与现实工作的“执法性”的矛盾、管理体制不健全、辅警职业化发展的困境等方面，这些直接影响了辅警力量在危机警务协同作用的发挥。通过法规和政策明确辅警力量角色定位成为当务之急。只有使这支队伍走上职业化发展道路，才能为社会安全应急管理提供强大的辅助力量。如首都农村社区组建的村民治安巡逻队，在村庄内按流动人口的5‰、实有人口的2.5‰比例配备，每天24小时驾驶巡逻警车在村中穿梭执勤，对不法之徒形成了强大的威慑作用。首都农村巡防队员和流动人口管理员两支村庄专职防范力量，在社区民警指导下，明确职责任务，规范工作环节。与此同步，村专职治保会，企业内部建立的治安保卫组织和护厂(矿)队，形成人、物、技、防相结合的严密治安防控体系，构建了适宜首都农村社会安全应急管理的多元化主体参与协同机制。

(四)市场化保安组织

2009年9月28日国务院第82次常务会议通过的《保安服务管理条例》已于2010年1月1日起施行，这个条例的出台有助于保安服务管理的规范化。随着我国保安组织的规范化和市场化改革的推进，保安组织成为以提供保安服务为主要形式的市场主体。市场竞争机制有利于满足保安服务的多样化需求，提高保安服务的整体质量。职业化、规范化的保安队伍为首都农村厂矿企业、学校医院等单位的社会安全提供管理服务，也对农村社会安全应急管理多元化主体参与协同机制建设起到积极作用。如北京市顺义区在城区社区组建18支共475人专职保安队伍，在农村社区组建专职联防队员501人、护村队员2464名、治保委员1919名的队伍。首都北京农村建立的保安、联防队员组织，有效履行其职责有助于及时发现农村社会安全问题并使社会安全矛盾冲突得到及时控制和减压，可以有效防止或减缓农村社会安全危机向城市社会安全危机事件的发展。在首都农村，保安或联防队员队伍与公安机关应建立更加广泛、常态化、制度化的信息沟通机制，在充分发挥其社会安全风险信息沟通和监测作用的基础上，实现社会安全应急管理的高效协同。

三、完善首都农村社会安全应急管理多元化主体协同机制重点工作

党的十七大报告提出要"建立健全党委领导、政府负责、社会协同、公众参与的社会管理格局"，正确处理政府与社会组织以及各相关主体之间的关系，明确各方主体在社会管理中的定位，强调党和政府在社会建设中的中心位置，强调健全和完善社会自治、自律和自我发展的新机制，充分发挥各种社会组织和公民个人在社会管理上的主体性及其对政府社会管理的监督制约作用，是实现社会管理创新的要求和路径选择。2009年全国政法工作电视电话会议也强调指出"社会矛盾化解、社会管理创新、公正廉洁执法"是当前政府机关三项重点工作。其中首都北京农村的社会管理创新，包括社会安全应急管理。做好这项工作，仅靠公安机关的工作是远远不够的，必须按照"警力有限，民力无穷"的思路，努力探索警务主导下的管理机制和勤务运作模式，积极探索社会治安防范工作新途径。特别是要紧紧依靠当地党委、政府，统筹整合各种社会防范力量，建立由综治部门牵头，以基层公安派出所为业务指导，治保会为骨干，各种群众组织共同参与的多元化主体参与协同的群防群治首都农村社会安全应急管理体系。当前，要特别注意重点关注下列工作：

(一)厘清各个参与主体的职责

现代公共管理是政府—市场—社会三元互动模式，市场失灵、政府失灵与志愿失灵共存的事实使得社会管理中必须建立多元互补的管理机制。创新

社会管理中首都农村社会安全应急管理是社会协同的治理，要在完善社会管理主体间互动合作的基础上，立足于主体多元化参与的协同治理机制构建和完善。在这个机制中，党和政府责无旁贷，应在危机管理中发挥核心和主导作用，依照制度法规政策提供规范化风险管理依据。与此同时，还应通过明晰权责、政策激励、多渠道的信息沟通、广泛的社会动员、技术交流与人才储备等多种路径积极创造条件，引导和规范社会组织、村民、辅助警力等社会力量从微观发挥社会救助及服务等协同作用，实现覆盖全社会的危机治理网络。各阶层明确组织职责，形成齐抓共管、层层负责的格局。

（二）建立日常协作交流制度

首都农村社会安全应急管理是由行动者、信任、目标认同及核心能力四个关键要素构成。在明确多元化社会参与主体的基础上，要通过建立定期交流制度，定期分析一个阶段的社会治安防控形势，并就危机预案、危机处置中的联动方式、危机物质保障和人员配备等问题进行协商和实战模拟。在此基础上，构建首都农村社会安全应急管理多元化参与主体间的信任关系，在沟通中不断深化对社会安全危机处置目标的认同，并形成社会力量联动协同机制。

（三）完善责任与监督机制

我国正经历社会转型时期，各种社会矛盾、冲突与风险交织，首都农村社会安全问题也会反映时代特征，这就要求党和政府在首都农村安全应急管理中重视对社会多元化主体协同作用的发挥、引导。党和政府及公安机关要明确社会安全危机管理中社会多元主体的重要作用和角色定位，通过完善法律制度和体系，明确多元主体的权责和义务，规范其协同方式和途径，使多元主体在协同中发挥应有的作用。同时要对各个主体的具体行为在实施领域、方法、程序等方面及时引导和监督，加强责任意识，建立问责机制，鼓励社会各方在法治化规范化条件下的有序参与和良心互动。

（四）找准联调联动工作的落脚点

机制建设是保持工作高效的保障。为保障首都农村社会安全应急管理取得实效，实行“四级沟通响应制度”是可行性对策。第一级响应：村官、村治安调解员负责其所在村（社区）内的一般社情民意的收集报送，将每日情况通报给社区民警，及时将收集到的农村建设、土地承包经营、征地拆迁等方面政策性、普遍性、涉稳性的问题，通报至（对口的）政府职能部门。第二级响应：民警根据第一级响应的实际情况，适时参与农村社会安全矛盾纠纷的预防、化解工作；村干部、治安调解员适时开展政策性宣传、引导性教育等方面的工作。第三级响应：对于不能够及时化解且较为复杂的矛盾纠纷，或可能引发社会安全危机的事件，由社区民警、大学生村官、村干部共同调解，其他社会组织联动响应，积极发挥多元化主体参与的重要作用。第四级响应：

对于辐射面广、情况复杂或即将出现的社会安全危机，及时通报相关部门联合响应，共同参与处置。

除此之外，还需要加强一体化考评考核制度建设，通过考评机制客观评价多元化主体在参与协同中的价值表现，及时修复社会安全应急管理中的偏差，防止主体错位、缺位、越位现象的发生。

参考文献

[1] 姜安鹏、沙勇忠主编：《应急管理实务——理念与策略指导》，兰州：兰州大学出版社，2010年。

[2] 薛澜、张强、钟开斌：《危机管理——转型期中国面临的挑战》，《中国软科学》，2003年第4期。

[3] 童星：《社会学风险预警研究与行政学危机管理研究的整合》，《湖南师范大学学报》，2008年第2期。

[4] [德]赫尔曼·哈肯著，凌复华译：《协同学——大自然构成的奥秘》，上海：上海译文出版社，2001年。

[5] 蔡定剑：《公众参与：欧洲的制度和经验》，北京：法律出版社，2009年。

（作者：魏永忠　中国人民公安大学公安管理系副主任，教授）

项目名称：北京儿童文化创意产业的问题与发展对策研究
项目编号：10BaZH164
项目负责人：谭旭东
项目信誉保证单位：北方工业大学

创意文化与儿童文化创意产业的思考

文化创意产业发展有一个重要的前提，那就是文化创意产业必须是以创意文化的生产和消费为主体，没有创意的文化产品是不可能真正大众化，并形成产业规模和产业链的。这里，笔者就创意文化和北京儿童文化创意产业谈一些自己的看法。

一、创意文化的三个维度

众所周知，今天文学艺术和新闻出版等都纳入到了文化创意产业的轨道，以文艺和传媒为主体的文化创意产业研究进行得如火如荼，很多人关注文化创意产业，但其中大部分关注的是文化是产业，但对文化如何可以成为产业并实现产业价值研究得还不够，理解得还不太深。事实上，文化创意产业靠的是创意，没有创意的文化，其价值实现就无从谈起。因此，如何理解创意及创意文化，是发展文学艺术和新闻出版等创意文化的关键。

第一，创意文化是一种象征符号的创造。文化研究界很多学者认为今天的文化已经进入一个后现代语境，不管这一评判是否准确，当代消费文化正从大众消费向充满审美和文化意义要求的消费过渡。文化的观念在商品的价值评估中起着日益重要的作用，产品的威信不是由物质的质量而是由其象征性的文化内涵所决定的。比如，两件衣服，它们在使用价值方面可能没有差异，但由于一件是名牌，有着很高的象征性的符号价值，于是它在市场标价方面就比那件普通的衣服价格要高得多，而且人们愿意购买名牌服装、手表和汽车等，最主要的不是看重这些产品的使用价值，而是看重它们的符号价值，因为当人们消费这些名牌产品的时候，也意味着消费者有着高品位的生活情调，有着高贵的社会身份。又比如，两位作家的小说，品质上相近的情况下，为什么那位著名作家的书就卖得好，而名气不大的作家的书就销得慢，这是因为著名作家的名字已经具有符号意义，读者看到他的名字，就相信他的书的品质。从这一点来看，创意文化的产生最重要的不是以量取胜，更不是简单地做地方特色或民族特色，而是要创造它的符号意义，即要赋予它象征性的内涵，让它成为真正的文化品牌。有人说，今天的产品营销和宣传开始在文化象征因素上动脑筋，重视文化附加值，或者说，重视除商品的使用价值和交换价值之外的“文化使用值。”我想，创意文化产品的“文化使用值”就是象征性符号创造的价值，而这是既需要文化产品创造者本人的创造力，又需要文化创意产业界的从业人员精心策划、提炼和运作的。

第二，创意文化要展示文化想象力和科学创造力。创意文化之所以为“创意”，就是要体现人的创造能力、人的求异思维，要展示人的想象力，还要体现人对科学与人文的有机结合能力。如果创意文化没有这些基本的品质，那么它就无法成为信息时代、科技时代抵制僵化技术思维的感性武器。事实上，我们身处的是电子媒介时代，美国社会学家玛格丽特比喻其是一个“同喻时代”，它的一个重要的特征就是信息随时更新，知识容易老化，尤其是老一辈人的知识智慧、文化传统很难被自然地传递到后一代人身上，因为这个时代的青年人更愿意向同代人学习。在这样的环境下，无论是谁，没有想象力和创造性思维能力，都不能尽快地更新自己的知识，都很容易被社会所淘汰。德国文化学者彼得·科斯洛夫斯基在论述艺术与科学的关系时，谈到德国 20 世纪 80 年代，大约有三分之一的人口变换了自己的职业。他认为这种发展趋势对教育体制与文化机构提出了挑战。“对学习必须加以改进，必须把知识的学习和文化、精确的专业知识和艺术、哲学的想象力结合起来。如果变换职业成为一种普遍现象，那么，就不能仅仅坚持原有的那种学会一种终生受用的方法的老原则，而是必须引进终生学习和艺术创造的各种形式。”①彼得·科斯洛夫斯基的观点是建立在全球化语境之上的，由信息更迭、知识容易老化带来的生存挑战，也是中国人面临的一个问题。因此，文学艺术和新闻出版等创意文化一定要有助于人的想象力和科学创造力的提高，有助于人能更好地适应知识快速更新换代的社会环境。

第三，创意文化必须是有助于人的精神提升的文化。审视人类的现代化历程，科学与技术带来了社会巨大的变化，尤其是经济在很长时间停留在工业化经济状态，物质财富的获得成为人的第一要义。但人们也逐渐发现，科学与技术能给我们带来丰富的物质，却不能提供审美及伦理导向的帮助。而审美及伦理导向的帮助对于我们有美感、有意义地构建生活世界是必需的。科技理性本身不会自然地导致理性实践或对周围世界的艺术性改造，如城市建筑的美感与文化情境。只有绘画、文学与音乐等艺术才能将人带进一种自由的、创造性的、象征化的文化环境。因此，创意文化的生产就是要形成一个良好和谐的美感的文化情境，让人在其中得到审美享受的同时，也能得到

① ［德］彼得·科斯洛夫斯基著，毛怡红译：《后现代文化：技术发展的社会文化后果》，北京：中央编译出版社，2006 年版，第 136 页。

道德的精华、精神的提升。彼得·科斯洛夫斯基也说过，今天文化产品的消费，主要目的不是一种日常性的生活消费，而是一种审美的生存，是一种“有教养的存在”。[①] 我想，彼得·科斯洛夫斯基所说的“有教养的存在”指的是：一个人或物的本性，同其在社会中的社会角色、作用及地位尽可能和谐，行为或事物轻松地相互适应，具有优雅的情调，人或物的本来存在同被赋予的意义彼此适应，并且同环境的状况相和谐。人们喜爱把有文化有修养的人以“君子风度”一词来形容，我想，“君子风度”是对这种文化教养的一种表述，创意文化无疑要朝着让人们日益优雅，具有君子风度的目标前进，无疑要有利于人的精神世界的提升，让被优雅审美文化熏陶的人变得更加快乐而富有理想。

创意文化是一个值得深入研究的课题，文学艺术也好，新闻出版也好，还是历史博物文化也好，它们的产业化之路无论怎样走，我想，只要具有以上三个方面的内涵与品质，它就能够形成真正的文化资本，具有强大的文化渗透力和精神感召力，才能真正成为代表国家文化软实力的产品，为民族文化走向世界而发挥自己的作用。

二、儿童文化创意产业的思考

随着国家文化产业振兴计划的实施，文化创意产业也越来越受到关注与重视，但目前文化创意产业界和文化理论界却很少关注儿童文化创意产业，各地对儿童文化创意产业的重视及对儿童文化产品的开发十分不够。事实上，作为文化创意产业有机组成部分，儿童文化创意产业的发展直接关系到我国广大少年儿童的精神成长，也关系到我国国际形象的塑造和文化软实力的提升，因此，在理论上进行阐述，在实践上进行探索，是非常必要，也是非常及时的。

2007 年，上海市徐汇区主办了“儿童文化事业与儿童文化产业研讨会”，这是国内首次正式研讨儿童文化创意产业发展的问题，并为上海建立全国首家儿童文化创意产业园区提出了很好的方案。2009 年，对儿童文化创意产业问题的关注，已经成为媒体和一些学术刊物的重要话题。如《幼儿教育(教育科学版)》就从 2009 年第 1 期开设了“热点聚焦：关于儿童文化创意产业的讨论”，这些文章就儿童文化创意产业的定义、儿童文化创意产业与儿童研究、儿童文化创意产业与产业链、儿童文化创意产业与产业集群、儿童文化创意产业与文化安全、儿童文化创意产业中的道德问题等，进行了比较清晰的论述，可惜在《光明日报》《中国文化报》和其他一些国家级专业性媒体上，极少

---

① [德]彼得·科斯洛夫斯基著，毛怡红译：《后现代文化：技术发展的社会文化后果》，北京：中央编译出版社，2006 年版，第 11 页。

看到有专家论述这一问题。

北京儿童文化创意产业虽然发展势头好，如北京游乐园的更新扩建、儿童艺术剧院的改革及欢乐谷的儿童游乐场所的新建，等等，都为儿童文化创意产业的发展提供了一些案例。但对北京儿童文化创意产业进行研究的人很少，只是业内人士发表过一些观点。如《北京观察》2006 年第 7 期上发表过石向阳的《打造北京儿童文化产业链》的短文，认为现在北京最缺少的是有创意的儿童文化创意产业，作者提出了要研究制定促进北京儿童文化创意产业发展的配套政策，调查了解北京市儿童创意资源，整合北京儿童艺术剧院等文化艺术单位资源，扶持“儿艺”的产品动漫化、市场化、国际化，作者还建议设立北京市儿童文化创意产业发展专项基金，采取多种方式支持重点项目建设，打造一批北京市的儿童文化创意产业品牌。还有，乔东亮等对北京动画创意产业发展模式的研究也已涉及了北京儿童文化创意产业的基本问题，也给北京儿童文化创意产业具体方面的研究提供了一些值得借鉴的理论。

国外对儿童文化创意产业的研究走在了我们的前面，以美国、日本和韩国为例，随着美国好莱坞电影、迪斯尼文化与日本动漫文化及韩国游戏文化的迅速发展并风靡全球，他们关于儿童文化创意产业的研究成果已经成为一些高校的课程资源。而且日本诸多高校和研究机构都正在研究儿童文化创意产业的运营模式，并影响到了我国台湾地区的台东大学、花莲大学等以儿童文学与儿童文化研究为优势科学的大学，如台东大学儿童文学研究所开设了“日本儿童文化产业探究课程”，花莲大学艺术学院还开设了图画书的创意设计课程。相反，我国大学里却没有真正意义上的儿童文化创意产业的理论与实践课程，只是个别从事儿童文学研究的人士会提及而已。

我国儿童文化创意产业的发展是刻不容缓的，我们不能坐视欧、美、日、韩的儿童文化产品大势占领我国儿童文化消费市场，更不能忽视儿童文化创意产业研究与发展的现实意义与时代价值：

首先，儿童文化创意产业研究顺应了当前儿童文化艺术单位体制改革的趋势并将推动改革的深入。2009—2010 年，全国 30 多家专业少儿出版社和 200 多家少儿报刊完成由事业单位到企业的转制，就是儿童文化创意产业发展的一个重要问题，少儿出版文化的路怎么走，少儿报刊的经济效益与社会效益如何兼顾，儿童文化环境及创意品牌的打造如何运作，等等，都是值得我们用心研究的。

其次，儿童文化创意产业受众广，研究与发展它可实现经济效益与社会效益双赢。我国有 3.67 亿少年儿童，儿童文化创意产业已经成为最具发展前景的产业之一。就北京而言，发展儿童文化创意产业有着良好的资源基础和广阔的市场空间，北京有 300 多万少年儿童，同时，作为首都和全国政治文化中心，其消费购买力居全国之首，且作为人才的聚集区，其拥有儿童动漫、儿童出版、儿童媒介、儿童影视戏剧、儿童文学、儿童游戏娱乐和儿童玩具业的大量优秀人才。北京还有北京儿童艺术剧院股份有限公司等多家有影响也创效益的儿童文化艺术单位，数百家科研院所、诸多国营的或民营的文化公司和少年宫，为北京发展儿童文化创意产业提供了良好的生产技术、创业资金和市场消费环境。

最后，儿童文化创意产业将成为文化创意产业新的增长点。再以北京为例，自2005年北京提出大力发展文化创意产业以来，经过几年发展，北京文化创意产业取得了可喜业绩，已成为首都支柱产业。2010年一季度，全市文化创意产业占全市GDP比重超过12%，文化创意产业的支柱地位继续巩固。其中，1至2月，北京文化创意产业总收入752.4亿元，比去年同期增长20.2%；从业人员81.5万人，同比增长3.14%[①]。这说明北京文化创意产业发展势头非常强劲，而北京儿童文化创意产业涉及儿童出版、儿童媒介、儿童影视戏剧、儿童游戏娱乐等多个层面，是北京文化创意产业新的增长点。而上海、广州和深圳等大都市在儿童文化创意产业的建设方面也取得了一定的成绩，并形成了自己的特色，如广州的儿童玩具业就在全国玩具业中占有很大的品牌优势。

不过，从整体情况来看，对儿童文化创意产业的研究有四个具体问题值得关注：一是要对儿童文化创意产业进行整体的考察，为文化创意产业界进行产业布局提供有效信息；二是要研究儿童文化创意产业存在的问题及今后发展的方向与对策；三是要在理论上阐述好儿童文化创意产业的价值与意义及其在国家文化战略中的地位；四是要对儿童文化创意产业的成功案例进行微观研究。当然，目前最需要的是各地要有一个发展儿童文化创意产业的可行性规划和构想，把儿童创意文化产业的发展上升到关系到民族未来灵魂塑造的高度，并采取切实措施发展儿童文化创意产业，这样才能促进儿童文化创意产业的可持续发展、儿童成长环境的建设及我国文化软实力的提高。

（作者：谭旭东　北方工业大学副教授）

① 李雪：《2010年第一季度北京文化创意产业占GDP比重12%》，《北京商报》，2010年6月9日。

项目名称：北京武术文化研究
项目编号：10BaZH165
项目负责人：周之华
项目信誉保证单位：首都体育学院

北京市民间武术社团现状调查及发展对策研究

一、北京市民间武术社团组织的现状

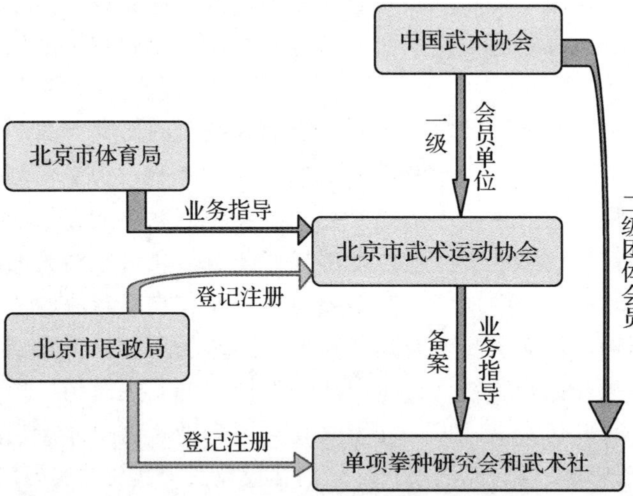

图1　北京市民间武术社团组织示意图

（一）资质认证情况

通过与北京市武术运动协会领导的交谈得知，北京市武术运动协会是中国武术协会的一级会员单位，北京市武术运动协会下属的单项拳种研究会和武术社，是中国武术协会的二级会员单位，北京市武术运动协会的上级单位是北京市体育运动总会（也是群众组织），其业务主管部门是北京市体育局。北京市武术运动协会是经北京市民政局社会团体办公室批准的法人单位，对海内外有行使法人单位的权利。各个单项拳种研究会不是独立法人单位，一旦涉及法律问题，无权对外（海内外）处理，只能由他的上级单位北京市武术运动协会的法人代表来承担。北京武术院是北京市体育局的一个事业单位机构，是推广、研究组织、领导北京市武术的竞赛、交流、群众武术运动的机构。为了加强领导，又成立了北京市武术运动管理中心，统一管理普及与提高，比赛和参加国家、国际的比赛。具体工作是北京武术院的工作人员来完成。

北京市武术运动协会是群众组织。但通常具体工作是由北京武术院的专职工作人员来领导、组织、协调的。除北京武术院的专职工作人员外，其他都为兼职，通常都是由一些热心武术、有武术特长、有威望、有组织能力的人员兼任各项职务。北京武术院和北京市武术运动协会，是一个实体两块牌子。北京市武术院相当于是北京市武术运动协会的常设机构。

据调查，有 58 家拳种研究会和武术社在北京市民政部门进行了登记注册，并在北京市武协进行了备案，在调查中只发现一家振铎太极拳社，在工商部门进行了登记注册。该组织不属于北京市武协下属的会员单位，在与该拳社的负责人的交谈中得知，其实她也是北京市武协下属的大悲拳研究会的秘书长，同时笔者在走访北京一些公园中还了解到，像他们这样的组织还不少，主要是因为与北京市武协下属的太极拳组织已有一些，所以北京市武协也就没有批准其像振铎太极拳社这样的组织加入进来，他们很难找到一个业务主管部门，也就不能在民政部门登记，但是他们又需要有一个合法的身份开展活动和获得社会捐赠，所以他们只能是在工商部门注册，这样他们就被认定为营利性组织。所以在资质认证方面，笔者认为北京市武术运动在吸纳民间组织时的规定有待改善，使更多的武术爱好者加入到这个大家庭中来。

（二）办公场所（选取）

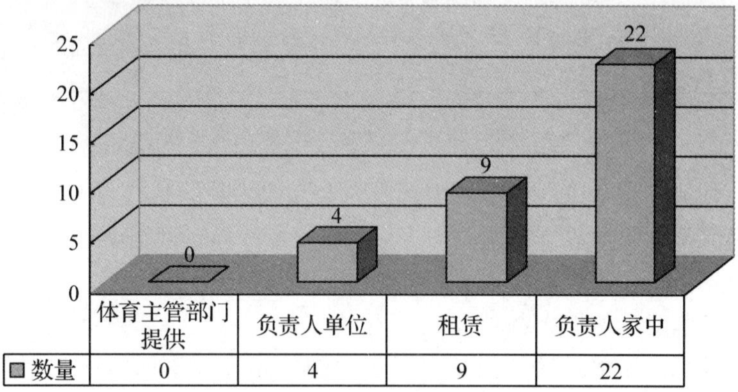

图 2　北京市民间武术社团组织办公场所统计图

由图 2 中可以看出，北京市武术运动协会下属的拳种研究会和武术社的办公场所绝大多数在家中，这一比例占 62.86%。名义上是办公场所在家中，其实也就是把武术社团组织的牌子挂在家中。商讨拳种研究会和武术社的工作主要是在负责人家中进行，有 25.71%的组织是靠租赁的，还有极少数的民间武术社团组织的办公场所是在负责人单位，这也从侧面反映了民间武术社团组织的能力还极为不足，难以承接政府转移的部分职能，难以适应现代社会的要求，也突出了各个民间武术社团组织的资金短缺问题。

(三)北京市民间武术社团组织的运营管理

人力资源是保证社团顺利开展活动的基本条件之一，然而在前面已经提到，北京市武术运动协会的具体工作通常是由北京武术院的专职工作人员来领导、组织、协调的。除北京武术院的专职工作人员外，其他都为兼职，通常都是由一些热爱武术、有武术特长、有威望、有组织能力的人员兼任各项职务。而其下属的单项拳种研究会和武术社，有相当一部分社团组织的领导人都是退休工人，年龄较大，只是由于他们热爱武术，有武术特长，在武术界有一定威望，所以被推举为会长或社长。

1. 执行负责人及主要负责人情况

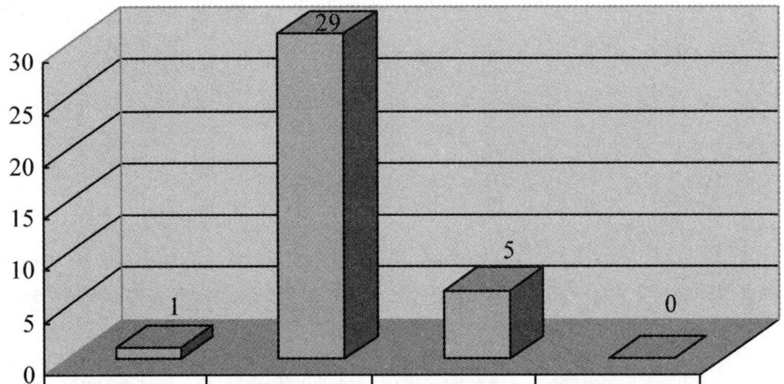

	在政府部门有任职经历	武术界有威望的人士	在事业单位有任职经历	经济实体负责人
数量	1	29	5	0

图 3　执行负责人(会长)社会背景统计图

调查显示：北京市的各单项拳种研究会和武术社的执行负责人有 82.86%在任职以前都是武术界有威望的人士，只有 14.29%在调查中选择了在事业单位有任职经历，还有一人是在政府部门有任职经历。在与各个武术前辈交流的过程中了解到，他们大都原来是普通的工人，还有一部分负责人从一开始就是以教授武术为生。尽管他们对于拳种的技术和理论的掌握水平很高，但是他们中很少有人曾经从事过管理工作。各单项拳种研究会和武术社的执行负责人在人生阅历和武术技术理论上的丰富经验，并不能弥补他们在管理经验上的不足，以致不能从管理者的角度去为武术社团组织谋求发展。

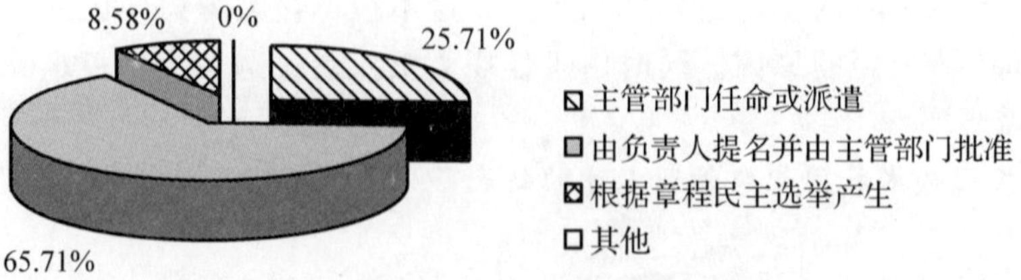

图 4　主要负责人来源情况统计图

图 4 显示，在调查的武术单项拳种研究会和武术社中，在其主要负责人的产生办法中有多达 65.71%的组织是根据武术社(研究会)章程通过民主选举产生，很少受到外界因素的影响。同时在此基础上，由武术社(研究会)的负责人将名单报送主管部门。在访谈中得知，主管部门北京市武术运动协会的领导对于武术社(研究会)主要负责人的产生情况一般不进行干涉。据笔者调查，同时还有 8.58%武术社(研究会)的主要负责人是由执行负责人直接提名任职。(这里存在一个问题，主要是因为像这部分单项拳种研究会和武术社的执行负责人与主要负责人的关系是师父和徒弟的关系，师父一是对各个徒弟相对了解，二是师父说了徒弟们没什么意见。)

2. 任职人员的短缺及不合理比例

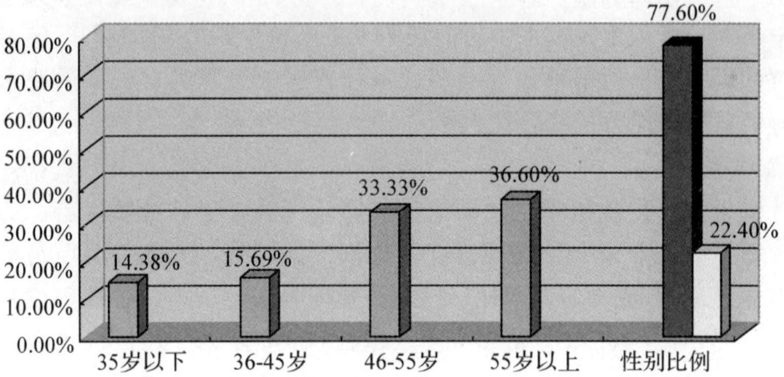

图 5　任职人员年龄性别比例分布图

图 5 显示：各个单项拳种研究会和武术社的任职人员男性占 77.60%，女性占 22.40%，在性别构成比例上可以看出男性明显多于女性，只有几个研究会的男女性比例相差不多，像八卦掌研究会、杨式太极拳研究会等。从年龄比例上看，各个单项拳种研究会和武术社的任职人员普遍偏中老年化。其中有 33.33%在 46—55 岁之间，在 55 岁以上的有 36.60%，而相对来说 35 岁以下的任职人员较少。

调查结果表明，大部分的单项拳种研究会和武术社的任职人员的男女比例失衡，总体规模较小，大多都是兼职和志愿者，在人数上也相差较大，有的只有几个人，有的却能达到好几十人。这不得不让人考虑各民间武术社团组织之间存在差距的原因。同时由于任职人员年龄普遍偏大，很难满足社团的工作需要。

3. 民间武术社团组织管理人才的缺乏

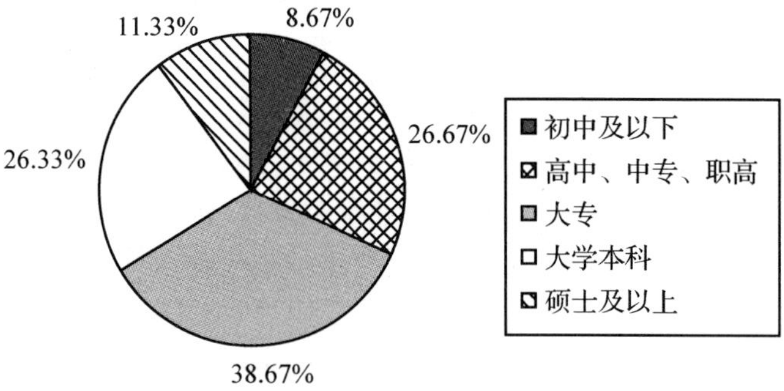

图6　任职人员文化程度构成比例图

在比较分析民间武术社团组织任职人员的文化程度中可以得出，他们的文化程度不是很理想，虽然在与各个民间武术社团组织负责人交谈时，他们都表示现在的任职人员的文化程度都比以前提高了很多。图6显示：其中大专文化水平所占的比例最高，为38.67%，其次为高中、中专及职高和大学本科文化水平。而具有硕士及以上学历的任职人员则较少，为11.33%。笔者在调查中了解到，各个单项拳种研究会和武术社普遍缺乏既具有较深的武术功底，又具有经营管理能力的综合性人才。

4. 会员的管理

所谓社团组织章程是指经过社团成员共同认可的关于该社团宗旨、活动准则和治理结构等，并由会员共同遵守的规则。据调查，大部分单项拳种研究会和武术社都是"有成文的武术社(研究会)管理明细(或章程)、规程或其他相应的规定"，只有少数的是"无成文的武术社(研究会)管理明细(或章程)，但有口头或约定俗成的规定"。但是，在访谈的过程中得知，各民间武术社团组织一般没有明确的招收计划和严格审核，招收方式以朋友或老会员推荐为主，也有部分是由于本拳种的内在文化底蕴，使得会员爱好本拳种以及仰慕老师的功夫而来，同时还可以在社团举办活动时发展新会员，还有很少的人们是通过新闻媒体宣传被吸纳到组织中来的(这部分人主要是海外人士)，总之在招收会员时比较灵活。这种做法势必不利于组织的发展及会员的管理，会员易进易出，流动性比较大，使得社团规模容易膨胀也非常容易萎缩。

(四)活动开展情况

表 1 民间武术社团组织活动主要形式统计 %(n=35)

活动的主要形式	频数	%	排序
组队外出参加比赛、观摩学习	34	97.14	1
参加武术表演活动	32	91.43	2
举办拳种培训班或裁判员培训班	20	57.14	3
挖掘、整理拳种技术理论体系	13	37.14	4
举办、参加武术学术研讨(交流)会	9	25.71	5
主办或承办单项拳种武术比赛	5	14.29	6
出版内部会刊	3	8.57	7
出版公开发行刊物	0	0.00	8

注：多项选择，总比例超过 100%

由调查表显示：以组队外出参加比赛、观摩学习和参加武术表演活动为活动内容的最多，分别占到了 97.14%和 91.43%，其次有 57.14%以举办拳种培训班或裁判员培训班为活动内容，挖掘、整理拳种技术理论体系占 37.14%位居第四，举办、参加武术学术研讨(交流)会位居第五，主办或承办单项拳种武术比赛的则较少，只有八卦掌研究会、形意拳研究会、意拳研究会，李式太极拳研究会等几个研究会有能力协助北京市武术协会举办单项拳种武术比赛。同时有条件出版会刊的组织只有 3 家。

结果表明：北京市的民间武术社团组织开展的活动还是比较丰富多样的，但是出现了技术与理论畸重畸轻的现象，大多数组织都相对重视以组队外出参加比赛、观摩学习、参加武术表演活动以及举办拳种培训班或裁判员培训班，而对于挖掘、整理拳种技术理论体系、举办参加武术学术研讨(交流)会以及出版会刊重视度相对不够。

二、北京市民间武术社团组织发展的主要影响因素分析

表 2 中内容显示：100%的民间武术社团组织认为缺少活动资金影响武术社团组织的发展排在第一位；57.14%的民间武术社团组织认为缺乏具体工作人员排在第二位；54.29%认为体育主管部门不够重视排在第三位。

(一)资金缺乏——资金渠道单一、组织运作能力差、缺少经营理念

资金的匮乏严重地影响了民间武术社团组织活动的开展。笔者认为缺少活动资金的本质原因是各单项拳种研究会和武术社的获取资金渠道单一、组织运作能力差、缺少经营理念的影响。

北京市的民间武术社团组织大多数资金来源比较单一，其中 71.43%的组织仅靠会费收入维持现状和活动的开展，而在企业和社会提供的赞助方面显得

表2 制约民间武术社团组织发展的因素统计表（n=35）

因　素	选择频数	比例	排序
缺少活动资金	35	100.00	1
武术社（研究会）缺乏具体工作人员	20	57.14	2
体育主管部门不够重视	19	54.29	3
宣传力度不够	15	42.86	4
自身管理体制作用不大	7	20.00	5
武术界存在门派意识	5	14.29	6
对武术社（研究会）工作缺少评估和激励制度	4	11.42	7
管理收费标准过高	0	0.00	8
其他	0	0.00	0

不尽如人意，只有少有的几个武术社团组织能从企业、社会或是个人获得部分赞助。大多数民间武术社团组织的工作能力及所开展的活动的社会影响力普遍满足不了企业的要求。企业最需要的是通过资助武术社团活动来树立企业形象，促销企业产品，而不会无缘无故地掏腰包资助武术社团开展活动。武术社团的活动能否给企业的经营带来直接或间接的利益，是社团能否从企业获得资金支持的主要因素。而从目前来看，社团开展的活动还普遍满足不了这一要求，在使企业获得利益方面表现为能力不足，企业普遍缺少与社团主动合作的意愿。

虽然创办社团所属的经济实体是解决资金匮乏问题的主要措施，但也由于很多民间武术社团组织缺少经营理念和能力，还不具备创办自己的经济实体的能力。虽然有少数组织创办了经济实体，但是也是小作坊式的运作，组织运作能力的不足使得社团没有从本质上有长足的发展。

（二）缺乏具体工作人员

工作人员对各武术社团组织的发展有着重要意义和作用，他们与组织的关系更直接、更密切，是武术社团组织生存和发展的主要依靠力量。

各组织普遍认为，凭借良好的愿望和无私奉献武术事业的情怀就可以使武术发扬光大，所以对工作人员一般没有相应激励措施。

在调查中了解到，虽然各组织较之以前，工作人员的文化程度有了一定的提高，但是文化素质高的人员大多习武较晚，而武术功底深的大多文化水平不高，所以各民间武术社团组织普遍缺乏既具有较深的武术功底，又具有经营管理能力的综合性人才。

（三）体育主管部门不够重视

由于受到我国武术运动发展体制的影响，竞技武术一直是体育部门重点发展的体育项目，相比之下，群众性武术健身活动的开展很少受到关注。

由访谈得知，各武术社团组织在登记注册后，业务主管部门除了每年在年检中对社团的工作进行表面上的监督外，实际上对于各组织日常的群众性武术活动和业务缺乏监督和指导。各民间武术社团组织每年还要上交一定的团体会费，同时又得不到相关的支持和扶助，这是他们认为主管部门不重视其工作的一个主要原因。

由调查显示，大部分民间武术社团组织缺乏必要的工作场所和办公条件，一些组织自己租赁办公场所，感到经济压力大，维持运作困难较大。各组织普遍认为政府对其扶持力度小，并且缺乏制度上的保障。

综上所述，影响北京市民间武术社团组织的发展有诸多因素，既有主观因素，也有客观因素，而且各因素之间相互联系，相互制约，除以上三个主要因素的影响外，宣传力度不够、自身管理体制作用不大等客观自身因素和一些门派意识的主观因素也是影响各民间武术社团组织发展比较重要的因素。

三、北京市民间武术社团组织发展的对策研究

我国社团组织越来越多，追求目标多元化，社团地位和作用将更加突出，民间化程度将大幅度提高，法治意识和政治参与能力将进一步提高，这将是我国社团今后发展的趋势；兴办经济实体，借鉴企业化经营理念及企业化运作模式是其走出困境的有效办法。民间武术社团组织由于体制方面的原因，实行企业化运作有可能会出现诸多问题，最基本的问题是借鉴企业化经营理念之后，如何既维持其非营利性的特色，又能在社会大众认同的标准下，通过企业化的手段获取合理利润，发挥组织功能，并提升活动效益。本论文试从多个方面提出相关对策，以促进各民间武术社团组织的发展，从而能够有力地促进民间武术的发展。

(一)角色定位

1. 基本定位

基本定位，就是民间武术社团组织要实行企业化运作，首先要对其作为非营利组织有一个准确的定位，各组织在实行企业化运作的同时要时刻对自己的位置和性质进行判断，不能脱离非营利性的特点。民间武术社团是不以营利为目的的组织，虽然对能商业化的部分实行了企业化运作，但其首要任务不是为了赚钱，而是为了使更多的人了解武术，热爱武术，受益于武术。对于收费产生的赢利问题，只是在完成任务的同时得到的一种补贴，以利于各组织更好的发展，所以其基本的定位仍应为非营利性。

2. 与政府部门关系定位

由于我国处于社会主义初级阶段，其市场经济体制还不完善，当前乃至今后一段时间内政府部门在武术事业发展中仍将起到主导作用。社团活动的

开展离不开政府的支持，武术社团实行企业化运作后，应积极与政府合作，取得政府对自身活动的肯定，以与政府合作者的身份开展活动，使社团工作得到社会和广大群众的响应，得到来自社会各界的更多参与和支持。现阶段，这种支持并不一定是政府部门给予资金补贴，而主要是政府部门是否愿意为其建立完善的、法制化的市场体系、创造良好的竞争秩序和市场环境。所以定位好社团与政府部门的关系，对社团的发展有着重要的作用。因此，除了政府部门建立完善的、法制化的市场体系、创造良好的竞争秩序和市场环境外，民间武术社团组织今后在制订发展计划及日常活动时，主要负责人还应努力配合国家体育的方针政策，思考如何使群众性武术活动的开展符合社会发展和群众喜好要求，如何与政府部门沟通，形成团结协作的关系，使社团更好的发展。

(二)出台配套政策、健全法律法规

1. 出台配套政策

近几年来国家出台了一些针对非营利组织的政策和指导性文件，对我国非营利组织的发展起到了积极的作用。但是对于民间社团组织兴办经济实体，进行企业化运作尚未有配套政策。因此，国家政府部门应加快步伐出台有关社团组织企业化运作的宏观政策和指导性文件，从而指导民间武术社团组织实行企业化运作的工作。同时，北京地方政府又要结合其首都的特殊性，及时制定较为具体的管理细则，用以规范北京市民间武术社团组织的企业化运作，努力营造良好的政策环境。

2. 健全法律法规

目前，我国有关社团组织的法律主要为1998年10月修订的《社会团体登记管理条例》和《民办非企业单位登记管理暂行条例》两个行政法规，民间组织不仅受到业务主管部门和登记管理部门的双重管理，还受到同业竞争和跨地域的限制。2009年11月，财政部和国家税务总局联合下发了《关于非营利组织免税资格认定管理有关问题的通知》和《关于非营利组织企业所得税免税收入问题的通知》，明确认定了非营利机构的范围和免税的范畴。虽然财政部和国家税务总局出台了这两项有关税收政策的通知，但是有关社团组织的资产管理、资金的筹措与使用规定、社会监督等方面详细的法律法规还很不健全，这就很大程度上限制了民间武术社团组织借鉴企业化运作模式。因此应该健全相关的法律法规，使得民间武术社团组织能够依法兴办经济实体，依法开展活动，依法调节成员的收入分配，以促进其健康有序的发展。

(三)明确外部监督管理机制

1. 明确政府监督

社团管理应明确政府的监管责任，规范政府的监督方式迫在眉睫。笔者认为应完善现行的年检制度，并且不定期进行抽查，监督社团组织运营状况，建立评级标准，实行等级制度。

2. 完善社会监督机制

对民间武术社团组织的监督，还应完善社会监督机制，社会监督是社团组织实行企业化规范运作的有效手段。政府部门及社团组织自身应该积极配合社会的监督，建立监督渠道，如建立意见箱、投诉热线以及网站投诉邮箱等，为社会大众提供监督平台。

（四）拓宽筹资渠道

由于受计划经济的影响，相当一部分民间武术社团组织不去关心消费者，不去研究市场的需要，从而导致现阶段民间武术社团组织资金匮乏。各社团组织应主动适应社会主义市场经济体制，根据社会主义市场经济的规律，解放思想，广开财路。各社团组织应走市场化的道路，运用企业化操作，建立信誉塑造形象，与公众建立起良好的信誉关系。面对市场，开拓市场，社团组织可以根据自身条件，搞服装、器材、音像等武术相关产品的经营，从而使得武术社团组织拓宽筹资渠道，实现活动经费来源的多元化，解决经费不足的生存问题。武术社团组织还可以设立公关关系部及下属组别，也是为了拓宽筹资渠道，寻找合作伙伴，促进社团健康发展。

（五）创新人才引进机制

市场经济的发展日新月异，在知识经济到来的今天，民间武术社团组织若想在复杂的环境中站住脚并寻求发展，必须笼络人才。目前大部分民间武术社团组织人力资源匮乏，缺少既武术过硬，又善于经营管理的人才，这已经成为制约社团组织发展的一个重要因素。社团组织要兴办经济实体，需借鉴企业的运营管理，组织结构中的各部门更需要填充各方面的人才。因此，社团组织要创新人才引进机制，一方面应运用相应的激励约束措施，吸引和留住高素质的人才，使其加盟进来；另一方面应积极加强对社团成员法律法规、信息技术等方面的培训。同时还希望，主管部门能给予支持，派遣一部分应用型人才，对民间武术社团组织在运营管理过程中给予指导和帮助。

四、结　论

第一，北京市民间武术社团的发展对武术运动的社会化改革有着推动力量；对传播中华传统文化，增强民族凝聚力发挥着积极作用；对于拳种自身发展、传统武术的传播等都有着积极的意义。

第二，北京市绝大多数民间武术社团的办公场所设在私人家中，从侧面反映了民间武术社团组织的资金短缺问题。

第三，综观北京市民间武术社团组织的运营管理，发现许多方面亟须完善，主要表现为：

(1)民间武术社团组织的人力资源管理是社团发展的开拓性障碍。

(2)民间武术社团组织的内部管理不尽如人意。

(3)民间武术社团组织公共关系管理不到位，缺少与公众沟通，其沟通对象主要包括任职人员、会员、投资捐助者、社区公众、传媒和政府部门，等等。

(4)民间武术社团组织的收入渠道单一，主要靠会费维持活动的开展，同时财务管理很不完善，缺乏监督。

第四，北京市民间武术社团组织主要以组队外出参加比赛、观摩学习和参加武术表演为活动内容。主办或承办单项拳种武术比赛的则较少，只有少数几个拳种研究会有能力协助北京市武术协会举办单项拳种武术比赛。

第五，目前影响民间武术社团发展的三个主要因素是缺少活动资金、缺乏具体工作人员和体育主管部门不够重视。而且各因素之间又是相互联系、相互制约的。除了以上三个主要因素的影响，宣传力度不够、自身管理体制作用不大等客观因素和一些门派意识的主观因素也是影响各民间武术社团组织发展的比较重要的因素。

第六，保持北京市民间武术社团组织的可持续发展，关键在于社团自身要不断创新、变革和增加吸引力。针对现存问题，本论文从兴办经济实体，借鉴企业化经营理念及企业化运作模式角度提出发展方向，并从角色定位、出台配套政策、健全法律法规、改进内部组织结构及管理机制、完善信息化管理、明确外部监督管理机制、拓宽筹资渠道、创新人才引进机制等方面提出相关对策，以促进各民间武术社团组织的发展，从而能够有力地促进民间武术运动的发展。

参考文献

[1] 崔乐泉：《传统武术次化新探》序，《体育文化导刊》，2006 年第 3 期。

[2] 王岗、郭海洲：《传统武术文化在武术现代化中的价值取向》，《广州体育学院学报》，2006 年第 5 期。

[3] 郭志禹：《论开展与奥林匹克精神相融合的武术文化教育》，《上海体育学院学报》，2007 年第 5 期。

[4] 程大力：《传统武术：我们最大宗最珍贵的濒危非物质文化遗产》，《体育文化导刊》，2003 年第 4 期。

[5] 周伟良：《传统武术——你将何去何从》，《武林》，2000 年第 2 期。

[6] 赵国庆：《传统武术真意的思考与寻绎》，《体育文化导刊》，2003 年第 9 期。

[7] 赵红波：《传统武术的现代阐释》，河南大学硕士学位论文，2006 年。

[8] 周之华、马建国：《论中国传统武术创新发展的方向》，2009 年体育文化论坛论文二

等奖。
[9] 郗志群编著：《历史北京》，北京：旅游教育出版社，2005 年。
[10] 赵东华主编：《北京的性格》，北京：中国经济出版社，2005 年。
[11] 启功等：《励耘书屋问学记》，北京：生活·读书·新知三联书店，1982 年。
[12] 侯仁之、康奉、赵重清：《什刹海志》，北京：北京出版社，2002 年。
[13] 孙剑云：《孙式太极拳诠真》，北京：人民体育出版社，2003 年。
[14] 孙禄堂著，孙剑云编：《孙禄堂武学录》，北京：人民体育出版社，2001 年。

（作者：周之华　首都体育学院教授）

项目名称：首都影视产业集聚发展战略研究
项目编号：10AbZH166
项目负责人：张 琦
项目信誉保证单位：北京电影学院

首都影视产业集聚发展战略研究
——北太平庄影视产业集聚区发展规划

一、首都影视产业发展概述

（一）影视产业发展背景描述

影视产业是文化产业的一个重要组成部分，处于文化产业的核心层。它是以文化传播功能为基础，以市场为目标，以创造效益为目的(经济效益为主，兼顾社会效益)，为社会提供影视产品及相关服务的一种产业集合。在世界经济局势复杂化的背景下，近年全球电影产业总体呈现六大基本特点：全球制片数量稳步增长；全球电影票房数呈现上升趋势；全球数字银幕数量增长迅速；电影产业链借力新媒体不断拓展；全球电影市场格局出现多元化发展新局面——票房前五的国家分别是美国、日本、中国、法国、英国；全球电影市场格局从三足鼎立到三国演义再到两强争霸，由美欧亚三足鼎立向以美国、亚洲为主导电影产业的态势发展。

随着我国经济持续高速增长，在过去的十年间，影视产业的发展速度远超 GDP 的增长，尤其是电影产量位居世界前三，我国成为名副其实的电影大国。然而我国还不是电影产业强国，缺乏国际知名的品牌影视公司和完善的电影产业链及品牌集聚区成为制约我国影视产业发展的瓶颈。

北京作为中国首都，具有文化底蕴深厚、影视人才富集、商贸资源丰富等相关优势，拥有更多的市场资源、政策资源和更为宽广的国际视野，只要抓住机遇、整合产业链、重点发展部分环节，北京影视产业将迎来突破性发展，成为北京影视之都的重要支撑，进而引领中国影视产业向高端发展，推动中国影视产业国际影响力的快速提升。

（二）影视产业发展概述

电影是艺术、技术、产业的高度浓缩体。国家发展战略赋予电影产业越来越重的任务。改革开放 30 多年来，中国电影业已逐步向产业化道路发展。特别是近年国家的相关政策予以文化产业尤其是电影产业极大重视。

2009年9月26日，国务院颁布了《文化产业振兴规划》，进一步贯彻落实中央精神，加快振兴文化产业，充分发挥文化产业在调整结构、扩大内需、增加就业、推动发展中的重要作用。2010年1月26日，国务院办公厅发布了《关于促进电影产业繁荣发展的指导意见》，提出“实现由电影大国向电影强国的历史性转变”的要求。2011年10月党的十七届六中全会再一次将文化产业推到了新的高度，提出了推动社会主义文化大发展大繁荣的指导思想以及到2020年我国文化产业的发展目标，部署了深化文化体制改革、推动社会主义文化大发展大繁荣的各项重要任务，提出“建设社会主义文化强国”的战略目标。2012年2月15日中共中央办公厅、国务院办公厅又印发了《国家“十二五”时期文化改革发展规划纲要》，要求：围绕建设社会主义文化强国的宏伟目标，到2015年，社会主义核心价值体系建设不断推进，现代文化产业体系和文化市场体系基本建立，文化产业增加值占国民经济比重显著提升，文化产业推动经济发展方式转变的作用明显增强，逐步成长为国民经济支柱性产业。

2012年2月时任国家副主席习近平访美期间，中美就解决WTO电影相关问题的谅解备忘录达成协议。中国每年将增加14部美国进口大片，以IMAX和3D电影为主；美国电影票房分账比例从13%提高到25%。面对国外强势大片的进入，这既是挑战也是机遇，我们更应壮大本土电影产业，提升文化软实力的竞争力。

一系列利好政策推动着中国影视文化产业的发展：2010—2011年中国电影产业整体不断壮大，影片创作、电影票房、观影人次及银幕数量继续保持健康、高速增长的良好态势。2010年全年故事片产量达到526部；全年电影综合收入157.21亿元，比2009年增长了47.41%。全国城市总票房101.72亿元，比上年增长63.91%。其中，国产影片票房57.34亿元，占全国城市总票房收入的56.37%；进口影片44.38亿元，占全国城市票房收入的43.63%。国产影片所占份额连续8年超过进口影片。全年国产影片的海外销售收入达35.17亿元，比上年增长26.97%。全国各电影频道播放电影的收入为20.32亿元，比2009年增长20.31%。电影局发布数据显示，2011年中国电影总票房达到131.15亿元，共生产各类电影791部。其中国产影片票房为70.31亿元，占票房总额的53.61%。票房过亿的国产影片达到20部。2011年全国新建影院803家，新增银幕3030块，90%影院都已具备数字放映条件。这样的增长速度在中国乃至世界电影史上都是前所未有的，且呈现出如下特征：

(1)中国电影产业进入规模化、集约化的快速发展期；

(2)中国电影产业机制初步形成；

(3)中国电影投资主体日趋多元化，电影产业逐步实现与资本市场的对接；

(4)中国电影市场格局多元化，主流商业类型片与主流城市院线市场成为中国电影市场的中流砥柱；

(5)电影技术的发展对中国电影制作、发行和放映各个环节均产生革命性影响。

(三)首都影视产业发展概述

北京市近年也响应国家号召，制定了《北京市海淀区文化创意产业发展规划(2006—2010)》，从政策上支持中关村地区影视企业的发展。各项利好政策的提出，为中国电影产业迎来了史无前例的发展机遇，我们更应壮大本土电影产业，加速中国电影产业链的构建，提升文化软实力的竞争力。2011年，北京电影票房收入约为13.2亿元，约占全国票房收入的10.1%。北京市广播电影电视局提供的数字显示，北京广播影视产业去年继续保持稳步增长态势，全市广播影视预计创收164.2亿元，其中广告收入为71.49亿元，比上年同期增加10.12亿元，增长了16.5%；电影票房收入13.2亿元，占创收总收入的8%，比上年同期增加1.4亿元，增长了11.9%，占全国票房收入的10.1%。全市共有电影院线16条，电影院118家，银幕617块，IMAX巨幕5块，平均每3.2万人拥有一块电影银幕，处于世界领先水平，影院座位11.44万个，位居全国城市第一。

海淀区影视产业发展迅速，经济总量快速增长，结构逐步优化，综合竞争力不断提升。在软件、动漫、游戏、出版、旅游、设计等领域形成了较强的竞争优势，企业和产品的综合市场竞争力国内领先，产品原创和技术开发能力不断提升，部分产业占据了国内产业链高端。其中以基于数字技术的数字动漫游戏、数字媒体出版、数字影音、软件与信息服务业四大先导产业为龙头，加快形成基于数字技术的文化创意产业群，通过数字技术的渗透，促进传统领域的文化创意产业融合、转型和提升。

二、首都北太平庄影视产业区集聚发展概述

(一)地区概况

北太平庄街道位于海淀区的东南角，与西城区接壤，南起二环路(积水潭至西直门段)，北至知春路，东起新街口外大街，西至京包铁路线，辖区面积5.17平方公里。东抵西城区德胜街道，南接西城区新街口街道和展览路街道，西至海淀区北下关街道，北连海淀区中关村街道和花园路街道。北太平庄地区是以北太平庄街道为中心，中关村街道、花园路街道等接壤街道为辐射区域，构成的泛北太平庄地区，包罗地域广阔，文化资源丰富。

(二)影视产业发展概述

海淀区文化创意产业发展迅速，经济总量快速增长，结构逐步优化，综

合竞争力不断提升。2005 年，海淀区文化创意产业主营业务收入达到 1404.9 亿元，同比增长 26.8%；实现增加值 320 亿元，同比增长 14.4%，占全区 GDP 的 24%，占全市文化创意产业增加值的比重列各区县第一。全区从事文化创意产业的企业达 22018 家，从业人员中科技活动人员达 12.7 万人。软件及动漫、计算机及信息传输服务、文化研究与服务三大行业实现主营业务收入分别为 357.8 亿元、563.5 亿元和 299.1 亿元，所占比重分别为 25.5%、40.1%和 21.3%；实现增加值分别为 93.3 亿元、67.2 亿元和 111.0 亿元，同比增长了 12.5%、27.5%和 7.0%。

海淀在软件、动漫、游戏、出版、旅游、设计等领域形成了较强的竞争优势，企业和产品的综合市场竞争力国内领先，产品原创和技术开发能力不断提升，部分产业占据了国内产业链高端。

根据《北京市海淀区文化创意产业发展规划(2006—2010)》，“十一五”期间，海淀区将重点发展软件与信息服务、动漫游戏、新闻出版、影视音像、设计服务、文化教育培训，以及艺术、旅游和休闲娱乐等文化创意产业。以其中基于数字技术的数字动漫游戏、数字媒体出版、数字影音、软件与信息服务业四大先导产业为龙头，加快形成基于数字技术的文化创意产业群，通过数字技术的渗透，促进传统领域的文化创意产业融合、转型和提升。

表 1　2006 年海淀区部分文化创意产业集聚区发展状况

	收入增幅	上缴税金增幅
全区	25.4%	19.2%
创意先导基地	27.0%	32.3%
北太平庄街道	35.2%	45.2%
语言大学—北大燕园集聚地	37.1%	45.3%

其中北太平庄地区文化产业收入增幅达到 35.2%，上缴现金增幅达到 45.2%，究其原因，北太平庄地区主要依托北京电影学院、北京电影制片厂、中影集团等机构的支持，形成以北太平庄影视产业为中心，以动漫游戏和视频新媒体为两翼，向四周网状扩散的泛北太平庄影视集聚区，这当中主要涉及三大产业聚集区和一个公共服务平台的建设。

1. 影视制作产业聚集区

本区集聚了中国电影集团、北京电影制片厂等一批影视策划、制作、出版、发行等单位，中影集团和华夏电影发行公司是全国位居第一、第二的影视创作、发行以及电影电视频道播出的国有大型股份制传媒企业。该中心聚集了华龙电影数字制作有限公司、视点特艺(北京)数字技术有限公司、每日视界先锋数码图像制作有限公司、墨(北京)影像制作有限公司、唐德国际文化传媒有限公司等知名后期制作公司，为影视团体提供多种后期制作方案和便捷的后期制作渠道；该中心还聚集了北京先力电影器材有限责任公司等设备租赁公司、唐德凤凰演艺经纪有限公司等演艺经纪公司，它们为影视剧的拍摄提供了强有力的支持；更是有中影星美电影院线有限公司、北京华星电影院有限公司等知名院线公司和高端影院，构成完整产业链。

2. 动漫、游戏产业聚集区

该区以北京电影学院动画学院为核心的，集聚龙马世纪、昆仑兄弟、中影动画、金山软件、盛开游戏以及微软中国研究院的动画、漫画、游戏设计等动漫游戏及动画设计的文化创意集企业，企业数量庞大、资源丰富；该区还聚集了以技术开发、产品原创和网络运营等为核心的游戏动漫公司，涌现了金山、目标、联众、完美时空、骏网联合、辉煌动漫、龙阁创意、龙马世纪、水晶石等著名的产品制作和技术开发商，以及金山、联众、完美时空、新浪、搜狐、一起玩等网络游戏运营商；该区也还聚集了以中信投资为核心的世纪英雄影视投资集团、天地琢石影视投资公司、唐德国际影视投资公司等一批影视专业投资机构和投融资中介服务机构，为企业发展提供资金支持和金融服务。该区将重点发展动画影片、动漫报刊业、动画电视片、手机动漫、网络动漫、动漫形象产品、动漫制作及衍生品开发、动漫图书音像出版业、网络游戏、手机游戏为核心的创意产业，以及游戏引擎等技术开发，逐步形成产学研结合的产业基地。

同时，此地区要提高产品原创能力，提高产品的质量和品牌影响力，扶持一批骨干企业，将海淀建成集技术开发、动漫创意、作品制作、版权交易、网络运行、人才培训、衍生产品开发等功能齐全的动漫网络游戏技术创新和产业化基地。

2006年，此聚集地文化创意企业实现收入和上缴税金与前年相比分别增长37.1%、45.8%，两项指标分别占全区文化创意产业的21.6%和24.8%。2010年，游戏动漫实现销售收入100亿元，带动400亿—600亿元的关联产业发展。今后该地区将发展为学院路及周边沿线的动漫游戏设计集聚区、成府路沿线的创意时尚生活带两大集聚区，最终形成一个文化创意产业聚集地。

3. 视频新媒体产业聚集区

该聚集区以北太平庄为主要内容制作商，依托中关村科技园、清华科技园等国家级园区嫁接发展视频新媒体。该区着力于推动数字技术的开发和创新，为影视企业搭建共性技术平台，力争在信源编解码技术、信息编解码技术、多进制数字调制技术、数字光影技术等产业关键技术上取得突破。

该中心依托中关村产业园区和清华科技园(含玉泉慧谷园)，涉及IPTV(网络电视)、手机电视、多媒体的非线性编辑、数字信号的转播、移动设备的存储等多媒体行业，汇集优酷、乐视网、中国网络电视台、风行在线等具有影响力的在线视频公司，更是有新浪、搜狐、百度等国内顶尖航母的视频频道。

该区依托中央电视台、北京电视台、北京电影学院、华旗资讯、凌讯科技，联合华星国际影城和星美国际影城，组建数字电影、数字电视和移动电视产业联盟，形成上中下游产业各环节的良好互动，真正形成一条从内容制作到终端交易及消费的有效衔接的完整产业链。该产业链包括数字电视运营商，技术提供商。该区聚集了中央数字电视传媒、央视风云传播有限公司、北京歌华有线电视网络股份有限公司、北京京视传媒有限责任公司、华诚电影电视数字节目有限公司等数字电视运营商及北京永新视博数字电视技术有限公司、北京算通科技发展股份有限公司、北京数码视讯科技股份有限公司、凌讯科技等数字技术提供商以及北京北广传媒移动电视有限公司等移动电视运营平台。这些公司都是行业中的顶尖企业。

4. 相关产业支持平台(公共服务平台)

影视产业的繁荣和发展，离不开相关服务平台的搭建。平台旨在实现政府的服务功能，降低多媒体中、小企业的投入成本和运营成本，形成企业聚集效应，推动影视产业的发展。其目的是强化创新公共服务供给、改善创新创业环境、优化创新资源品质、降低企业和个人创新创业成本。影视公共服务平台的搭建，包括：影视会展中心、影视版权中心、影视交易中心、教育培训中心、影视咨询中心。其中中国广播电影电视节目交易中心是我国最大的影视节目交易中心之一。在教育培训方面，北太平庄地区既有北京电影学院、北京师范大学影视学院等高等影视院校，也有中国电影集团中影培训基地、完美动力动画教育、北京北电影视艺术学校等影视职业教育学院。

完整的公共服务平台不仅指有形的“硬件”、物质，还包括能够调动构成平台的硬件充分发挥作用的运作机制，以及使硬件“活”起来的能动因素，即操作者和管理者。只有把上述三方面的内容完美地结合起来，才能构成一个系统化、能够正常运转的公共服务平台。

(三)骨干影视企业一览

骨干企业在企业中起到了带动作用，要发挥大型骨干企业辐射带动作用、加快下游产品和配套产品开发，进一步增强产业集聚，打造产业集聚区，促进产业结构优化升级。

经过对海淀及北太平庄地区的调研，笔者总共调研了 699 家海淀地区的影视公司，其中对骨干企业进行了梳理和全方位的信息整理，并与海淀区以外(北京其他区县、全国其他省市自治区、全球其他国家)的骨干企业进行比较分析，得出如下结论：

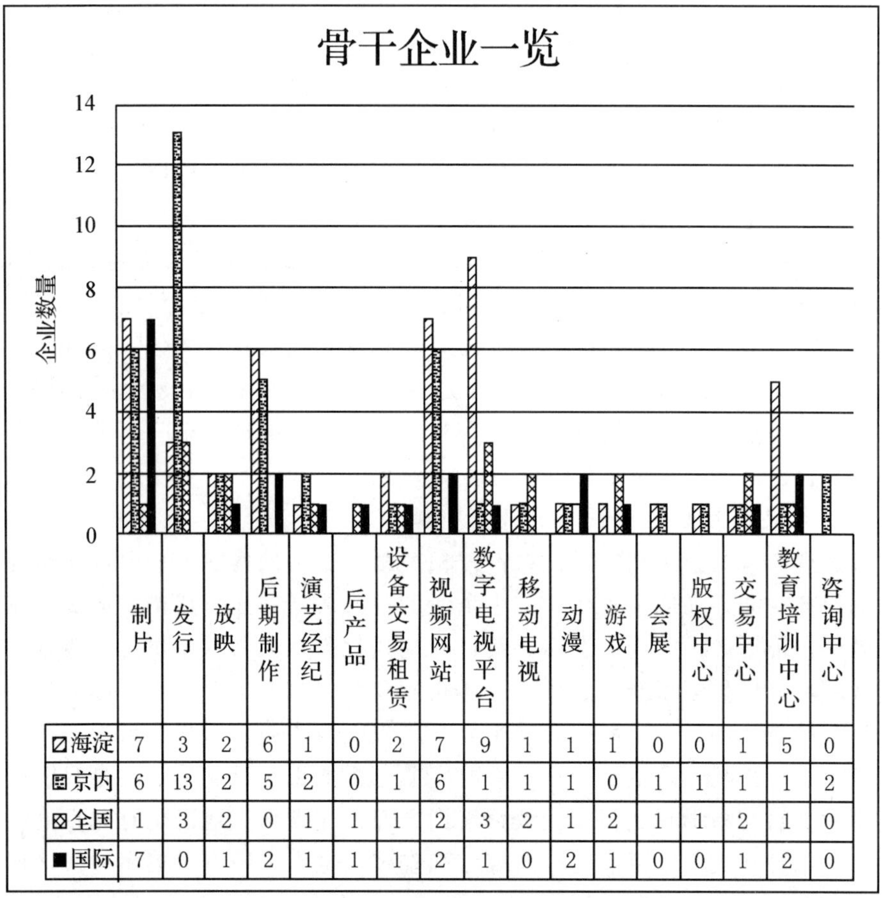

	制片	发行	放映	后期制作	演艺经纪	后产品	设备交易租赁	视频网站	数字电视平台	移动电视	动漫	游戏	会展	版权中心	交易中心	教育培训中心	咨询中心
海淀	7	3	2	6	1	0	2	7	9	1	1	1	0	0	1	5	0
京内	6	13	2	5	2	0	1	6	1	1	1	0	1	1	1	1	2
全国	1	3	2	0	1	1	1	2	3	2	1	2	1	1	2	1	0
国际	7	0	1	2	1	1	1	2	1	0	2	1	0	0	1	2	0

图 1

1. 优势中心

从上图我们能够分析出，北太平庄影视集聚区的优势主要还是集中在传统影视制作方面，其中在制片、后期制作、设备交易租赁等方面，北太平庄影视集聚区有较强的实力，调研中的 699 家影视公司也多提供传统影视制作和外包的服务；在传统影视制作产业链中，发行放映有明显的地域性差异，地域分化严重，因此，海淀地区的发行、放映骨干企业数量并不显著。但是，北太平庄地区却集中了中国电影总公司、华夏电影发行公司——全国唯一两个可以发行进口分账大片且全国排名第一、第二的影视发行公司。放映方面，中影星美院线是全国最早成立的院线之一，华星影院有限公司也以高端影院、为用户提供舒适的观影环境为宗旨。

(1)制片：21 家骨干企业中，海淀占 7 家。

分别是：中国电影集团、唐德国际文化传媒有限公司、北京中视冠华技术有限公司、北京中视远图影视传媒有限公司、北京中视北方影像技术有限公司、中影沙龙影视数字制作技术有限公司、中央新闻电影制片厂。

(2)发行：19家骨干发行公司，海淀占3家。

分别是：中国电影集团、华夏电影发行公司、电广影业。

(3)放映：7家骨干院线公司，海淀占2家。

分别是：中影星美电影院线有限公司、北京华星电影院有限公司。

(4)后期制作：13家骨干企业，海淀占6家。

分别是：水晶石数字科技有限公司、华龙电影数字制作有限公司、视点特艺(北京)数字技术有限公司、每日视界先锋数码图像制作有限公司、墨(北京)影像制作有限公司、唐德国际文化传媒有限公司。

(5)设备租赁：5家骨干企业，海淀占2家。

分别是：北京先力电影器材有限责任公司、北京电影制片厂。

(6)数字电视平台：14家骨干企业，海淀占9家。

分别是：中央数字电视传媒、央视风云传播有限公司、北京歌华有线电视网络股份有限公司、北京京视传媒有限责任公司、华诚电影电视数字节目有限公司、北京永新视博数字电视技术有限公司、北京算通科技发展股份有限公司、北京数码视讯科技股份有限公司、凌讯科技。

(7)视频网站：16家骨干企业，海淀占7家。

分别是：合一信息技术(北京)有限公司(优酷网)、乐视网信息技术(北京)股份有限公司(乐视网)、中国网络电视台(中国网络电视台企业)、北京风行在线技术有限公司(风行网)、奇艺(百度旗下——奇艺企业)、北京搜狐互联网信息服务有限公司(搜狐视频网)、新浪网技术(中国)有限公司(新浪视频企业)。

(8)移动电视：4家骨干企业，海淀占1家。

是：北京北广传媒移动电视有限公司。

(9)教育培训：9家骨干企业，海淀占5家。

分别是：北京电影学院、北京师范大学艺术与传媒学院、北京大学艺术学院、中国电影集团中影培训基地、完美动力动画教育。

2. 最具潜力中心

发行：19家骨干发行公司，海淀占3家。

放映：7家骨干院线公司，海淀占2家。

演艺经纪：5家骨干企业，海淀占1家。

动漫：5家骨干企业，海淀占1家。

游戏：4家骨干企业，海淀占1家。

交易中心：5家骨干企业，海淀占1家。

(四)“钻石理论”模型下的北太平庄的产业集聚区要素分析

按照波特的“钻石理论”模型，影响北太平庄产业集聚区竞争优势的要素主要包括了六大系统。其中，文化企业战略系统和需求状况系统共同组成了核心竞争力模块，生产要素系统和相关辅助产业系统共同组成了基础竞争力模块，政府行为和机遇因素共同组成了环境竞争力模块。

1. 核心竞争力模块

整个影视产业的市场需求状况（即需求条件）与北太平庄地区影视企业的战略系统（即企业战略、结构和同行竞争）构成了影视产业集聚区的核心竞争力。

(1)需求条件。

①国内市场需求。在钻石模型中，需求条件更多的在考虑国内市场对产品的需求，国内需求市场是产业发展的动力。国内市场与国际市场的不同之处在于企业可以及时发现国内市场的客户需求，这是国外竞争对手所不及的，因此波特认为全球性的竞争并没有减少国内市场的重要性。对于影视企业来讲，市场需求状况可以系统地反映公众对影视作品、衍生品及服务的需求，这种需求是影视行业的整体需求，是影视产业集聚区的原动力，也是北太平庄影视集聚区存在的缘由。有效的需求能够不断刺激影视作品和影视服务的有效供给，进而促进影视产业价值链的延伸和拓展，促进影视产业结构的不断优化，并最终导致规模性影视产业集聚区的形成。2010 年，中国国产电影得到了中国观众更多的关注。全年有 17 部国产影片超亿元，有力地验证了国产影片较强的市场竞争力和抗衡能力。2009 年，地处北太平庄影视集聚区的中影集团，出品了 6 部过亿的影片。在 2010 年中影集团的年度总结会上，中影集团营销分公司总经理蒋德富也指出，中影集团成为 2010 年国有文化公司中收入最多的公司。

②预期需求。波特认为，需求条件的另一个重要方面是预期需求，如果本地的顾客需求领先于其他国家，这也可以成为本地企业的一种优势，因为先进的产品需要前卫的需求来支持。北太平庄地区正符合这样的理念，北京居于全国文化消费城市之首，海淀的高知群体对新鲜文化有更强烈的追求，而拥有北京电影学院、北京师范大学影视学院的北太平庄地区的消费观众，对影视产品有更专业的敏感度，这也促进了北太地区影视产业的发展。

影视发展的新趋势就是数字新技术的出现和发展，尤其体现在了后期制作方面。北太平庄影视集聚区拥有了华龙电影数字制作有限公司、视点特艺（北京）数字技术有限公司、每日视界先锋数码图像制作有限公司、墨（北京）影像制作有限公司等知名后期制作公司。除了传统影视制作，新技术的环境下，更是有一批新型数字媒体运营和技术公司落户北太平庄地区。这里集聚了中央数字电视传媒、央视风云传播有限公司、北京歌华有线电视网络股份有限公司、北京京视传媒有限责任公司、华诚电影电视数字节目有限公司等数字电视运营商；北京永新视博数字电视技术有限公司、北京算通科技发展股份有限公司、北京数码视讯科技股份有限公司、凌讯科技等数字技术提供商。另外这里还有北京北广传媒移动电视有限公司等移动电视运营平台。这些公司都是行业中的顶尖企业。

(2)企业战略系统。

北太平庄影视集聚区所属影视企业的战略系统是指所属区域内影视企业及相类似企业的经营战略、治理结构、营销方式和竞争状况等。影视企业是电影产品和电影服务的具体提供者，而企业的战略和结构以及企业间的竞争关系往往会激发当地生产者的创新能力和竞争力。因此，一个集聚区内影视企业的竞争力状况将直接影响该集聚区在整个产业的竞争力状况。

近年我国影视集聚区也出现了竞争的态势，横店影视集团、中影数字怀柔影视中心，都是北太平庄影视集聚区强有力的竞争对手。

横店实验区从发展之初，根据当地的特色资源和条件，找准方向，制定明确的产业定位——成为历史剧和古装剧的拍摄基地；实验区影视产业链虽较完善，但从事下游环节工作的企业还在少数。而中国(怀柔)影视基地以其数字电影生产基地为核心发展定位，通过“一业为主、多业并重”战略理念，全面发展影视产业链，加强核心产业、关联产业和支持产业的分工与合作，产生集聚区合力，形成整体竞争优势。

所属北太平庄影视集聚区的企业，在全国影视企业中均具有较强的实力。从传统影视制、发、放三方面来说，北太平庄地区拥有的中影集团和华夏电影发行公司是全国位居第一、第二的影视创作、发行公司，还拥有 CCTV-6 电影电视频道等国有大型股份制传媒企业；有华龙电影数字制作有限公司、视点特艺(北京)数字技术有限公司、每日视界先锋数码图像制作有限公司、墨(北京)影像制作有限公司、唐德国际文化传媒有限公司等知名后期制作公司；有北京先力电影器材有限责任公司等设备租赁公司；更是有中影星美电影院线有限公司、北京华星电影院有限公司等知名院线公司和高端影院，构成完整产业链。动漫、游戏方面，这里集聚龙马世纪、昆仑兄弟、中影动画、金山软件、盛开游戏等优秀动漫游戏企业。除了传统影视制作，新技术的环境下，更是有一批新型数字媒体运营和技术公司落户北太平庄地区(具体公司上文已经提及)。但如何将这些顶级企业进行整合，产业链进一步的规整和完善，是北太平庄影视集聚区需要思考的问题。相比其他两个定位明显的影视集聚区，北太平庄影视集聚区的定位稍显模糊，市场营销观念和营销手段也落在了另两个影视产业集聚区之后。明确集聚区定位，是北太平庄影视集聚区亟须解决的问题。

2. 基础竞争力模块

生产要素和相关支撑产业构成了产业集聚区的基础竞争力。

(1)生产要素。

对于电影产业而言其生产要素包括电影文化资源、人力资源、资金资本资源和基础资源等。生产要素按其根源又可分为基本要素(天然拥有或者不用付出太大代价即可获得)和高级要素(需要经过长期投资和培育才能形成)两大类。

①基本要素。北太平庄影视集聚区也有其独特的历史文化积淀，北京电影制片厂、青年电影制片厂、中国电影纪录片厂都是新中国成立初期影视发展的骨干力量。另外，由于影视产品是资金充裕人群对文化生活质量追求的一种消费品，这就注定了其在高水准影视消费的大城市或具有鲜明文化特色的区域地带更易形成集聚区，而形成特色影视产业集聚区的大城市或文化地区又可以利用其经济文化的牵引力来推广其集聚区品牌。

②高级要素。北太平庄地区有一批专门培养影视专业人才的高等院校，北京电影学院、北京师范大学影视艺术学院作为影视艺术领域的老牌高校坐落于此，培养了一大批优秀的人才。许多电影人赴海外学习深造，带回了先进的电影理念和拍摄技术。同时这里还有一些专门的教育培训机构，如：中国电影集团中影培训基地、完美动力动画教育。在影视生产方面，这里分工协作机制合理规范、成熟，一些影视片的制作由专业的演员公司、化妆公司、灯光公司、拍摄公司、有实力的编剧和导演等关联公司及人员参与，在各自的行规下很敬业地工作。可以说，离开这些专业化的公司和人才是生产不出高水平、高质量的影视作品的。

③相关支撑产业。波特认为，产业集聚区的优势在于能够形成上、下游产业之间的良性互动，才能使产业竞争优势持久发展。电影产业是一个关联度十分强的产业，它具有强大的前后影响力和旁侧影响力。因为一部电影的拍摄总是涉及对各种基础拍摄工具的需求，以及各种道具投入、后期制作，乃至诸多行业的配合。集合内部不同的子产业直接或间接发生组合，构成了一条较长的价值链。北太平庄影视集聚区中，生产要素企业竞争力大，区域内有华龙电影数字制作有限公司、每日视界先锋数码图像制作有限公司等后期制作公司；北京先力电影器材有限责任公司等设备租赁公司为影片的拍摄提供了必要的技术支持。

此外，会展、版权、经纪、教育、金融等其他支撑产业的强大辅助也将使北太平庄影视产业集聚区能更好发挥整体竞争优势。例如瑞典FiV电影产业集聚区，一方面有Trollhattan、Uddevalla等城市开设专门电影制作专业并为进行电影产业相关研究活动的大学提供专业信息和专门人才，另一方面有来自公共机构西约特兰省政府的行政及财务支持，这为瑞典FiV电影产业集聚区的发展铸造优势。

(2)环境竞争力模块。

环境竞争力模块包括了政府行为系统和机遇因素。当今世界的产业集聚区无论是自发形成的市场主导型产业集聚区，还是政府主观促成的产业集聚区，政府都起到了不可或缺的作用。因为政府直接或间接投入的往往是集聚区内企业无法行动的领域，也就是外部成本部分，如发展基础设施、开放资本渠道、培养信息整合能力等。此外，政府为产业集聚区发展提供了激励的制度环境，主要体现在对电影产业政策性制定的科学性、对电影产业的扶持力度和电影市场的规范程度等方面。

当然，影视产业集聚区的竞争优势并不能由某一特定的竞争模块决定，而是多个竞争模块综合作用的结果，因此，我们在应用波特的“钻石理论”模型分析北太平庄影视产业集聚区的竞争优势时，还必须将上述的各大竞争力模块综合考虑在内，因为这些模块的系统内容共同构成了北太平庄地区是否能够形成影视集聚区的要素条件。

总之，尽管我国电影产业集聚区化发展取得较大进展，出现了北太平庄、横店、中国(怀柔)影视基地等多个影视产业集聚区，但相比于国外有影响力的电影业集聚区状况，仍发展滞后。主要表现为：集聚区行政体系复杂、产业集聚区生命周期短、自主创新能力低、难以形成规模化发展及有效的品牌影响力等方面。我们应在下述问题中加以关注：区内建设各自为政，产权结构和体制管理较为复杂；产业价值链条短，集聚区域局限；区内公共服务平台不完善。

(五)影视产业集聚区金融中心发展构想

围绕制约影视产业集聚区发展中的因素，尤其是投融资瓶颈问题，如部分行业市场化程度不高；商业银行体制机制仍存在障碍；商业银行的经验仍不够丰富；金融机构贷款获取困难；信用、评估机制的缺失，本项目拟探讨影视产业集聚区金融中心发展模式：进一步创新文化创意投融资机制的思路、推动完善文化创意行业产业链、创新信贷观念和机制、创新行业信贷政策和技术，以建立商业银行和风险投资基金的联合机制，完善影视产业的投融资体系，壮大集聚区产业规模，打造国内首家影视文化创意产业金融中心。

1. 搭建完善的影视产业金融中心概述

要成为影视金融中心，我们需要完善影视投融资的体制与机制，成为影视投融资的中枢、搭建影视投资项目咨询平台，要以金融中心为桥梁实现各类信息和主体的对接；以金融中心为平台促进各类资源优化配置，以金融中心为润滑剂推动整个园区的良性和谐运转。

2. “实体与虚拟”结合的运营模式

(1)实体运作方式。

①政策信息沟通对称性及高效反馈：搭建政府服务沟通平台，保证政策信息对称性及时得到反馈，提升政策的执行力和运行水平。

②融资高效便捷：引入各类金融资本，入驻园区，设分支机构，提高信

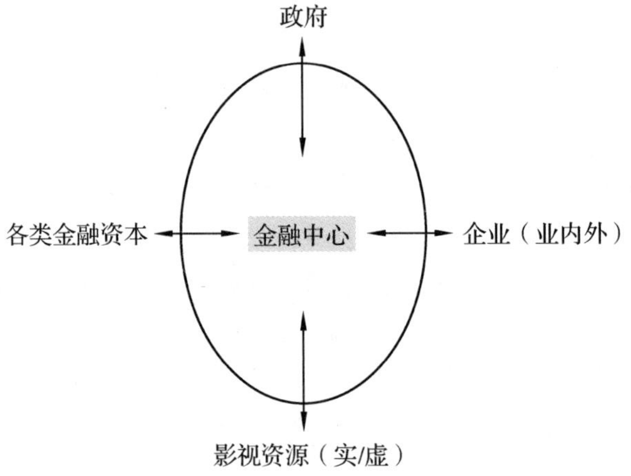

图 2

息的对称性、融资的便捷高效性。学习和借鉴国内外先进经验，最大化地向园区引入各类金融资本(商业银行、投资银行、风投、私募及各类文化产业相关基金)分支机构。

③企业之间的关联，各类资源的共享：备案入驻园区内的影视文化相关企业信息，以及业内外意欲投资经营文化的相关信息，互通有无。

④搭建运营与推广平台：适时更新和完善园区影视资源信息库，包括影视文化实体机构、影视优选项目，以金融中心为平台促进各类资源优化配置。

(2)虚拟运行模式。

①以金融中心为桥梁，加强多方的联动和交流，建立服务平台和沟通平台。

②配合影视文化产业信息咨询中心搜集大量投资信息，金融资本信息、影视项目资源，推出资本运营指南实现信息和规则的良性对称。

3. 各类层面的作用及效果

(1)政府层面：更好的宏观调控。

①了解影视资本市场运营情况，强化规划；

②政府出面(政府＋企业、企业＋企业)，成立相关权益评估机构、信用评估机构、项目完片担保机构、并优选园区中的项目推行和应用；

③了解影视产业发展最新形势并拿出有针对性的辅助政策；

④完善政企之间的有效沟通合作机制。

(2)资本层面：有效的引导。

①资本流入的导向性；

②资本投向的有据性；

③投资回报的高效性；

④投资模式的创新性。

(3)企业层面：投资的精、准、快。

①相关政策法规的指引；

②企业发展规划的指导；

③企业资本运作的辅佐；

④企业与资本的对接；

⑤企业的多元化拓展。

(4)资源层面：信息的对称性。

①影视资源、项目的运营；

②影视项目投融资、招商；

③影视项目与资本的对接；

④影视项目的评估、风险预估。

4. 主推的主流产品(服务)

(1)电影银行的推广；

(2)完工担保的探索；

(3)版权质押模式创新；

(4)保险业务的探索；

(5)多层次多样化的影视文化“创意贷”机制；

(6)打造多元化、灵活的各类影视投资基金；

(7)电影创投、风投的引入；

(8)影视信用(价值)库；

(9)政府专项基金及扶持计划；

(10)相关业务影视项目咨询；

(11)国际资源(资本、项目)的引入与整合。

(六)搭建公共服务平台

1. 信息资源平台

该平台将整合北太平庄影视集聚区内网络资源，发布影视产业、创意产业信息，实现网络服务后勤化、图书资料集中化，并提供网络信息服务。

2. 培育大中型企业

以产业区规划定位的产业为重点投资方向，包括影视相关项目评估、投资咨询、企业建设、品牌构建、产业孵化(产学研一体化)以及创投基金等内容。

3. 知识产权交易平台

以推动北太平庄影视集聚区的知识产权发展为宗旨，配合政府部门、产业区入驻企业和社会各界做好知识产权的各项产权保护和产权转化工作。推动集聚区内各项目版权交易公平、有序、活跃地进行。

4. 人才培训平台

以创意产业人才培训为主体，拟联合北京电影学院以及其他国内外资源等联合办学，定向为企业培养专业性文化创意产业人才。

5. 节目交易中心

为各影视相关企业以及节目交易中心、会展中心提供一个展示交易空间，同时带动集聚区内的营业额，丰富业务种类布局，完善该地区集聚区。

6. 国际交流平台

积极实施电影“走出去”战略，落实国家鼓励和支持文化产品和服务出口优惠政策，通过集聚区内优质渠道，加大对电影产品和服务出口支持力度，努力形成长效机制。

7. 科技创新平台

以集结国内外优秀人才为基础，鼓励开展电影产业领域基础性、战略性和前瞻性的新技术研发和应用，努力构建以企业为主体、市场为导向、产学研相结合的电影技术创新体系，鼓励电影技术企业开展电影技术研发和基础设施设备改造。

（七）促进北太影视产业集聚区发展的政策建议

1. 八大主要优惠政策

(1)财政优惠政策；

(2)税收优惠政策；

(3)专项资金支持；

(4)金融资本支持；

(5)房屋优惠政策；

(6)人才奖励政策；

(7)总部型、跨国、世界五百强企业入驻奖励政策；

(8)“绿卡企业”专项服务政策。

2. 园区企业分类优惠政策

(1)电影制片企业优惠政策；

(2)电影发行企业优惠政策；

(3)影视技术型企业优惠政策；

(4)影视制作型企业优惠政策；

(5)影视后产品开发型企业优惠政策；

(6)动漫创作型企业优惠政策。

（作者：张 琦 北京电影学院讲师）

项目名称：北京建设世界城市进程中的环境保护与管理政策和措施研究
项目编号：10BeZH171
项目负责人：刘安国
项目信誉保证单位：北京化工大学

世界城市固体废弃物管理创新暨对北京市的借鉴意义

一、引　言

世界城市作为政治、文化、经济和交通中心在全球范围内发挥着越来越重要的作用。北京继 2008 年成功举办第 29 届奥林匹克运动会之后，进一步提出建设世界城市的宏伟目标。世界城市的标志性特点之一是面向全球提供重要的城市基础设施和基本公共服务。如果说，世界城市的机场、城市快捷交通体系、有线与无线宽带网络等重要基础设施建设会随着经济成长而变得一切都不成问题的话，一项在从前也许并不起眼、但在我们的生活中越来越不可或缺的基本服务——城市固体废弃物处理以及与之相联系的基础设施的管理却日益成为城市管理实践中的棘手问题。西方主要世界城市如纽约、伦敦、东京随着城市社会、政治、经济、人口和技术环境的发展变迁，在固体废弃物管理领域有着许多创新、经验和教训，这些创新、经验和教训对于正在倾力建设世界城市的北京市不无借鉴意义。本文首先对纽约、伦敦和东京的固体废弃物管理的一般概况加以介绍，重点分析各个城市在这一领域的组织创新、制度创新、技术创新和机制创新；其次，对北京市当前在固体废弃物管理方面面临的基本问题以及在建设世界城市过程中可能面临的主要挑战展开扼要讨论；最后，以西方世界城市在固体废弃物管理领域的创新、经验和教训为借鉴，提出与北京市固体废弃物管理相关的政策建议。

二、世界城市的固体废弃物管理创新

（一）纽约的固体废弃物管理

作为美国第一大城市的纽约市 2009 年拥有人口 839 万人，土地面积为 789.4 km^2，人口密度为 10630 人/km^2，城市日产固体废弃物 36200 吨。

1. 组织架构和组织创新

纽约的城市固体废弃物管理具有悠久的历史。早在 1881 年，纽约市就指定当时的街道清洁部(Department of Streets Cleaning)具体负责城市固体废弃物管理。如今负责纽约市固体废弃物管理的机构是纽约市环境卫生部(Department of Sanitation)，它是世界上最大的城市固体废弃物管理组织，负责管理纽约市40%的固体废弃物(其余的60%由私人部门管理)，2009年拥有员工8632名，使用5700辆机动车辆为城市的57个街区提供服务。纽约市固体废弃物管理部门的一个重要特点是，它拥有自己的警察力量，配备有巡逻警车，卫生执法警察可以佩带武器，可以发出传票、实施逮捕以及使用致命打击力。为更好地促进公众参与城市废弃物管理，纽约市在20世纪80年代末相继建立多个公民咨询委员会(Citizens Advisory Boards)，每个公民咨询委员会拥有10万美元的预算资金支持环境影响评价活动。纽约市1989年的《地方法19号》又以法令的形式将这一安排制度化，各公民咨询委员会的名称亦改名为公民固体废弃物咨询委员会。

2. 制度创新

1988年，纽约州制定《固体废弃物管理法》，提出要在1997年实现50%的废弃物减量、回收和堆肥处理以及50%的废弃物转化为能源的目标，并要求各有关计划部门(主要是各个城市)制定为期10年的固体废弃物一体化管理计划。为满足这一要求以及应对越来越严峻的管理挑战，纽约市不断出台不同版本的固体废弃物管理计划，计划管理和一体化管理成为纽约市固体废弃物管理的两大制度特征。一体化管理计划涵盖废弃物特征分析、废弃物出口、垃圾焚化炉排放标准、废弃物回收、废弃物处理新技术、堆肥处理系统、废弃物防止、废弃物生产和运输管理等多方面问题。

3. 技术和方法创新

技术创新是纽约市固体废弃物管理的永恒主题。早在20世纪初期，时任纽约市街道清洁部总监的乔治·威尔伦(George Waring)就创新性地监造了当时先进的资源回收工厂，将可循环使用的材料分类回收，将剩下的废弃物燃烧发电，并禁止向大海倾倒垃圾。在第二次世界大战之前，纽约已经全面停止向大海倾倒城市垃圾的活动。在第二次世界大战期间，纽约市新建垃圾焚烧炉的步伐放缓，固体废弃物处理成为城市管理中的一个大问题，这一问题随着战后经济的迅速发展而变得日益尖锐。1947年，纽约市决定在斯达顿岛的弗莱希基尔斯(Fresh Kills)建立临时垃圾填埋场。在20世纪60年代，纽约大规模启用垃圾焚烧技术，有三分之一的垃圾由分散在全市的17000个家用焚烧炉和22座市政焚烧炉焚烧，超过一半的垃圾在弗莱希基尔斯填埋。饱受垃圾之害的斯达顿岛的市民们为争取关闭这一垃圾填埋场抗争半个多世纪，甚至提出要从纽约市分离的主张。随着公民环境意识与日俱增，公众反对垃圾焚烧与垃圾填埋的呼声越来越强烈，纽约最后一个垃圾焚烧炉于1992年关闭，最后的（也是世界上规模最大的）垃圾填埋场弗莱希基尔斯亦于2000年关闭。进入21世纪，纽约市固体废弃物一体化管理计划进一步强调“再循环优先(Recycle First)”，废弃物回收成为首选政策。即使如此，由于再不可能在市域范围实施焚烧和填埋处理，纽约市目前处理最终剩余的海量垃圾的唯一办法是向外出口，在“NIMBY逻辑(垃圾不要在我家后院)”日益为世人所诟病的世界，纽约此举决非长久之计。

4. 管理机制创新

针对诸如废弃物回收、垃圾非法倾倒、狗粪处理、机动车废弃处理报告、有毒废弃物处理等情形，纽约市设置了严格的管理机制，《纽约市环境卫生部规章制度汇编》(NYC Sanitation Department Summary of Rules and Regulations)对相关机制做了详细说明。以纽约市公寓大楼的废弃物再循环箱管理为例：如果某个公寓大楼的再循环箱被发现为废弃物所污染，其中的废弃物将不被清理，整个公寓大楼的居民将被罚款，屡教不改将导致进一步的反制行动。6个月内，对初次违犯这一规定的行为罚款25美元，二次犯规罚款50美元，第三次罚款100美元，第四次或更多次罚款500美元；6个月内，收到4次罚款的有10间或更多间公寓套房的大楼将为每一袋不按规定处理的废弃物支付500美元罚金；在24小时之内，最高计罚量为20袋，因此，单日最高罚款可达10000美元。另一项监督与奖惩机制的设计也让人玩味：如果有人提供信息，导致纽约市环境卫生部官员对违法行为施以罚款，则提供信息者可以获得最高可达罚金一半的奖励；在惩罚不是罚金而是刑事责任的情形，奖励最高可达500美元。

(二)伦敦的固体废弃物管理

截至2009年，伦敦市的总人口为775.36万人，土地面积为1572 km^2，人口密度为4932人/km^2，年度固体废弃物产出为2200万吨，其中市政固体废弃物产出为400万吨。在2008—2009年度，伦敦有49%(195万吨)的固体废弃物被填埋处理，另外有23%(91.4万吨)的固体废弃物被焚烧，回收与作为堆肥处理的固体废弃物份额占25%。伦敦市的固体废弃物填埋处理对周边区域有着极大的依赖，最终填埋处理的垃圾有80%填入伦敦之外的英格兰南部和东部的填埋场，但这些填埋场将在2025年关闭；其余20%的垃圾填入伦敦市辖区之内的2个填埋场，这2个填埋场也将在2018年和2021年关闭，此后伦敦将不再有垃圾填埋场。

1. 组织架构和组织创新

英国1875年颁布的《公共健康法》(Public Health Act 1875)规定各地方当局负责管理市政废弃物的清除和处理。1963年，英国依照《伦敦政府法》(London Government Act 1963)建立大伦敦委员会(Great London Council)，但整个伦敦的固体废弃物管理责任依然由作为二级地方政府的各下级区县承担。大伦敦委员会于1986年解体之后，伦敦的固体废弃物管理一直保留分散化管理的组织架构，伦敦的32个区县以及伦敦公司(Corporation of London)各自为其辖区的市政垃圾管理负责，其中，11个区县以及伦敦公司亦为自己收集的废弃物实施处理，其余21个区县则形成4个跨区县的废弃物处理当局，这4个当局处理的废弃物量占全伦敦的63%。在1999年通过《大伦敦管理当局法》(The Greater London Authority Act)以及在2000年建立大伦敦管理当局(Greater London Authority)之后，尽管法律规定管理市政固体废弃物和制定固体废弃物管理战略是伦敦市长的法定责任，但是，收集和处理固体废弃物的具体职能实际上依然分散在各自治城市手中，伦敦固体废弃物分散化管理的格局依然得以延续。为改革这一现状，伦敦市于2008年9月建立由市长、伦敦各自治城市以及其他利益相关方组成的伦敦废弃物管理与再循环委员会(Waste and Recycling Board)，伦敦市长任该委员会主席。委员会管理高达8400万英镑的伦敦废弃物管理与再循环基金(London Waste and Recycling Fund)，其中，6000万英镑由英国政府出资，这一安排凸显伦敦作为英国首都所具有的特殊地位，另外2400万英镑由地方机构——伦敦发展署(London Development Agency)出资。

2. 技术和方法创新

伦敦市在固体废弃物管理方面的技术创新源远流长。早在19世纪初，废弃物回收技术被广泛使用，伦敦街头活跃着两支固体废弃物处理队伍：一支是非正式的固体废弃物再循环与回收利用队伍，另一支队伍是正式的、有组织的“残余”废弃物管理系统。1874年，阿尔伯特·弗莱尔(Albert Fryer)发明世界上第一台垃圾焚烧炉(Destructor)，此后直到第一次世界大战前夕，第一代垃圾焚烧技术一直是伦敦以及英国东南部其他城市处理废弃物的主要技术选项之一。20世纪30年代，伦敦启用第二代垃圾焚烧技术，采用电磁铁分离铁类金属，再通过人工分拣系统进一步分拣玻璃、非铁金属、骨头、纸类等。第二次世界大战期间，由于战时资源紧缺，固体废弃物回收利用技术在伦敦被发挥到极致，纸张、金属、玻璃、橡胶等资源回收活动成为英国“总体战”的一部分，共回收纸张200多万吨，金属159万吨，回收资源总量近900万吨，有力地支持了反法西斯战争。第二次世界大战之后，随着经济迅速成长和消费大幅度攀升，在伦敦，不仅焚烧和填埋处理能力日益落后于垃圾的生成能力，而且，填埋场地的供给也越来越有限。近年来，填埋场的温室气体排放也越来越受到全社会的关注，固体废弃物回收和再循环技术重新被大张旗鼓地应用，更多新型的机械生物处理技术(如废弃物—能源转换技术、堆肥处理技术等)也被纳入考虑之中。

3. 管理机制创新

伦敦有近一半的垃圾被填埋处理。垃圾填埋场生成大量的温室气体(主要是甲烷和二氧化碳)，污染地表水、地下水、土壤和空气，危害居民健康。

1999 年，欧盟制定欧洲垃圾填埋指令，对欧洲各国(包括英国)提出了限期关闭垃圾填埋场的要求。为满足欧盟指令的要求，英国制定《废弃物及排放物交易法》(The Waste and Emissions Trading Act 2003)，责成各地方废弃物处理当局(local waste disposal authority)减少填埋废弃物中的可生物降解的市政废弃物(biodegradable municipal waste，以下简称“BMW”)数量，并依法制定废弃物填埋允许量交易框架。该交易机制针对可生物降解的市政废弃物设定全国性的可交易废弃物填埋允许量限额，设定的限额水平足以保证英国满足欧盟指令的要求。限额指标分解到各地方废弃物处理当局，超过限额的任何地方将被处以高达每吨 135 英镑的罚金。为解决伦敦的垃圾填埋问题，伦敦采取了多项措施，包括加入自 2005 年建立的全英格兰范围的垃圾填埋允许量交易计划(Landfill Allowance Trading Scheme，以下简称“LATS”)。另一项机制创新是启用填埋税升级计划(Landfill Tax Escalator)，按照这一计划，在伦敦填埋处理的每吨垃圾需缴纳一项附加税，且从 2005 年开始，税额每年按 3 英镑递增，直到达到每吨 35 英镑为止。尽管这一税额在 2008 年已达到每吨 40 英镑，但是，修正的计划要求在 2009— 2013 年之间，填埋税以每吨每年 8 英镑的速度递增，最终达到每吨 72 英镑。

(三)东京都的固体废弃物管理

截至 2010 年 4 月，东京都的总人口为 1301 万人，土地面积为 2188 km^2，人口密度为 5937 人/km^2。尽管城市垃圾处理在东京已有 300 多年的历史，但是，固体废弃物管理问题在东京真正得到重视却是第二次世界大战之后的事情。20 世纪 60 至 70 年代，伴随着高速经济成长和人口向城市的高度集聚，东京的垃圾产出亦呈现阶跃式的增长。尽管东京都知事美浓部亮吉在 1971 年号召整个城市“向垃圾宣战”，但是，在 20 世纪 60 至 70 年代，东京都市区的垃圾总量仍然扶摇直上；在 1985 到 1989 年的 5 年间，市政垃圾总量由 379 万吨增加到创纪录的 490 万吨，以体积来衡量，则增加了几乎 30%。在整个 20 世纪 90 年代，东京都进一步加大固体废弃物管控力度，回收利用、焚烧、填埋等多种技术与方法并举，市政废弃物总量逐渐开始回落，废弃物产出水平在 2009 年降为 294.73 万吨。

1. 组织架构和组织创新

1900 年，日本颁布《污物扫除法》，东京市依法承担市政废弃物的收集和搬运责任。1943 年，东京都成立，东京都清扫局开始对全东京都的市政废弃物实施中央化管理。中央化管理体制在垃圾激增、环境问题突出、社区间矛盾尖锐的年代发挥了积极的作用。在“向垃圾宣战”的 20 世纪 70—80 年代，东京都下属的一些特别区(Ward)围绕垃圾转运以及垃圾焚烧工厂选址问题僵持不下，争执长达 8 年之久，东京都官方的积极斡旋为矛盾的化解以及垃圾焚烧工厂选址问题的圆满解决做出了建设性的贡献。在“向垃圾宣战”的过程中，各特别区深切地体察到废弃物管理中NIMBY问题的错综复杂性，独立自主的意识亦与日俱增。2000年，东京都撤销清扫局，设立“东京二十三区清扫一部事务组合”负责全东京的不可燃垃圾和大件垃圾的清扫、清理和收集以及清扫工场的维修、管理和运营，而可燃性垃圾清扫和收集作业则下放到各特别区独自承担。

2. 技术和方法创新

东京在垃圾处理领域的技术创新走在世界前列。由于土地资源极为稀缺，东京采取多种技术和措施处理固体废弃物。从1927年开始，东京都生产的绝大部分垃圾都被填入东京湾的大海，著名的“梦之岛”便是由垃圾填埋形成的东京湾畔的众多人工岛之一。在市政垃圾激增的20世纪60至70年代，在“梦之岛”上肆虐的苍蝇一度成为东京市民挥之不去的梦魇，而如今从岛的周遭时不时逸出的易燃沼气同样给人几分不安全感，因此，垃圾海上填埋一开始就遭到东京市民的强烈反对便不足为奇。20世纪70年代之后，资源、环境、政治、经济和社会接受度等众多因素的角力最终导致垃圾分类和垃圾焚烧技术在东京广泛使用。事实上，早在1924年，东京就在大崎(Osaki)建立起垃圾焚烧工厂。到了20世纪70年代，随着市政垃圾的激增，东京都政府开始鼓励使用能使垃圾体积显著减少的垃圾焚烧技术，着手在23个特别区中的每一个区建造垃圾焚烧工场(地方每建一座焚烧炉可从都政府获得25%到50%的补贴)，并在居民当中大力推进和普及本质上服务于垃圾焚烧技术的垃圾分类技术。在20世纪末，焚烧技术的确为东京化解当时的“垃圾危机”立下头功，但是，垃圾焚烧过程中产生的二噁英、重金属等毒副产品又给东京市民带来新的威胁。1999年7月，日本颁布《二噁英对策特别措施法》，东京、大坂、川崎等城市加大研究与开发力度，采用熔融法、气相氢气还原法、光化学分解法、电子束分解技术、低温等离子体等多种技术降低“二噁英”排放，官方的《东京的环境2010》白皮书称，2008年东京空气中“二噁英”含量的平均值已经降到规定标准值的十分之一。但是，一些民间人士以及如“绿色和平”、“我们的地球家园”之类的非政府组织则认为，实际“二噁英”含量远高于官方公布的数字。进入21世纪，东京进一步将“减量化”和“零排放”作为固体废弃物管理的长期战略，技术创新的重点也开始从末端治理技术向源头控制措施转移。

3. 管理机制和公众参与机制创新

固体废弃物管理涉及多个利益相关方，是多维度的系统工程。东京能够在固体废弃物管理领域走在世界前列，与其在长期管理实践中的各种机制创新是分不开的。机制创新涵盖垃圾分类处理、信息披露、公众参与、利益协调等诸多方面。分类机制将固体废弃物筛选为可燃型、不可燃型、资源型、粗大型与可搬运型5个大类，居民粗大垃圾以及企业垃圾的处理属于收费服务项目。经过分类处理，东京有将近一半的废弃物被送进工场焚烧，其余的要么作为资源直接回收利用，要么在经过中间处理之后进入再循环。从20世纪70年代“向垃圾宣战”开始，信息披露、公众参与和利益协调机制在东京不断得到完善。在“向垃圾宣战”之初，离东京湾垃圾填埋场最近、深受垃圾之害的江东区枝川町的居民团体主张，有着更高生活标准、更惬意的生活环境的其他更富有的东京人应该自己照管自己生产的垃圾，而不应该将不讨好的垃圾处理责任一股脑地压在东京很小一部分人口头上；枝川町居民有权获得环境赔偿。高级住宅区杉并区高井户的居民则扬言不惜流血和牺牲生命也要抵制政府在其社区附近建立垃圾焚烧工场的努力。江东区居民设置路障阻止杉并区的垃圾转运车辆在江东区卸载的行动将两区之间的民意对立推向顶点。充分的信息披露、都政府的积极斡旋、大范围的公众参与以及充分照顾各方合理诉求的利益协调最终导致两区接受一个双赢型的解决方案。

三、北京市固体废弃物处理现状及面临的挑战

(一)基本现状

截至2009年，北京市常住人口为1755万人，土地面积为16807.8 km^2，人口密度为1044人/km^2。据《2009北京市环境状况公报》披露，2007年全市工业固体废弃物产生量达1274.34万吨，危险废物产生量为19.75万吨，其中，工业危险废物14.21万吨，医疗废物1.20万吨。从统计数据来看，工业固体废弃物与危险物的生产量呈现出逐年下降的趋势。市政垃圾日产生量1.83万吨，人均日产垃圾1.04kg；城八区垃圾无害化处理率100%，郊区垃圾无害化处理率87.36%。

北京市政市容管理委员会为官方的固体废弃物主管部门，负责审批城市生活垃圾的经营性清扫、收集、运输、处理服务、监督环卫企业的运行和制定固体废弃物管理战略规划。北京市规模最大的废弃物处理企业为北京环境卫生工程集团，下辖一清环卫、二清环卫、四清环卫和北清机扫四大环卫公司。市政固体废弃物管理系统主要涉及收集、运输、处理三个环节。

(二)面临的挑战和存在的问题

1. 固体废弃物处理基础设施和服务供给远远跟不上需求

据统计，从1992年到2009年的18年间，北京市政垃圾总量从247.3万吨增加到669万吨，年均增长率达5.7%。而目前垃圾系统的日处理能力为1.04万吨，远低于1.83万吨的垃圾日生产量，系统超负荷率达到67%。由于处理能力有限，农村郊区的垃圾处理主要以简易填埋为主，未达到无害化要求。日益上升的固体废弃物生成能力对废弃物处理能力构成极大挑战。

2. 处理设施建设用地日益紧张，选址困难

一方面，长期经济成长和大规模城市建设导致设施用地成本居高不下；

另一方面，城市居民日益增长的健康与环境保护意识和 NIMBY 心态的结合使得在任何社区附近选择一块用于处理固体废弃物的土地都变得越发艰难。

3. 有关固体废弃物管理的地方立法行动滞后

目前，北京市尚未出台任何与固体废弃物管理相关的专门法规明确规定各级政府、企业和公民的相关权利、责任和义务，问责机制的不健全导致不同政府部门之间的推诿扯皮时有发生，一些有义务承担固体废弃物回收与末端处理的企业依法回收、处理的意识不强，城市居民对废弃物回收和减量化活动缺乏积极性。

4. 废弃物综合利用水平低，资源化水平亟待提高

据中国固废网的估计，2007 年北京市垃圾资源回收利用率实际达到 40.5%。但是，由于许多回收物品的下游处理技术相对落后，造成的二次污染相当严重，极大地制约了废弃物"资源化"活动的展开。

5. 市政固体废弃物管理信息系统有待健全和完善

在信息时代和知识经济时代，完善的市政固体废弃物管理信息系统是正确管理决策的基础。目前，北京市虽已初步建立固体废弃物管理信息系统，但是，系统的构造还非常简略粗糙，并不能提供关于市政废弃物的分类、构成、数量、分布、回收与处理服务的成本核算与定价机制、不同处理技术与方法的潜在环境与健康风险、突发事件情况下的废弃物管理应急机制的详细信息。没有及时准确的信息支持，固体废弃物管理战略的制定、管理目标的设定、成本核算与定价、对政府与企业的监督与绩效考核就无有基准和参照可依。

6. 固体废弃物管理战略和规划缺乏某些解决长期战略性问题的长效机制设计

固体废弃物管理是涉及多个利益相关方和多个管理维度——政治、经济、社会、技术、法律和环境等的复杂系统工程，然而，应对一些重要的战略性问题所需要的长效机制在北京市的固体废弃物管理战略和规划中却得不到充分体现。举例来说，在政治维度，由于信息披露机制、公众参与机制、谈判协商机制不健全，无力化解公众的 NIMBY 情结，不能有效地解决填埋与焚烧设施选址纷争，致使一些重要设施的选址问题久拖不决；在经济维度，使用各种以市场为基础的激励机制——投融资机制、财政机制(税收和补贴)、奖惩机制等的情形并不多见，对企业、研究机构和个人的垃圾减量化、资源化和无害化努力不能形成足够的激励；在社会维度，对环境受害者的补偿机制远未形成，以至于一些关于固体废弃物管理的重大决策不能充分体现社会公平，等等。

四、结束语：与北京建设世界城市相应的固体废弃物管理对策举要

作为世界城市的纽约、伦敦和东京在固体废弃物管理领域有着许多成功的经验，同时也不乏失败的教训。就组织架构而论，纽约采用高度一体化的中央化管理模式；东京在长期实行中央化管理之后，于21世纪初将操作层次的一些具体职能(如可燃性垃圾清扫和收集)下放到各特别区；而伦敦却在实行分散化管理多年之后，深感在城市总体层次上对固体废弃物管理进行统筹规划的必要，在21世纪初将一些战略管理职能重新集中到伦敦市长手中，并对进一步提升管理一体化程度表示出极大的兴趣。北京市于2007年实行固体废弃物管理体制改革，改行区县政府区域责任制，明确市和区县两级政府的职责，并将当时由市财政支持的东城区、西城区、崇文区和宣武区的垃圾处理职能和经费下放到区政府，此举与各世界城市强调战略层次上的一体化和操作层次上的分散化的流行做法相吻合。

就废弃物处理技术与方法的选择而论，纽约和伦敦强调"再循环优先"，且纽约目前已经摒弃填埋技术和焚烧技术，伦敦在2025年之后也将不再使用填埋技术，并计划通过回收和再循环减少对焚烧技术和设施的依赖；东京由于土地资源的极端稀缺，一直锁定焚烧技术不动摇。近年来，由于填埋空间越来越有限，在北京也有声音力促大面积采用焚烧技术。《北京市"十一五"时期固体废弃物处理规划》就曾提出"到2010年……垃圾焚烧、综合处理、卫生填埋的处理工艺比例达到4∶3∶3"。这与焚烧技术在各世界城市的市场空间日趋萎缩的现状形成极大的反差，即使是在启用焚烧设施最多的东京，学术界和民间对焚烧技术的强烈质疑和反对亦从未停歇。目前，面对日益逼近的垃圾危机，北京以焚烧技术作为短期应急选项并无不妥，但是，我们却看不到有任何强有力的科学依据为在规划中硬性规定垃圾焚烧达到某个特定的比例提供支持。更科学的做法也许是，北京像所有世界城市一样，在长期战略中突出"减量化"和"资源化"两大举措，将源头控制放在首位，逐渐通过一个动态过程将填埋和焚烧量最小化。

在纽约，围绕弗莱希基尔斯填埋场的启用、运行和关闭问题爆发的冲突几乎将斯达顿岛的市民们推向从纽约脱离的边缘；在东京，高井户的居民为阻止政府在其社区附近建设焚烧工厂扬言不惜流血和牺牲生命。世界城市此前在管理固体废弃物方面碰到的许多社会问题，目前在包括北京在内的中国许多大城市也正在发酵。从国外的经验来看，这些问题会在今后很长一段时间考验管理者的政治成熟和整个城市的社会理性。从政治、法律与社会维度来考量，北京市需要尽快出台相关法律规范固体废弃物管理，以法律的形式

规定市和区县两级政府、企事业单位和城市公民各自的责任、义务和权利，同时建立完备的城市固体废弃物管理系统，创造保证所有利益相关方充分参与的一体化管理机制，通过完善的信息披露、公众的公平参与、成熟的议事程序和规则、合理的争议解决机制引导公众选择，提高管理决策的透明度和公正性。为充分发挥全社会参与固体废弃物管理的积极性，可以学习纽约的做法，建立由财政预算支持的城市公民固体废弃物咨询委员会，面向全社会提供与废弃物管理相关的知识、技术、管理、法律和环境评价咨询。

从经济维度来看，北京也可以适当借鉴一些在西方世界城市应用得相当成熟的以市场为基础的激励机制。例如，为引导社会更多地投资于固体废弃物处理活动，缓解固体废弃物处理服务的供需矛盾，鼓励固体废弃物的资源化和再利用，可以借鉴东京的做法，对专业化的固体废弃物处理服务商、固体废弃物回收商以及以成熟技术从事废弃物循环利用的企业提供补贴；为鼓励废弃物处理和利用技术创新，可以借鉴伦敦的做法，建立专门用途的“再循环基金”，补贴和奖励有创新实绩的研究和开发活动；为对各区县、各企事业单位以及家庭和个人从源头上减少固体废弃物形成长效激励，可以在全市范围内实施固体废弃物总量控制，为各区县设置年度废弃物限额并进一步向基层分解，在此基础上建立固体废弃物配额交易框架，允许“减量化”做得好、额度有富余的单位通过向市场出售富余配额而获得奖赏。此外，还可以学习纽约和东京的做法，面向社会、公众、事业单位、大中小学等群体设置一年一度的固体废弃物处理和利用创新大奖，激发公众自发地进行“源头减量”以及身体力行地加入其他“小创新”和“小发明”活动的积极性。在固体废弃物管理执法过程中适当引入一些以市场为基础的奖惩机制，如参照纽约市的做法对日常违法行为实施累进式罚款，等等，也许不失为有效之举。

参考文献

[1] Clarke, M. J., Read, A. D., and P. S. Phillips. Integrated Waste Management Planning and Decision-making in New York City, Resources, Conservation and Recycling, 1999, 26.

[2] Rudiger Kuehr. Dreamland of waste Tokyo's waste management in times of land shortage, Global Environmental Change. 1996, Vol. 6, No. 2.

[3] Shin-ichi Sakai. Municipal Solid Waste Management in Japan, Waste Management, 1996, Vol. 16, Nos 5/6.

[4] Swanson, R. L., Bortman, M. L., O'Connor, T. P., and H. M. Stanford. Science, Policy and the Management of Sewage Materials. The New York City Experience, Marine Pollution Bulletin. 2005, 49.

[5] 冯中越、宋卫恭：《城市公用事业的市场化改革与政府管制研究 ——以北京市生活垃圾处理产业为例》，《北京社会科学》，2009 年第 2 期。

[6] 郝莉、马民涛：《对北京市城市垃圾综合管理的研究》，《再生资源研究》，2005 年第 1 期。
[7] 李俊杰、宋卫恭、冯中越：《模块化理论在城市垃圾处理产业的应用研究：以北京市垃圾处理产业为例》，《首都经济贸易大学学报》，2009 年第 3 期。
[8] 栾智慧：《垃圾卫生填埋与北京市垃圾处理构想》，《城市管理与科技》，2001 年第 3 期。
[9] 周清杰、徐晓慧：《论北京市城市生活垃圾处理的产业政策》，《北京社会科学》，2008 年第 4 期。
[10] 北京市发展和改革委员会：《“十一五”时期生活垃圾处理设施建设规划实施方案》，2006 年。
[11] 北京市发展和改革委员会：《北京市“十一五”时期环境保护和生态建设规划》，2006 年。
[12] 北京市市政管理委员会：《北京市“十一五”环卫专业规划 》，2006 年。

（作者：刘安国　北京化工大学教授）

项目名称：北京市工业遗产现状调查与保护利用对比研究
项目编号：10AbZH175
项目负责人：李志英
项目信誉保证单位：北京师范大学

上海工业文化遗产保护利用及对北京的启示

北京和上海是我国重要的特大型中心城市，承担着重要的政治、经济、文化职能，具有丰厚的文化底蕴与独特的城市魅力。两座城市均经历了较长的工业化历史时期，建立了较为完整的工业体系，是全国范围内举足轻重的综合性工业基地，在我国近代城市和工业发展史上扮演着非常重要和精彩的角色。

北京、上海在对工业文化遗产的保护与利用方面，虽然在最终呈现形式上具有一定的相似性，但由于两座城市发展历史、规划战略的不尽一致以及工业文化遗产资源特性的迥然不同，工业遗产保护利用的思路、措施、实效等均存在一定的差异性，在全国具有较强的典型意义。笔者通过较为丰富完整的文献研读、实地考察、整理分析，在充分占有材料的基础上，以上海工业文化遗产保护与利用研究为切入点，以北京和上海工业遗产保护与利用的对比考察为重心，力图探究两座城市工业文化遗产保护利用的异同及其深层原因。

一、上海工业文化遗产的利用与保护历程

上海对工业文化遗产的保护与利用始于20世纪80年代末、90年代初。1989年，上海市政府响应国家关于"重点调查、保护优秀近代建筑物"的号召，在全市范围内开展了近代优秀历史建筑物的普查工作，并将近代工业建筑纳入到普查与保护范围内。截至2005年，上海公布第四批近代优秀建筑保护名录，上海已有44处工业遗产纳入保护范围。保护对象包括杨树浦水厂、江南造船厂、杨树浦电厂等历史悠久老工业企业的建筑遗存，涉及市政、造船、邮电、轻工、纺织等不同工业门类。1991年上海颁布实施《上海市优秀近代建筑保护管理办法》，上海的近代工业文化遗产保护有了基本的法律保障。

这一时期上海工业文化遗产利用的模式还较为单一，理念尚不成熟，多呈现简单商业性开发的形态。主要是一些闲置厂房、仓库被产权单位以盘活资产、营利创收为目的、发展第三产业为名义进行的自我开发或土地出租，

改造为简单的办公场所、仓储用地或餐饮消费场所等。这种利用模式缺乏足够的科学论证和规划，忽略了文化遗产的历史传承性，一定程度上破坏了遗产既有的环境风貌。

90年代末以后，随着上海工业文化遗产总量的不断增加以及海外工业文化遗产保护利用经验、理念的传入，上海工业文化遗产利用保护进入了以民间倡导为主体，以兴办文化创意产业为重点的探索发展新阶段。在创新工业文化遗产利用模式的同时，上海积极查找既有遗产保护工作的疏漏，加强对工业文化遗产的监管力度，扩大保护范围，于2002年7月颁布了《上海市历史文化风貌区和优秀历史建筑保护条例》。条例规定：建成30年以上，在我国产业发展史上具有代表性的作坊、商铺、厂房和仓库，必须列入优秀历史建筑，并实施有效保护。[①] 这个规定相当宽泛，将改革开放前的具有代表性的工业遗存基本都列入了保护范围。

2004年9月又颁布了《关于进一步加强本市历史文化风貌区和优秀历史建筑保护的通知》，此通知明确要求“凡1949年以前建造的，代表不同历史时期的工业建筑、商铺、仓库、作坊和桥梁等建筑、构筑物，以及建成30年以上，符合《保护条例》规定的优秀建筑，都必须妥善保护”。[②] 2006年无锡首届中国工业遗产保护论坛召开，上海在新阶段工业文化遗产保护与利用工作中提出建立以企业为主体的市场运作机制，在工业文化遗产的保护、利用过程中，逐步探索政府引导、市场运作、中介服务的运作管理机制，实现“政府扶持、企业运作、公众参与”的良性循环，并且创造性地提出了“三不变”原则：即房屋产权不变、建筑结构不变、土地性质不变。这个原则全面考虑了各方的利益，因而充分调动了工业文化遗产产权单位、市场资本、社会公众各方的参与热情。

其后，上海市政府利用筹办、主办世博会的契机，加快了城市建设步伐，并积极将工业文化遗产保护利用与城市社会发展有效地结合起来：加强对上海工业文化遗产的理论研究，重点针对上海市内的近代工业文化遗产进行考察，为科学保护、合理利用奠定了坚实基础；完善专业管理，努力建立科学、完整的工业遗产保护动态监测体系，制定了《工业遗产保护监测技术规范》，通过技术手段保证工业遗产安全，提高防灾应急能力，并充分发挥媒体和市民的监督作用；创新保护利用模式，提升保护技术手段，进行综合开发利用，加强政府投入，先后对世博园、杨浦、普陀等区域内的工业文化遗产进行统

---

① 上海市人民代表大会常务委员会公告第70号：《上海市历史文化风貌区和优秀历史建筑保护条例》，2002年7月25日。

② 上海市政府网站：《上海市人民政府关于进一步加强本市历史文化风貌区和优秀历史建筑保护的通知》，http://www.shanghai.gov.cn/shanghai/node2314/node2319/node11494/node12331/node12343/node12657/userobject26ai2166.html.

一规划，由政府主导改造了大片滨江厂房，建设完成了以上海时尚乐园(上海离合器总厂改建)为代表的一批高质量、综合性工业文化遗产再利用项目。设计人员也由此获评“联合国亚太文化遗产保护奖”，表明上海的工业文化遗产保护得到了国际社会的认可和赞誉。

二、北京、上海工业文化遗产保护与利用的对比分析

(一)保护意识的差距

上海是全国对工业遗产关注较早的地区，早在 1989 年，上海邮政大楼和杨树浦水厂便已作为上海市文物保护单位加以保护。1998 年，上海便开始了大规模的针对工厂、仓库等工业建筑进行基础调查、评估、论证工作。在各类的文物普查活动中，工业文化遗产都是重要的文物普查对象。在 2000 年前的三批上海市优秀近代建筑名录中，上海都注意将工业文化遗产作为重要选取和保护目标。[①] 在对工业文化遗产的研究上，上海也走在了学界前沿。上海市统筹市文管委和各级文物部门、文物保护研究机构、大专院校等相关单位的研究资源，鼓励其借鉴世界各国的有益经验，结合上海实际，加强工业文化遗产保护的调查研究，并在经费上给予大力支持。同济大学、复旦大学、上海交通大学以及华东师范大学在工业文化遗产保护的相关科研中进行了诸多的努力，在工业文化遗产保护的理论创新和实践应用上取得了较大的成果。

上海还高度重视工业文化遗产保护氛围的营造。工业文化遗产的挂牌仪式，往往有副市长参加，凸显政府在工业文化遗产保护上的引导和宣传作用；在上海的一些社区公园内，也能看到对本区域工业文化遗产的介绍和宣传；上海市规划展览馆专门设有工业文化遗产的展览；上海市文物局提议将工业文化遗产保护宣传纳入基础教育教学内容，在中小学生中普及上海工业历史。浓厚的工业文化遗产保护氛围的营造，使人们在潜移默化中形成了相关意识。在笔者进行的随机采访中，很多上海市民都能对身边的工业文化遗产如数家珍。公民保护意识的建立，有助于形成整个社会的保护合力。

相比之下，北京对工业遗产的保护意识还有待提高。虽然北京在世纪之交便出现了极负盛名的 798 艺术区，对旧厂房的利用和开发工作也早就开始。新世纪以来，在社会各界的呼吁下，北京对工业遗产的保护利用的关注逐步升温，并取得了一定的宣传效果，一批工业博物馆和工业旅游项目得以建立；工业遗产的相关普查工作也开始进行。但截至目前，北京整个社会的工业遗产保护意识和保护氛围尚未最终形成，大多北京市民对工业文化遗产的认识还停留在废弃、过时、落后等主观印象中。市民保护意识的淡薄和保护开发

① 文丹：《留住历史的辉煌与城市的记忆——就上海工业遗产保护访上海文物管理委员会副主任陈燮君》，《中国文物报》，2008 年 11 月 28 日。

工作中民众参与的缺失是北京工业遗产保护面临的一个严重挑战。

（二）保护理念的差距

20 世纪 90 年代之前，上海对工业文化遗产保护强调的是对其优秀历史建筑的保护。进入 21 世纪后，上海逐渐意识到，工业文化遗产的保护同文物古迹的保护是不同的，他们认为，工业文化遗产的保护与经济发展是一种动态的双赢，工业文化遗产的合理性再利用能够为工业文化遗产保护提供经济基础，维持工业文化遗产保护的活力。在这种思想的指导下，上海创意产业在工业文化遗产之中蓬勃兴起，上海现有的 80 余家命名的创意园区中，三分之二是工业文化遗产的更新利用，以工业建筑改造成的连锁酒店、写字楼也层出不穷。这种改造方式为工业文化遗产注入了新的生命和活力。

近年来，随着对工业文化遗产保护认识的提升，人们开始注意到工业文化遗产公共性和文化意识的一面，一些学者认为："如果不从观念上认识到其公共性和文化意识，就不会从根本上解决市场性与公共性、产业与文化的矛盾，也就不会在政策上给予更加与实际情况相符的倾斜。"①当前，上海的一些公共文化中心如公园、图书馆、博物馆等开始在工业文化遗产基础上进行利用性转换。在一些具体的保护活动中，"情境保护"模式也开始出现。"情境保护"要求保护对象要与周围景观相协调，同时注意还原历史情境。

中国铁道博物馆（原前门东车站）

上海铁路博物馆（原上海火车站）

世博会的筹办、主办也为上海工业文化遗产的保护提供的新的机遇。围绕筹办世博会、建设现代化国际大都市的经济社会发展大局，上海确定了工业文化遗产保护的思路：实现工业文化遗产保护与经济社会发展的平衡互动与和谐共存，既要注重工业文化遗产保护对于城市长远利益的重要性和不可替代性，又要注重合理利用和可持续发展，尽量发掘其在历史、社会、科技、经济和审美等诸多方面的价值，赋予工业文化遗产以新的内涵和功能，注入新的活力，实现与城市经济社会环境的互动发展，达到既保护文化遗产，又

① 黄昌勇、夏洁秋、解学芳：《因地制宜，创意活化工业遗产》，《社会科学报》，2009 年 12 月 17 日。

创新城市发展的目标。[①] 这种先进的工业文化遗产保护利用理念值得北京学习与借鉴。

(三)制度建设的差距

上海统筹相关行政部门，设立了由市文管委、市规划部门、市房管部门等相关委办局组成的“上海市历史文化风貌区和优秀历史建筑保护委员会”、“上海市历史文化风貌区和优秀历史建筑保护委员会专家委员会”，在体制上为促进工业文化遗产保护工作提供了保障。按照市政府的具体部署，这个委员会负有工业文化遗产保护工作中文物保护的重要责任，要与市规土局、市房管局等各相关部门形成工作合力，建立和完善上海市工业文化遗产保护的资源共享机制、信息通报机制、专家评估和咨询机制、决策机制等。这个机制充分调动社会各方面的积极性，逐步形成了保护工业文化遗产的强大合力。[②] 这种合力还表现在对区级以下行政单位的统筹上，很多的保护工作都是由区委、区政府牵头，区文化局、规土局、房管局和各街道、乡镇等共同参与进行的。

在相关政策上，上海在国内较早制定了优秀近代工业遗产保护的相关法规和制度。1991年颁布了《上海市优秀近代建筑保护管理办法》；1999年在《上海市城市总体规划(1999—2020年)》中，明确优秀旧产业类建筑必须受到保护，并且将保护的方式定位为“保护与利用相结合”。在2002年颁布的《上海市历史文化风貌区和优秀历史建筑保护条例》明确规定：建成30年以上，在我国产业发展史上具有代表性的作坊、商铺、厂房和仓库，必须列入优秀历史建筑，并实施有效保护。

北京负责工业文化遗产保护的是北京工业信息化促进局，在首都博物馆专门成立了工业文化遗产办公室，专门负责北京工业文化遗址的科研、管理。2008年，《北京市保护利用工业资源，发展文化创意产业指导意见》出台，北京暂停审批北京市城区工业文化遗址商业性拆建工作。12月，《北京市工业遗产保护与再利用工作指导原则》正式发布。文件将北京市工业文化遗产分为物质遗产与非物质遗产两种，重点保护与再利用解放前的民族工业企业、官商合营、中外合办企业等遗存，解放后五六十年代“一五”及“二五”期间建设的重要工业企业，“文革”期间建设的具有较大影响力的企业，改革开放以后建设的非常具有代表性的企业。

总的来看，同北京相比，上海对工业文化遗产保护在保护意识上水平较

① 单霁翔：《工业遗产为上海世博会成功举办做出独特贡献》，《中国文物报》，2010年11月5日。

② 文丹：《留住历史的辉煌与城市的记忆——就上海工业遗产保护访上海文物管理委员会副主任陈燮君》，《中国文物报》，2008年11月28日。

高，保护理念较为先进，相关制度建设较为完善。

三、上海工业文化遗产保护对北京的借鉴与启示

北京、上海两地工业文化遗产的保护与利用无论从总体思路还是措施理念上均存在诸多差异，也分别取得了一定的积极成效，并积累了较为丰富的经验。但毋庸置疑的是，与上海相比，无论是领导机制、市民意识还是具体的保护利用工作，北京都存在一定差距。“择其善者而从之，其不善者而改之”，借鉴上海的成功经验，对于促进北京的工业文化遗产保护与利用大有裨益。

(一)认清北京的城市特点，保护利用工业遗产为北京的城市建设服务

作为一座近代工商业城市，上海的发展主要集中于自开埠以来的170余年历史，至今上海仍然有数百万曾经的产业工人。在他们的影响下，上海市民对工业文明的认可度和保护意识要比北京居民强得多，对工业文化遗产的感情也深得多。而北京是享誉海内外的历史文化名城，城市中存有大量的文物古迹，这使得北京文化遗产的保护重点侧重于古代历史文化资源，在城市规划方面较少考虑工业的区位设置。但北京工业的整体发展，毕竟是北京近代历史的重要组成部分，失去了这一部分历史遗存，我们就将丧失一段重要的历史记忆。

因此，区别于上海的城市特点，北京的工业文化遗产保护要注重服务于北京的城市定位，《北京城市总体规划(2004—2020年)》将未来北京的发展目标定位于：国家首都、世界城市、文化名城，并首次提出“宜居城市”概念。曾经作为北方工业重镇的北京，工业文化遗产的改造直接关系到“人文北京、科技北京、绿色北京”目标的实现，因此，在城市发展战略中要充分考虑工业文化遗产的定位，保护好、改造好北京的工业文化遗产，丰富人文北京的内涵，展现古老北京的近代特色。

(二)加强北京工业文化遗产调查、评估及科研工作

调查研究是做好一切工作的前提，也是搞好工业文化遗产保护的前提。北京工业在近代的发展虽然稍逊上海，但仍然是我国北方工业发展的重镇，工业文化遗产数量众多，种类也比较齐全。从2006年开始，北京市组织市区两级文物工作者对工业遗存进行了较为广泛的调查统计，首都博物馆业已征集工业文化遗产多年，并尝试制定工业遗产保护标准与规划。但迄今为止，北京尚无十分精确、翔实的工业文化遗产调查报告公布于世，统计完成的大量数据文献也未能向学界和公众开放，社会期盼良久的工业文化遗产保护整体规划、工业文化遗产评级保护制度也未能如期建立。与此形成对照的是上海，其工业文化遗产的调查统计工作相对较为完整。上海的工业文化遗产保护措施之所以比较得力，对情况的明了和胸中有数是关键。同时，普查过程

也是宣传工业文化遗产重要价值和保护意义的过程。笔者在上海的大街小巷上采访过不同的上海居民，他们对附近的历史建筑都有大致了解，有的甚至能说出某建筑是市优秀历史建筑还是重点文物单位。这不能不说是宣传影响的结果。北京在这方面的工作还亟待加强，工业文化遗产的量化评级工作才刚刚开始，即使已被纳入市级保护名录的部分工业文化遗产也没有得到有效保护。

(三)完善北京工业文化遗产保护与利用的相关政策、法规

工业文化遗产的有效保护和利用需要政府作为强有力的后盾支持。其中，制定完整、细致的政策、法规是保护工作的重中之重。早在1991年，上海市就颁布了《上海市优秀近代建筑保护管理办法》，2002年又制定了更为详细的《上海市历史文化风貌区和优秀历史建筑保护条例》，在工业文化遗产保护的政策法规方面走在了全国的前列。法规制定后还需严格执行，2004年的"逸村别墅"事件，上海政府就开出210万元的罚单，惩罚不可谓不严厉。北京地区的现行文化遗产保护法规在有关工业文化遗产的保护方面不够明确和完善，一直到2009年《北京市工业遗产保护与再利用工作导则》颁布，北京地区的工业文化遗产保护法规才走上正轨，但由于缺乏可供操作的具体细则，该法规的执行力度仍然存在一定问题。

与工业文化遗产保护的先进国家和城市相比，无论是上海还是北京，工业文化遗产保护利用的法律、法规都只能算是初具规模，还有许多问题要在进一步研究、论证的基础上加以充实。因此，应尽快开展工业文化遗产保护相关法律规章的制定工作，使经认定具有重要意义的工业文化遗产通过法律手段得到强有力的保护。在处理与《文物保护法》等全国性法律的关系上，应充分考虑工业文化遗产的特殊性，灵活掌握政策的度。还要处理好与《消防条例》、《房屋拆迁条例》、《城市规划条例》等其他地方性的相关平行法规的关系，以使工业文化遗产的完整性和真实性得到切实的保护。[①] 此外，还要设立专家顾问机构，经常听取他们对工业文化遗产保护问题的意见和建议，保证法律的可行性、时效性和适应性。

(四)努力将工业文化遗产保护利用纳入城市整体规划

随着城市经济结构的不断转型，城市建筑也在不断更新换代。对于承载城市工业发展记忆的工业文化遗产，最好的保护方法莫过于"旧瓶装新酒"，对工业文化遗产进行合理的改造，使之融入现代城市生活的空间。在这方面，北京和上海都有不少成功的案例。它们的成功，与政府的统筹规划不无关系。因此，将工业文化遗产保护纳入城市和地区的发展规划，从而制定工业文化

---

① 中国致公党上海市委员会：《上海历史建筑物业管理的探索与思考》http：//shszx. eastday. com/node2/node1721/node2215/node2470/node2474/u1a9920. html.

遗产保护专项规划，是工业文化遗产保护的关键措施。

除了少数成功的案例，京沪两地还有大量有保存开发价值的工业文化遗产没有得到有效保护和利用，有的甚至被盲目破坏。如北京的清河毛纺厂，是近代中国最早实际经营的、远东最大的毛纺织工业企业，至20世纪90年代仍然完整保存建厂时的不少建筑，以及其后陆续引进的机器设备，具有较高的历史文化价值。但是由于缺乏合理的规划，这座百年老厂最终被完全拆除，不禁令人扼腕叹息。遭遇同样命运的还有现在的北京CBD地区，当年有北京"铁十字"之称，是著名的重工业聚集地，同样由于缺乏调研、考察、论证，没有纳入北京新建商务区的规划计划，这些老工厂最终被拆除殆尽。其他价值较高的工业文化遗产如广安门火车站、北京第一热电厂、石景山电厂等，也被相继拆除。如果规划、发展计划完备，这些重要的工业文化遗产是可以实现保护与开发共存的。保护与开发共存的成功案例在国际上并不罕见，而在我国却屡屡发生工业遗产被破坏的事件，关键原因还是我国的工业文化遗产保护意识不强，城市规划部门经验不足。

(五)积极借鉴国内经验，探索多重开发利用模式，注重发挥市场机制

世界上在工业文化遗产建筑遗存方面流行多样化的再利用手段，比较普遍的再利用方式是改造成展览馆、艺术中心、公园和综合功能场所。这些利用方式均得到较好阐释，分布比较均匀。北京、上海在工业文化遗产再利用方面虽然类型众多，但其模式多集中于文化创意产业开发与商业办公等几种模式，这种单一的商业开发模式，抹杀了工业文化遗产丰富的历史特征和文化传承。工业遗产的保护利用应当根据工业文化遗产的自身特性，结合公众需要，综合利用，最大限度还原历史情境。如建立一些和企业历史相关的展览馆或博物馆，不仅可以有效展现工业遗产的文化价值，还能够给予有实力的企业传播企业文化的机会，激励自身，鼓舞民众。艺术中心也是国际上普遍使用的再利用方式。其目的是满足人们日益增长的精神需求，同时提升城市的文化氛围和魅力。我们也可以借鉴国际上的经验，将一些工业文化遗产建筑改建为艺术中心。由于艺术中心对建筑形式的要求比较灵活，这一手法应该有较好的适应性。如意大利的林格图工厂，改造时室内有一部分区域改造成了音乐厅，这一手法就相当灵活，既拓宽了建筑的使用功能，又节省了空间，取得了很好的效果。① 此外值得一提的是国际工业文化遗产建筑再利用中的公园模式也占到了相当大的比例。北京地区尚缺乏工业文化遗产改造成公园的比较典型的范例。但在上海，比较成功的案例有三个，每一个都很成功，其中最著名的就是徐家汇公园，已经成为了工业文化遗产改造的经典案例。

---

① 单霁翔：《关于保护工业遗产的思考》，《中国文物报》，2006年6月2日。

北京同上海工业发展的情况存在诸多不同，城市的发展方向、定位也不一样。上海作为工业文化遗产保护的先行者和榜样，有许多经验和启示是值得北京借鉴和深思的。但是，在看到上海工业文化遗产保护成绩的同时，还要注意两地的差异性，注意吸收上海的教训，避免重蹈覆辙。同时，北京和上海都需要向国际工业文化遗产保护的标准看齐，注意学习借鉴国际保护利用工业遗产的先进经验。

参考文献

[1] 孙健主编，刘娟、李建平、毕惠芳选：《北京经济史资料(近代北京商业部分)》，北京：北京燕山出版社，1990年。
[2] 北京市地方志编纂委员会编：《北京志·人口志》，北京：北京出版社，2004年。
[3] 上海市文物管理委员会编：《上海工业遗产实录》，上海：上海交通大学出版社，2009年。
[4] 上海市文物管理委员会编：《上海工业文化遗产新探》，上海：上海交通大学出版社，2009年。
[5] 上海市档案馆编：《日伪上海市政府》，北京：档案出版社，1986年。
[6] 张赛群：《"孤岛"时期的上海工业》，北京：中国言实出版社，2007年。
[7] 徐新吾、黄汉民主编：《上海近代工业史》，上海：上海社会科学院出版社，1998年。
[8] [法]白吉尔著，王菊、赵念国译：《上海史——走向现代之路》，上海：上海社会科学院出版社，2005年。
[9] 上海市统计局编：《上海统计年鉴2010》，北京：中国统计出版社，2010年。
[10] 聂武钢、孟佳：《工业遗产与法律保护》，北京：人民法院出版社，2009年。
[11] 刘伯英、李匡：《北京工业建筑遗产保护与再利用体系研究》，《建筑学报》，2010年第12期。
[12] 单霁翔：《工业遗产为上海世博会成功举办做出独特贡献》，《中国文物报》，2010年11月5日。
[13] 黄琪：《上海近代工业建筑保护和再利用》，同济大学博士学位论文，2008年。
[14] 国家文物局网站，http://www.sach.gov.cn.
[15] 上海市政府网站，http://www.shanghai.gov.cn.
[16] 上海市文化广播影视管理局、上海市文物局网站，http://wgj.sh.gov.cn.

（作者：李志英　北京师范大学历史学院教授
宋　健　北京师范大学历史学院硕士研究生
熊艺钧　北京师范大学历史学院硕士研究生
于　泳　北京师范大学历史学院硕士研究生）

项目名称：北京市农村公共安全治理体制创新研究
项目编号：10BeZH178
项目负责人：朱旭东
项目信誉保证单位：中国人民公安大学

国家理性视角下的公安机关社会管理创新

维护安全、形成良性的社会秩序是国家的首要职能。社会秩序不会自动形成，是需要用心建设的。秩序是自由的重要条件，没有秩序就没有自由。国家是个人自由的保护器或放大器，是社会秩序的主要提供者。

Police一词是法语，但起源于古希腊和古罗马，意思是指对社会或国家(polity)的内部治理。在现代的语境中，“警察是享有国家授予的在国家领土范围内使用暴力的一般权力的机构或个人”。① 警察的主要职能是执行法律、维护秩序和提供服务。

当前，我国社会经济快速发展，政治稳定，但是社会矛盾问题突出，大量发生的危机和隐患成为了人们生活中的常态，甚至成了威胁国家整体经济制度和社会秩序的战略性威胁，中国的安全战略也逐步向应付危机转移，这些新变化要求社会管理新体系的重构。本文主要从政治学国家理论的研究视角出发，对公安机关社会管理创新的一些基本理论问题进行解析，力图进行知识层面的合法性论证，指出了公安机关在社会管理方面存在的问题，并提出了解决这些问题的相关建议。

一、公安机关社会管理的概念与理论分析

目前，社会管理是学术界研究的热点，关于社会管理的定义很多。本文主要采纳公安部社会治理专题调研组的界定：社会管理就是政府和政府主导的社会力量为了维系正常社会秩序，促进经济社会健康发展，依照法律、政策规范公民、法人和一些社会组织的社会活动的工作体系和工作过程。② 社会管理是每一个国家都面临的问题，在不同的时代体现出不同的特色。中国面

---

① [美]罗伯特·兰沃西、劳伦斯·特拉维斯著，尤小文译：《什么是警察——美国的经验》，北京：群众出版社，2004年版，第5页。

② 公安部“社会治理”专题调研组：《公安部社会治理专题调研组关于加强创新社会管理若干问题的研究》，《公安研究》，2011年第7期，第5—10页。

临的独特挑战不仅仅是因为中国特色，还因为这个社会管理必须是“社会主义”性质的。

警察作为国家暴力的重要组成部分，体现了国家的本质。在社会学视野中，警察既是一种制度，又是一种统治，还是一种社会结构。这一代表国家权力的现象被广泛嵌入到社会生活中，形成了广义上的社会权力的文化网络。警察制度是保障内部秩序的一个重要维度，国家强大的暴力威慑具有明确的制度功能。国家对暴力工具的逐步垄断，是影响现代性发展的独立变量。因此，吉登斯指出：现代国家的治安从来就不止是一个行政管理的“技术”问题，它从中隐含着一整套复杂的规范的政治理论问题。①

政治学理论认为，主权国家在一定的疆域范围内垄断暴力、垄断税收和提供公共服务，国家凭借其对暴力的合法垄断是各个层次治理的中心，是安全、秩序、正义和福利等基本社会价值的主要提供者；国家是一种统治组织，也是一种公共服务组织，同时还是一种监控组织，它要根据对信息的收集、储存和处理，对社会及其人口实施反思性监控。吉登斯说：“凡是国家都会牵涉到对归其统辖的社会体系的再生产的各方面实施反思性的监控”②；“监控，即对信息的控制以及一些群体对另一些群体的活动所进行的监督，反过来又成为权威性资源得以扩充的关键性因素”③；“监控是国家行政力量的必要条件，不管这种力量的目的何在。它不仅和多元政治有密切的关系。而且同公民身份权利的实现有更特殊的关系”。④

在国家理论里有一个重要的学术概念——国家理性。国家理性的概念是现代的产物，一般认为，马基雅维利是国家理性的缔造者。国家理性运作的基础和目的就是维持国家、避免革命。这种理性关注的是国家如何才能更有效地行使权力，从而保持国家的繁荣和人民的幸福。经由“国家理性”建构“共和国”，旨在解决权利与权力，族群共处、文化多元与统一的国家意志，公共秩序与民主政治，以及公共理性与个体的私性空间等多维紧张关系，以最终使得“中国”不仅是一种政法存在，而且是一种伦理存在与文明气象。⑤

如果一个国家的人民是国家的根本，那么国家固有的任务就是管理和服务人口。这就需要一种可以让国家科学分析人口的知识，准确认识他们的利

---

① ［英］安东尼·吉登斯著，胡宗泽、赵力涛译：《民族——国家与暴力》，北京：生活·读书·新知三联书店，1998年版，第360页。

② ［英］安东尼·吉登斯著，胡宗泽、赵力涛译：《民族——国家与暴力》，北京：生活·读书·新知三联书店，1998年版，第19页。

③ ［英］安东尼·吉登斯著，胡宗泽、赵力涛译：《民族——国家与暴力》，北京：生活·读书·新知三联书店，1998年版，第2页。

④ ［英］安东尼·吉登斯著，胡宗泽、赵力涛译：《民族——国家与暴力》，北京：生活·读书·新知三联书店，1998年版，第360页。

⑤ 许章润、翟志勇主编：《国家理性》，北京：法律出版社，2010年版，第14页。

益需求和行动取向。接下来国家就需要制定既能规范个人行为又能保障人民安全、健康、快乐，同时还能使国家繁荣的政策。就是说，国家在政治统治和社会管理过程中不断地根据社会体系的变化和矛盾，反思自己的行为，调整自己的活动，对社会实行有效的监控、管理和服务，保证社会体系的良性运作。这种国家理性不再试图改变人的行为动机和方式，而是把它们当做自然规律来研究，获取相关规律的知识，并且利用这些知识来发展国家力量，这是人类政治史上的最重大变化之一。就以新中国成立以来的六十年来说，前三十年更多的是以激情治国，以阶级斗争为纲，诉诸的是非理性的情感；后三十年以经济建设为中心，更多的是一种工具理性治国。我们当然要承认三十年经济发展的伟大成就，但是下一步更高层次的发展应是工具理性与价值理性相结合的治国思路，是真正的健全的国家理性的付诸实现。[①]

曹锦清说：中国社会最大的问题是形成一个庞大的流民群体，就会引起整个社会的不安宁。[②] 改革开放以来，中国人口流动剧烈，在创造社会活力的同时也引发了大量社会问题。人口大流动只是动态的客观过程，而流动人口则是活生生的人，对他们来说，流动不是一种无生命的过程，而是他们生活的一部分，意味着生活的重组、社会关系的再建构和人生意义的重新确认。比如新生代农民工、"蚁族"、"北漂"，这些广泛流传的称谓折射出了城市流动人口的艰难和无奈。所以，在研究社会的过程当中，一定要注意社会心态——人们对自己的生存处境、对周边的环境、对财富、对权力的主观判断，这个主观判断是一个客观事实。[③] 伴随着市场经济的进程，尤其是随着大量农村剩余劳动力的出现，居民迁徙自由逐步实现，户籍管理也开始松动，城市化进程加速，但我们的城市并没有为这场变革做好充分准备。社会管理在观念和方式上往往继承了计划时代的遗风，试图阻挡这场根本无法逆转的中国人口大迁徙。从广东近期接连发生的群体骚乱事件可以看出，中国群体性事件正在发生变化。从改革开放之初的国有企业改造中下岗工人要求就业，到城市建设改造中拆迁上访，现在成为农民工和本地人之间的区域及不同阶层矛盾，从对社会的不满发泄到对政府的不满。广州市委书记张广宁指出：增城聚众滋事根源系社会管理服务滞后，要求改善并增强外来工的归属感和幸福感。[④]

社会管理的内涵很广，在我看来，公安机关进行的社会管理工作是为保障国家安全、社会稳定与繁荣、人民幸福而产生的一系列制度、政策、机制、

---

① 许章润、翟志勇主编：《国家理性》，北京：法律出版社，2010年版，第76—77页。

② 曹锦清：《如何研究中国》，上海：上海人民出版社，2010年版，第8页。

③ 曹锦清：《如何研究中国》，上海：上海人民出版社，2010年版，第16页。

④ 刘可英、史伟宗：《广州市委书记：增城聚众滋事根源系社会管理滞后》，http：//news.sina.com.cn/c/2011-06-23/081122691399.shtml.

方法与技术的总称，是国家理性的重要组成部分和具体展现。公安机关社会管理创新，就是通过公安机关的相关创新，真正尊重民意、倾听民意，建立与民众有效的沟通渠道，在人民群众与中国特色社会主义核心价值体系之间建立起一种紧密联系，形成一种社会安全机制，维护法治的权威，保障人民的安全、幸福及其对国家和执政党的认同，提升政党执政的合法性，提升政府的公信力。

对于人口大流动的现实，公安机关必须要以"以人为本"的高度来正视。这就需要建构一种可以让公安机关来科学地、动态地分析海量人口的知识，准确认识人们的利益需求、社会关系和行动取向。因此，公安机关围绕"人"要做到"四个知"和"三个化"，即来知原籍、行知去向、静知诉求、动知轨迹，实有人口管理属地化、重点工作对象管理分类化、流动人口管理轨迹化。在此基础上，国家才能及时制定既能规范个人行为又能保障人民安全、健康、快乐，同时又能使国家繁荣的安全政策，保持对社会的高度回应性。这就是国家理性的具体展现，是一种新型的反思性监控技术，是一种新的知识类型，是现代国家生存的要件之一。

二、公安机关社会管理创新的紧迫性

保卫国家与社会安全始终是政府的首要职能。随着全球化进程的加速和各种非传统安全威胁的出现，人类社会已进入高风险社会，世界变得越来越不确定。综合安全观的出现，使人们对安全的关注对象、威胁来源和安全的手段的认识发生了变化，也促使各国对自身的安全战略进行调整和重构。在全球化和社会转型的双重背景下，中国国家治理模式发生了重大的变化，需要重新设计一套新的治理制度来减少社会矛盾与社会冲突，保障国家安全与社会稳定。目前在我国的理论界和学术界，虽然对于国家职能范围的大小、转换的方式等有不同的争论，但是争论的各方对于由国家负责提供公共安全这种基本的公共物品的职能没有异议，对安全的期盼成为社会各个阶层的基本共识。为了社会主义市场经济的有序发展，社会上普遍感到这种公共物品的提供还有许多不足，各方都在呼吁加强这种职能。

首先，深刻的全球社会变革迫切需要推进公安机关社会管理创新。目前人类社会旧的社会治理模式在逐渐解体，但新的社会治理模式还不健全，各国都在探索之中。如美国在"9·11"恐怖袭击事件后，其社会安全治理模式发生了重大变化。因此，为适应全球社会变革提出的新要求，公安机关迫切需要推进社会管理创新，为全球性社会问题如恐怖主义、跨国犯罪等问题的解决提供治理思路和参考路径，向全世界展现一个负责任的大国的能力。可以说，公安机关社会管理创新是中国模式这一新型文明形态的重要组成部分。

其次，提高国家竞争力迫切需要推进公安机关社会管理创新。当今世界各国综合国力的竞争，首先是各国政府效能的竞争，而效能的集中体现就是国家基本制度安排的有效性。公安机关要为国家参与全球性经济竞争创造稳定的公共安全秩序环境，保证社会安定有序，提高公共安全服务质量，以吸引外来投资。

再次，促进社会和谐迫切需要推进公安机关社会管理创新。在当今中国，社会利益结构发生重大变化，新事物、新问题、新情况层出不穷，各种违法犯罪现象、群体性事件和其他社会突发公共安全事件增多，社会安全生态在恶化。同时，随着社会的发展，人民群众生活水平的提高，权利意识的觉醒，对公共安全的需求和参与意识也大大增加。这些极大地拓宽了公安机关社会管理工作的范围，使管理对象个体逐渐增多，管理领域不断扩大。因此，在目前改革向体制内核靠近、社会各利益群体的冲突逐渐加剧的当下，对公安机关社会管理问题要给予高度重视，这是建设和谐社会的必然要求。

当前社会安全领域面临的主要问题是：一是流动性强或交往多的领域本身存在着容易诱发社会不安全的因素，比如流动人口聚居区和互联网。对于原有的治理结构来说，适应社会流动性和交往的增强需要一个过程；二是由于社会转型速度太快，产生了大量新的社会矛盾，出现了一些社会管理的“真空”地带。比如在政府和数量庞大而分散的“社会人”之间，原有的单位组织管理网络被弱化，而新的社区管理网络还没有完全建立起来。在一些新的领域，传统的社会管理结构或者没有涉足，或者新建立的社会管理方式还处于建构过程中，无法有效地运行起来。矛盾纠纷类警情高位运行、矛盾纠纷调解难度加大、基层调解力量良莠不齐、传统的矛盾调解机制弱化，许多群众仍习惯于由公安机关直接调处，而不愿意到调解组织接受调解，这大大增加了公安机关的工作强度和难度。

突出的表现就是：在一些地方尤其是流动人口比较集中的城中村和城乡结合部，一方面，基层组织软弱；另一方面社会管理与服务工作薄弱，对各种治安要素信息的搜集与研究判断不力，动态治安防控机制和公共安全服务机制还未完全建立，导致黑恶势力滋生发展的土壤和条件仍然存在，致使流动人口犯罪和其他公共安全问题突出。

近年来，一些地方面临的诸多问题长期得不到解决，致使隐性风险逐步演变成显性矛盾，再由显性矛盾演化为社会冲突，其中的教训非常惨痛，这与一些地方政府不作为、乱作为、与民争利的社会管理思路有关。从公安机关的角度来看，一方面，基层群众工作薄弱，不能在源头上掌握社会矛盾的特点，不能准确地预测社会矛盾的走向；另一方面，对人、地、物、矛盾纠纷、舆情、组织等六大社会治安基本构成要素的管理还存在许多薄弱环节。一些地方对社会管理的认识还不清晰，社会管理理念还没有形成，对公安机关社会管理应该管什么、怎么管、管到什么程度、社会管理和公共服务的关系等这些前提性问题缺乏科学和成熟的理解，因而造成社会管理理念落后、社会管理方式陈旧单一、动态管理不力和服务措施落后于经济社会发展要求，从而导致一些地方公安机关社会管理效率无法显著提高，尤其是长效管理机制难以形成，管理成本居高不下。

我国处在人民内部矛盾凸显、刑事犯罪高发、对敌斗争复杂的时期特点在短期内难以根本改变。因此，从全球化背景下来审视公安机关社会管理创新问题，建构整体的国家安全与社会安全战略，从而最大限度地维护广大人民群众的根本利益，实现从传统安全治理范式到综合安全治理范式的转变，以新的治理原则为基础完善公安机关的社会管理体系，并用一系列制度建制支撑、规范公安机关的服务，是当前公安机关面临的重大任务。

三、完善公安机关社会管理创新的相关建议

2010 年以来，各级公安机关将社会管理创新作为“三项重点工作”重中之重，深入探索，大力推进，积累了许多成功的经验。在总结经验的基础上，本文认为，公安机关进行社会管理创新，还要进行科学规划，整体推进。我的理解是，公安社会管理创新，是在法治范围内的创新；是在遵守宪法和法律精神基础上的创新。

具体来说，最根本的是要通过服务型公安机关的建构，来完善公安机关的社会管理理念、组织构架、运行机制和执法方式，完成公安机关的现代转型。具体来说，就是要深入贯彻落实科学发展观，巩固党的执政地位，适应构建社会主义和谐社会的要求，以实现发案少、秩序好、社会稳定、群众满意为总目标。在宪法框架内，依法治国，通过制度创新、体制创新、机制创新、方法创新与技术创新，构建公安机关现代社会管理体系，确保现有警务资源的充分运用和警务运作的规范高效，提供高质量的公共安全产品，以主动适应我国经济社会发展，维护国家安全与社会稳定，维护社会公平正义，保护人民群众合法权利，满足人民群众新要求新期待。这必然要涉及各级公安机关的职能定位、组织结构、运行机制、业务流程、管理方式、工作方法、技术手段等诸多方面的重大调整，涉及法治公安、责任公安、服务公安、优质公安、效益公安、专业公安、透明公安、廉洁公安和文化公安建设的成效，从而使公安机关的社会管理职能充分发挥出来。

概言之，通过服务型公安机关建设来展现公安机关的社会管理创新过程，是新时期国家理性的具体展现。我认为，隐藏的国家暴力更有效，隐藏在一组组制度、机制、技术、措施和数据之中，从而完成国家对社会的反思性监控。要发明一种引导人们行为的技术和程序，一种对人口加以调节的机制。

当前，社会管理的重点还是在基层。基层的基本单元——社区和村已经成为各种社会群体的聚集点、各种利益的交汇点、各种社会组织的落脚点、

各种社会矛盾的聚焦点、人与社会的交融点和社会生活的支撑点。公安机关社会管理的载体和方式需要完成从“单位”到“社区”的转变，要从建设和谐社区、和谐村镇入手，逐步形成刚柔相济的社会管理体系。一定要把人民群众最关心的、影响群众安全感的突出治安问题解决好，为每家每户都创造一个平安的社会环境。

一是在国家层面上加快建设覆盖全国、动态跟踪、联通共享、功能齐全的社会管理综合信息平台，探索社会管理信息化的深度应用和规模应用的实现路径，提高整合共享信息资源能力，提高新形势下社会管理信息化水平。公安部应当选好平台，实现全国统一，避免重复投资、重复建设，软件关键在于实用，要在全国范围内实现共享。只有这样，才能充分发挥信息的作用，才能达到公安机关对社会进行反思性监控。

二是加强社区警务建设。合理配置警力资源，完善网格化社会管理模式，加强犯罪风险与社会稳定风险评估机制建设，完善社会治安防控体系和应急联动机制建设，加强群众工作能力，从源头上化解社会矛盾和社会风险。全面推行社区民警挂任城市与农村社区班子成员工作，选拔优秀党员民警挂任社区班子成员，参与基层党建和基层政权建设工作，参与基层社会的日常生活，获得社会成员的信任和认同。完善警民恳谈和社区民警向辖区群众述职述廉制度，建立有效的民意表达、民主协商、民众监督的机制，要让社区民警成为促进社区公共福祉的信息沟通渠道，使基层公安机关更有效地嵌入到基层社会的利益结构中，推进警民良性互动。在社会公众安全感方面，把业务工作标准和群众满意标准真正统一起来，要让人民群众真正享受到实实在在的平安成果。

三是搭建社会管理服务新平台。应该重视充分利用各种信息沟通技术与组织变革和新的工作技能相结合，畅通民意表达渠道，为人民群众提供更好的公共安全服务，把公平正义落实到微观制度的方方面面，促进和谐警民关系的构建。

四是加强执法规范化建设，实行精细化管理，完善公安机关监督体系，严厉查处徇私舞弊、贪赃枉法等腐败问题，提升公安机关执法公信力，维护法治的权威。坚决杜绝滥用警力的行为。

五是注重发挥社会力量的作用。在创新过程中，只有把公安机关自上而下的制度建设和自下而上的社会参与结合起来，实现社会管理的共同治理，才能促进公安机关与社会之间的良性互动，培育社会资本，促进社会信任。因此，要注重发挥人民团体、事业单位和基层自治组织的作用，积极吸纳各种组织和公民参与公共安全秩序的建构，大力培育平安协会、社会治安综合治理协会和治安志愿者协会等社会组织，培育公民社会的成长。

六是完善公安机关与社会的利益协商与沟通制度。未来一段时期内，中国有可能将进入社会冲突的多发期，迫切需要建立有效的社会利益表达机制，以解决社会公平问题。在这方面，公安机关做了许多工作：如公安局长大接访、民警进万家，等等，以前这些制度都有些零星的施行，但是缺乏系统性。这些制度包括：公安局长接待制度；行政听证制度；发言人制度；警务公开制度；与民主党派、企业、社会组织的对话制度；用好接警处警平台、网络媒体平台、来信来访平台及社会平台等四大平台来完善警民沟通和恳谈制度。例如，2010 年 8 月 5 日，北京市首个群众与民警专门进行交流恳谈的“警民交流室”，在北京市石景山公安分局正式揭牌，这一探索值得推广；开门评警制度(包括短信、电话、网络)；社区民警公开述职述廉制度；警营开放日制度。现在要强调的有两点，一是全面而系统地推行，二是要有具体可操作的细则来支持。比如，公安局长接待制度就应该规定清楚，每个部门、单位的一把手必须定期接待民众，要有公告，时间、地点、接待对象、接待内容、事项。当这些制度成为公安机关的一种工作习惯，形成了机制以后，再想取消就不可能了。

这些制度很大的一个意义就在于落实人民的参政权与知情权。对公安机关而言，有助于协调警民关系，有益于吸纳社会群体智慧，充分体现人民是国家的主人的理念，有利于社会稳定。有助于公安机关集思广益，在个别的纷乱意识中去寻找并推动社会共识的形成，尤其是核心价值共识的形成。因为说到底，社会共识是社会秩序得以建立与维系的最终基础。我认为，这些微观制度对于公安机关社会管理创新是非常重要的。

七是公安学界要加大对公安机关社会管理创新的理论研究力度，加大教育培训力度，编写高质量的培训教材，提升公安民警的社会管理能力。

八是整合创新成果并加快制度化进程。近年来，各地公安机关在更新社会管理理念、创新社会管理方式上进行了积极的实践探索，并取得了一些重要进展。不过，这些实践探索大多是在各自为政的分散状态下进行的，就其性质，当属“微调”，因而取得的成果往往是局部的、区域的和阶段性的。公安部应及时总结和提炼这些地方创新经验，把它们上升到国家制度和政策层面，向全国推广，推进社会管理和基本公共安全服务均等化进程。

九是注意吸收国外的相关经验。美国的经验是，在产生新的社会问题而没有相关机构来管理时，先由警察来管理，然后等社会产生相应的管理机构后再移交出去。一句话，警察的职责就是根据社会的召唤去工作。

大体说来，服务型公安机关是以公共安全服务改革为核心，并在此大框架下，配套在财务保障、人力管理、组织调整、工作流程等方面，进行必要的调整。其重点在于增进公安机关各部门之间的一致性、协调性、整合性，同时强调服务人员的整体性。

公安机关进行社会管理创新，就是以现代国家构建为取向，以新型国家理性为指引，通过制度创新来全面调整公安机关与变化了的人和社会的关系，以人民群众的安全和幸福为目的，全面开发出警察制度的内在功能，提升警察制度的效能，增强警察制度的合法性。这必将是中国警察现代化进程中的一次伟大变革，是对第五次警务革命的一次总结，意味着一种新型公共安全治理范式的出现。

参考文献

[1] [美]罗伯特・兰沃西、劳伦斯・特拉维斯著，尤小文译：《什么是警察——美国的经验》，北京：群众出版社，2004 年。

[2] 公安部"社会治理"专题调研组：《公安部社会治理专题调研组关于加强创新社会管理若干问题的研究》，《公安研究》，2011 年第 7 期。

[3] [英]安东尼・吉登斯著，胡宗泽、赵力涛译：《民族——国家与暴力》，北京：生活・读书・新知三联书店，1998 年。

[4] 许章润、翟志勇：《国家理性》，北京：法律出版社，2010 年。

[5] 曹锦清：《如何研究中国》，上海：上海人民出版社，2010 年。

[6] 刘可英、史伟宗：《广州市委书记：增城聚众滋事根源系社会管理滞后》，http：//news. sina. com. cn/c/2011-06-23/ 081122691399. shtml.

（作者：朱旭东　中国人民公安大学公安管理系教授）

项目名称：大型体育赛事收入的主要来源、风险与风险管理
项目编号：10BeZH184
项目负责人：董　杰
项目信誉保证单位：首都体育学院

北京2008奥运会比赛场馆的赛后闲置与利用

奥运会比赛场馆的赛后利用问题，不仅对于奥运会举办城市和国际奥委会(以下简称“IOC”)至关重要，而且对于奥林匹克运动的可持续发展也有重要的现实意义，因此，受到国内外有关方面的高度关注。奥运会比赛场馆赛后利用率不高，甚至闲置，是奥运会举办城市普遍面临的问题，北京市也是如此。2008奥运会成功举办4年之后，部分比赛场馆经济效益和社会效益不高，给北京市各级政府和相关业主带来了一定的经济负担，这是不争的事实。例如，水立方2011年亏损超过1000万元人民币。如何提高北京2008奥运会比赛场馆赛后的利用率，提高这些场馆的经济效益和社会效益，关键要深入的分析产生奥运会比赛场馆闲置的原因，针对这些原因，客观地审视比赛场馆的赛后利用问题，可为北京市和国内的其他城市今后举办大型体育赛事提供可资借鉴的理论依据。

一、北京2008奥运会部分比赛场馆赛后闲置的原因

(一)北京2008奥运会之后，北京市没有获得举办其他大型体育赛事的机会

奥运会巨大的规模，需要大量的比赛场馆。衡量奥运会的规模，主要考察三个方面：一是参加比赛的国家或地区数量；二是参赛运动员的数量；三是比赛的项目设置数量，等等。北京2008奥运会，共有来自204个国家和地区的10942(包括4637名女运动员和6305名男运动员)名运动员参加28个大项，38个分项和302个小项的比赛，如此巨大的规模，必然需要大量的比赛场馆。

北京2008奥运会有38个比赛场馆。其中，北京市共31个，12个新建、11个改扩建、8个临建。京外赛区共7个场馆，4个新建、3个改扩建。

只有如此众多的比赛场馆，才能够满足奥运会巨大规模的需要，但奥运会举办之后，举办城市很难在短时间之内再次获得举办奥运会或者其他大型

体育赛事的机会，客观来讲，出现奥运会赛后比赛场馆闲置的情况是必然的。

(二)北京 2008 奥运会比赛场馆容量大，相对集中，且远离市中心

北京 2008 奥运会使用的主要场馆国家体育场(鸟巢)坐席数量为 91000 个，国家游泳中心(水立方)坐席数量为 17000 个。

为了获得奥运会的举办权，申办城市往往为了在申办赛事时处于有利地位，比赛场馆建设相对集中，与奥运村距离较近，交通便利。北京市的奥运会比赛场馆分布在 5 个区域，即奥林匹克公园区、北部风景区、西部社区、大学区和其他等，尽管赛前就已经考虑到赛后利用的问题，但依然存在比赛场馆相对集中的情况，例如，奥林匹克公园区和西部社区各有 10 个比赛场馆。但数量众多、容量大、相对集中的高质量的比赛场馆不可能在赛事举办城市的中心地带进行建设，相对要建在距离市中心较远的地方，而每一届大型体育赛事的主要场馆都是与运动员的主要居住地综合考虑修建的，这为赛后利用这些比赛场馆增加了难度。尽管北京 2008 奥运会主要的比赛场馆集中在北京市的北部和西部，相对于城市南部和东部的市民还是有不方便的地方。

(三)北京市职业体育市场发展不够成熟

北京市的职业体育市场的发育仍然不成熟，主要表现在以下几个方面：

第一，高水平的职业运动队数量少，且成绩不稳定。尽管北京男女篮在刚刚结束的 2011—2012 赛季的 CBA 和 WCBA 中获得了冠军，但北京市还是缺少高水平的职业运动队，中超足球联赛作为国内影响最大的体育赛事，北京仅在 2009 年获得 1 次比赛的冠军，而中国足球的职业化进程从 1994 年就开始了。而其他项目的水平更是参差不齐。由于缺乏高水平的球队，不能够给观众提供高质量的体育服务产品。

第二，缺乏具有媒体和票房号召力的明星运动员。北京市没有在世界上，甚至在全国有巨大影响的像姚明、李娜和刘翔等这样的运动员。

第三，体育赛事市场开发不够。成熟的职业体育市场的最大收入是来自于赛事的电视转播权出售，其他方面的收入依次是赞助(包括广告)、门票、特许经销产品的销售和运动员转会收入，等等，应该讲这些方面北京市的体育市场仍有很大的提升空间。

第四，北京市举办的有影响、有商业价值、有品牌的赛事不多。北京市近年来举办的有影响的体育赛事除了北京马拉松赛，中国网球公开赛和世界斯诺克中国公开赛等之外，其他能够连续举办的有商业价值、有品牌的赛事不多。举办体育赛事，如果不能够获得良好的经济收入，这样的赛事就是不可持续的。这就导致了即使奥运会留下众多比赛场馆，利用率也难以得到保证。

(四)北京 2008 奥运会比赛场馆赛后缺乏专业人士进行管理

北京 2008 奥运会保留的众多大型体育场馆，赛后运行需要新型的专业人才，仅靠政府相关部门的行政领导、行政指令是远远不够的。场馆管理也是现代企业管理的组成部分，工作中有经验的成分，但重要的是科学化的管理。比赛场馆的工作人员也应该是既有专业知识、业务能力，又有文化素质和职业道德的相关人员。

缺乏专业人才对比赛场馆进行管理表现在：管理者自身知识存在“盲点”，存在行政领导不懂体育；管理者是体育背景出身，文化素质不高，不懂经营；管理者是纯粹市场营销人员，既无体育经历，又缺乏领导能力等等情况。以水立方为例，参与运营、维护、合作单位共 33 家，工作人员共 1200 余人，应该说工作关系十分复杂，没有专业人士的管理是不行的，而这种复合型人才应该说北京市还是十分缺乏的。

(五)安保问题也是制约北京 2008 奥运会比赛场馆赛后利用的因素之一

北京市作为 2008 年奥运会的举办城市，在北京奥运会举办之前，国际上曾于 1996 年亚特兰大奥运会在奥林匹克公园发生爆炸案，加上 2001 年 9 月 11 日在美国发生“9·11”恐怖袭击事件，随后，2004 年 3 月 11 日，西班牙的马德里又发生火车连环爆炸案，安保工作已经成为大型体育赛事成功举办和市民正常社会生活中的重要一环。

奥运会之后，北京作为中国的首都，又喜迎建国 60 年大庆、每年的“两会”等重要活动，安保工作可以说丝毫都不能够放松，这些重要活动直接导致了民众乘坐地铁、火车、飞机，甚至到市中心天安门广场都需要进行安检，尽管保证了社会生活的安定和人民群众的人身安全，但是增加了成本，而奥运会比赛场馆作为大量人群的集聚地，安全问题自然引起比赛场馆自身和所在地政府的高度重视，因此，如何解决比赛场馆的开放和安全问题需要充分的论证。

二、北京市 2008 奥运会比赛场馆赛后利用的对策

(一)北京 2008 奥运会比赛场馆赛后利用的指导思想

北京 2008 奥运会比赛场馆赛后利用需要认清事实，这个事实就是要想完全依靠市场化途径解决比赛场馆目前面临的经济收益不高的情况是不现实的，因此，对于这些比赛场馆的赛后利用，首先就要明确赛后利用的指导思想。

第一，在接受北京 2008 奥运会成功带来的喜悦的同时，北京市各级政府和市民也要有接受比赛场馆赛后利用率低，经济效益不好的现实的勇气，这是社会为举办奥运会所应该付出的代价。

第二，既然中国处于建立有中国特色的社会主义市场经济的时期，市场经济和职业体育市场都不成熟，那么北京市的各级政府就应该在可能的情况下对这些比赛场馆进行一定的资助，这种资助包括资金、价格和税收政策，

等等。

第三，比赛场馆在奥运会举办之后经济效益不理想，那就应该扩大这些比赛场馆的社会效益，例如，扩大对中小学生的优惠力度，多举办一些具有公益性的体育活动，或者其他方面的社会活动。

第四，比赛场馆的赛后利用要树立长期的理念，要通过在比赛场馆里面举办体育公益活动和其他公益活动培养体育消费群体，促进比赛场馆的可持续发展。

第五，部分比赛场馆可以考虑他用，只要符合市场经济原则，符合国家的法律、法规，走利益最大化的市场化道路。

(二)认真评估国内外的大型体育赛事，积极申办世界上有影响的，特别是有商业价值的体育赛事

北京市需要认真对国内外现存的大型体育赛事进行评估，这种评估的出发点和归宿是赛事的商业价值如何。也就是说，以后，北京市承办任何大型体育赛事，能够获得良好的经济收入的比赛就要举办，不能够获得良好经济收入，特别是需要财政补贴来举办的大型体育赛事就坚决不办。

北京举办过奥运会、亚运会、世界大学生运动会和六届全运会等大型综合性的体育赛事和多项单项国际体育赛事，这些赛事的举办为北京市争得了荣誉，如果以前是为了扩大城市的影响，今天，北京市还需要通过举办大型体育赛事扩大自己的影响吗？显然是不需要了，但是，通过举办有商业价值的体育赛事为举办城市获得良好的经济效益，是北京体育职业化、市场化的需要，申办、举办这样的赛事，北京市的奥运会比赛场馆的利用才是可持续性的。

(三)由专门人才对比赛场馆进行管理，走市场化的道路

奥运会留下的大型体育场馆需要专门的管理人才，这种复合型的人才应该具有的知识结构是：体育赛事、管理学、市场营销、媒体宣传、外语和人力资源管理等主要方面的知识。

全球招聘奥运会比赛场馆的管理者。传统的比赛场馆的管理者依靠行政指令和经验是远远不够的。根据比赛场馆管理者的知识结构，北京市应该在全世界进行招聘，吸收真正的管理人才，为北京 2008 奥运会比赛场馆赛后利用出力。

加速对比赛场馆管理者和工作人员的培训和培养的步伐。对于目前正在比赛场馆工作的人员进行相关知识的培训，依托体育专业院校对有关人员进行短期培训提高，甚至设置相应的场馆管理专业，集中人才培养，适应社会需要。

(四)积极培养北京市的职业体育市场

职业体育的明星运动员和明星运动队的培育。按照职业体育的发展规律，依据运动成绩，利用奖惩原则，打造具有世界影响力的运动员，提升首都的体育影响力，实现打造首都世界体育城市的目标。

观众的培育。利用众多的、良好的体育设施，为青少年服务，从小培养，让学生多走进比赛场馆观看比赛，参与运动。借助各项赛事的举办，培养体育消费群体，促进北京市社会体育的发展，使得社会体育与竞技体育相互促进。

媒体和赞助商的培育。媒体和赞助商对于职业体育的发展至关重要，电视转播权和赞助商是举办赛事重要的收入来源。赛事的主办者要主动营造赛事的正面影响，利用赛事的品牌和体育运动积极、向上的思想内涵吸引媒体的广泛关注，促进赞助商的积极加盟。赛事的组织者要积极、主动地研究能够为媒体和赞助商提供什么资源，来作为参与赛事报道媒体和市场营销的赞助商的回报，从而形成良好的双赢局面。

(五)对于利用率不高，市场价值不大的比赛场馆可以考虑拆除

北京 2008 奥运会前，沈阳五里河体育场就进行了拆除，实际上，作为足球一个项目的协办城市，五里河体育场完全能够承担奥运会足球分赛区的比赛任务，但是，沈阳却借助北京奥运会足球赛事建设了更好的奥林匹克体育中心。2012 年 6 月 3 日，沈阳绿岛体育中心被爆破拆除。这座曾经是亚洲最大的室内足球场，使用寿命仅为 9 年，而建设时间却长达 5 年，投入高达 8 亿元人民币。

北京市对 2008 奥运会使用的比赛场馆在奥运会结束 4 年之后应该进行相应的评估，除了像鸟巢、水立方等标志性建筑外，针对个别比赛场馆利用率不高，占地过大，市场价值不大的比赛场馆应该考虑拆除，或者进行相应的缩小，以减少这些场馆的运行成本。

另外，原来是作为奥运会比赛临时建设的比赛场馆，例如朝阳公园沙滩排球场、奥林匹克公园射箭场、国家会议中心击剑馆等临时建筑，奥运会之后如果不能很好地使用，就应该坚决拆除。看似眼前有损失，但减少了场地每年的维护费和大量工作人员的工资，同时，场馆拆除后的空地还可以他用，从而提高土地的使用率。

参考文献

[1] 董杰：《奥运会对举办城市经济的影响》，北京：经济科学出版社，2004 年。

[2] 董杰：《奥运会的财务风险管理》，北京：经济科学出版社，2008 年。

[3] 董杰：《中国举办大型体育赛事存在的主要问题、原因与对策》，《体育与科学》，2012 年第 33 卷第 3 期。

[4] 董杰：《亚运会面临的主要问题、原因与对策》，《体育与科学》，2011 年第 32 卷第 1 期。

[5] 董杰:《北京 2008 奥运会门票销售的比较与反思》,《体育与科学》, 2010 年第 31 卷第 3 期。
[6] 董杰:《奥运会对举办城市经济的负面影响与对策研究》,《西安体育学院学报》, 2004 年第 21 卷第 2 期。

(作者:董　杰　首都体育学院休闲与社会体育学院副教授)

项目名称：基于软系统方法的和谐交通模式的研究
项目编号：10AbZH190
项目负责人：荀娟琼
项目信誉保证单位：北京交通大学

基于改进计划行为理论的青少年交通违规行为分析

交通违规已成为城市交通的普遍现象，交通违规行为不仅破坏城市文明建设，也成为加剧城市交通拥堵的重要因素之一。观察身边的行人交通行为，可以发现青少年的违规行为相比成年人会少，许多儿童拒绝随同父母违规。在交通违规行为调查问卷描述性统计分析中发现，年龄对于考量项目有一定的影响，成年人每一个考量项目的分数都比青少年的分数高，说明成年人违规的倾向高于青少年。因此，如果能够深层次的分析青少年交通违规的社会心理影响因素及其作用机理，不仅有利于交通违规行为的早期干预，更能通过教育、法规制定等方法，减少青少年成年后的交通违规习惯。由于青少年主要参与行人交通，其中交叉口是最为集中的行人交通违规场所，因此本文主要以交叉口行人交通违规为例进行研究。

交通违规行为是一个复杂的社会学问题，对行人过街行为的研究受到了广泛的重视，众多学者从行为学、心理学、交通工程等角度分析交通违规行为的各种因素。Helbing D. 和 P. Molnar 就交叉口有无行人过街安全岛情况下的行人过街特性进行了研究。C J Hughes 利用心理学原理，采用交叉口和人行横道区域着色的方法以提高行人通行的安全性方面的研究 。Tova Rosenbloom 等研究了在宗教信仰有差异的地区人们的违章行为，并从宗教信仰意识形态的角度分析了原因。目前，国内对行人交通行为研究较少，交通现象的研究多集中在交通工程角度，缺少社会学的角度。张贵宾等对行人过街的需要进行了分析，认为行人过街的需要包括心理需要、时间和空间需要、环境和其他需要。孙世君运用了心理学的期望理论分析违章行为形成的原因，得出在不同的信号交叉口行人的违章行为的差异性，表明信号交叉口的设计(环境)与行人违章相关联。景超计算了不同车道条件下行人过街安全心理距离。但是关于行人交通违章的决策过程及深层原因的定量分析还较少，针对青少年的研究尚未见到。

计划行为理论(Theory of Planned Behavior，TPB) 从信息加工角度、以

期望价值理论为出发点解释个体行为的一般决策过程，已被广泛地应用于多种行为领域的研究，证实其能显著提高行为的解释力和预测力。本文基于行人交通行为决策过程的基本特征及心理影响因素，将其引入并进行改进，对交通违规行为的原因、路径等进行定量分析。

一、计划行为理论及其改进

(一)计划行为理论

计划行为理论认为行为态度、主观规范及认知行为控制是决定行为意向的三个主要变量，态度越积极、对其重要的团体或个人支持越大、认知行为控制越强，行为意向就越大，反之就越小。行为态度是个体对执行某特定行为喜爱或不喜爱程度的评估。主观规范是指个体在决策是否执行某特定行为时感知到的社会压力。认知行为控制是指个体感知到执行某特定行为容易或困难的程度，它反映的是个体对促进或阻碍执行行为因素的知觉。三者从概念上可完全分开，有时它们可能拥有共同的信念基础，它们既彼此独立又两两相关，其结构方程模型图(见图1)：

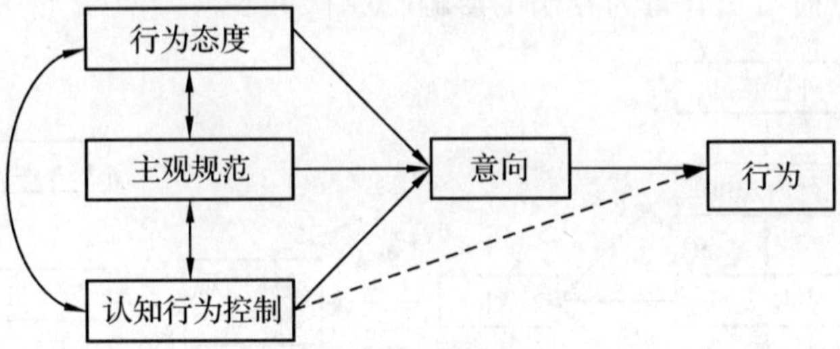

图1　计划行为理论结构模型图

(二)对计划行为理论的改进

为反映交通行为的社会特征，即社会环境对过街行为决策的影响，以及细化不同违规行为影响因素的数量分析，论文引入外在感知和行人违规行为的细分，改进计划行为理论结构模型。

1. 引入外在感知

通过对行人交通违规行为的观察以及文献分析，发现社会环境长时间的熏陶会影响行人的行为，行人违章行为受社会环境与风气的影响很大，很多时候并不完全是一个自主决策的过程，而是一种带有社会性因素色彩的行为。本文引入外在感知作为计划行为理论的另一变量，包括对环境的感知、对习惯的感知、对事故的感知等，探究行人违规行为发生机理中，外在感知对违规行为产生的影响程度。

2. 引入违规行为的分类

违规行为是不同类型违规行为的总称，根据违规的意向将违规行为分为故意违规、过失违规与错误违规，三种行为有不同的违规心理及原因，以此对具体情境下行人违规行为的特征进行分析，有利于提出更具针对性的改进建议：

故意违规行为是明知自己的做法是违规的却有意去从事的行为，比如说行人闯红灯，包括没有直行车辆只有转弯车辆时插空过街、抢道过街，在有人行横道、过街天桥或者地下通道时不走这些设施而随意过街，等等。

过失行为分疏忽大意和过于自信两种，比如无信号交叉口看到车辆比较远就冒险过街，在马路上嬉戏奔跑，打电话，与同伴交谈不注意来往车辆，等等。

错误行为指发生交通行为时的一些错误的习惯，比如不注意对面的人行道的红绿灯就过街，在黄灯闪烁及红灯时过街，在没有人行道时不靠边行走，走在斑马线之外的溢出行为，过街前站在人行道边缘线之前，等等。

违规行为在计划行为理论中的可以采用两种不同分类处理方法。一是在总体违规行为下进一步划分为故意违规、过失违规与错误违规三种不同的违规行为(见图2，虚线代表路径关系不确定，下同)。另一种是所有的违规行为同时直接受意向与认知行为控制的影响(见图3)。

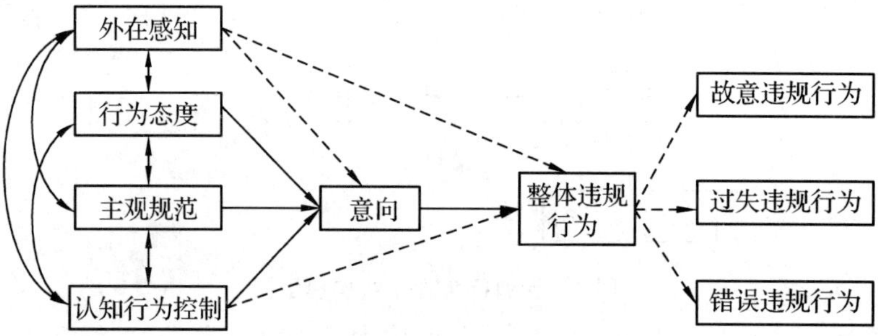

图2　改进的计划行为理论结构模型图(1)

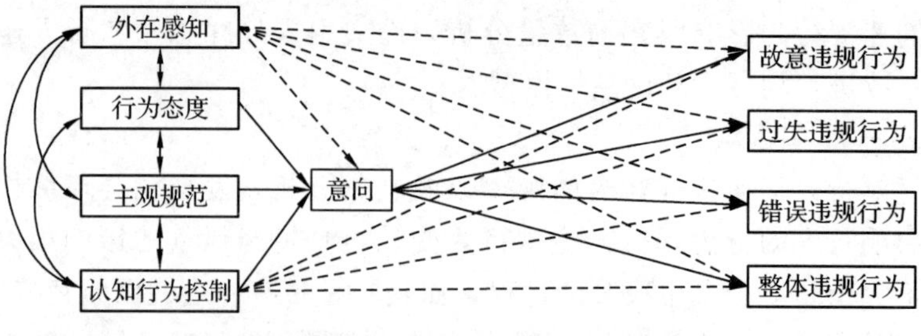

图3　改进的计划行为理论结构模型图(2)

在引入外在感知和违规行为分类后，对于模型假设的路径是否能够很好地解释违规行为，两者与模型的相关性如何，需要通过实例数据对模型进行验证分析。

二、模型的计算与验证

(一)数据的获取

上述模型的正确性及解释力必须得到数据的支持和检验，研究分两步，第一步引出突显信息，第二步编制正式测量问卷。首先通过德尔菲法和文献分析，获得有关行为结果、规范及控制的信念，然后对收集到的信念进行编码和内容分析，用出现频率较高的信念组成凸显信念模式。最后通过题目筛选，形成《北京市行人过街行为调查问卷》。

问卷采用 Likert 式量表 5 点计分。借鉴国内外同类研究样本调查方法，结合问卷长度及问卷发放、回收的难度，首先进行了预调查，根据调查结果采用主成分分析法提取因素，采用正交旋转中的方差极大法进行降维处理，最后修正问卷，问卷含问题 33 个，分属 8 项主要变量，包含外在感知(3 个)、态度(4 个)、主管规范(2 个)、认知行为控制(9 个)、行为意向(3 个)、整体违规行为(3 个)，故意违规行为(2 个)、过失违规行为(3 个)及错误违规行为(4 个)。

正式调研在北京交通大学、知春路与中关村十字路口，以及路口旁边的人大附中内进行，发放问卷 130 份，除去填答残缺、明显不全并剔除存在明显矛盾、重复的无效问卷后，共回收有效问卷 107 份，有效问卷率为 82.31%。

(二)模型验证

利用 SPSS17.0 对调查数据进行信度和效度分析，结果表明数据适合对假设模型进行验证。利用调查样本数据对改进的计划行为理论模型进行验证分析，采用 AMOS17.0 的最大似然估计方法对结构模型进行检验，分析不同变量之间的关系。结果表明外在感知与行为直接相关，而与意向无关，图 3 中所假设的外在感知与意向之间的关系不应存在，最终得到的模型(见图 4)：

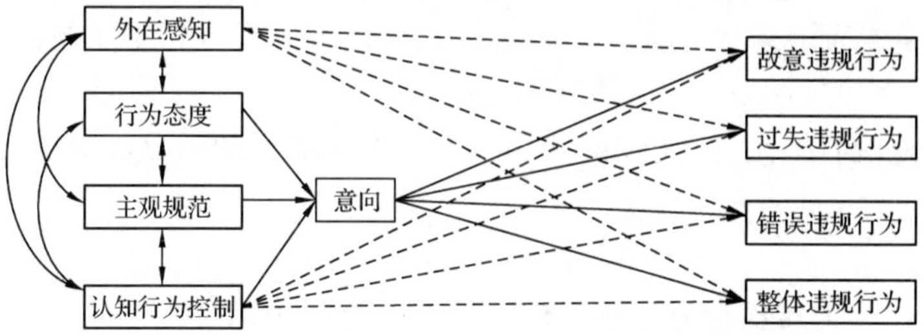

图 4　改进的计划行为理论结构模型图

对结构方程模型路径系数标准化处理后，各观测变量与潜变量之间的路径系数应均在[−1，+1]的范围内，删除不合要求的路径，得到路径模型(见

图5)。图中椭圆为潜变量，方框为观察变量，如：ITEM1、ITEM2与I-TEM3是外在感知这一潜变量的观察变量，e1、e2与e3是ITEM1、ITEM2与ITEM3观察值与回归估计值的差；双箭头表示没有明确因果方向的关系，单箭头代表明确的因果方向；箭头上的数字代表了两个潜变量之间的路径系数，“＋”表示潜变量之间为正向相关，“－”表示负向相关。

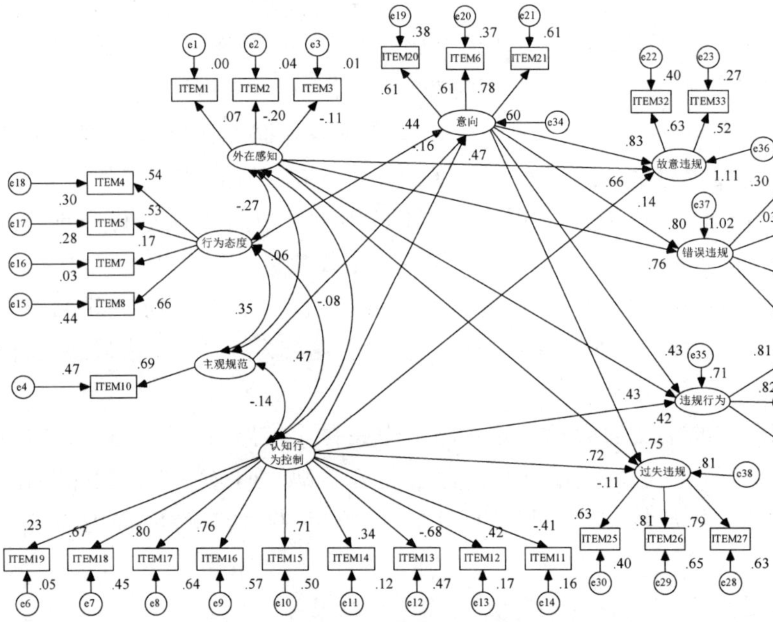

图5　改进的计划行为理论模型图

计划行为理论认为因变量是自变量的线性函数，根据图5表示的计算结果，意向是行为态度、主观规范和认知行为控制的函数，得到：

$$y = a_1x_1 + a_2x_2 + a_3x_3$$

其中：y表示意向，x_1、x_2、x_3分别表示行为态度、主观规范和认知行为控制，$\alpha_1=0.44$、$\alpha_2=-0.160$、$\alpha_3=0.467$；

违规行为是外在感知、认知行为控制和意向的函数，得到：

$$y_i = \alpha_{i1}x_1 + \alpha_{i2}x_2 + \alpha_{i3}x_3$$

其中：y_i为违规行为类型，x_1、x_2、x_3分别表示外在感知、认知行为控制和意向，α_{i1}、α_{i2}、α_{i3}为对应的系数，如，y_1表示故意违章，则$y_1 = 0.658x_1 + 0.136x_2 + 0.834x_3$，其他类同(其参数具体取值见表1)。

表 1　各种违规行为路径系数值比较表

变量	外在感知		认知行为控制		意向	
	系数	排序	系数	排序	系数	排序
故意违规行为	0.658	3	0.136	2	0.834	1
过失违规行为	0.722	2	−0.114	3	0.747	3
错误违规行为	0.756	1	0	4	0.796	2
总体违规行为	0.430	4	0.424	1	0.431	4

根据上表，对每种违规行为的各个变量的系数值进行排序，可以发现总体违规行为与其他三种具体情境下的违规行为相比，各变量的系数值较为均衡，而其他三种分类后的违规行为外在感知及意向的路径系数明显增大，认知行为控制的路径系数值急速减小。

三、青少年违规行为模型与分析

(一)成人违规行为模型验证

为通过对比分析突出青少年违规行为特征，首先建立成人违规模型。将理论模型带入对应的成人(年龄＞18 岁)调查数据进行计算，为判别模型能否对实际的观测数据进行合理解释，对模型的拟合程度进行评定，从拟合指标分析表判定，修正后的模型满足模型拟合程度的条件，拟合度良好。依据各潜变量之间的路径系数值，及数值分析计算方法得各种违规行为路径系数的比较结果(见表 2)。

表 2　成人各种违规行为路径系数值比较表

变量	外在感知		认知行为控制		意向	
	系数	排序	系数	排序	系数	排序
故意违规行为	0.315	3	0.147	2	0.822	2
过失违规行为	0.766	1	0.007	4	0.568	3
错误违规行为	0.732	2	−0.116	3	0.926	1
总体违规行为	0.246	4	0.416	1	0.508	4

通过上表针对每种违规行为的各个考量项目的系数值及其排序，可以发现其他三种分类后的违规行为与总体违规行为相比，外在感知及意向的路径系数增大，但增幅差距较大，而认知行为控制的路径系数值减小，减幅差距也较大。

(二)青少年违规行为模型检验

参考图 4 的改进计划行为理论模型，利用青少年组的数据对青少年违规行为进行分析。首先建立违规模型，路径假设成立，利用 AMOS 分别计算出各变量之间的路径系数，因为没有生成合理路径图，路径系数值如表所示（见表 3 ）。

表 3　潜变量间的路径系数

路径关系			路径系数
意向	<—	行为态度	0.219
意向	<—	主观规范	0.080
意向	<—	认知行为控制	0.615
违规行为	<—	外在感知	−0.879
过失违规	<—	认知行为控制	−0.762
故意违规	<—	认知行为控制	−0.619
违规行为	<—	认知行为控制	0.156
错误违规	<—	外在感知	−0.847
过失违规	<—	外在感知	−0.860
故意违规	<—	意向	0.879
错误违规	<—	认知行为控制	−0.349
错误违规	<—	意向	0.480
违规行为	<—	意向	−0.040
过失违规	<—	意向	0.870
故意违规	<—	外在感知	−1.054

对模型进行修正，删除故意违规与外在感知间的路径，再重新计算路径系数，然后将路径系数标准化，得到初步输出结果。删除路径系数最大的意向与故意违规行为间的路径，因为意向与故意违规行为之间的路径删除，那么故意违规行为在整个模型中需要删除，说明青少年的故意违规行为不能用改进的计划行为理论来解释。

将删除故意违规行为之后的模型再进行计算、修正，看到过失违规与认知行为控制间的路径系数为−3.110，为不满足条件路径系数当中的最大值，删除过失违规与认知行为控制间的路径，再重新计算，此时的模型结构图合理。基于各潜变量之间的路径系数值及可以得到以下公式：

意向＝(0.381)态度＋(−0.093)主观规范＋(0.569)认知行为控制

违规行为=(−0.682)外在感知+(0.969)认知行为控制+(−0.123)意向
过失违规=(−0.945)外在感知+(0.852)意向
错误违规=(−0.650)外在感知+(0.416)认知行为控制+(0.367)意向
各种违规行为路径系数的比较结果如表所示(见表4)。

表4 青少年各种违规行为比较

变量	外在感知		认知行为控制		意向	
	系数	排序	系数	排序	系数	排序
过失违规行为	−0.945	1	0	3	0.852	1
错误违规行为	−0.650	3	0.416	2	0.367	2
总体违规行为	−0.682	2	0.969	1	−0.123	3

综上表达式及比较表，可以发现以下几点：

(1)态度、认知行为控制对于青少年行人违规行为意向有着显著影响且为正相关；

(2)主观规范对青少年行人违规行为意向有着显著的负相关；

(3)青少年故意违规行为不能用计划行为理论解释；

(4)青少年违规行为意向对于青少年过失违规行为及错误违规行为有着显著的正相关，对青少年总体违规行为有着显著的负相关；

(5)外在感知对各种青少年违规行为有着显著的负相关；

(6)认知行为控制对各种青少年违规行为的影响不同，对于总体的违规及错误违规行为有着显著的正相关，对于故意违规行为及过失违规行为没有影响。

(三)对比分析及相应的改进建议

结合上述成人与青少年改进的计划行为理论模型验证的初步结论，针对成人与青少年行人违规行为可以推出以下结论：

第一，对于青少年违规意向的解释力，认知行为控制的路径系数为0.569，解释力最强，而态度的路径系数为0.381，比认知行为控制的解释力差，而主观规范的路径系数仅为−0.093，具有较低的解释力。

对比发现青少年会较多的考虑违规行为的利弊得失，权衡违规行为对自己带来的益处。成人更多的考虑外在条件是否允许违规，而青少年考虑更多的是违规是否会带来方便，对安全及他人带来的影响会怎样，说明青少年对外界及他人的影响会更在乎，所以可以利用青少年态度上的变化，加强对青少年的教育来减少违规行为的发生。

第二，对于整体的违规行为，成人行人外在感知、认知行为控制及意向的路径系数分别为0.246、0.416及0.508，解释力差距不大，而青少年的路径系数分别为－0.682、0.969及－0.123，解释力差距较大。说明对于整体违规行为如闯红灯，乱过马路等，对自己平时违规行为的判断，成人主要靠意向，其次是认知行为控制能力，而青少年主要靠认知行为控制能力，其次是外在感知。

青少年产生违规行为主要观察外界环境，会考虑实际的情况，而成年人主要靠意向，说明青少年对于违规行为更谨慎。同时青少年对外在的感知影响更大，且为负值，说明与违规行为负相关，即认为身边违规行为多，违规习惯就很容易养成。

第三，对于故意违规行为如插空与机动车抢行过街行为，成人的外在感知、认知行为控制及意向的路径系数分别为0.315、0.147及0.822，解释力差距很大，说明在故意违规时，成人的意向是占绝对主导力的，所以对于故意违规行为，要重点控制成人违规意向的产生，即将行人违章过街的念头打消在萌芽状态，就需要加强教育及法制管理。而青少年的故意违规行为不能够通过计划行为理论来解释，因为其在决策阶段没有意向对行为影响这一过程，和青少年在决策阶段考虑得较少，行为比较冲动有关。

第四，对于过失违规行为比如在马路上嬉戏奔跑等行为，外在感知、认知行为控制及意向的路径系数成人及青少年分别为0.766、0.007、0.568及－0.945、0、0.852，解释力都为外在感知较大，其次为意向，而认知行为控制的影响力可以忽略。说明对于过失违规行为，主要靠外在感知，而外在感知对成人与青少年的过失违规行为的相关性是相反的，成人会因为外在感知的敏感而控制违规行为，而青少年对外在感知越敏感越容易发生过失违规行为。

第五，对于错误违规行为比如过街前停在了人行道边线前面等一些错误的习惯，外在感知、认知行为控制及意向的路径系数成人及青少年分别为0.732、－0.116、0.926及－0.650、0.416、0.367，解释力成人意向最大，外在感知其次，认知行为控制很小，而青少年外在感知最大，认知行为控制其次，意向稍小，但三者的解释力相差不大。说明对于这种错误习惯的养成，成人的意向及外在感知占主导地位，与成人的好胜心有关，而青少年胆子较小，需要综合各方面考虑，所以可以考虑利用认知行为控制对青少年的影响，强化他们对周边交通设施的认识，打击他们完成错误违规行为的信心，增强行为的控制能力，同时对青少年加强宣传教育养成错误违规习惯的坏处。

综上各点所述，可以针对青少年得到以下几点改进的建议：

第一，针对青少年态度上的变化会比成人容易，应加强青少年对违规行为态度的教育，比如会对周边交通环境及交通安全会所产生的影响，违规会遇到警察管制，会给别人留下坏印象等一些态度上的教育等。

第二，针对青少年认知行为控制力弱，违规行为更易受周边环境影响，应加强青少年对周边交通环境的认识，对交通安全知识的学习，了解交通规则的设定，打击他们完成违规行为的信心，以此强化青少年在意向的再决策过程中认识到潜在的危险性，强化其对于自己行为的控制能力。

第三，针对青少年对外在的感知的负相关影响，应加强事故经历的教育，遏制他们的效仿行为和随意盲从，以便青少年随着年龄阅历的增加，在成长的过程中会更趋向于控制自己的违规行为。

四、结　语

交通违规行为是一个社会学的问题，青少年在成长中违规行为的增加，不仅反映了社会交通违规行为对青少年的影响，也反映了对青少年相关教育和法律法规等措施的缺失。探究青少年与成人对于违规行为的不同影响因素及决策过程，可以更深入地分析青少年的行为特征及决策特征，为青少年的交通教育、观念培养、社会监督、法律法规建设提出针对性的改进建议。

本文通过计划行为理论的改进，将社会因素和不同违规行为的决策过程纳入理论模型，在调查和量化分析的基础上，发现青少年与成人在交通违规的决策过程和因素影响程度上明显存在差异，理论分析表明，青少年态度易变化、认知行为控制力弱、对周边外在环境的感知负相关等特征，可以通过教育、执法等方法，强化他们对周边交通设施的认识，增强行为的控制能力，加强宣传养成错误违规习惯的坏处。“少年强则国强”，有效采取有针对性的青少年交通教育及相关措施建设，是减少交通违规，改善城市交通环境的重要工作。

参考文献

[1] 邹庆茹：《基于改进的计划行为理论的交通行为分析》，北京交通大学硕士学位论文，2011年。

[2] D. Yagil. Beliefs，Motives and Situational Factors Related to Pedestrians，Self-reported Behavior at Signal-controlled Crossings. Transportation Research Part F 3(2000).

[3] Helbing D . and P. Molnar，P. Social Force Model for Pedestrian Dynamics. Physical Review E. 1995.

[4] C J Hughes. Pedestrian Safety at Signalised Junctions. Road Transportation Information and Control. 1998.

[5] Tova Rosenbloom，Dan Nemrodov，Hadar Barkan. For heaven’ 5sake follow the rules：pedestrians—behavior in an ultra-orthodox and a non-orthodox city . Holland：Transportation Research part F 7(2004).

[6] 张贵宾、李明辉、赵金凤等：《行人过街需要分析研究》，《道路交通与安全》，2007年第3期。

[7] 孙世君：《信号交叉口行人违章行为心理研究》，北京交通大学硕士学位论文，

2007年。

[8] 景超：《行人过街交通特性研究》，吉林大学博士学位论文，2007年。

[9] 李开兵、汪劭：《行人交通违规行为的心理学研究》，《公路交通科技》，2007年第5期。

[10] 苑红伟：《基于交通心理的行人不安全行为研究》，北京交通大学交通硕士学位论文，2006年。

[11] 段文婷、江光荣：《计划行为理论述评》，《心理科学进展》，2008年第16卷第2期。

（作者：荀娟琼　北京交通大学经济管理学院副教授
邹庆茹　北京交通大学运输学院硕士研究生
王　莉　北京交通大学经济管理学院讲师）

后 记

为进一步宣传和推介北京市哲学社会科学规划项目研究成果，更好地促进研究成果的转化和应用，北京市哲学社会科学规划办公室每年编辑出版年度北京市哲学社会科学规划项目阶段成果选编。

本书收录的研究成果是在2012年7月北京市哲学社会科学规划项目年度检查过程中，征集到的部分在研规划项目的阶段性研究成果。本年度有283个在研规划项目参加了年度检查，总体看，绝大部分规划项目研究工作进展顺利，取得了大量的阶段性研究成果，且成果质量较高，转化形式多样，社会影响广泛。与此同时，各项目课题组对本书的编辑出版工作给予了高度的重视和大力的支持，积极踊跃地选送阶段成果参加成果选编。我们共收到100项参选成果，经过筛选，最终将84项阶段成果收录到本辑中，其中有些研究成果已在相关报刊上发表过。

由于本书收录的阶段成果分别由各课题组提供，不免在文章的体例格式、内容繁简、行文风格上有所不同。有的研究成果因不符合阶段成果选编的征稿要求，或是已经被我办编辑出版的其他书籍选用，本辑没有收录，在此向项目负责人和文章作者作以说明。

本书的出版得到了北京市哲学社会科学规划项目各信誉保证单位及其科研管理部门、各项目负责人以及文章作者的大力支持。全书由市社科规划办王祥武主任、李建平副主任总体策划；市社科规划办成果处全体同仁共同完成了成果的征集、筛选、编辑等一系列工作。同时，本书的出版还得到了首都师范大学出版社有关领导和责任编辑的大力支持。在此，我们一并表示诚挚的感谢！

北京市哲学社会科学规划办公室
2012年9月